Conoce todo sobre
Excel 2013 avanzado

Conoce todo sobre
Excel 2013 avanzado

Juan Antonio Gómez Gutiérrez

La ley prohíbe
fotocopiar este libro

Editado por:
RA-MA Editorial
Madrid, España

Colección American Book Group - Informática y Computación - Volumen 44.
ISBN No. 978-168-165-752-3
Biblioteca del Congreso de los Estados Unidos de América: Número de control 2019935088
www.americanbookgroup.com/publishing.php

Maquetación: Antonio García Tomé
Diseño de portada: Antonio García Tomé
Arte: Rawpixel.com / Freepik

Quiero dedicar este libro a mis seres favoritos empezando por mi compañera y amada Victoria y a mi queridísimo hijo Pablo.

Dedico este libro también a mis padres y a mi hermana por quererme tanto y a quienes quiero mucho por hacerme sentir que soy quien soy.

Agradezco a mis compañeros y amigos Jordi B. y Xavi T. el cariño que me han demostrado siempre y en todo momento.

Por último, y como no podía olvidar, dedico este libro a mi gran amigo Víctor G., al que me gustaría parecerme en cualquiera de las muchas cosas que le reconozco, como el amor hacia las personas, la música y el misterio de la vida.

Gracias…

ÍNDICE

INTRODUCCIÓN **19**

CAPÍTULO 1. ELEMENTOS DE LA INTERFAZ...**21**

   1.1   BARRA DE TÍTULO 22

   1.2   BARRA DE ACCESO RÁPIDO 22

   1.3   **BOTONES DE CONTROL (MAXIMIZAR, MINIMIZAR, ETC.)** **23**

   1.4   OPCIONES DE PRESENTACIÓN DE LA CINTA DE OPCIONES 23

   1.5   AYUDA...25

   1.6   CINTA DE OPCIONES 25

   1.7   FICHAS/PESTAÑAS 27

   1.8   FICHAS DE HERRAMIENTAS 27

   1.9   CUADRO DE NOMBRES 28

   1.10 BARRA DE FÓRMULAS 29

   1.11 INDICADORES DE FILAS 30

   1.12 INDICADORES DE COLUMNAS...30

   1.13 CELDAS 30

   1.14 BARRAS DE DESPLAZAMIENTO 31

   1.15 BARRA DE ESTADO 32

   1.16 ETIQUETAS HOJAS 33

   1.17 VISTAS DE LAS HOJAS DE UN LIBRO 34

   1.18 ZOOM...36

CAPÍTULO 2. CONCEPTOS BÁSICOS..**37**

   2.1   LIBRO..37

   2.2   HOJA DE CÁLCULO 37

2.3   CELDA 38

2.4   RANGO 38

2.5   FILAS / COLUMNAS 39

2.6   INTRODUCCIÓN Y EDICIÓN DE DATOS 39

2.7   SELECCIÓN DE RANGOS 41

2.8   INSERTAR / ELIMINAR CELDAS 42

2.9   MOVER CELDAS..42

2.10 COPIAR Y PEGAR CELDAS...43

2.11 FORMULACIÓN BÁSICA...45

2.12 REFERENCIAS A CELDAS...46

2.13 REFERENCIAS RELATIVAS 47

2.14 REFERENCIAS ABSOLUTAS...47

2.15 REFERENCIAS MIXTAS...48

2.16 MODIFICACIÓN DE FÓRMULAS CON REFERENCIAS A CELDAS QUE SE "MUEVEN" 49

2.17 FUNCIÓN...49

2.18 TABLAS 50

2.19 MENÚ CONTEXTUAL 51

2.20 USO DEL RATÓN..52

2.21 USO DEL TECLADO 55

2.22 PORTAPAPELES 58

2.23 VENTANA..59

2.24 GRÁFICO 60

2.25 CUADROS DE DIÁLOGO 60

2.26 MACROS..60

CAPÍTULO 3. ARCHIVO **61**

3.1   INFORMACIÓN 62

    3.1.1   Proteger libro..62

    3.1.2   Inspeccionar libro 67

    3.1.3   Versiones 71

    3.1.4   Opciones de vista del explorador 73

3.2   NUEVO...74

3.3   ABRIR 76

    3.3.1   Libros recientes 77

    3.3.2   OneDrive 78

    3.3.3   Equipo 79

    3.3.4   Agregar un sitio 79

3.4   GUARDAR..79

3.5   GUARDAR COMO..80
        3.5.1   Equipo 80
        3.5.2   SkyDrive..81
3.6   IMPRIMIR...84
        3.6.1   Impresora..85
        3.6.2   Configuración 85
        3.6.3   Configurar página...89
3.7   COMPARTIR..94
        3.7.1   Invitar a personas 94
        3.7.2   Correo electrónico 94
3.8   EXPORTAR..95
        3.8.1   Crear documento PDF/XPS 96
        3.8.2   Cambiar el tipo de archivo 97
3.9   CERRAR..98
3.10   CUENTA..98
        3.10.1   Tema de Office 98
        3.10.2   Iniciar sesión en Office...99
        3.10.3   Información del producto 99
3.11   OPCIONES..100
        3.11.1   General 100
        3.11.2   Fórmulas...105
        3.11.3   Revisión..110
        3.11.4   Guardar 110
        3.11.5   Idioma...111
        3.11.6   Avanzadas...111
        3.11.7   Personalizar cinta de opciones 112
        3.11.8   Barra de herramientas de acceso rápido 113
        3.11.9   Complementos..114
        3.11.10 Centro de confianza 115

CAPÍTULO 4. INICIO..117
4.1   PORTAPAPELES 117
        4.1.1   Pegar...117
        4.1.2   Cortar..119
        4.1.3   Copiar 119
        4.1.4   Copiar formato 120
        4.1.5   Portapapeles 120
4.2   FUENTE 121
        4.2.1   Tipo fuente..121
        4.2.2   Tamaño 122
        4.2.3   Aumentar y disminuir..122
        4.2.4   Negrita...122

4.2.5   Itálica 123
4.2.6   Subrayado 123
4.2.7   Bordes 123
4.2.8   Color de relleno 124
4.2.9   Color de fuente 124
4.2.10   Cuadro de diálogo Formato de celdas (Fuente) 124

4.3   ALINEACIÓN 125
4.3.1   Superior, medio, inferior 125
4.3.2   Izquierda, centrar, derecha 126
4.3.3   Orientación 126
4.3.4   Disminuir y aumentar sangría 126
4.3.5   Ajustar texto 127
4.3.6   Combinar y centrar 127
4.3.7   Cuadro de diálogo Formato de celdas (Alineación) 128

4.4   NÚMERO 128
4.4.1   Formato de número 128
4.4.2   De contabilidad 129
4.4.3   Porcentual 130
4.4.4   Millares 130
4.4.5   Aumentar y disminuir decimales 130
4.4.6   Cuadro de diálogo Formato de celdas (Número) 131

4.5   ESTILOS 132
4.5.1   Formato condicional 132
4.5.2   Dar formato como tabla 146
4.5.3   Estilos 147

4.6   CELDAS 148
4.6.1   Insertar 148
4.6.2   Eliminar 150
4.6.3   Formato 151

4.7   MODIFICAR 160
4.7.1   Autosuma 160
4.7.2   Rellenar 165
4.7.3   Borrar 173
4.7.4   Ordenar y filtrar 176
4.7.5   Buscar y seleccionar 183
4.7.6   Buscar 183
4.7.7   Reemplazar 184
4.7.8   Ir a 185
4.7.9   Ir a Especial 186
4.7.10   Fórmulas 188
4.7.11   Comentarios 188
4.7.12   Formato condicional 189

4.7.13   Constantes 190
4.7.14   Validación de datos 190
4.7.15   Seleccionar objetos 191
4.7.16   Panel de selección 191

CAPÍTULO 5. INSERTAR **193**

5.1   TABLAS 193
5.1.1   Tabla dinámica 194
5.1.2   Tablas dinámicas 196
5.1.3   Tabla 197
5.2   ILUSTRACIONES 198
5.2.1   Imágenes 199
5.2.2   Imágenes en línea 199
5.2.3   Formas 200
5.2.4   SmartArt 201
5.2.5   Captura 201
5.3   APLICACIONES 203
5.4   GRÁFICOS 204
5.4.1   Gráficos recomendados 204
5.4.2   Gráficos genéricos 205
5.4.3   Gráfico dinámico 206
5.4.4   Cuadro de diálogo (Insertar gráfico o Cambiar tipo de gráfico) 207
5.5   INFORMES (POWER VIEW) 208
5.5.1   Ficha de Power View 209
5.5.2   Campos de Power View 219
5.5.3   Mosaico Por y Campos 220
5.5.4   Filtros 221
5.5.5   Diseñar 222
5.5.6   Ejemplo de informe combinado 236
5.6   MINIGRÁFICOS 242
5.6.1   Línea 242
5.6.2   Columna 242
5.6.3   +/- 243
5.7   FILTROS 243
5.7.1   Segmentación de datos 243
5.7.2   Escala de tiempo 246
5.8   VÍNCULOS 248
5.8.1   Hipervínculo 249
5.9   TEXTO 249
5.9.1   Cuadro de texto 250
5.9.2   Encabezado y pie página 250
5.9.3   WordArt 251

5.9.4   Línea de firma...252
5.9.5   Objeto 254
5.10 SÍMBOLOS 255
5.10.1 Ecuación 256
5.10.2 Símbolo 256

CAPÍTULO 6. DISEÑO PÁGINA...**259**
6.1   TEMAS 259
6.1.1   Temas...260
6.1.2   Colores 261
6.1.3   Fuentes 261
6.1.4   Efectos...262
6.2   CONFIGURAR PÁGINA...263
6.2.1   Márgenes 263
6.2.2   Orientación..264
6.2.3   Tamaño 265
6.2.4   Área de impresión 265
6.2.5   Saltos 266
6.2.6   Fondos 268
6.2.7   Imprimir títulos 269
6.2.8   Cuadro de diálogo Configurar página (Página).....................................271
6.3   AJUSTAR ÁREA DE IMPRESIÓN..275
6.3.1   Ancho 275
6.3.2   Alto..276
6.3.3   Escala 277
6.4   OPCIONES DE LA HOJA...278
6.4.1   Hoja de derecha a izquierda 278
6.4.2   Líneas división 278
6.4.3   Encabezados 279
6.5   ORGANIZAR..280
6.5.1   Traer adelante 280
6.5.2   Enviar atrás..281
6.5.3   Panel de selección 282
6.5.4   Alinear...283
6.5.5   Agrupar..286
6.5.6   Girar 287

CAPÍTULO 7. FÓRMULAS..**289**
7.1   INSERTAR FUNCIÓN..289
7.2   BIBLIOTECA DE FUNCIONES 292
7.2.1   Autosuma 292
7.2.2   Recientes 293

	7.2.3	Financieras	294
	7.2.4	Lógicas	294
	7.2.5	Texto	295
	7.2.6	Fecha y hora	295
	7.2.7	Búsqueda y referencia	296
	7.2.8	Matemáticas y trigonométricas	296
	7.2.9	Más funciones	297
7.3	NOMBRES DEFINIDOS		300
	7.3.1	Administrador de nombres	300
	7.3.2	Asignar nombre	301
	7.3.3	Utilizar en la fórmula	303
	7.3.4	Crear desde la selección	305
7.4	AUDITORÍA DE FÓRMULAS		306
	7.4.1	Rastrear precedentes	306
	7.4.2	Rastrear dependientes	307
	7.4.3	Quitar flechas	309
	7.4.4	Mostrar fórmulas	310
	7.4.5	Comprobación de errores	311
	7.4.6	Evaluar fórmula	314
	7.4.7	Ventana de inspección	317
7.5	CÁLCULO		318
	7.5.1	Opciones para el cálculo	318
	7.5.2	Calcular ahora	319
	7.5.3	Calcular hoja	319

CAPÍTULO 8. DATOS **321**

8.1	OBTENER DATOS EXTERNOS		321
	8.1.1	Desde Access	322
	8.1.2	Desde Web	323
	8.1.3	Desde texto	325
	8.1.4	De otras fuentes	327
	8.1.5	Conexiones existentes	345
8.2	CONEXIONES		346
	8.2.1	Actualizar todo	346
	8.2.2	Conexiones	347
	8.2.3	Propiedades	348
	8.2.4	Editar vínculos	348
8.3	ORDENAR Y FILTRAR		349
	8.3.1	Ordenar	349
	8.3.2	Filtro	350
	8.3.3	Borrar	351
	8.3.4	Volver a aplicar	351
	8.3.5	Avanzadas	352

8.4   HERRAMIENTAS DE DATOS 357
    8.4.1   Texto en columnas..357
    8.4.2   Relleno rápido 359
    8.4.3   Quitar duplicados 361
    8.4.4   Validación de datos...365
    8.4.5   Consolidar 372
    8.4.6   Análisis de hipótesis...375
    8.4.7   Relaciones 389

8.5   ESQUEMA 393
    8.5.1   Agrupar..393
    8.5.2   Desagrupar 397
    8.5.3   Subtotal...398
    8.5.4   Mostrar detalle..400
    8.5.5   Ocultar detalle 400
    8.5.6   Cuadro de diálogo Configuración 400

CAPÍTULO 9. REVISAR **401**
9.1   REVISIÓN..402
    9.1.1   Ortografía 402
    9.1.2   Referencia..405
    9.1.3   Sinónimos..408

9.2   IDIOMA (TRADUCIR)...408

9.3   COMENTARIOS..409
    9.3.1   Nuevo comentario 409
    9.3.2   Eliminar...411
    9.3.3   Anterior 411
    9.3.4   Siguiente..412
    9.3.5   Mostrar u ocultar comentarios..412
    9.3.6   Mostrar todos los comentarios 412
    9.3.7   Mostrar entradas de lápiz 412

9.4   CAMBIOS 413
    9.4.1   Proteger hoja 413
    9.4.2   Proteger libro...415
    9.4.3   Compartir libro 415
    9.4.4   Proteger y compartir libro 416
    9.4.5   Permitir a usuarios modificar rangos..................................421
    9.4.6   Control de cambios..423

CAPÍTULO 10. VISTA..**427**
10.1   VISTAS DEL LIBRO 427
    10.1.1   Normal...428
    10.1.2   Ver saltos de página..428
    10.1.3   Diseño de página 430
    10.1.4   Vistas personalizadas..430

10.2 MOSTRAR 432
        10.2.1 Regla..433
        10.2.2 Líneas de cuadrícula..433
        10.2.3 Barra de fórmulas 434
        10.2.4 Títulos..434
10.3 ZOOM..435
        10.3.1 Zoom 435
        10.3.2 100%..436
        10.3.3 Ampliar selección...436
10.4 VENTANA...436
        10.4.1 Nueva ventana 436
        10.4.2 Organizar todo...437
        10.4.3 Inmovilizar 439
        10.4.4 Dividir 441
        10.4.5 Ocultar...442
        10.4.6 Mostrar 442
        10.4.7 Ver en paralelo...442
        10.4.8 Desplazamiento sincrónico 443
        10.4.9 Restablecer posición de la ventana..444
        10.4.10 Cambiar ventanas 445

CAPÍTULO 11. DESARROLLADOR 447
11.1 CÓDIGO..447
        11.1.1 Visual Basic...448
        11.1.2 Macros...450
        11.1.3 Grabar macro...453
        11.1.4 Usar referencias relativas 455
        11.1.5 Seguridad de macros 458
11.2 COMPLEMENTOS..460
        11.2.1 Complementos..461
        11.2.2 Complementos COM..462
11.3 CONTROLES 463
        11.3.1 Insertar..463
        11.3.2 Modo diseño 471
        11.3.3 Propiedades 472
        11.3.4 Ver código 473
        11.3.5 Ejecutar cuadro de diálogo 473
11.4 XML..473
        11.4.1 Origen..473
        11.4.2 Propiedades de la asignación...474
        11.4.3 Paquetes de expansión 476
        11.4.4 Actualizar datos...476

11.4.5   Importar 476

11.4.6   Exportar 478

11.5   PANEL DE DOCUMENTOS (MODIFICAR) 478

CAPÍTULO 12. EJEMPLOS DE FUNCIONES 479

12.1   BÚSQUEDA Y REFERENCIA 479

12.1.1   Función: BUSCAR 479

12.1.2   Función: BUSCARV/BUSCARH 481

12.1.3   Función: IMPORTARDATOSDINAMICOS 483

12.1.4   Función: COINCIDIR 484

12.1.5   Función: ELEGIR 486

12.1.6   Función: HIPERVÍNCULO 487

12.2   MATEMÁTICAS Y TRIGONOMÉTRICAS 488

12.2.1   Función: SUMAR.SI 488

12.2.2   Función: ABS 490

12.2.3   Función: ENTERO 490

12.2.4   Función: REDONDEAR/REDONDEAR.MAS /REDONDEAR.
MENOS 491

12.2.5   Función: TRUNCAR 492

12.2.6   Función: BDSUMAPRODUCTO 493

12.2.7   Función: POTENCIA 494

12.2.8   Función: RESIDUO 495

12.3   BASES DE DATOS 496

12.3.1   Función: BDCONTAR/BDCONTARA 496

12.3.2   Función: BDEXTRAER 498

12.3.3   Función: BDMAX/BDMIN 499

12.3.4   Función: BDPRODUCTO 501

12.3.5   Función: BDSUMA 502

12.4   TEXTO 503

12.4.1   Función: CONCATENAR 503

12.4.2   Función: DECIMAL 504

12.4.3   Función: DERECHA/IZQUIERDA 505

12.4.4   Función: ESPACIOS 505

12.4.5   Función: EXTRAE 506

12.4.6   Función: HALLAR 507

12.4.7   Función: IGUAL 508

12.4.8   Función: LARGO 508

12.4.9   Función: LIMPIAR 509

12.4.10 Función: MAYUSC/MINUSC 510

12.4.11 Función: NOMPROPIO 510

12.4.12 Función: REEMPLAZAR 511

12.4.13 Función: T 512

12.5   LÓGICAS 513
    12.5.1   Función: FALSO 513
    12.5.2   Función: NO 513
    12.5.3   Función: O 514
    12.5.4   Función: SI 515
    12.5.5   Función: VERDADERO 516
    12.5.6   Función: Y 516

12.6   INFORMACIÓN 517
    12.6.1   Función: CELDA 517
    12.6.2   Función: ESBLANCO 519
    12.6.3   Función: ESERROR 520
    12.6.4   Función: ESNUMERO/ESTEXTO 520
    12.6.5   Función: N 521

12.7   ESTADÍSTICAS 522
    12.7.1   Función: CONTAR 522
    12.7.2   Función: CONTAR.BLANCO 523
    12.7.3   Función: CONTAR.SI 524
    12.7.4   Función: CONTARA 524
    12.7.5   Función: MAX/MIN 525
    12.7.6   Función: MAXA/MINA 526

CAPÍTULO 13. PESTAÑAS DE HERRAMIENTAS 529

13.1   DE SMARTART 529
    13.1.1   Diseño 530
    13.1.2   Formato 532

13.2   DE GRÁFICOS 538
    13.2.1   Diseño 539
    13.2.2   Formato 543

13.3   DE DIBUJO 544

13.4   DE IMAGEN 545
    13.4.1   Ajustar 546
    13.4.2   Estilo de imagen 550

13.5   DE TABLA DINÁMICA 550
    13.5.1   Analizar 551
    13.5.2   Diseño 576

13.6   PARA ENCABEZADO Y PIE DE PÁGINA 577
    13.6.1   Diseño 577

13.7   DE TABLA 580
    13.7.1   Propiedades 580
    13.7.2   Herramientas 581
    13.7.3   Datos externos de tabla 582
    13.7.4   Opciones de estilo de tabla 583
    13.7.5   Estilos de tabla 584

13.8   DE GRÁFICO DINÁMICO 584

13.9   PARA MINIGRÁFICO..585

     13.9.1   Minigráfico 585

     13.9.2   Tipo..588

     13.9.3   Mostrar 589

     13.9.4   Estilo..589

     13.9.5   Agrupar..591

13.10 DE SEGMENTACIÓN DE DATOS...595

     13.10.1 Segmentación de datos 595

     13.10.2 Estilos de segmentación de datos.....................................596

     13.10.3 Organizar/Tamaño 598

     13.10.4 Botones 598

13.11 DE ECUACIÓN...598

     13.11.1 Herramientas 598

     13.11.2 Símbolos..599

     13.11.3 Estructuras 600

ANEXO A. TECLAS ESPECIALES EN EXCEL **601**

ÍNDICE ALFABÉTICO **607**

INTRODUCCIÓN

Este libro realiza un recorrido por Microsoft Excel 2013 y analiza sus funcionalidades principales.

Ha sido elaborado explicando en detalle la inmensa mayoría de las opciones con las que un usuario se encuentra al acceder a cada uno de los módulos o funciones.

Los gráficos incluidos permiten descubrir, en un golpe de vista, las funcionalidades de cada uno de los cuadros de diálogo con los que se encuentra el usuario cuando se propone utilizar alguna capacidad de Excel.

Se hace hincapié en el tratamiento de los datos: cuestiones como la representación en forma de gráficos, la incorporación de filtros, la ordenación, el tratamiento con funciones o el resumen, organización y combinación de varias fuentes son el principal foco del contenido del libro.

El análisis se realiza siguiendo el orden en el que las pestañas aparecen por defecto para que el usuario pueda localizar fácilmente el tema que desea consultar.

También hemos querido reforzar el tratamiento de grandes cantidades de datos, explicando cómo resumirlas fácilmente, tanto en una tabla como en un simple pero potente y dinámico gráfico. Al tratar este tema presentaremos las tablas dinámicas.

Se incluye un capítulo con algunas de las funciones más utilizadas para que el usuario disponga de un ejemplo que le permita entender fácilmente cómo funciona y para qué sirve una determinada función.

Hemos incluido también un capítulo dedicado a las barras de herramientas que aparecen cuando tratamos determinados objetos. Analizar en detalle este conjunto de barras supondría un libro complementario tan extenso o más que el presente. Sin embargo, esperamos que la presentación sea suficiente para poder localizar y entender el funcionamiento de las características principales de las mismas.

1

ELEMENTOS DE LA INTERFAZ

El siguiente capítulo realiza una presentación de los diferentes elementos que nos podemos encontrar en la interfaz de Excel.

De esta forma, podremos localizar fácilmente la información o las opciones que están disponibles en la aplicación y familiarizarnos rápidamente con la misma. Como cualquier ventana, la aplicación de MS Excel dispone de un título, unos bordes y una serie de elementos "clásicos" mediante los cuales podemos interactuar; pero también presenta varios elementos singulares, como las fichas, la barra de acceso rápido, etc.

A continuación mostramos una imagen con los elementos más significativos:

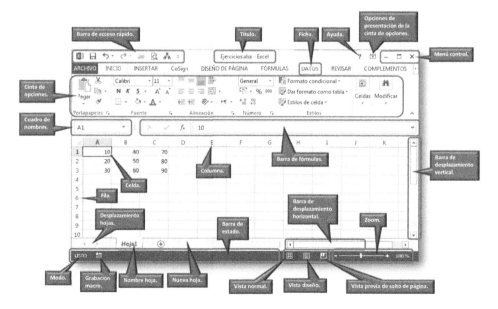

1.1 BARRA DE TÍTULO

Como es habitual en Windows, la barra de título muestra el nombre del documento en uso (en nuestro caso, el libro) y de la aplicación (Excel). Sin embargo, además del nombre puede mostrar otras informaciones complementarias, como por ejemplo:

- Modo de compatibilidad
- Solo lectura
- Compartido
- Etc.

Veamos el siguiente ejemplo:

1.2 BARRA DE ACCESO RÁPIDO

La barra de acceso rápido permite realizar determinadas acciones sin necesidad de acudir a su ficha o grupo de controles habitual.

Dicha barra posee un aspecto similar al siguiente:

Vemos que al tratar de personalizar la barra de herramientas, se ofrece un conjunto de opciones de uso frecuente (**Nuevo**, **Guardar**, etc.), así como la posibilidad de incluir mediante **Más comandos** opciones que podamos utilizar con frecuencia.

1.3 BOTONES DE CONTROL (MAXIMIZAR, MINIMIZAR, ETC.)

Como en cualquier ventana, Excel también posee los controles del denominado menú de **Control**, gracias a los cuales podemos maximizar, minimizar y restaurar una ventana de aplicación:

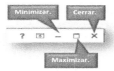

ACCIÓN	COMENTARIO
Minimizar —	Permite ocultar la aplicación colocando un icono en la barra de tareas para que podamos recuperar su visualización al hacer clic sobre el mismo.
Maximizar/ Restaurar	**Maximizar** permite que la ventana ocupe todo el tamaño de la pantalla. **Restaurar** devuelve el tamaño que tenía la ventana antes de ser minimizada o maximizada.
Cerrar ✕	Cierra la ventana de la aplicación.

1.4 OPCIONES DE PRESENTACIÓN DE LA CINTA DE OPCIONES

Para seleccionar la opción deseada, hemos de hacer clic sobre el icono que aparece junto al menú de control:

Disponemos de tres posibles formas de visualizar la cinta de opciones:

OPCIÓN	COMENTARIO
⬆	**Ocultar automáticamente la cinta de opciones** Permite ocultar tanto las pestañas como los iconos asociados a los comandos. Para recuperar de nuevo la cinta de opciones bastará con hacer clic sobre los puntos suspensivos que se muestran en la esquina superior derecha de la ventana: 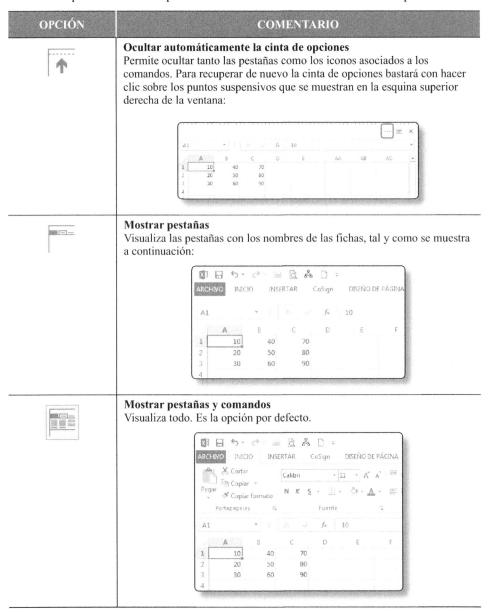
	Mostrar pestañas Visualiza las pestañas con los nombres de las fichas, tal y como se muestra a continuación:
	Mostrar pestañas y comandos Visualiza todo. Es la opción por defecto.

1.5 AYUDA

La ayuda de Excel nos permite acceder a una documentación que nos permitirá resolver muchas cuestiones, ya sea conocer la definición de un tema o utilizar un ejemplo de función que podamos copiar y pegar directamente sobre nuestras hojas, entre otras posibilidades.

Para invocar a la ayuda, podemos simplemente pulsar la tecla **F1** o hacer clic sobre el icono del símbolo de interrogación (**?**) situado en la parte superior derecha de la ventana de Excel. Al invocar la ayuda aparece una ventana con el siguiente aspecto:

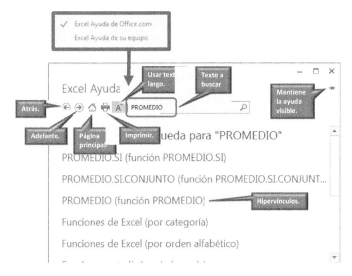

De forma intuitiva, basta con teclear la palabra clave que deseamos utilizar en la búsqueda de información (en nuestro ejemplo, "PROMEDIO"). A partir de aquí, Excel buscará todos los enlaces relacionados con ella para que solo tengamos que hacer clic sobre el hipervínculo que deseemos consultar e ir navegando por las diferentes páginas que se nos vayan ofreciendo. Dependiendo de dónde queramos recopilar la información, Excel buscará en nuestro equipo; si disponemos de conexión a Internet, buscará en *Office.com*.

1.6 CINTA DE OPCIONES

La cinta de opciones es un elemento de la interfaz de Excel que agrupa los comandos más utilizados por fichas; dentro de cada ficha organiza dichos comandos por grupos.

Por defecto, **Excel** muestra las siguientes pestañas dentro de la cinta de opciones:

PESTAÑA	COMENTARIO
Inicio	Agrupa los comandos principales para aplicar formato y editar celdas.
Insertar	Permite la inserción de elementos tales como gráficos, tablas, símbolos, filtros, etc.
Diseño de página	Permite organizar los elementos en nuestras hojas, así como configurar el aspecto de las mismas a la hora de imprimir.
Fórmulas	Esta pestaña facilita el acceso a la inserción de fórmulas y funciones, así como su depuración en caso de error.
Datos	Permite el tratamiento de datos externos, así como la inserción de filtros y ordenaciones sobre los mismos.
Revisar	Facilita el acceso a los comandos de revisión ortográfica, control de cambios, incorporación de notas, etc.
Vista	Facilita el control de ventanas de los diferentes libros y hojas con las que estemos trabajando.

Muchos de los grupos de comandos ofrecen el acceso a un cuadro de diálogo mediante el cual podemos configurar el resto de parámetros asociados a los mismos, que inicialmente se ocultan para simplificar la organización.

Por ejemplo, en la pestaña **INICIO**, en el grupo de controles **Fuente**, observaremos que al pulsar sobre el icono (⌐) situado en la esquina inferior derecha, accedemos al cuadro de diálogo **Formato de celdas**:

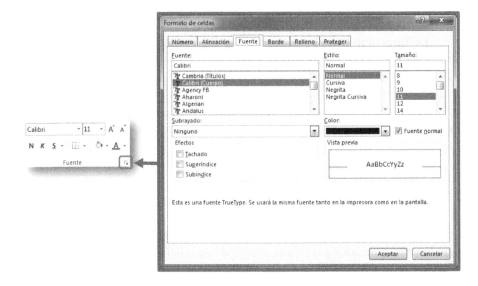

1.7 FICHAS/PESTAÑAS

Las pestañas facilitan el acceso a los grupos de comandos, tal y como hemos comentado anteriormente. En versiones anteriores, a las pestañas se las denominaba "fichas", pero en este libro usaremos indistintamente el término para referirnos a las pestañas con el fin de facilitar al lector la referencia.

Además de las pestañas que Excel muestra por defecto, existen otras pestañas, denominadas **Contextuales**, que aparecen cuando trabajamos con determinados objetos.

Por ejemplo, al situarnos sobre una tabla o sobre una tabla dinámica observaremos que aparece un nuevo grupo de fichas asociado a cada objeto. A continuación mostramos un ejemplo de las pestañas asociadas a una tabla y a una tabla dinámica:

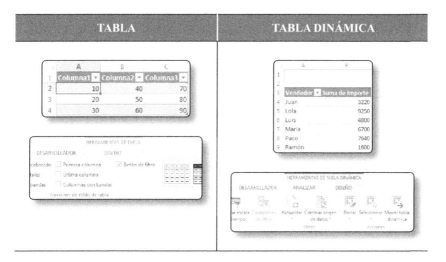

1.8 FICHAS DE HERRAMIENTAS

Tal y como se ha comentado en el apartado anterior, existe una serie de fichas que aparecen en función del objeto que se está tratando y que aportan comandos específicos.

A continuación relacionamos las principales fichas de herramientas:

- De SmartArt
- De gráficos
- De dibujo
- De imagen
- De tabla dinámica
- Para encabezado y pie de página
- De tabla
- De gráfico dinámico
- De lápiz
- Para minigráfico
- De escala de tiempo
- De segmentación de datos
- De ecuación

Al final del libro se incluye un capítulo en el que se relaciona con más detalle este grupo de pestañas.

1.9 CUADRO DE NOMBRES

Este elemento nos permite acceder o definir un nombre para un rango o tabla. Posee asociada una lista desplegable mediante la cual podemos acceder a los elementos que son reconocidos por su nombre, aunque también podemos teclear una referencia a una celda o rango para acceder al mismo.

Está ubicado en la parte superior izquierda de la ventana de Excel y por defecto podemos verlo justo debajo de la cinta de opciones:

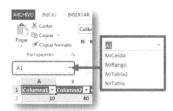

Por ejemplo, si en el cuadro de nombres tecleamos **F5**, observaremos cómo el cursor se coloca sobre la celda **F5** de la hoja en curso. Así mismo, si estamos en una hoja cualquiera pero tecleamos **Hoja2!B3**, observaremos que, efectivamente, se muestra la hoja **Hoja2** y el cursor se sitúa sobre la celda **B3**.

1.10 BARRA DE FÓRMULAS

La barra de fórmulas nos permite introducir el valor o la fórmula o función que queremos depositar en la celda activa. En la siguiente imagen puede observarse su localización:

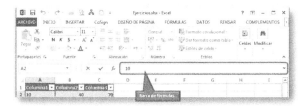

Podemos observar que en la parte derecha de la barra de fórmulas, hay una pequeña flecha que, al pulsarla, amplía el área de introducción de la barra de fórmulas. Es ideal para fórmulas extensas o para celdas que contengan saltos de línea y que, por tanto, no puedan mostrar su contenido en una sola línea. En el siguiente ejemplo mostramos una celda que posee varias líneas y que, en función del área visualizada de la barra de fórmulas, veremos una información u otra:

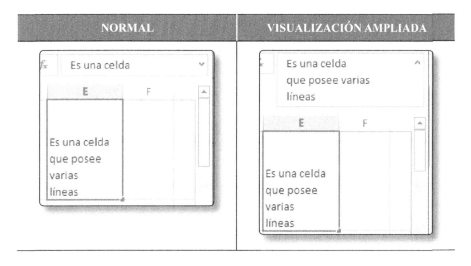

Para ampliar la zona de visualización de la barra de fórmulas podemos pulsar la combinación de teclas **CTRL** + **MAYÚS** + **U**.

1.11 INDICADORES DE FILAS

Las filas poseen asociado un número mediante el cual podemos referenciar a las celdas que se encuentran ubicadas sobre ellas. A continuación mostramos un ejemplo de una fila seleccionada y de cómo se identifican las filas sobre una hoja:

	A	B	C
1	10	40	70
2	20	50	80
3	30	60	90

En este caso, la fila seleccionada es la fila número 2.

1.12 INDICADORES DE COLUMNAS

En general, las columnas se identifican por las letras que se hallan en la cabecera de las mismas.

A continuación se muestra un ejemplo de una columna seleccionada y de cómo se muestran el resto de columnas cercanas:

	A	B	C
1	10	40	70
2	20	50	80
3	30	60	90

1.13 CELDAS

Las celdas representan la unidad básica de entrada de información y pueden contener valores, fórmulas y funciones.

Para introducir un valor en una celda, basta con colocarse sobre ella y teclear directamente el contenido deseado.

También es posible utilizar un asistente para insertar una función. Este detalle se comenta ampliamente en el capítulo destinado a la pestaña **FÓRMULAS**.

Para editar una fórmula, podemos pulsar **F2** sobre la misma o bien acceder a la barra de fórmulas para editar su contenido. En el siguiente ejemplo podemos observar cómo editamos la celda **B2**:

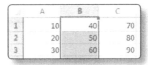

	A	B	C
1	10	40	70
2	20	50	80
3	30	60	90

1.14 BARRAS DE DESPLAZAMIENTO

Las barras de desplazamiento nos permiten trasladar el área de visualización de una hoja, desplazando arriba o abajo, o a derecha e izquierda, la zona que se visualiza en una determinada hoja.

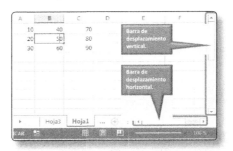

Vemos que la barra de desplazamiento es un elemento que posee dos flechitas en sus extremos (denominados "botones de desplazamiento") y muestra una especie de carril sobre el que se desplaza un pequeño rectángulo (cuadro de desplazamiento) cuya dimensión suele ser proporcional al volumen de información que se está visualizando con respecto al total. Si el documento posee mucha información y la parte visualizada representa una parte pequeña, el cuadro de desplazamiento será también más pequeño. Si la información del documento cabe en una pantalla, el cuadro de desplazamiento será más grande.

Para desplazarnos a través del documento utilizando la barra, basta con arrastrar el cuadro de desplazamiento usando el ratón. Observaremos cómo va cambiando el contenido de la pantalla según nos vamos desplazando. Si pulsamos los botones de desplazamiento que se hallan en los extremos, el desplazamiento será "corto". Si pulsamos sobre la zona del carril que no está ocupada con el rectángulo que usamos para desplazarnos con el ratón, veremos que el desplazamiento es "largo".

A continuación mostramos un ejemplo en el que puede apreciarse una hoja con poca información y otra con bastante información para ver la diferencia de tamaño del cuadro de desplazamiento:

1.15 BARRA DE ESTADO

La barra de estado es un elemento situado en la parte inferior de la pantalla de Excel que muestra diversas informaciones relacionadas con el modo en el que nos hallamos y el estado de algunas operaciones.

En la barra de estado podemos diferenciar las siguientes partes:

INDICADOR	COMENTARIO
Modo	Indica el modo de edición de una celda. Puede contener los siguientes valores: – Listo – Introducir – Modificar – Señalar
Bloq Mayús	Indica si está activada o no la tecla de **BLOQ MAYÚS**.
Bloq Num	Indica si está activada o no la tecla de **BLOQ NUM**.
Grabación de macro	Indica si se está grabando o no una macro.
Indicador de autocálculo	Muestra los cálculos generados automáticamente en función de las celdas que tengamos seleccionadas y de la configuración que tengamos aplicada en nuestra barra de estado (véase más adelante *Personalizar barra de estado*).
Vistas del libro	Indica qué vista tenemos seleccionada y permite seleccionar una nueva vista.
Zoom	Permite aplicar un zoom a la vista en curso.

Personalizar barra de estado

Haciendo clic con el botón derecho del ratón sobre la barra de estado, podemos personalizar su contenido mostrando más o menos información y observando algunas informaciones adicionales:

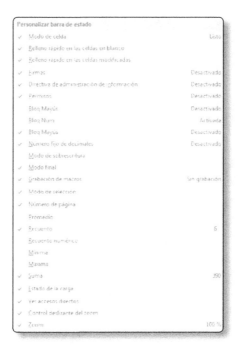

1.16 ETIQUETAS HOJAS

Las etiquetas de las hojas nos permiten identificar las diferentes hojas que podemos tener en un libro. Por otra parte, para acceder a una determinada hoja, bastará con hacer clic sobre la etiqueta asociada a la misma.

Vemos que estas etiquetas aparecen en la parte inferior de la ventana de Excel:

Por defecto, al crear una hoja nueva esta se nombra con el prefijo "Hoja" y un número correlativo. Para cambiar el nombre podemos hacer clic con el botón derecho del ratón sobre la pestaña asociada a la misma e invocar al menú contextual, en el que además disponemos de las siguientes opciones:

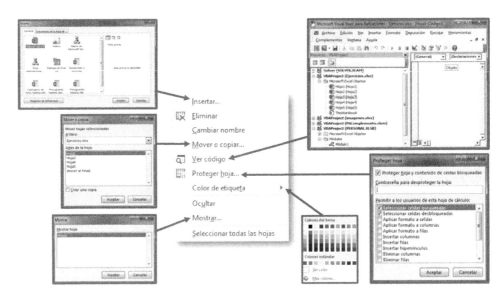

Podemos elegir entre visualizar o no las pestañas si accedemos a la pestaña **ARCHIVO → Opciones → Avanzadas**:

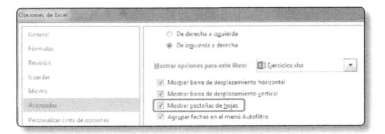

1.17 VISTAS DE LAS HOJAS DE UN LIBRO

En un libro podemos elegir una vista diferente para cada una de las hojas que dispongamos en el mismo.

Las posibles vistas se analizan con mayor detalle en el capítulo dedicado a la pestaña **VISTA**, pero, a modo de adelanto, las relacionamos a continuación:

VISTA	MUESTRA
Normal	
Diseño de página	
Vista previa de salto de página	

Tal y como hemos visto en el apartado de **Barra de estado**, es posible cambiar la vista fácilmente seleccionando alguna de las opciones que se ofrecen en la misma:

1.18 ZOOM

El zoom permite ampliar o reducir el tamaño de los elementos que aparecen en una vista. En la pestaña **VISTA** encontramos diferentes opciones para realizar un zoom, pero, como hemos visto también en la barra de estado, es fácil aplicar un zoom usando el control que se halla en la misma:

Una forma de realizar un zoom fácilmente es mover la ruedecita central del ratón mientras mantenemos pulsada la tecla **CTRL**.

2

CONCEPTOS BÁSICOS

2.1 LIBRO

Un libro es un tipo de archivo que permite agrupar diferentes hojas de cálculo mediante las cuales podemos realizar cálculos, organizar datos, crear gráficos, etc. Es el documento que automáticamente **Excel** crea cuando ejecutamos la aplicación. El número de hojas que incluye cada vez que se crea un libro es configurable, pero, si no se modifica, se suelen incluir tres hojas de cálculo. Este tipo de archivos se reconocen porque utilizan por defecto la extensión *xlsx*, aunque en versiones anteriores usaban la extensión *xls*. A continuación vemos un ejemplo de cómo podemos reconocer a estos archivos en el **Explorador de Windows**:

2.2 HOJA DE CÁLCULO

Una hoja de cálculo es un espacio de trabajo donde realizaremos los cálculos y guardaremos nuestros datos. Las hojas están compuestas por celdas, las cuales se hallan en la intersección de filas y columnas. A su vez, un libro se halla compuesto por una o varias hojas.

Podemos seleccionar las hojas haciendo clic sobre la pestaña existente en la parte inferior de la ventana de **Excel**:

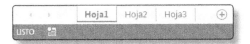

2.3 CELDA

La celda es la intersección entre una fila y una columna y nos permite introducir valores, fórmulas, funciones, etc.

Así pues, las celdas son unidades de información que pueden ser editadas y sobre las que aplicamos un formato para hacer que los datos sean más legibles:

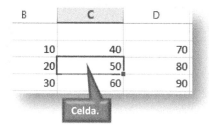

Para introducir un valor en una celda, basta con colocarse sobre la misma y teclear directamente el contenido deseado.

2.4 RANGO

Un rango es un conjunto de celdas contiguas que poseen una forma rectangular. Un rango puede estar compuesto por una sola celda, una fila, una columna, un grupo de celdas, o bien por todas las celdas de una hoja. La forma general de referirse a un rango es utilizando las coordenadas correspondientes a las celdas ubicadas en las esquinas superior izquierda e inferior derecha del mismo. Por ejemplo, el rango **B2:D4** está formado por el siguiente conjunto de celdas:

	A	B	C	D
1				
2		10	40	70
3		20	50	80
4		30	60	90

Los rangos son muy útiles, ya que permiten aplicar un formato a todo un grupo de celdas; también pueden emplearse como parámetros en determinadas funciones (véase por ejemplo la función **SUMA**). En el capítulo dedicado a la ficha de **FÓRMULAS** veremos cómo podemos asignar un nombre a un rango.

2.5 FILAS / COLUMNAS

"Filas" y "columnas" son los nombres con los que conocemos al conjunto de celdas que se hallan dispuestas, como su nombre indica, en una fila o en una columna.

Hay que tener en cuenta que las hojas presentan un aspecto tabular y, por tanto, están compuestas por filas y columnas. Normalmente, para hacer referencia a una fila utilizaremos el número situado en la parte izquierda de la hoja; para hacer referencia a una columna usaremos las letras que se hallan en la cabecera de la misma. Veamos la siguiente imagen:

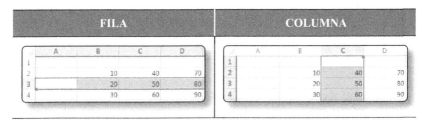

2.6 INTRODUCCIÓN Y EDICIÓN DE DATOS

Cuando abrimos Excel, aparece un nuevo libro de trabajo con una serie de nuevas hojas de cálculo por defecto, de las cuales el programa deja activa la primera.

Para introducir datos en una celda, basta con situarse sobre la misma y teclear el valor deseado. Observaremos que, al teclear el valor en la celda, dicho valor se está introduciendo simultáneamente en la barra de fórmulas. Vemos también que la celda sobre la que estamos introduciendo un valor aparece enmarcada con un cuadro que la diferencia del resto. Diremos que esta celda **tiene el foco** y que es la **celda activa**.

Se puede modificar su contenido directamente en la barra de fórmulas o bien tecleando de nuevo sobre la propia celda.

Si lo que se pretende es editar su contenido de forma que se respete el mismo y se añadan o eliminen otros caracteres, lo que hay que hacer es colocarse sobre la celda en cuestión y pulsar la tecla **F2**. Observaremos que, a partir de ese momento, es posible moverse con las flechas y resto de teclas de edición a lo largo del texto e introducir caracteres o reemplazarlos dependiendo del estado de la tecla **INSERT**.

La tecla **INSERT** se puede pulsar para indicar que se desea sobrescribir o insertar texto.

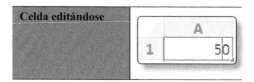

En la barra de fórmulas, además de la referencia a la celda en curso y a la caja de texto con el contenido de la celda, nos encontramos con los siguientes botones:

ICONO	COMENTARIO
✗	Anula el cambio realizado en la introducción de la celda.
✓	Acepta el cambio. Equivale a pulsar la tecla **INTRO** o retorno de carro ⟲.
ƒx	Invoca al asistente de funciones.

Si seleccionamos un rango, observaremos que al introducir un valor en una celda y pulsar **INTRO**, el cursor se sitúa sobre la siguiente celda del rango esperando una introducción. Cuando se ha introducido el valor de la última celda seleccionada, el cursor empieza por la primera celda del rango de nuevo. De esta forma, es posible agilizar la introducción de un grupo de celdas.

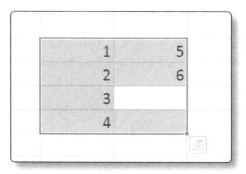

Si deja pulsada la tecla **INTRO**, comprobará cómo el cursor se desplaza rápidamente por las celdas que componen el rango seleccionado.

2.7 SELECCIÓN DE RANGOS

Para seleccionar un conjunto de celdas, basta con hacer clic sobre la primera celda que se encuentre en una esquina del rango a seleccionar y, manteniendo pulsado el botón izquierdo del ratón, arrastrar el ratón hasta la celda que se halle en el extremo opuesto (o esquina opuesta) del rango en cuestión.

Es posible seleccionar rangos compuestos por grupos de celdas no contiguas. Para ello, una vez seleccionado el primer rango, se ha de seleccionar el segundo manteniendo la tecla **CTRL** pulsada mientras se realiza de nuevo la operación de selección sobre las celdas.

Observaremos que, mientras vamos desplazando el ratón, el área seleccionada se va ampliando, cambiando de color y quedando delimitada por un rectángulo con un borde más grueso que el de una celda normal.

Para seleccionar un rango también es posible marcar la celda correspondiente a una de las esquinas del mismo y a continuación, manteniendo pulsada la tecla **SHIFT** (o **MAYÚSCULAS**), hacer clic sobre la esquina opuesta al rectángulo en cuestión.

Para seleccionar filas o columnas, basta con teclear sobre la propia fila o columna. Si el objetivo es seleccionar varias filas o columnas contiguas, se puede utilizar el procedimiento descrito anteriormente para los rangos. Es decir, se hace clic sobre la primera fila o columna que interese seleccionar y se arrastra el ratón hasta la última.

Si las filas o columnas no son contiguas, se puede ir pulsando **CTRL** + **clic** sobre cada una de las que interese seleccionar. Se puede realizar una selección de filas y columnas al mismo tiempo.

Para seleccionar toda la hoja, basta con hacer clic sobre la esquina superior izquierda de la hoja de cálculo. Justo en la intersección entre la barra de filas y de columnas:

ANTES DE LA SELECCIÓN	DESPUÉS DE LA SELECCIÓN

2.8 INSERTAR / ELIMINAR CELDAS

Para insertar o eliminar un grupo de celdas, basta con seleccionar el rango de celdas que se desea tratar y hacer clic con el botón derecho de ratón sobre el mismo para que aparezca, dependiendo de la acción deseada, alguno de los siguientes menús flotantes:

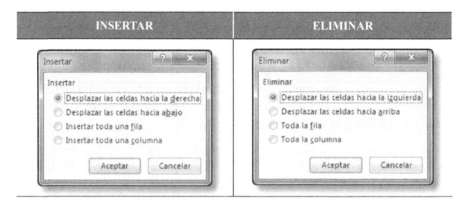

Si lo que se pretende eliminar es solo el contenido de las celdas, bastará con pulsar la tecla **SUPRIMIR** una vez seleccionado el rango deseado.

2.9 MOVER CELDAS

El movimiento de celdas podría interpretarse como una combinación de las acciones **Cortar** y **Pegar** de celdas. Efectivamente, **Cortar** copiaría las celdas en el portapapeles y, al pegar estas en otro lugar de la hoja, veríamos que las celdas originales son borradas de su ubicación original y sus valores aparecen en la nueva ubicación. Durante el proceso observaremos que tras seleccionar el rango a cortar y ejecutar la acción **Cortar**, el rectángulo que rodea el rango tratado muestra un tipo de línea semicontinua y parpadeante, como se ve en la siguiente imagen:

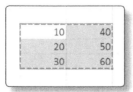

Otra opción más sencilla es simplemente mover mediante el ratón el rango seleccionado hacia el destino deseado. Para ello basta con seleccionar el rango y aproximar el cursor del ratón hacia el rectángulo que lo contiene, de forma que cuando el cursor del ratón muestre cuatro flechitas (una en cada sentido) estará indicando que, en ese momento, el rango puede moverse. Para moverlo pincharemos el cuadro que representa el rango y, manteniendo presionado el botón izquierdo del ratón, moveremos el cursor hacia la celda destino, liberando dicho botón justo sobre ella.

La siguiente imagen muestra cómo cambia el cursor para indicarnos que el rango se puede mover:

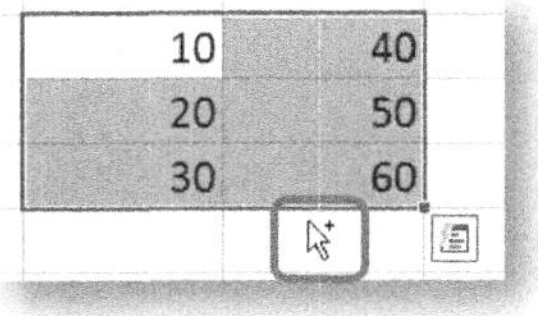

Si las celdas que se mueven van a ocupar otro lugar que ya contiene valores en algunas de sus celdas, se solicitará confirmación, mediante el siguiente cuadro de diálogo, antes de sobrescribir el destino:

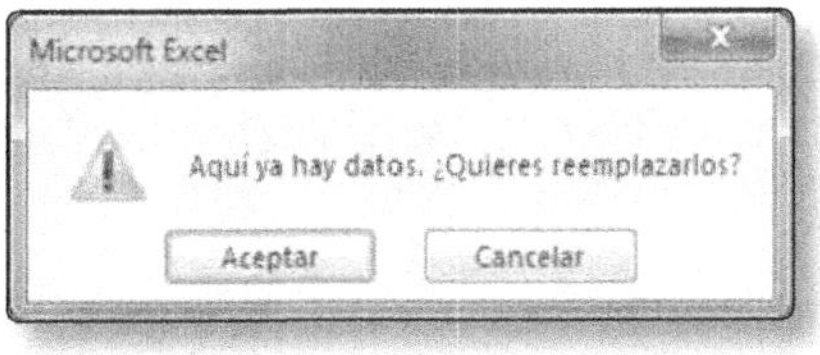

2.10 COPIAR Y PEGAR CELDAS

De forma similar a la descrita para el apartado dedicado a **Mover**, el paso previo al copiado de celdas es la selección del rango que interesa tratar.

Una vez seleccionado dicho rango, ejecutaremos el comando **Copiar**, el cual se puede invocar mediante alguna de las siguientes acciones:

- Haciendo clic sobre el icono .
- Tecleando **CTRL** + **C**.
- Haciendo clic con el botón derecho del ratón sobre el rango y usando la opción del menú flotante que aparece:

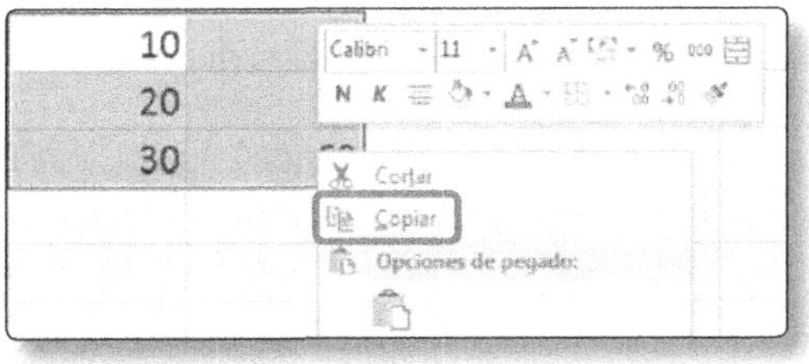

Otra forma sencilla de copiar un rango es realizar las mismas acciones que las indicadas para moverlo, pero pulsando al mismo tiempo la tecla **CTRL**.

La siguiente imagen muestra cómo cambia el cursor del ratón al pulsar **CTRL**, indicando un signo + que significa que se está copiando:

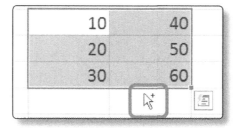

Tal y como explicamos para la opción **Mover**, si el destino sobre el que vamos a copiar las celdas está ocupado por celdas que contienen un valor, podemos escoger entre reemplazar su contenido (aceptando la pregunta realizada mediante el cuadro de diálogo), o bien insertar las celdas copiadas de forma que se produzca un desplazamiento de las mismas. Para que se produzca la inserción, hemos de pulsar además la tecla **SHIFT** (**MAYÚSCULAS**). Dicho desplazamiento puede ser hacia la derecha o hacia abajo:

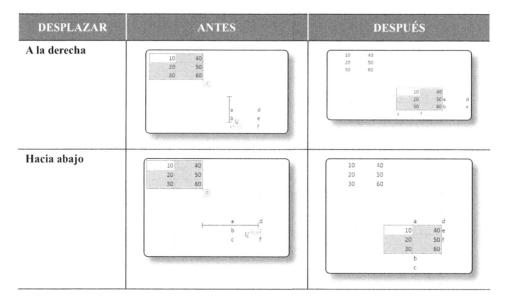

DESPLAZAR	ANTES	DESPUÉS
A la derecha		
Hacia abajo		

También es posible copiar un rango hacia otras celdas contiguas seleccionándolo y pinchando en la esquina inferior derecha justo cuando el cursor aparece como una cruz.

La siguiente imagen muestra la secuencia de copiado de una celda hacia otras contiguas:

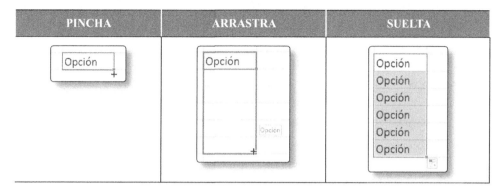

PINCHA	ARRASTRA	SUELTA

2.11 FORMULACIÓN BÁSICA

El objetivo principal de **Excel** es realizar cálculos; por tanto, la definición de fórmulas y funciones es uno de los temas más importantes a tratar.

Con **Excel** podemos realizar operaciones tan simples como la suma o la resta y también cálculos complejos, como los cálculos estadísticos o financieros.

Para introducir una fórmula, basta con situarse en la celda que contendrá el resultado de la misma y escribir la expresión, empezando por el símbolo igual (=) seguido de los operadores con los que realizar el cálculo.

Por ejemplo, podemos colocarnos sobre la celda **C1** y definir una operación simple como la siguiente:

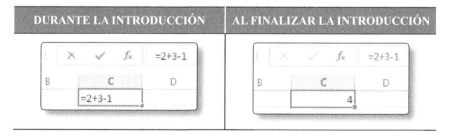

DURANTE LA INTRODUCCIÓN	AL FINALIZAR LA INTRODUCCIÓN

Vemos que durante la introducción, la barra de fórmulas muestra la definición de la fórmula (=**2**+**3-1**), y también que presenta habilitados los botones de aceptación (✓) o cancelación (✗) de la entrada. Una vez introducida la fórmula, al pulsar **INTRO**, vemos que la celda pasa a visualizar el resultado de la misma (**4**).

En la fórmula podemos combinar los siguientes elementos:

ELEMENTO	EJEMPLO
Valores constantes	1, -27, María, 01/04/2009, 3E2 (equivale a 300 o a 3 x 10²).
Referencias a otras celdas	A2, $B$5, XFD1002576
Funciones	SUMA(A1:A5), ABS(A2), SENO(30)
Operadores	+,-,/,*,(,),>,<,>=,<=,< >

El orden en el que se realizan las operaciones es el siguiente:

▸ En primer lugar se resuelven las operaciones delimitadas entre paréntesis.
▸ A continuación, las potencias.
▸ Seguidamente, las multiplicaciones y divisiones.
▸ Por último, las sumas y restas.

2.12 REFERENCIAS A CELDAS

La referencia a celdas nos permite indicar qué parte de una fórmula se ha de modificar o no cuando esta se copia de una celda a otra. Por ejemplo, si una celda (**Xa**) posee una fórmula, la cual utiliza la referencia a otra celda (**Yb**) cuyo valor no variará dependiendo de la fila o de la columna en la que se encuentre, es posible que necesitemos que al copiar la celda que contiene la fórmula hacia otra celda, la fórmula no altere la referencia a la celda con valor "fijo" (**Yb**).

Para cambiar el tipo de referencia de una celda, basta con situarse sobre la referencia a la misma dentro de la fórmula e ir pulsando la tecla **F4**. Observaremos que cada vez que se pulsa **F4**, la referencia va cambiando. En el ejemplo siguiente, si colocamos el cursor sobre la celda **A3** y, dentro de la fórmula, sobre la referencia a **A1**, al pulsar **F4** veremos que va cambiando con los siguientes valores: **$A$1**, **A$1**, **$A1**; y finalmente vuelve a mostrar **A1**:

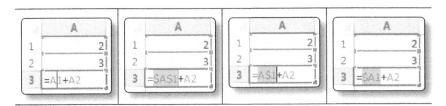

A continuación veremos los diferentes tipos de referencias que existen y cómo funcionan.

2.13 REFERENCIAS RELATIVAS

Al copiar la fórmula, la referencia a la celda cambiará dependiendo del destino (de la nueva celda).

EJEMPLO DE COPIA

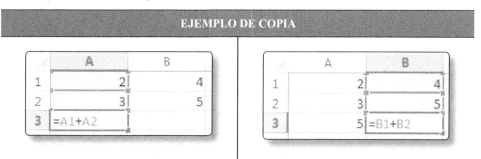

Al copiar **A3** sobre **B3**, la celda **B3** modifica la fórmula para hacer referencia a la columna **B** (en lugar de la **A**).

2.14 REFERENCIAS ABSOLUTAS

Al copiar la fórmula, las celdas que estén indicadas en la misma con referencia absoluta no sufrirán ninguna conversión.

EJEMPLO DE COPIA

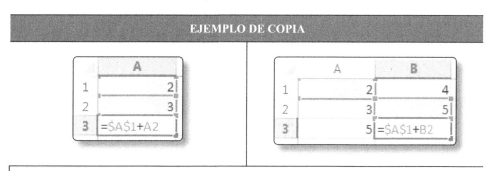

Al copiar **A3** sobre **B3**, la celda **B3** modifica la fórmula para hacer referencia a la columna **B** (en lugar de la **A**), pero solo "convierte" la celda **A2** a **B2** ya que la celda **$A$1** es una **referencia absoluta** y, por tanto, queda igual.

2.15 REFERENCIAS MIXTAS

Al copiar una celda que contiene una fórmula en la que hay referencias mixtas, no se modificará la fila o columna que tenga el símbolo **$** delante y solo se modificará la fila o columna que no lo tenga. Podemos decir que al colocar el símbolo **$** delante de una de las coordenadas de la referencia, la estamos "fijando".

Por ejemplo, para poder comprobar una posible aplicación de estas referencias, podemos tratar de crear una pequeña hoja en la que calculemos la potencia de un número comprendido entre el **2** y el **5** elevado a otro que también esté comprendido entre el **2** y el **5**.

PASO	COMENTARIO
	Rellenamos las celdas tal y como se indica en la imagen.
	Seguidamente rellenamos la celda **B2** con una fórmula en la que operamos con dos referencias mixtas. La referencia **$A2** indica que cuando se copie esta celda a otra celda, la referencia a la columna no variará y solo variará la parte relativa a la fila. Por el contrario, la referencia a la celda **B$1** indica que, al ser copiada, la fila no variará, pero sí la columna.
	Si copiamos la celda **B4** a todo el rango **B4:E5**, obtendremos la tabla que andábamos buscando.
	Resultados Efectivamente, podemos comprobar que al elevar cualquier número comprendido en la columna **A** por cualquiera de los indicados en la fila 1, su potencia se halla en la intersección de la fila con la columna.
	Fórmulas aplicadas Pulsando **CTRL** + ` (acento grave) puede alternarse la visualización de las fórmulas y los resultados.

2.16 MODIFICACIÓN DE FÓRMULAS CON REFERENCIAS A CELDAS QUE SE "MUEVEN"

Al mover una celda que está referenciada en alguna fórmula, dichas fórmulas han de modificarse para hacer referencia a la nueva celda final a la que haya ido a parar la celda inicial.

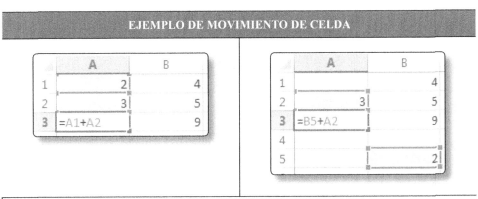

EJEMPLO DE MOVIMIENTO DE CELDA

Al mover **A1** hacia **B5**, la fórmula se ha modificado para hacer referencia a la celda **B5** que contiene el valor de la antigua celda **A1**.

2.17 FUNCIÓN

Una función es una especie de fórmula especial que puede admitir diversos argumentos, realiza un cálculo y devuelve un valor o resultado.

Al igual que en una fórmula, para introducir una función al principio de una celda, hemos de empezar indicando el signo igual (=). Por ejemplo:

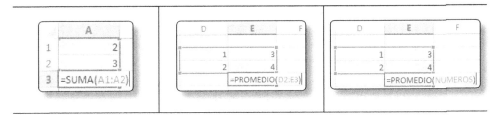

Observamos que la referencia a un rango se hace indicando las celdas situadas en la esquina superior izquierda e inferior derecha del rango, separadas por dos puntos (:) (**A1:A2** o **D2:E3**).

Pero también se puede hacer referencia a un rango "nombrado". Los rangos con nombre se pueden definir seleccionando el rango a nombrar y a continuación pulsando con el botón derecho del ratón para invocar al menú flotante en el que podremos seleccionar la opción: **Definir nombre**.

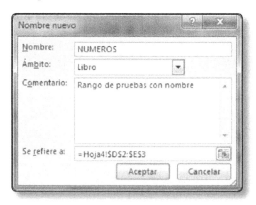

También es posible introducir el nombre del rango directamente en la barra de fórmulas:

Las funciones, al igual que las fórmulas, pueden hacer referencias a constantes, a celdas, a otras fórmulas o funciones, etc. Los argumentos se separan mediante el punto y coma (;) y siempre van entre paréntesis.

Los nombres definidos y la inserción de funciones se analizan con mayor detalle en el capítulo dedicado a **FÓRMULAS**.

2.18 TABLAS

Una tabla es un conjunto de datos organizados en filas y columnas sobre los que podemos aplicar diversas operaciones como ordenar, filtrar, aplicar formato, incluir filas de resumen, etc.

Una tabla posee un aspecto similar al siguiente:

	A	B	C	D	E	F	G
1	Fecha	Vendedor	Provincia	Artículo	Cantidad	Precio	Importe
2	01/01/2013	Juan	Barcelona	Goma	300	0,8	240
3	01/01/2013	Ramón	Barcelona	Cubo	600	2	1200
4	01/02/2013	Juan	Madrid	Goma	1500	0,9	1350
5	01/02/2013	Ramón	Madrid	Goma	500	0,8	400
6	01/03/2013	Juan	Madrid	Lapiz	900	1,2	1080
7	01/04/2013	Lola	Barcelona	Celo	2000	3,5	7000

En el capítulo dedicado a la ficha **INSERTAR** se analizan con más detalle las tablas y su funcionalidad.

2.19 MENÚ CONTEXTUAL

Un menú contextual es un menú que aparece dependiendo del contexto en el que se invoque. Generalmente se invoca haciendo clic con el botón derecho del ratón. Así pues, no es lo mismo invocar a un menú contextual cuando estamos sobre una celda cualquiera que cuando estamos sobre una tabla o sobre una imagen. Veamos algunos ejemplos:

SOBRE UNA CELDA	SOBRE UNA TABLA	SOBRE UNA IMAGEN

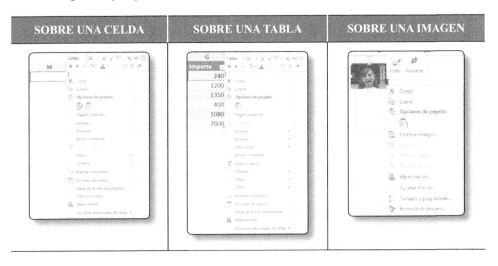

Existen varias opciones que suelen ser comunes a casi todos los menús contextuales (por ejemplo, el clásico copiar y pegar o el formato), pero, evidentemente, algunas opciones son específicas del objeto que estemos tratando.

2.20 USO DEL RATÓN

El ratón puede utilizarse para infinidad de acciones tales como la selección de una celda u objeto o simplemente para escoger una opción de un menú o de una barra de iconos. El puntero del ratón nos indica cuál es el estado de la aplicación o de la acción que se está realizando.

A continuación destacamos las formas más utilizadas:

FORMA	COMENTARIO
	Seleccionar una celda o rango
	Mover una celda o rango Tras seleccionar la celda o rango, se arrastra a la nueva posición.
	Copiar una celda o rango Tras seleccionar la celda o rango, se arrastra manteniendo pulsada la tecla **CTRL** a la posición donde queramos depositarlo.
	Redimensión de fila Seleccionamos las filas a redimensionar y arrastramos el cursor mientras pulsamos el botón izquierdo del ratón hasta la posición que determine el nuevo tamaño de las filas.
	Redimensión de columna Seleccionamos las columnas a redimensionar y arrastramos el cursor mientras pulsamos el botón izquierdo del ratón hasta la posición que determine el nuevo tamaño de las columnas.
	Selección de filas completas
	Selección de columnas completas

Para seleccionar toda la hoja, bastará con hacer clic con el botón izquierdo del ratón sobre la esquina superior izquierda de la hoja (◢), tal y como mostramos a continuación:

ANTES DE SELECCIONAR	DESPUÉS DE SELECCIONAR

Para seleccionar un rango o un conjunto de celdas, podemos utilizar una combinación de teclado y ratón. Por ejemplo, para seleccionar un rango contiguo de celdas, podemos hacer clic con el botón izquierdo del ratón sobre una de las esquinas del rango a seleccionar (por ejemplo, sobre la esquina superior izquierda) y seguidamente, mientras mantenemos la tecla **SHIFT** (**MAYÚSCULAS**) pulsada, pulsar en la esquina contraria a la diagonal del rango (por ejemplo, sobre la esquina inferior derecha). Supongamos que tenemos una hoja en la que queremos seleccionar el rango **B2:C4**. Lo que haremos es hacer clic sobre la celda **B2** y, manteniendo pulsada la tecla **SHIFT** (**MAYÚSCULAS**), pulsaremos sobre **C4**:

CLIC SOBRE B2	PULSAMOS MAYÚSCULAS Y HACEMOS CLIC SOBRE C4 SIMULTÁNEAMENTE

Si lo que necesitamos es seleccionar celdas que no son contiguas, lo que podemos hacer es ir haciendo clic con el botón izquierdo del ratón mientras mantenemos pulsada la tecla **CTRL** simultáneamente. Por ejemplo, para seleccionar las celdas **B2**, **C4** y **D3**, haremos clic sobre **B2** y, mientras mantenemos pulsada la tecla **CTRL**, pulsaremos sobre **C4** y por último sobre **D3**:

Clic sobre B2		A	B	C	D
	1	10	60	110	160
	2	20	70	120	170
	3	30	80	130	180
	4	40	90	140	190
	5	50	100	150	200

Pulsamos CTRL y C4 simultáneamente		A	B	C	D
	1	10	60	110	160
	2	20	70	120	170
	3	30	80	130	180
	4	40	90	140	190
	5	50	100	150	200

Pulsamos CTRL y D3 simultáneamente		A	B	C	D
	1	10	60	110	160
	2	20	70	120	170
	3	30	80	130	180
	4	40	90	140	190
	5	50	100	150	200

Podemos establecer un ajuste automático del ancho de las columnas y del alto de las filas realizando un doble clic con el botón izquierdo del ratón sobre la línea de separación de las columnas o filas. Por ejemplo, supongamos que queremos aplicar un ajuste automático a un grupo de columnas. Lo que hacemos es seleccionar las columnas que nos interesen y a continuación doble clic sobre cualquiera de las separaciones de columnas existentes entre ellas, de la siguiente manera:

SELECCIONAMOS COLUMNAS	DOBLE CLIC SOBRE LA SEPARACIÓN DE COLUMNAS

También podemos hacer doble clic para copiar una celda sobre las celdas contiguas que se hallan por debajo de la misma, teniendo en cuenta que la última fila sobre la que se realizará la copia será la última fila sobre la que se haya encontrado alguna información en el rango contiguo.

Por ejemplo, supongamos que tenemos la siguiente información y que aplicamos una suma en la última columna del rango tal y como mostramos:

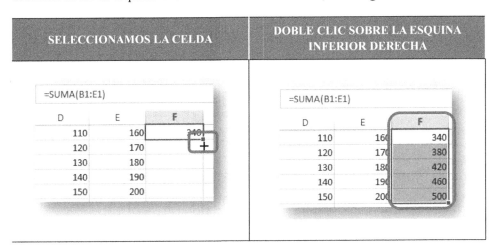

Para copiar la función **SUMA** que se halla en la celda **F1** sobre el resto de filas, bastará con colocarse sobre la misma y hacer doble clic con el botón izquierdo del ratón sobre la esquina inferior derecha de la misma, de la siguiente manera:

SELECCIONAMOS LA CELDA	DOBLE CLIC SOBRE LA ESQUINA INFERIOR DERECHA

2.21 USO DEL TECLADO

En Excel, usar el teclado puede ahorrarnos mucho tiempo y pulsaciones si conocemos los "atajos" (*shortcuts*) que el programa nos ofrece para realizar determinadas acciones o invocar cuadros de diálogo.

Aunque en el anexo *Uso del teclado* se ofrecen las principales combinaciones, a continuación se describe el uso básico del teclado:

TECLA	COMENTARIO
INTRO	Permite indicar a Excel que la entrada realizada ha finalizado y mueve el cursor a la siguiente celda (generalmente la de abajo).
ALT + INTRO	Inicia nueva línea dentro de la misma celda.
CTRL + INTRO	Rellena el rango seleccionado con el valor introducido en la barra de fórmulas.
ALT	Permite mostrar los caracteres asociados a cada opción de la ficha en curso (*key tips*) para que podamos ejecutarlas mediante el teclado.
MAYÚS + INTRO	Finaliza la entrada en la celda en curso y selecciona la celda de encima.
Flechas	Permite el desplazamiento a la celda situada en el sentido de la flecha pulsada o, en el caso de un menú o ficha, selecciona el comando siguiente o anterior.
CTRL + Flecha	Desplaza el cursor hasta la primera o última celda con datos dentro de la "región de datos". Entendemos por región de datos aquel conjunto de celdas contiguas que contienen datos y que está delimitado por los bordes de la hoja o celdas vacías.
MAYÚS + Flecha	Permite seleccionar celdas hacia la dirección de la flecha.
CTRL + MAYÚS + Flecha	Amplía la selección hasta la última celda no vacía de la misma fila o columna de la celda en curso.
RETROCESO	Borra el carácter situado a la izquierda de la posición del cursor o todo el contenido de la celda activa entrando en modo edición.
SUPR	Elimina el contenido de la celda activa o, en modo edición, permite borrar el carácter existente a la derecha de la posición del cursor.
INICIO	En modo edición sitúa el curso al inicio del campo. Sobre una celda, sitúa el cursor en la primera celda de la fila en curso.
CTRL + INICIO	Desplaza el cursor a la primera celda de la hoja.
MAYÚS + INICIO	Selecciona las celdas que hay en la fila en curso desde la celda actual hasta la primera columna.
CTRL + MAYÚS + INICIO	Amplía la selección desde la posición actual hasta el inicio de la hoja de cálculo.
FIN	En modo edición, sitúa el cursor al final del campo.
CTRL + FIN	Desplaza el cursor a la última celda editada.
CTRL + MAYÚS + FIN	Amplía la selección hasta la última celda de la hoja de cálculo que tenga contenido. En un cuadro de edición o barra de fórmulas, selecciona desde la posición actual del cursor hasta el final del campo.
ESC	Cancela la introducción en la celda en curso dejando el valor que había antes de entrar en la misma. Permite también cerrar un cuadro de diálogo o menú.
RE PÁG	Desplaza la vista de la hoja actual una pantalla hacia arriba.

ALT + RE PÁG	Desplaza la vista de la hoja actual una pantalla hacia la izquierda.
CTRL + RE PÁG	Muestra la hoja que se halla a la izquierda de la hoja en curso.
CTRL + MAYÚS + RE PÁG	Permite seleccionar la hoja en curso y la anterior. Cada vez que pulsamos la combinación de teclas se selecciona una hoja más.
AV PÁG	Desplaza la vista de la hoja actual una pantalla hacia abajo.
ALT + AV PÁG	Desplaza la vista de la hoja actual una pantalla hacia la derecha.
CTRL + AV PÁG	Muestra la hoja que se halla a la derecha de la hoja en curso.
CTRL + MAYÚS + AV PÁG	Permite seleccionar la hoja en curso y la posterior. Cada vez que pulsamos la combinación de teclas se selecciona una hoja más.
BARRA ESPACIADORA	Activa o desactiva una casilla de verificación. También permite ejecutar la acción asociada al botón que esté seleccionado.
CTRL + BARRA ESPACIADORA	Selecciona una columna entera.
CTRL + MAYÚS + BARRA ESPACIADORA	Selecciona toda la región de datos (la primera vez) o toda la hoja (la segunda). Si hay un objeto seleccionado, se seleccionan todos.
ALT + BARRA ESPACIADORA	Muestra el menú **Control** de la ventana de Excel.
TAB	Desplaza el cursor a la celda que se halla a la derecha de la celda en curso.
ALT + TAB	Desplaza el cursor a la celda que se halla a la izquierda de la celda en curso.
CTRL + TAB	En un cuadro de diálogo, desplaza el foco a la siguiente ficha.
CTRL + MAYÚS + TAB	En un cuadro de diálogo, desplaza el foco a la ficha anterior.
F1	Invoca a la ayuda.
F2	Permite editar la celda en curso.
F4	Permite repetir el último comando realizado. En modo edición permite cambiar la notación de las referencias a una celda.
F5	Muestra el cuadro de diálogo **Ir** (por ejemplo, para ir a una celda en concreto).
F6	Permite alternar el foco entre la hoja de cálculo, la cinta de opciones, el panel de tareas y los controles de zoom.
F7	Permite ejecutar la opción **Ortografía** de la ficha **REVISAR**.
F8	Alterna el modo de selección extendida. Si se pulsa, se puede seleccionar un rango mediante las flechas.
F9	Recalcula todas las hojas de todos los libros abiertos.
F10	Ídem que **ALT**, permite activar y desactivar los *key tips*.
F11	Crea un gráfico en una nueva hoja basándose en los datos del rango sobre el que se halle el cursor.
F12	Ejecuta el comando **Guardar como**.

2.22 PORTAPAPELES

El portapapeles es un elemento que nos permite almacenar los últimos 24 objetos (textos, imágenes, etc.) copiados para poder recuperarlos cuando nos interese. Para invocar al panel que permite utilizarlo, podemos hacer clic sobre el botón que aparece en la parte inferior derecha del grupo de opciones **Portapapeles**, incluido en la ficha **INICIO**:

El aspecto que presenta dicho panel es el siguiente:

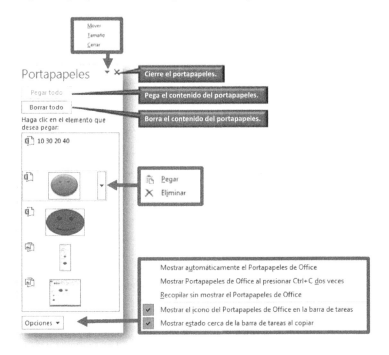

Para recuperar un contenido y pegarlo, basta con hacer clic sobre la imagen que lo representa en el portapapeles; observaremos que dicho contenido se inserta sobre la celda activa.

Mediante las opciones podemos decidir si queremos que el **Portapapeles** se muestre automáticamente cada vez que incorporemos un elemento en el mismo o si queremos mostrarlo al pulsar dos veces la combinación de teclas **CTRL + C**; podemos además decidir si queremos ver su estado cerca de la barra de tareas al copiar o no:

2.23 VENTANA

Una ventana es un área visual que permite mostrar un cierto contenido y que suele ser de forma rectangular. Posee unos bordes que en ocasiones pueden utilizarse para redimensionar el área de visualización de la misma; generalmente poseen un título para identificarse sobre el resto de posibles pantallas abiertas en el mismo instante. En función de la aplicación, pueden existir más o menos elementos, pero, en general, las ventanas pueden cerrarse, redimensionarse, moverse, maximizarse y minimizarse. A continuación mostramos un ejemplo de ventana de Excel:

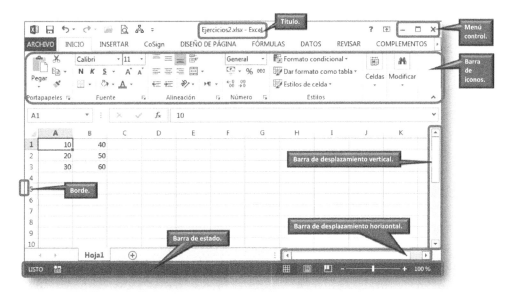

2.24 GRÁFICO

En general, denominamos "gráfico" a la representación de un conjunto de datos de forma visual que muestra mediante símbolos y figuras una serie de magnitudes y la relación entre ellas para que en un golpe de vista podamos obtener una información. Excel dispone de un gran surtido de gráficos y gracias a su asistente es posible crear y modificar un gráfico de forma sencilla. A continuación mostramos un ejemplo de cómo representar una simple tabla de ventas en forma de gráfico:

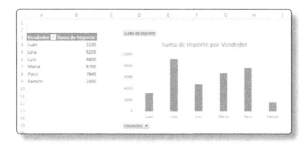

2.25 CUADROS DE DIÁLOGO

Un cuadro de diálogo es un tipo de ventana especial que generalmente se utiliza para ofrecer o solicitar información puntual al usuario. En general, los errores se muestran mediante cuadros de diálogo y esperan alguna intervención por parte del usuario, de forma que no es posible continuar hasta que el usuario tome una decisión.

Por ejemplo, si realizamos un cambio sobre un documento y pretendemos cerrar Excel sin haberlo guardado previamente, se mostrará el siguiente cuadro de diálogo para que realicemos alguna de las opciones que nos ofrece:

2.26 MACROS

Una macro es un conjunto de instrucciones que permite automatizar ciertos procesos repetitivos. En el caso de Excel, una macro permitiría realizar una secuencia de acciones en un determinado orden para agilizar el trabajo del usuario.

En el capítulo destinado a la ficha **DESARROLLADOR** se explica detalladamente cómo podemos crear y utilizar una macro.

3

ARCHIVO

En la pestaña **ARCHIVO** nos vamos a encontrar con diferentes opciones que nos permitirán obtener información relativa al libro en curso, así como guardarlo, compartirlo, imprimirlo, exportarlo, abrir nuevos libros, etc.

Así mismo, este menú contiene el acceso a la configuración de las opciones de funcionamiento de la propia aplicación Excel.

Los apartados que nos encontramos en esta pestaña son:

OPCIONES	COMENTARIO
Información	Nos da información sobre las propiedades del documento (autor, fecha de creación, versiones, etc.).
Nuevo	Permite crear un nuevo libro en blanco o basándose en alguna plantilla.
Abrir	Permite abrir un libro con el que hayamos trabajado recientemente o que tengamos en cualquier ubicación a nuestro alcance.
Guardar	Permite guardar el libro en curso.
Guardar como	Permite guardar el libro en curso con otro nombre o formato en la ubicación deseada.
Imprimir	Permite imprimir el libro en curso configurando las opciones que más nos interesen.
Compartir	Permite compartir el libro con otras personas y enviarlo por correo.
Exportar	Permite crear un documento PDF/XPS y también cambiar el tipo de archivo.
Cerrar	Cierra el libro en curso.
Cuenta	Permite iniciar sesión con la cuenta de Microsoft Office.
Opciones	Acceso a la configuración de opciones de Excel.

3.1 INFORMACIÓN

En esta opción tenemos la posibilidad de gestionar determinadas propiedades del libro, así como la de protegerlo, inspeccionarlo, etc.

La siguiente imagen muestra el conjunto de aspectos asociados a esta opción:

3.1.1 Proteger libro

La protección del libro puede realizarse a diferentes niveles. Por una parte, podemos utilizar mecanismos para asegurar la integridad del libro mediante una firma digital, o bien, simplemente, proteger su acceso y/o modificación mediante una palabra de paso. Por otra, podemos bloquear la modificación de ciertos elementos del libro, como sus hojas o la propia estructura del mismo.

Las opciones que tenemos en este apartado son:

OPCIONES	COMENTARIO
Marcar como final	Permite indicar que el libro está completo y evita que se puedan hacer cambios en el documento.
Cifrar con contraseña	Provoca que al abrir el libro se solicite contraseña.
Proteger hoja actual	Impide ciertos cambios en la hoja en curso.
Proteger estructura del libro	Impide ciertos cambios en la estructura del libro.
Restringir el acceso	Gestiona el acceso a personas, controlando permisos para editar, imprimir, etc.
Agregar una firma digital	Permite añadir una firma digital al libro.

3.1.1.1 MARCAR COMO FINAL

Cuando marcamos un libro como final, lo que hacemos es indicar que se trata de una versión definitiva; por tanto, hacemos que el archivo sea solo de lectura e impedimos su modificación.

Al seleccionar esta opción, recibimos el siguiente mensaje de advertencia:

A continuación, el libro se marca y se guarda. El siguiente mensaje advierte de los cambios que se producen cuando marcamos un libro como final:

Efectivamente, si comprobamos la barra de estado observaremos que aparece el siguiente símbolo:

Por otra parte, cuando abramos un libro marcado como final, recibiremos un mensaje de advertencia indicando tal situación, aunque podremos formar su edición pulsando sobre el botón **Editar de todos modos**:

3.1.1.2 CIFRAR CON CONTRASEÑA

Mediante esta opción podemos introducir una palabra de paso, la cual será solicitada cada vez que se desee abrir el libro.

Al pulsar sobre la opción aparece el siguiente cuadro de diálogo solicitándonos la contraseña a utilizar:

Una vez introducida, se vuelve a solicitar para confirmar que, efectivamente, es la contraseña que queremos utilizar:

Lógicamente, para desactivar una contraseña, primero hemos de conocerla para abrir el libro. Para eliminar la contraseña basta con acudir de nuevo a esta opción y dejar vacío el contenido del cuadro de diálogo que nos solicitaba dicha contraseña al principio:

3.1.1.3 PROTEGER HOJA ACTUAL

Mediante esta opción podemos proteger algunos elementos de la hoja en curso. Por ejemplo, si fabricamos una hoja y queremos proteger ciertas celdas para que no nos modifiquen su contenido (textos, fórmulas, etc.), tendremos que marcar dichas celdas como bloqueadas y, seguidamente, proteger la hoja. Para ello seleccionaríamos las celdas a proteger y a continuación accederíamos al cuadro de diálogo **Formato** (por ejemplo, con el botón derecho del ratón) para, finalmente, acceder a la pestaña **Proteger** de dicho cuadro y marcar la casilla de verificación **Bloqueada**:

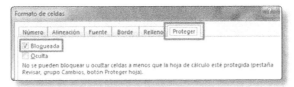

Seguidamente, pulsamos sobre la opción que estamos analizando (**Proteger hoja actual**) y accedemos al siguiente cuadro de diálogo:

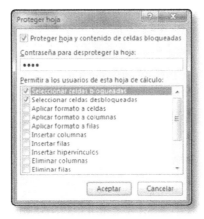

En el caso de introducir una palabra de paso, al pulsar sobre **Aceptar** nos volverá a solicitar la contraseña para confirmarla:

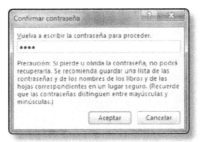

A partir de este punto, observaremos que se han deshabilitado prácticamente todas las opciones de Excel y que si intentamos modificar alguna celda bloqueada, nos encontraremos con el siguiente mensaje de error:

Para poder modificar dicha celda, deberíamos desproteger la hoja tal y como se indica en el mensaje.

Es posible desproteger la hoja simplemente acudiendo de nuevo a la opción que estamos analizando (**Proteger hoja actual**) e introduciendo el *password* (si se ha indicado alguno).

3.1.1.4 PROTEGER ESTRUCTURA DEL LIBRO

Esta opción permite proteger el libro en curso de forma que no se pueda modificar su estructura (insertar o eliminar hojas, cambiarles el nombre, moverlas, copiarlas, etc.) y, opcionalmente, evitar que se pueda cambiar el tamaño de las ventanas.

Al seleccionar esta opción nos encontramos con el siguiente cuadro de diálogo:

Si introducimos una contraseña, aparece otro cuadro de diálogo para confirmarla:

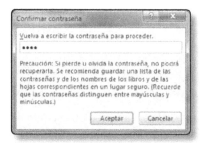

Efectivamente, si protegemos la estructura, observaremos que, al hacer clic con el botón derecho del ratón sobre alguna de las etiquetas correspondientes a las hojas que tengamos en el libro, aparece un menú de opciones en el que se ha deshabilitado la inmensa mayoría de las opciones:

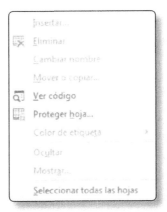

De la misma forma, si marcamos la casilla de verificación de **Ventanas**, observaremos que desaparecen los botones de **Minimizar**, **Maximizar** y de **Cerrar ventana**.

3.1.1.5 RESTRINGIR EL ACCESO

Elimina permisos para editar, copiar o imprimir a las personas dándoles acceso al documento.

3.1.1.5.1 Conectar con los servidores de administración de derechos y obtener plantillas

Permite conectar con servidores de administración y requiere configurar el equipo para IRM (*information rights management*).

3.1.1.6 AGREGAR UNA FIRMA DIGITAL

Esta opción nos permite firmar el documento con una firma digital.

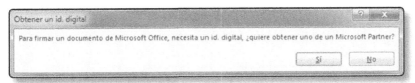

3.1.2 Inspeccionar libro

En este apartado se agrupan opciones que nos permiten comprobar ciertas propiedades del libro y revisar la compatibilidad con versiones anteriores de Excel.

3.1.2.1 INSPECCIONAR DOCUMENTO

Busca en el libro los contenidos que tengamos marcados en el siguiente cuadro de diálogo:

Los contenidos que podemos buscar son:

CONTENIDO	COMENTARIO
Comentarios y anotaciones	Permite localizar los comentarios y anotaciones con lápiz que contenga el documento.
Propiedades del documento e información personal	Son los denominados "metadatos", que contienen información sobre el autor, el título y tema, fecha de creación del documento, etc.
Modelo de datos	Datos incrustados que tal vez no estén visibles.
Aplicaciones de contenido	Aplicaciones existentes en el cuerpo del documento.
Aplicaciones del panel de tareas	Aplicaciones del panel de tareas en el cuerpo del documento.
Datos XML personalizados	Datos XML que pueden no estar visibles en el documento.
Encabezados y pies de página	Información que puede existir en los encabezados y pies de página.
Filas y columnas ocultas	Determina si existen filas y/o columnas ocultas que tal vez no nos interese dejar en el libro si lo enviamos a alguien.
Hojas de cálculo ocultas	Hojas existentes en el libro pero que están ocultas y tal vez no queramos conservar en el libro cuando lo compartamos con alguien.
Contenido invisible	Objetos existentes en el libro que no se ven.

Para analizar el documento, basta con pulsar sobre el botón **Inspeccionar**.

Una vez analizado el documento, nos ofrece un cuadro de diálogo en el que se indica qué información ha encontrado y nos invita a mantenerlo o quitarlo:

Por ejemplo, si pulsamos sobre el botón **Quitar todo**, que está asociado a **Comentarios y anotaciones**, quitaremos todos los comentarios existentes en el libro.

3.1.2.2 COMPROBAR ACCESIBILIDAD

Esta funcionalidad permite comprobar los posibles problemas con que podrían encontrarse algunas personas con discapacidad para leer el contenido.

Al ejecutar esta opción, nos encontraremos al final con un panel en el que se indican las sugerencias o posibles problemas de accesibilidad. En el siguiente ejemplo vemos algunas sugerencias.

Podemos observar que en este panel, al hacer clic sobre una sugerencia, se muestra una información adicional que explica el motivo de la corrección y un procedimiento para corregirlo.

3.1.2.3 COMPROBAR COMPATIBILIDAD

En ocasiones hemos de compartir libros con personas que poseen una versión anterior a la versión con la que hemos compuesto el libro que queremos compartir. En estas situaciones es recomendable comprobar la compatibilidad para evitar pérdidas de información o de funcionalidades cuando nuestro libro se abra en otras versiones.

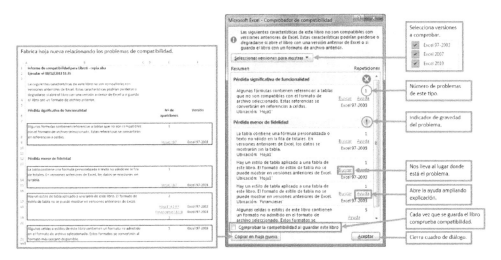

En la imagen anterior podemos ver un ejemplo en el que se muestra el resultado de una comprobación. En la misma podemos observar cómo es posible seleccionar las versiones para las que deseamos comprobar la compatibilidad, fabricar un resumen en una hoja independiente, navegar hasta el problema, ampliar la ayuda o, simplemente, activar o desactivar la comprobación cada vez que guardemos el libro.

3.1.3 Versiones

3.1.3.1 RECUPERAR LIBROS NO GUARDADOS

Esta opción nos permite recuperar versiones de libros que no hayan sido guardados.

Cuando estamos trabajando con un libro, por defecto se produce un proceso de copia periódicamente, que nos permitiría recuperar una buena parte de la información en caso de que Excel se vea interrumpido por alguna razón (parada del sistema, fin de la aplicación de forma inesperada, etc.). Por otra parte, también es posible que, a pesar de haber modificado el libro en curso, decidamos salir sin guardarlo.

En estas ocasiones, es posible que tengamos una copia del libro con la información que se guarda automáticamente, dependiendo de la configuración que tengamos y, concretamente, del tiempo indicado para que se realice dicha copia.

Las copias para autoguardado se realizan cada cierto tiempo, el cual puede configurarse en **Archivo → Opciones → Guardar**:

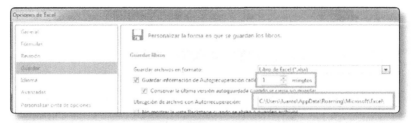

También podemos observar cuál será la ubicación por defecto para los archivos de **Autorrecuperación**.

Así pues, si deseamos recuperar una copia que se haya guardado automáticamente, podemos acceder a **Administrar versiones → Recuperar libros no guardados**.

En este punto accedemos a nuestro directorio de autorrecuperación; una vez ahí, observaremos que se ha creado una carpeta cuyo nombre se compone del nombre del libro que estamos tratando seguido de un número. Dentro de esta carpeta hallaremos los diferentes archivos correspondientes a las versiones que se han ido guardando:

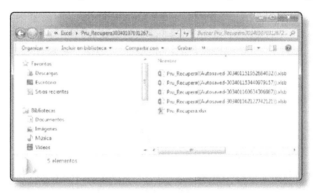

En primer lugar seleccionaremos la copia que queremos restaurar y, seguidamente, al restaurar la copia nos encontraremos con el siguiente mensaje bajo la cinta de opciones:

Al hacer clic sobre **Restaurar**, aparece la siguiente advertencia:

Al aceptar, el libro permanece con la versión que acabamos de restaurar.

3.1.4 Opciones de vista del explorador

El cuadro de diálogo asociado a esta opción pose 2 pestañas:

▶ **Mostrar**: Permite indicar las hojas que se mostrarán cuando se visualice el libro en un navegador.

▶ **Parámetros**: indica las celdas que pueden modificarse en el explorador.

3.1.4.1 MOSTRAR

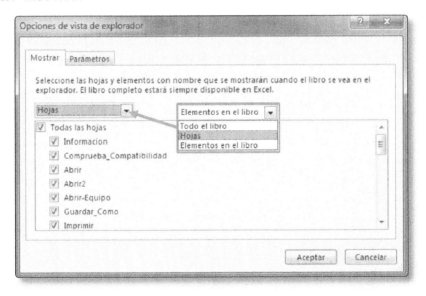

3.1.4.2 PARÁMETROS

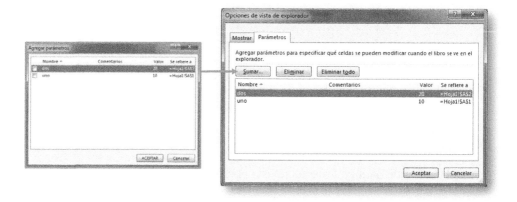

3.2 NUEVO

Cuando creamos un libro nuevo, Excel nos propone varias opciones: desde un libro en blanco hasta un buen número de plantillas para que podamos crear un libro sin tener que empezar desde cero.

Así mismo, incluye una plantilla denominada **Paseo** en la que nos muestra algunas de las novedades más importantes de Excel 2013, como el relleno de datos, el análisis de datos, la creación de gráficos de forma sencilla, etc.

A continuación mostramos el aspecto que posee esta opción:

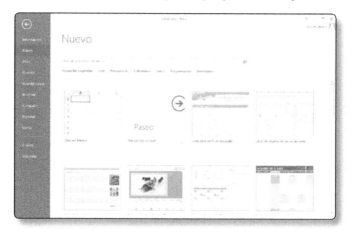

En la misma puede observarse que aparece un cuadro de búsqueda en el que podemos teclear alguna palabra relacionada con nuestra necesidad. Por ejemplo, si tecleamos "familiares" e introducimos y pulsamos la tecla **INTRO** (o retorno de carro), o bien hacemos clic sobre el icono en forma de lupa que se halla en la derecha del cuadro de texto, veremos cómo se reduce el conjunto de plantillas propuesto y aparece una lista de categorías a la derecha de la pantalla:

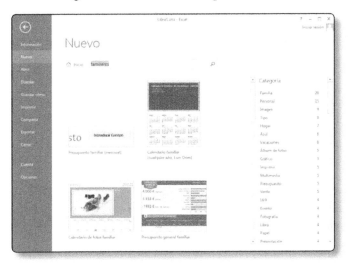

Si pulsamos sobre la palabra **Presupuesto**, aún se restringe más la búsqueda; mostrará solo aquellas plantillas relacionadas con presupuestos familiares:

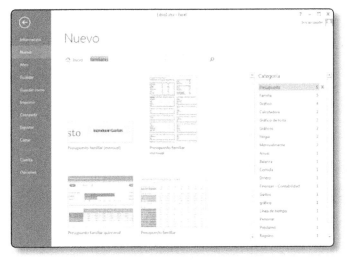

La crucecita que aparece a la derecha de **Presupuesto** nos permitiría eliminar este criterio de búsqueda, volviendo a visualizar de nuevo las plantillas ofrecidas en el paso anterior, cuando buscábamos solo "familiares".

Una vez hayamos localizado la plantilla que más nos interesa, observaremos que al hacer clic sobre ella aparece una ventana con una breve explicación sobre la misma, y con un botón **Crear**:

Finalmente, una vez pulsamos el botón **Crear**, nos crea la hoja basándose en la plantilla seleccionada:

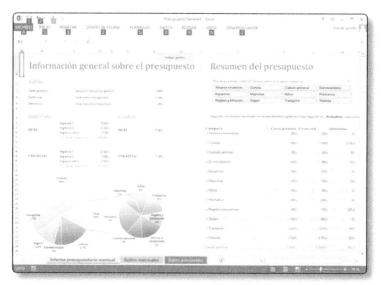

3.3 ABRIR

Esta opción nos permite abrir un libro existente. La pantalla muestra el siguiente aspecto:

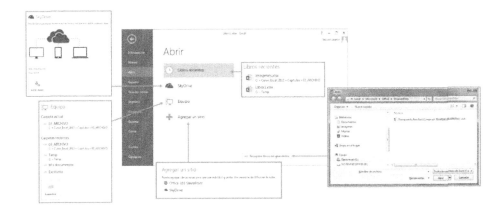

Las opciones que nos propone son:

OPCIONES	COMENTARIO
Libros recientes	Muestra los últimos libros tratados.
SkyDrive/ OneDrive	Permite abrir un libro almacenado en "la nube" (hay que iniciar sesión previamente).
Equipo	Muestra la carpeta actual y las carpetas más recientes; ofrece también la posibilidad de abrir el cuadro de diálogo **Abrir** pulsando sobre el botón **Examinar**.
Agregar un sitio	Permite agregar ubicaciones para facilitar grabaciones en la nube.

3.3.1 Libros recientes

Permite abrir alguno de los últimos libros con los que hayamos trabajado.

Podemos indicar el número de archivos recientes que queremos mostrar a través de la opción **Mostrar este número de libros recientes**, que hallaremos en la ruta **ARCHIVO → Opciones de Excel → Avanzadas**.

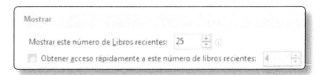

Si activamos la casilla **Obtener acceso rápidamente a este número de libros recientes**, podremos añadir los últimos *n* libros utilizados detrás de la opción **Opciones** de la pantalla de **ARCHIVO**:

3.3.2 OneDrive

Permite acceder a determinados recursos o compartirlos a través de la red. Simplemente necesitamos disponer de una cuenta a utilizar con Office que podemos crear con una dirección de correo.

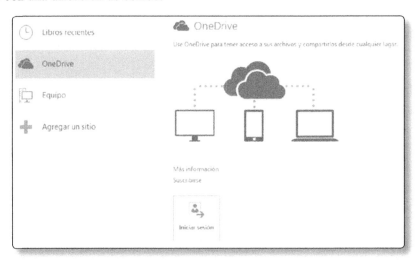

3.3.3 Equipo

Esta opción nos permite acceder a los libros existentes en nuestro equipo.

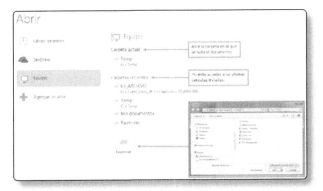

Al elegir **Carpeta actual** o **Carpetas recientes**, nos muestra el cuadro de diálogo **Abrir** para que podamos seleccionar el libro que nos interese.

3.3.4 Agregar un sitio

Permite especificar un lugar donde almacenar el archivo de forma remota.

3.4 GUARDAR

Esta opción permite guardar el archivo en curso. Al ejecutar esta opción no se recibe ningún mensaje; a no ser que el archivo tenga algún tipo de protección, como, por ejemplo, que esté protegido contra escritura:

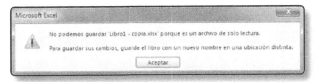

3.5 GUARDAR COMO

De forma similar a la comentada en **Abrir**, esta opción nos permite guardar el libro en una ubicación diferente, ya sea en la nube o en nuestro propio equipo.

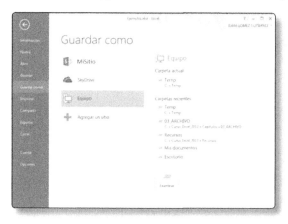

3.5.1 Equipo

Si seleccionamos **Equipo**, tenemos que, al pulsar sobre cualquier carpeta o sobre el botón **Examinar**, se abrirá el cuadro de diálogo **Guardar como**.

El cuadro de diálogo **Guardar como**, además de la ubicación y nombre con los que queremos guardar el libro, nos permite seleccionar el tipo y otras características tales como incluir una contraseña de apertura y/o escritura, etc.

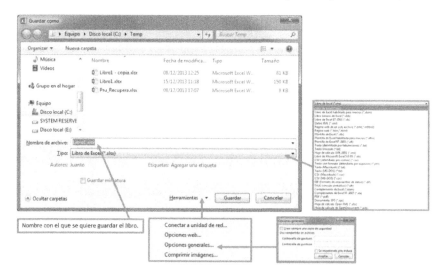

Los tipos de archivo que admite Excel son:

EXTENSIÓN	TIPO
.xlsx	Libro de Excel
.xlsm	Libro de Excel (código)
.xlsb	Libro binario de Excel
.xltx	Plantilla
.xltm	Plantilla (código)
.xls	Libro de Excel 97 - Excel 2003
.xlt	Plantilla de Excel 97 - Excel 2003
.xls	Libro de Microsoft Excel 5.0/95
.xml	Hoja de cálculo XML 2003
.xml	Datos XML
.xlam	Complemento de Excel
.xla	Complemento de Excel 97-2003
.prn	Texto con formato (delimitado por espacios)
.txt	Texto (delimitado por tabulaciones)
.txt	Texto (Macintosh)
.txt	Texto Unicode
.csv	CSV (delimitado por comas)
.csv	CSV (Macintosh)
.csv	CSV (MS-DOS)
.dif	DIF
.slk	SYLK
.ods	Hoja de cálculo de OpenDocument
.pdf	PDF
.xps	Documento XPS

3.5.2 SkyDrive/OneDrive

Si seleccionamos **SkyDrive/OneDrive**, nos permitirá iniciar una sesión para conectarnos con la nube:

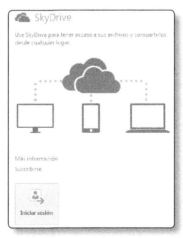

Si pulsamos sobre **Más información**, se abre una ventana de nuestro navegador predeterminado y nos conectamos a una URL en la que se explica qué es **SkyDrive** y desde la cual se puede acceder a la pantalla con la que podemos iniciar sesión.

Al hacer clic sobre **Suscribirse** aparece una pantalla desde donde podemos suscribirnos a **SkyDrive**, o iniciar una sesión en caso de ya estar suscritos.

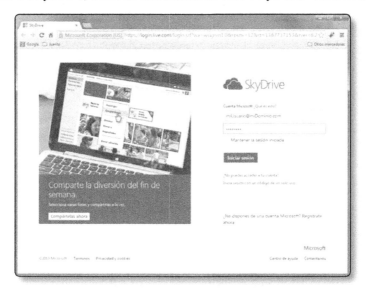

Agregar un sitio

Mediante esta opción, podemos crear accesos a ubicaciones que se hallan en la nube. La pantalla asociada a esta opción es la siguiente:

Si seleccionamos la opción **Office 365 SharePoint**, nos solicitará una dirección de correo mediante la cual podamos iniciar una sesión y agregar un nuevo servicio:

Una vez iniciada la sesión, aparecerá un nuevo sitio que podrá utilizar para compartir sus archivos desde la nube:

Si lo desea, puede pulsar sobre **Examinar** para acceder al sitio que ha agregado y dejar el documento donde le plazca, en función del tipo de documento con el que esté tratando:

3.6 IMPRIMIR

Esta opción nos permite imprimir el libro. Podemos seleccionar la impresora a utilizar y las características del documento (tipo de documento, márgenes, información a imprimir, número de copias, etc.).

La pantalla principal de esta opción es la siguiente:

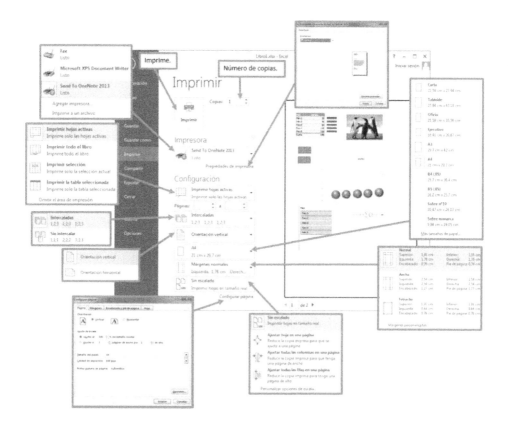

Puede apreciarse también una previsualización del documento.

3.6.1 Impresora

Esta opción permite seleccionar el destino de nuestra impresión, el cual será por defecto la impresora que tengamos predeterminada.

En función del destino que seleccionemos, la opción **Propiedades** de la impresora mostrará un cuadro de diálogo u otro. A continuación podemos ver el cuadro correspondiente a una impresora:

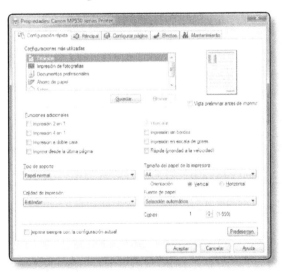

3.6.2 Configuración

En este apartado podemos configurar algunas características de la impresión dependiendo de la impresora o destino seleccionado.

En general, las opciones son:

OPCIONES	COMENTARIO
Área de impresión	Indica qué es lo que se desea imprimir.

Opciones	Comentario
Hojas activas	Imprime las hojas que previamente se hayan seleccionado.
Todo el libro	Imprime todo el libro.
Selección	Imprime la selección actual.
Tabla seleccionada	Esta opción está disponible cuando existe una tabla y está seleccionada.

OPCIONES	COMENTARIO
Rango de páginas	Permite indicar la página inicial y final a imprimir. Por ejemplo, para imprimir de la página 1 a la 2 indicaríamos: Páginas: 1 a 2
Intercaladas	Indica cómo se han de imprimir las copias.

Opciones	Comentario
Intercaladas	Imprime cada copia con las hojas seguidas.
Sin intercalar	Imprime una hoja de cada copia de forma que primero imprime todas las páginas 1, luego las páginas 2, etc.

OPCIONES	COMENTARIO
Orientación	Indica si el papel se imprime vertical o apaisado.

Opciones	Comentario
Vertical	Opción más habitual
Horizontal	Apaisado

OPCIONES	COMENTARIO
Tamaño de papel	Permite seleccionar el tamaño del papel a imprimir, el cual puede ser muy variado. Por defecto se propone el tamaño A4, pero hay una amplia variedad de tamaños, como, por ejemplo: Carta 8,5 × 11, Legal, A5, B5, 10 × 15, etc.

Márgenes	Permite especificar los márgenes a dejar en blanco entre los bordes del papel y el texto. Los márgenes más utilizados son los siguientes:

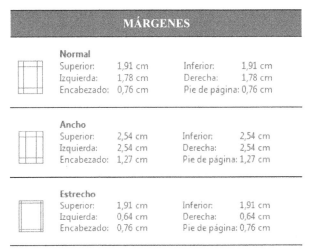

Con la opción **Márgenes personalizados** podemos acceder al cuadro de diálogo **Configurar página** para ajustar exactamente los márgenes como deseemos:

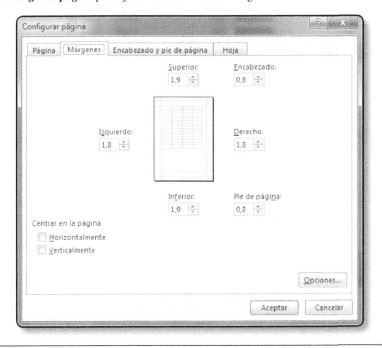

Escala

Permite ajustar el tamaño del
texto y elementos de las hojas
para encajarlas en un determinado
número de páginas.

Por defecto, la impresión se realiza
por trozos, de forma que una hoja
podría imprimirse en varias páginas
que, posteriormente, uniríamos
vertical y horizontalmente para
recomponer toda la hoja en papel.
Si utilizáramos la **Vista previa
de salto de página** podríamos
encontrarnos que una hoja necesite
varias páginas para su impresión:

En este caso podríamos plantearnos cuántas páginas queremos utilizar vertical u
horizontalmente.

La opción por defecto es sin escala, pero puede seleccionar fácilmente alguna de
las siguientes:

Opciones	Comentario
Sin escalado	Opción más habitual
Ajustar hoja en una página	Encaja todo el contenido de una hoja en una sola página.
Ajustar todas las columnas en una página	Ajusta el contenido de la hoja para que verticalmente solo ocupe una página.
Ajustar todas las filas en una página	Ajusta el contenido de la hoja para que horizontalmente solo ocupe una página.

Si seleccionamos la opción **Personalizar
opciones de escala**, podemos acceder al
cuadro de diálogo **Configurar página**:
En este cuadro podemos ajustar con más
detalle cuántas páginas queremos utilizar,
tanto en horizontal como en vertical, y
también muchas de las opciones vistas
anteriormente.

3.6.3 Configurar página

Permite acceder al cuadro de diálogo **Configurar página**, mediante el cual podemos ajustar muchos de los aspectos que ya hemos visto, pero de una manera mucho más detallada.

Dicho cuadro de diálogo posee las siguientes pestañas:

▸ Página

▸ Márgenes

▸ Encabezado y pie de página

▸ Hoja

3.6.3.1 PÁGINA

Permite configurar opciones de encajado, tamaño de papel, orientación del mismo, etc.

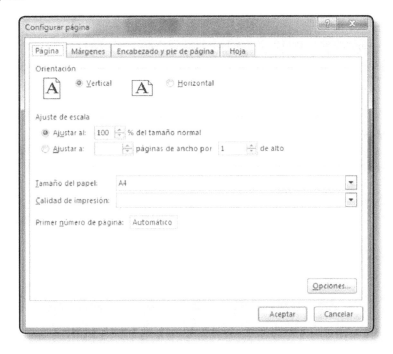

OPCIONES	COMENTARIO
Orientación	Impresión vertical u horizontal. A ⦿ Vertical A ○ Horizontal
Ajuste de escala	Permite especificar el porcentaje (%) de aumento o reducción de la impresión, o bien, forzar a que se ajuste a un número de páginas determinado (tanto verticales como horizontales). ⦿ Ajustar al: 100 ÷ % del tamaño normal ○ Ajustar a: ÷ páginas de ancho por 1 ÷ de alto
Tamaño del papel	Permite seleccionar alguno de los tamaños estándar de papel. Carta 8.5"x11" Legal A5 A4 B5 10x15cm 4"x6"
Calidad de impresión	Permite indicar la calidad del documento a imprimir, que puede ser alta, media, baja o borrador.
Primer número de página	Permite especificar en qué número de página ha de empezar la numeración de páginas.

3.6.3.2 MÁRGENES

Reúne las opciones que definen el espacio existente entre los bordes de la página y la zona donde se halla el texto y otros elementos de la hoja.

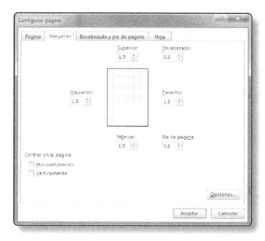

OPCIONES	COMENTARIO
Superior, inferior, izquierdo, derecho	Espacio del margen en centímetros.
Encabezado, pie de página	Distancia del borde del papel a partir del cual se imprimirán el encabezado o el pie.
Centrar en la página	Se puede elegir el centrado vertical y/o horizontal de forma independiente y también simultáneamente.
Opciones	Muestra el cuadro de diálogo de propiedades de la impresora.

3.6.3.3 ENCABEZADO Y PIE DE PÁGINA

Mediante estas opciones podremos definir el texto y los elementos que han de configurar el encabezado y/o pie de la hoja.

OPCIONES	Comentario
Encabezado	Permite seleccionar alguna de las sugerencias para el encabezado.

Personalizar encabezado	Invoca un cuadro de diálogo mediante el cual podemos componer el encabezado.

Vemos que el encabezado está dividido en tres secciones y que en cada una de ellas, además de introducir texto, podemos incorporar algún elemento pulsando sobre los siguientes botones:

Opciones	Comentario
A	Invoca al cuadro de diálogo **Fuente** para aplicar **formato** al texto.
#	Inserta el **número** de **página**.
#	Inserta el **número** de **páginas**.
7	Inserta la **fecha**.
⏱	Inserta la **hora**.
	Inserta la **ruta** del **archivo**.
	Inserta el **nombre** del **archivo**.
	Inserta el **nombre** de la **hoja**.
	Inserta **imágenes**.
	Invoca al cuadro de diálogo **Formato imagen**.

Pie de página	Permite seleccionar alguna de las sugerencias para el pie de forma similar a la descrita para el encabezado: 
Personalizar pie de página	Invoca un cuadro de diálogo mediante el cual podemos componer el pie; posee las mismas opciones que se han descrito para el encabezado.

3.6.3.4 HOJA

OPCIONES	COMENTARIO
Área de impresión	Permite especificar qué parte de la hoja se desea imprimir.
Imprimir títulos	Permite indicar qué filas o columnas han de imprimirse como títulos en la hoja o en caso de que la hoja se fraccione en varias páginas.
Imprimir	Permite indicar: • Si queremos que se impriman las líneas de división entre celdas o no. • Si queremos que el documento se imprima solo en blanco y negro o en color. • Si se ha de imprimir con calidad de borrador o con la máxima calidad. • Si queremos incluir los nombres de las columnas y/o filas. • Si han de aparecer o no los comentarios, y en qué forma (ninguno, al final de la hoja o como en la hoja). • Cómo queremos que aparezcan los errores (si hay, pueden aparecer como mostrados, espacio vacío, -- o #N/A).
Orden de las páginas	Indica cómo queremos que se impriman las páginas: Hacia abajo, luego hacia la derecha. Hacia la derecha, luego hacia abajo.

3.7 COMPARTIR

3.7.1 Invitar a personas

Permite compartir un documento con otras personas.

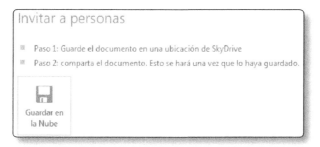

3.7.2 Correo electrónico

Envía el documento por correo, seleccionando la forma y formato del mismo.

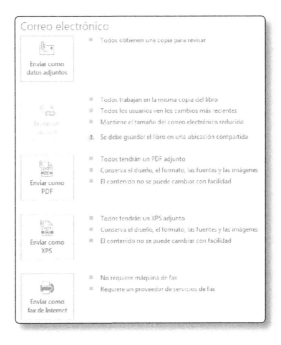

3.8 EXPORTAR

Permite fabricar una salida más "portable" o específica según las necesidades.

3.8.1 Crear documento PDF/XPS

Al seleccionar esta opción, se muestran los siguientes recordatorios y una opción para poder crear el documento:

Al hacer clic sobre **Crear documento PDF/XPS** se invoca al cuadro de diálogo **Publicar como PDF o XPS**, el cual nos permite seleccionar el tipo y la ubicación del archivo que queremos exportar:

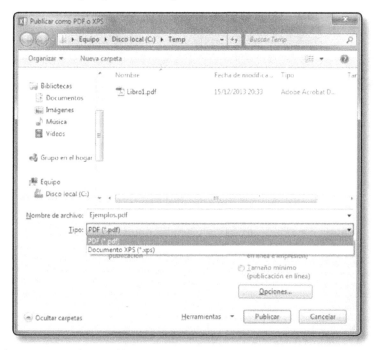

Si marcamos la casilla **Abrir archivo tras la publicación**, veremos el resultado de la exportación:

PDF	XPS
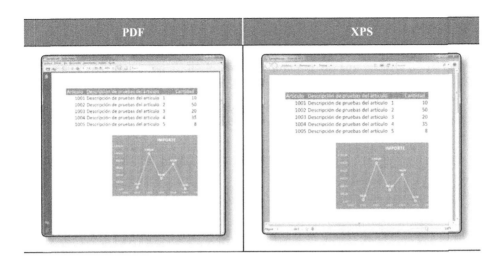	

3.8.2 Cambiar el tipo de archivo

Esta opción nos sugiere los formatos más comunes que se utilizan, además del formato por defecto clásico: *xlsx*.

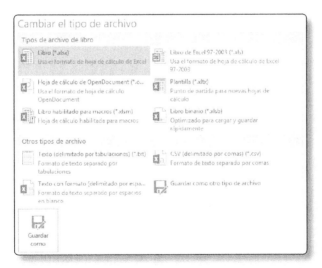

Si desea utilizar otro tipo de archivo no propuesto, puede pulsar sobre el botón **Guardar como** y acceder al cuadro de diálogo del mismo nombre. Hemos comentado la opción **Guardar como** en este mismo capítulo.

3.9 CERRAR

Mediante esta opción podemos cerrar el libro en curso. Si el libro no presenta ningún cambio pendiente de guardar, se cerrará silenciosamente. Si hay algún cambio pendiente de guardar desde la última vez que se guardó, aparecerá un mensaje advirtiendo de tal situación para que decidamos si queremos conservar dichos cambios o no:

3.10 CUENTA

En este apartado tenemos la posibilidad de acceder a documentos ubicados en algún sitio externo a nuestro PC o portátil, iniciando sesión en Office; también podemos obtener información sobre el producto que tenemos instalado.

La pantalla asociada a esta opción es la siguiente:

3.10.1 Tema de Office

Permite seleccionar el tema a utilizar, pudiendo escoger entre los siguientes:

3.10.2 Iniciar sesión en Office

Permite acceder a los documentos existentes en ubicaciones:

Al iniciar sesión se pide la dirección de la cuenta de correo con la que nos identificaremos para usar Office:

3.10.3 Información del producto

Muestra información sobre el producto que tenemos instalado; permite cambiar la clave y obtener información del sistema, además de mostrar cómo acceder al soporte técnico.

Al pulsar en **Acerca de Excel** aparece el siguiente cuadro de diálogo:

3.11 OPCIONES

Este apartado describe brevemente el grupo de pantallas y parámetros destinados a configurar las opciones que Excel utiliza por defecto en nuestros libros y hojas.

En general, todas las opciones vienen configuradas con un valor por defecto que nos permite trabajar de una forma estándar sin necesidad de preocuparnos demasiado por aspectos como pueden ser el tamaño de la fuente o el número de hojas que queremos tener cada vez que creamos un libro nuevo.

Sin embargo, puede ser de utilidad saber que ciertos aspectos funcionan de una manera y que podríamos cambiarlos en caso de necesidad.

A continuación enumeramos los diferentes apartados que configuran las **Opciones de Excel**, mostrando las diferentes posibilidades que ofrecen y proporcionando algunos ejemplos que ayudarán a entender mejor la potencia y el sentido de las mismas.

Cada capítulo detalla un apartado de la ventana de **Opciones**. Los apartados tratados son:

- General
- Fórmulas
- Revisión
- Guardar
- Idioma
- Avanzadas
- Personalizar cinta de opciones
- Barra de herramientas de acceso rápido
- Complementos
- Centro de confianza

3.11.1 General

 En este grupo de opciones hallamos las opciones generales de Excel.

Las opciones generales de Excel permiten configurar aspectos relacionados con la forma en que se muestran las informaciones en pantalla, y con los temas y fondos a utilizar cuando iniciamos una sesión en Office.

La pantalla asociada es la siguiente:

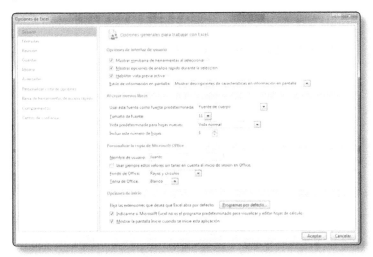

3.11.1.1 OPCIONES DE INTERFAZ DE USUARIO

▶ **Mostrar minibarra de herramientas al seleccionar**

Muestra una pequeña barra de herramientas mediante la cual podemos dar formato al texto seleccionado.

▶ **Mostrar opciones de análisis rápido durante la selección**

Muestra un icono mediante el cual podremos acceder a una serie de herramientas que permiten analizar datos de forma rápida y sencilla.

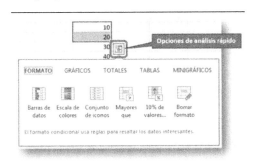

- **Habilitar vista previa activa**

  Permite ver cómo van a quedar algunos formatos antes de aplicarlos sobre los objetos seleccionados.

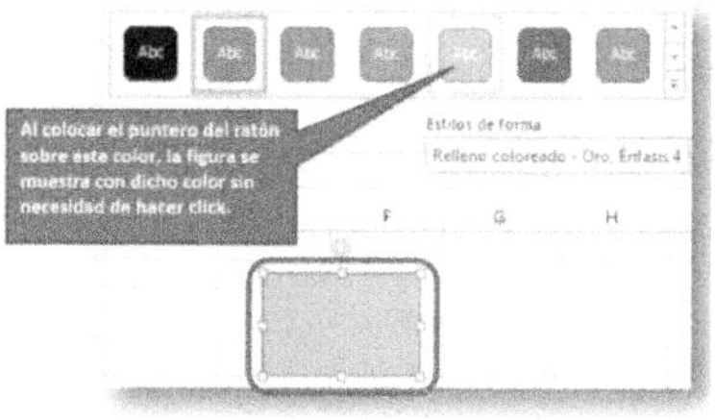

- **Estilo de información en pantalla**

  Podemos definir si queremos que se muestre, o no, una descripción sobre cada uno de los iconos de las barras de herramientas, y con qué información.

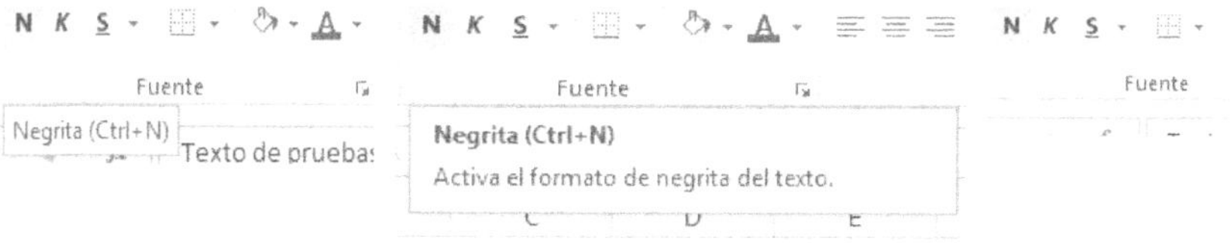

3.11.1.2 AL CREAR NUEVOS LIBROS

- **Usar esta fuente como fuente predeterminada**

  Tipo de fuente a utilizar cuando se cree un nuevo libro.

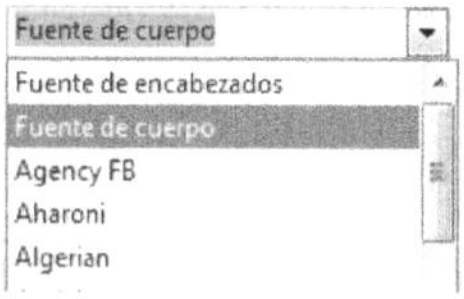

- **Tamaño de la fuente**

  Muestra la lista de los posibles tamaños a elegir.

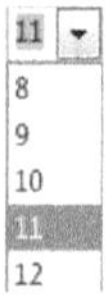

▼ **Vista predeterminada para nuevas hojas**

Vista a utilizar para los nuevos libros. Ejemplo: **Vista diseño de página**.

▼ **Incluir este número de hojas**

Número de hojas que queremos incluir cada vez que se crea un libro nuevo.

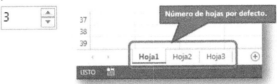

3.11.1.3 PERSONALIZAR LA COPIA DE MICROSOFT OFFICE

▼ **Nombre de usuario**

Nombre que aparecerá en diferentes lugares (los comentarios, los mensajes, el autor, etc.).

▼ **Usar siempre estos valores sin tener en cuenta el inicio de sesión en Office**

Iniciar sesión en Office implica tener acceso a sus propios temas y configuración. Activar esta opción le permitirá usar estos valores.

▼ **Fondo de Office**

Selecciona el fondo con el que vamos a trabajar (por ejemplo, **Rayas y círculos**).

▼ **Tema de Office**

Tema a utilizar (por ejemplo, blanco, gris claro, gris oscuro, etc.).
Ejemplo: Gris oscuro.

3.11.1.4 OPCIONES DE INICIO

▼ **Elija las extensiones que desea que Excel abra por defecto**

Indica cuáles son las extensiones que deseamos abrir por defecto con
Excel.

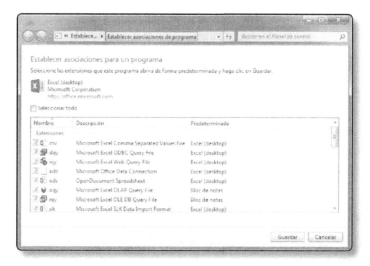

▼ **Indicarme si Microsoft Excel no es el programa predeterminado
para visualizar y editar hojas de cálculo**

Avisa si cambia la aplicación que abre las hojas de cálculo:

▼ **Mostrar la pantalla Inicio cuando se inicie esta aplicación**

Muestra la pantalla de inicio al abrir Excel o va directamente a un libro en blanco:

3.11.2 Fórmulas

El grupo de opciones **Fórmulas** nos permite configurar características relacionadas con la manera de calcular de Excel, la forma de hacer referencias a las celdas o de restablecer los errores en el cálculo que hayamos podido omitir en algún momento.

La pantalla presenta el siguiente aspecto:

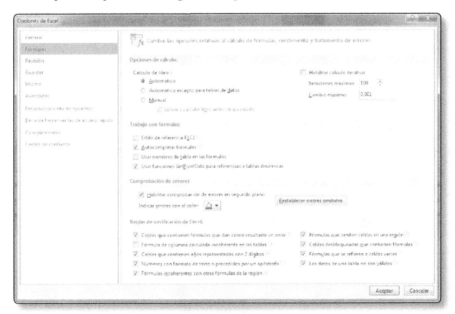

3.11.2.1 OPCIONES DE CÁLCULO

▼ **Cálculo del libro**

TIPO	COMENTARIO
Automático	Cada vez que se realiza un cambio en una celda que está referenciada en alguna fórmula o función, la hoja se recalcula.
Automático excepto para tablas de datos	Igual que en el caso anterior, pero sin recalcular las tablas de datos.
Manual	Al cambiar una celda no se realiza ningún recálculo. El cálculo debe provocarse manualmente acudiendo a la opción de la pestaña **FÓRMULAS**, o, simplemente, pulsando la tecla **F9**.

▼ **Volver a calcular el libro antes de guardarlo**

Si hemos seleccionado la opción de cálculo **Manual**, podemos optar por calcular o no el libro antes de guardarlo.

▼ **Habilitar cálculo iterativo**

Si hay referencias circulares, podemos consentir que se realice o no un cálculo un determinado número de veces.

▼ **Iteraciones máximas**

En el caso de que habilitemos el cálculo iterativo, podemos indicar cuántas veces permitiremos dicha iteración.

▼ **Cambio máximo**

Es el valor que se aceptará como diferencia entre resultados de nuevos cálculos iterativos. Es decir, en complementos como **Solver**, consideraremos que dos resultados consecutivos son diferentes cuando la diferencia entre los mismos sea mayor o igual al valor indicado en este parámetro.

3.11.2.2 TRABAJO CON FÓRMULAS

▼ **Estilo de referencia F1C1**

Forma en que se hace referencia a las celdas dentro de una fórmula. Por ejemplo:

▼ **Autocompletar fórmulas**

Si está activada, al escribir una función nos irá proponiendo una lista de funciones que empiezan por los caracteres introducidos.

▼ **Usar funciones GetPivotData para referencias a tablas dinámicas**

Permite introducir la expresión en una fórmula al hacer clic con el botón izquierdo del ratón siempre que se haga referencia a una celda de una tabla dinámica:

3.11.2.3 COMPROBACIÓN DE ERRORES

▼ **Habilitar comprobaciones de errores en segundo plano**

Permite mostrar un icono de advertencia y una serie de opciones para tratar de corregir el error que se puede producir en una celda al definir una fórmula o función inválida.

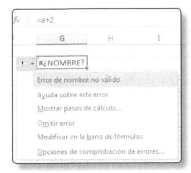

▼ **Indicar errores con el color**

Selección del color que contendrá la marca que indique un error en una celda.

▼ **Restablecer errores omitidos**

Restablecer los errores que hayan sido omitidos durante la comprobación de errores.

3.11.2.4 REGLAS DE VERIFICACIÓN DE EXCEL

Permite activar o desactivar una serie de reglas para que sean tenidas en cuenta como error o no.

▼ **Celdas que contienen fórmulas que dan como resultado un error**

Marca como error celdas cuyo resultado es **#¡VALOR!** o **#¡DIV/0!** y habilita el corrector de errores:

▼ **Fórmula de columna calculada incoherente en las tablas**

Marca como error celdas que contienen valores, o fórmulas incoherentes, y habilita el corrector de errores.

▼ **Celdas que contienen años representados con dos (2) dígitos**

Marca como error celdas que contienen años con dos dígitos y habilita el corrector de errores:

I
01/01/91

▼ Números con formato de texto o precedidos por un apóstrofo

Marca como error celdas que contienen números precedidos por un apóstrofo y habilita el corrector de errores:

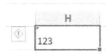

▼ Fórmulas incoherentes con otras fórmulas de la región

Marca como error celdas que contienen valores, o fórmulas incoherentes, y habilita el corrector de errores.

Cantidad	Precio	Importe
10	5	=N2*O2
50	20	=N3*O3+2
20	15	=N4*O4
35	20	=N5*O5
=SUMA(N2:N5)	=SUMA(O2:(	=SUMA(P2:P5)

▼ Fórmulas que omiten celdas en una región

Marca como error celdas que contienen fórmulas que parecen no tener en cuenta todo el rango que por defecto se sugeriría en una propuesta de fórmula (por ejemplo, sumatorio) automática.

▼ Celdas desbloqueadas que contienen fórmulas

Marca como error celdas que contienen fórmulas y que están desbloqueadas.

▼ Fórmulas que se refieren a celdas vacías

Marca como error celdas que contienen fórmulas que hacen referencia a celdas vacías.

▼ Los datos de una tabla no son válidos

Indica celdas que no cumplen un criterio de validación en una tabla.

3.11.3 Revisión

 Este grupo de opciones permite configurar la forma en la que deseamos que Excel corrija nuestros posibles errores gramaticales y de ortografía.

La pantalla asociada a este grupo de opciones es la siguiente:

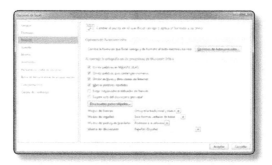

3.11.4 Guardar

 Permite configurar el modo de guardar los libros.

La pantalla de opciones presenta el siguiente aspecto:

3.11.5 Idioma

 Permite configurar las preferencias del idioma a utilizar con Office.

La ventana asociada a este grupo de opciones es la siguiente:

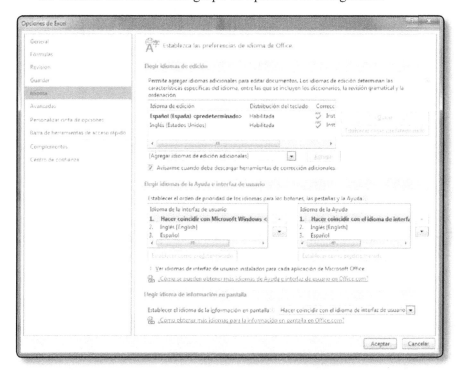

3.11.6 Avanzadas

 Permite configurar lo que denominamos "opciones avanzadas", las cuales están relacionadas con opciones de edición, cortar, copiar y pegar, imprimir, gráfico, etc.

En esta pantalla hay muchas opciones; a continuación mostramos solo la primera parte de la misma:

3.11.7 Personalizar cinta de opciones

Permite personalizar la cinta de opciones añadiendo y/o reorganizando comandos, pestañas, grupos de opciones, etc.

La ventana asociada a este grupo de opciones es la siguiente:

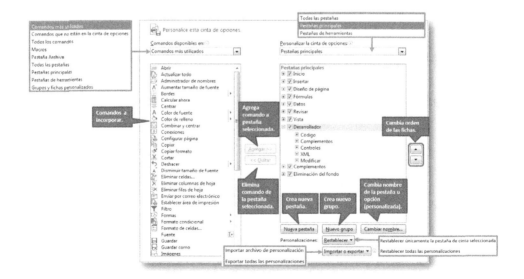

Esta pantalla permite, de forma intuitiva, crear nuevas fichas y grupos de comandos dentro de cada ficha, añadir comandos seleccionados previamente de la lista de comandos situada a la izquierda de la ventana, cambiar el orden de visualización en pantalla, renombrarlos, restaurar la configuración inicial de una o de todas las fichas, etc.

3.11.8 Barra de herramientas de acceso rápido

Esta barra nos permite incorporar comandos que usamos con frecuencia y que necesitamos ejecutar rápidamente.

La barra de herramientas de acceso rápido puede ubicarse encima o debajo de la cinta de opciones y tiene un aspecto similar al siguiente:

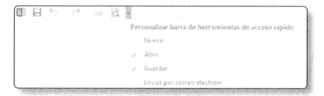

La pantalla de personalización de la barra de herramientas presenta un funcionamiento similar al descrito para la personalización de la cinta de opciones, pero de forma mucho más simplificada.

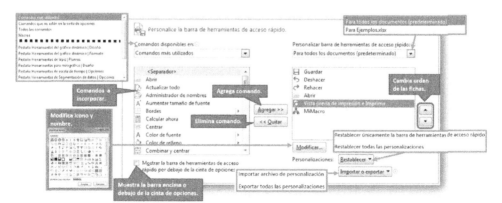

3.11.9 Complementos

Este grupo de opciones permite administrar los complementos de Microsoft Office.

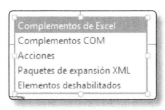

Los complementos de Excel son unos objetos que proporcionan una funcionalidad y unos comandos adicionales al producto. Tal vez los más conocidos sean los de **Herramientas para análisis** y **Solver**.

Básicamente, tenemos cuatro categorías que enumeramos a continuación:

▼ Complementos de aplicación activos.
▼ Complementos de aplicación inactivos.
▼ Complementos relacionados con documentos.
▼ Complementos de aplicaciones deshabilitadas.

La siguiente pantalla muestra los complementos que tenemos instalados en nuestro sistema, así como las acciones a realizar para su instalación y habilitación.

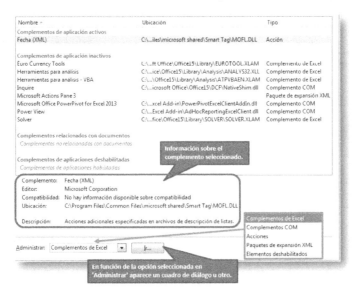

Los diferentes elementos que podemos administrar los vemos reflejados en la siguiente imagen:

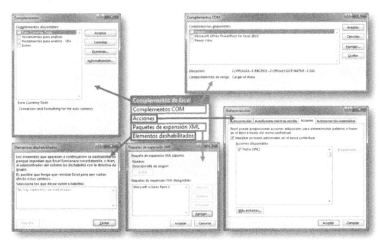

3.11.10 Centro de confianza

Apartado destinado a la protección del equipo y la seguridad de los documentos.

El grupo de opciones destinado a este cometido muestra el siguiente aspecto:

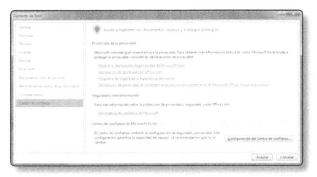

4

En esta pestaña se acumulan varios grupos de opciones relacionadas con el tratamiento de celdas en cuanto a su inserción, eliminación y formato.

4.1 PORTAPAPELES

En este grupo de opciones tenemos los comandos que permiten copiar y pegar informaciones en el portapapeles de Office.

4.1.1 Pegar

Permite pegar el contenido copiado previamente al portapapeles, pudiendo seleccionar si se quiere pegar exactamente lo mismo que se ha copiado o solo los valores, formatos, fórmulas, etc.

Por ejemplo, al copiar una celda y luego tratar de pegarla, se nos ofrecen las siguientes opciones:

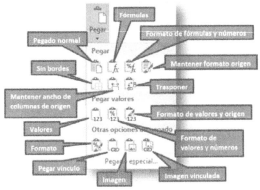

Al seleccionar la opción de pegado especial, se muestra el siguiente cuadro de diálogo:

Como puede observarse, al pegar un rango podemos indicar que se realice una operación entre los valores que se van a copiar y los valores existentes en el rango sobre el que se copiará. Por ejemplo, supongamos que queremos copiar el rango **A1:A3** sobre el rango **B1:B3** realizando una suma entre los valores de ambos rangos. Tendremos la siguiente situación:

SITUACIÓN INICIAL		SITUACIÓN FINAL	
A	B	**A**	**B**
10	1	10	11
20	2	20	22
30	3	30	33

De la misma manera, se puede realizar la acción de **Transponer**, que consiste en cambiar la disposición de las celdas de tal manera que las celdas que se hallan en una fila pasan a ocupar una columna y viceversa. En el siguiente ejemplo copiamos el rango **A1:B3** y lo pegamos con la opción **Transponer** sobre la celda **D3**:

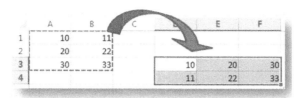

4.1.2 Cortar

 La opción **Cortar** es clásica de **Windows** y consiste en eliminar la información seleccionada colocándola en el portapapeles para que pueda pegarse en otra parte. Por ejemplo, a continuación vamos a cortar el rango **A1:B3** y a pegarlo sobre la celda **D1**:

Situación inicial	
Situación final	

4.1.3 Copiar

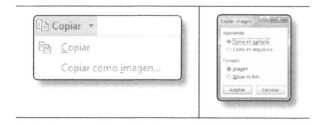 Esta opción también es una de las opciones clásicas de **Windows** y consiste en realizar sobre el portapapeles una copia de la información seleccionada.

Al seleccionar un objeto o rango, podemos copiarlo tal cual o copiarlo como imagen, en cuyo caso aparece un cuadro de diálogo que nos permite indicar con qué apariencia deseamos que se copie; en caso de escoger **Como en pantalla**, podremos seleccionar entre el formato **Imagen** o **Mapa de bits**:

4.1.4 Copiar formato

La opción de **Copiar formato** permite copiar todo el formato asociado a una celda u objeto y copiarlo sobre otro u otros. Si hacemos clic, el formato se copiará solo una vez. Si interesa mantener el formato en memoria para copiarlo varias veces seguidas, haremos un doble clic sobre el icono de **Copiar formato** e iremos haciendo clic en todas aquellas partes donde queramos pegar dicho formato. Cuando no queramos seguir usando este comando, podemos simplemente hacer clic sobre el icono de **Copiar formato** y habremos finalizado el copiado.

SE ACTIVA COPIAR FORMATO	SE PEGA EL FORMATO
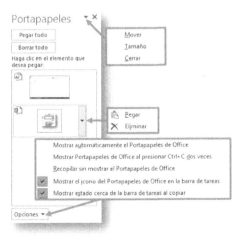	

4.1.5 Portapapeles

En el **portapapeles de Office** se van almacenando las diferentes informaciones que se copian o cortan, de forma que, posteriormente, podemos recuperar algunas para volver a pegarlas donde nos interese. Para acceder al portapapeles podemos hacer clic sobre el icono que tenemos en la esquina inferior derecha de este grupo de opciones:

Una vez pulsado dicho botón, aparecerá el panel del portapapeles, el cual presenta diferentes opciones bastante intuitivas:

4.2 FUENTE

En este grupo se hallan las opciones que permiten cambiar las características de las fuentes utilizadas en el libro en cuanto a tamaño, color, tipo, etc.

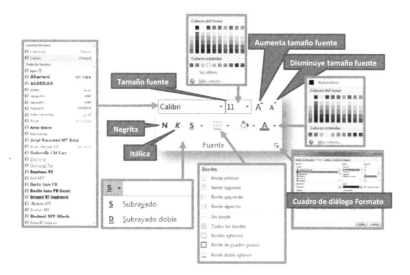

4.2.1 Tipo fuente

En esta lista desplegable se muestran las diferentes fuentes que podemos utilizar. En la parte superior se muestran las fuentes del tema y, seguidamente, todas las fuentes del sistema.

4.2.2 Tamaño

 En este apartado podemos seleccionar el tamaño de la fuente que queremos aplicar. Para ello seleccionaremos de la lista desplegable el tamaño que deseemos, o bien lo introduciremos directamente en la caja de texto asociada al mismo.

4.2.3 Aumentar y disminuir

Estas opciones permiten ir ampliando o disminuyendo el tamaño de la fuente cada vez que se pulsa sobre uno de los iconos. A continuación puede verse un ejemplo:

4.2.4 Negrita

Aplica o elimina el formato **Negrita** sobre la selección actual.

4.2.5 Itálica

 Aplica o elimina el formato **Itálica** sobre la selección actual.

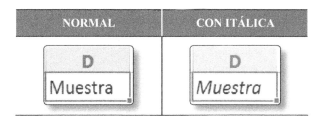

4.2.6 Subrayado

 Aplica o elimina el formato **Subrayado** sobre la selección actual.

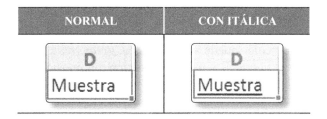

4.2.7 Bordes

Permite establecer los bordes de las celdas o rango seleccionado. Al desplegar la lista asociada aparecen los bordes más utilizados para que puedan aplicarse de forma rápida. A través de la última opción, **Más bordes**, podemos acceder a la pestaña **Bordes** del cuadro de diálogo **Formato** para poder personalizar con más detalle el borde deseado:

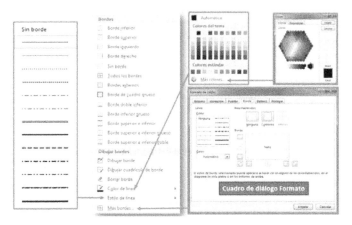

4.2.8 Color de relleno

 Permite aplicar un color para el fondo de las celdas. Al hacer clic sobre esta opción aparece la paleta de colores, mediante la cual podemos aplicar un color simplemente haciendo clic sobre el color deseado; o bien, acceder a través de **Más colores** a un cuadro de diálogo en el que podemos personalizar el color deseado.

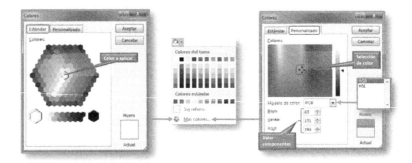

El modelo de color puede ser RGB (*red*, *green*, *blue* = rojo, verde, azul) o HSL (*hue*, *saturation*, *lightness* = matiz, saturación, luminosidad).

4.2.9 Color de fuente

 Permite cambiar el color del texto. Al hacer clic sobre esta opción aparece la siguiente paleta de colores:

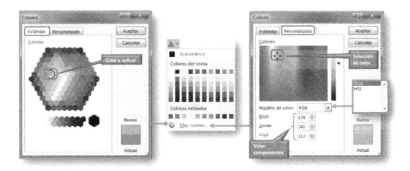

4.2.10 Cuadro de diálogo Formato de celdas (Fuente)

Mediante esta opción podemos acceder al cuadro de diálogo de **Formato**; concretamente a la pestaña **Fuente**, donde podremos escoger el tipo de fuente, su tamaño y color, o aplicar algún tipo de efecto como puede ser el subrayado, subíndice, etc. Su aspecto es el siguiente:

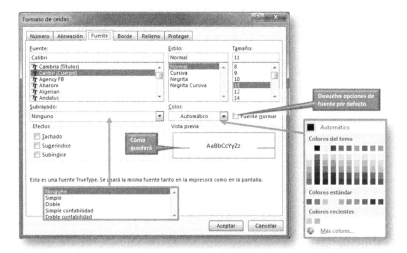

4.3 ALINEACIÓN

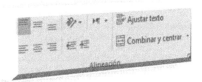

En este grupo de opciones podemos decidir cuál será la situación del texto dentro de la celda.

4.3.1 Superior, medio, inferior

Con estas opciones decidimos en qué posición vertical debe colocarse el texto.

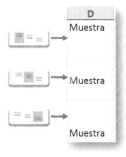

4.3.2 Izquierda, centrar, derecha

 Permite ajustar el texto horizontalmente, colocándolo a la izquierda, a la derecha o centrándolo dentro de la celda.

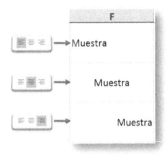

4.3.3 Orientación

 Permite girar el texto dentro de la celda, de forma que podemos colocarlo en diagonal o incluso en vertical.

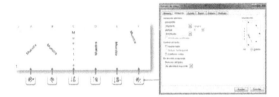

4.3.4 Disminuir y aumentar sangría

 Permite acercar o alejar el contenido del texto al borde de la celda. Cada vez que pulsemos un icono u otro iremos desplazando el texto a la derecha o a la izquierda.

4.3.5 Ajustar texto

 Amplía el alto de la celda automáticamente para que quepa todo el texto contenido en una celda.

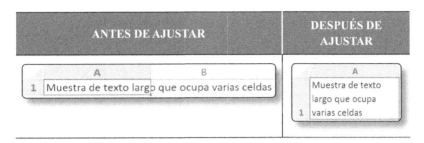

4.3.6 Combinar y centrar

 Esta opción permite combinar varias celdas en una sola centrando el texto existente en la primera celda seleccionada.

Supongamos que tenemos tres columnas con información sobre clientes y queremos incluir un rótulo superior que agrupe estas tres columnas. En el ejemplo, lo que haremos es seleccionar la celda que contiene el texto "CLIENTE" (**A1**) y seleccionar también las dos celdas que se hallan inmediatamente a su derecha, de forma que la selección total corresponda al rango **A1:C1**. Seguidamente pulsaremos sobre el icono de **Combinar y centrar** y ya habremos acabado:

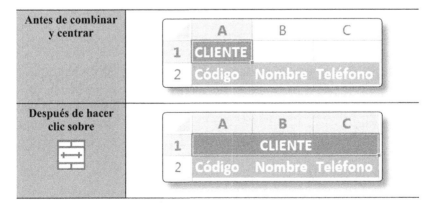

4.3.7 Cuadro de diálogo Formato de celdas (Alineación)

Esta opción nos permite abrir el cuadro de diálogo **Formato** justo por la pestaña **Alineación**. Allí podremos indicar cómo queremos disponer el texto dentro de la celda, modificar la posición vertical y horizontal del mismo e incluso su inclinación y dirección. Dicho cuadro posee el siguiente aspecto:

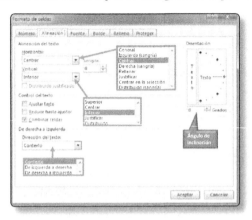

4.4 NÚMERO

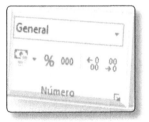

Mediante este grupo de opciones podemos definir el formato que tendrá el texto dependiendo de si se trata de un número, fecha o un literal, así como aplicar formatos estándar o incluso alguno personalizado que podamos necesitar excepcionalmente.

4.4.1 Formato de número

Permite aplicar rápidamente un formato estándar dependiendo del contenido de la celda. Al desplegar la lista de valores nos encontramos los formatos más comunes, cuya aplicación ofrece los siguientes resultados:

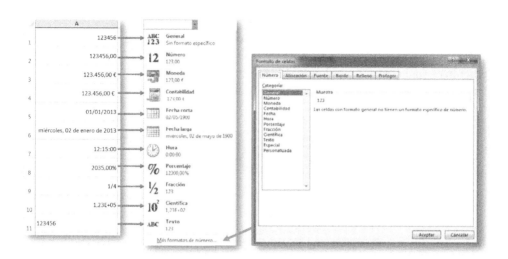

Al acceder a **Más formatos de número** aparece el cuadro de diálogo **Formato**, ubicado en la pestaña **Número**, para poder personalizar nuestro formato.

4.4.2 De contabilidad

El formato de contabilidad permite alinear los decimales y los símbolos de moneda en una columna. Al desplegar la lista de valores nos encontramos con lo siguiente:

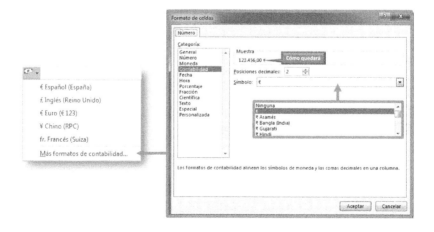

4.4.3 Porcentual

Permite mostrar el valor en forma de porcentaje. Recuerde que en las opciones generales de Excel (**ARCHIVO** → **Opciones** → **Avanzadas** → **Opciones de edición**) se encuentra la opción **Habilitar la inserción automática de porcentajes**, que permite definir si los números han de multiplicarse por 100 o no antes de ser mostrados.

ANTES DE APLICAR FORMATO	DESPUÉS DE APLICAR FORMATO
G 123	G 12300%

4.4.4 Millares

 Permite mostrar los valores numéricos utilizando el separador de millares.

ANTES DE APLICAR FORMATO	DESPUÉS DE APLICAR FORMATO
G 12345	G 12.345,00

4.4.5 Aumentar y disminuir decimales

Mediante estas opciones podemos mostrar más o menos decimales. Conviene destacar que es posible mostrar unos decimales diferentes a los que realmente contiene el valor que estamos formateando. En el ejemplo disponemos del valor **12345,1234**, el cual queremos mostrar con diferentes formatos decimales:

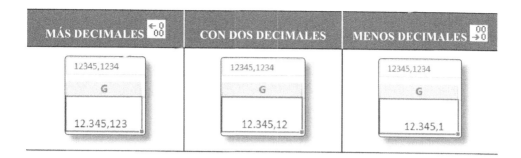

4.4.6 Cuadro de diálogo Formato de celdas (Número)

Esta opción nos permite acceder al cuadro de diálogo **Formato** y a la pestaña **Número**, en la que podremos aplicar diferentes formatos en función del tipo de texto. Cada apartado posee más o menos opciones y disponemos de la categoría **Personalizada** para cuando necesitemos algún formato que no se ofrece de forma estándar. A continuación mostramos un ejemplo de cada una de las categorías previstas:

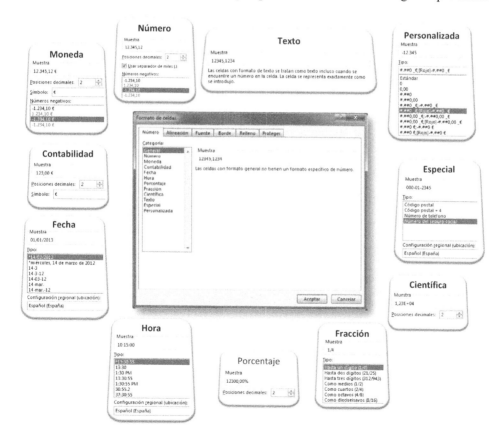

4.5 ESTILOS

Este grupo de opciones contiene las opciones que permiten dar formato en función de unas determinadas condiciones o estilos.

4.5.1 Formato condicional

El formato condicional nos permite aplicar un formato a un rango en función de una serie de reglas. Dichas reglas pueden ser tales como que un valor sea mayor o menor que otro o se halle comprendido en un determinado rango, etc.

La definición del formato condicional se realiza mediante las siguientes opciones:

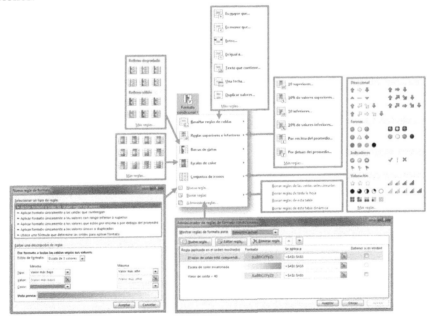

Es posible que diversas reglas convivan para un mismo rango y puede determinarse el orden de aplicación de cada una de ellas.

4.5.1.1 RESALTAR REGLAS DE CELDAS

 Permite resaltar de forma sencilla las celdas que cumplen una determinada condición. A continuación se muestran las comparaciones más utilizadas.

UBICACIÓN DEL OBJETO	COMENTARIO
Es mayor que...	Permite aplicar un formato a aquellas celdas que contengan un valor mayor que el valor indicado. Si el formato que se desea aplicar no se encuentra en la lista de opciones, se puede seleccionar **Formato personalizado** y acceder a un cuadro de diálogo (explicado a continuación de esta tabla) para establecer mejor dicho formato.
Es menor que...	Permite aplicar un formato a aquellas celdas que contengan un valor menor que el valor indicado.
Entre...	Permite aplicar un formato a aquellas celdas que contengan un valor comprendido entre dos valores.

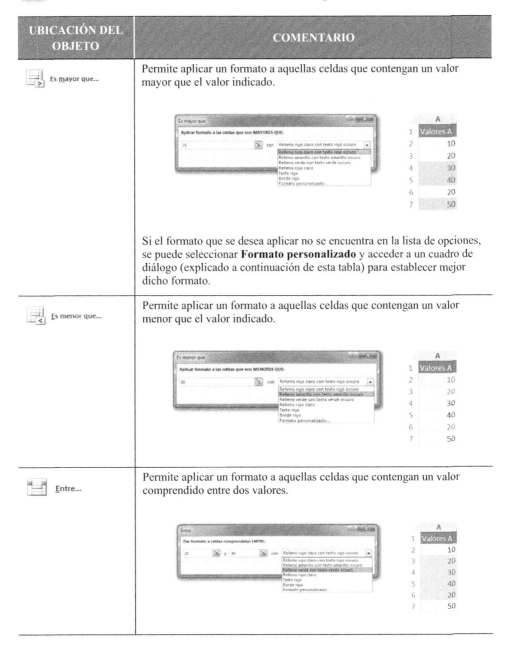

Es igual a...	Permite aplicar un formato a aquellas celdas que contengan un valor igual que el valor indicado.
Texto que contiene...	Permite aplicar un formato a aquellas celdas que contengan el texto indicado.
Una fecha...	Permite aplicar un formato a aquellas celdas que contengan una fecha que coincida con el valor seleccionado de la lista desplegable (**Ayer**, **Hoy**, **Mañana**, etc.).
Duplicar valores...	Permite aplicar un formato a aquellos valores que estén duplicados o sean únicos (dependiendo de lo que indiquemos).
Más reglas	Invoca al cuadro de diálogo **Más reglas**, mediante el cual se pueden definir más criterios de comparación. Este cuadro es accesible desde todos los submenús explicados a continuación relacionados con **Formato condicional**.

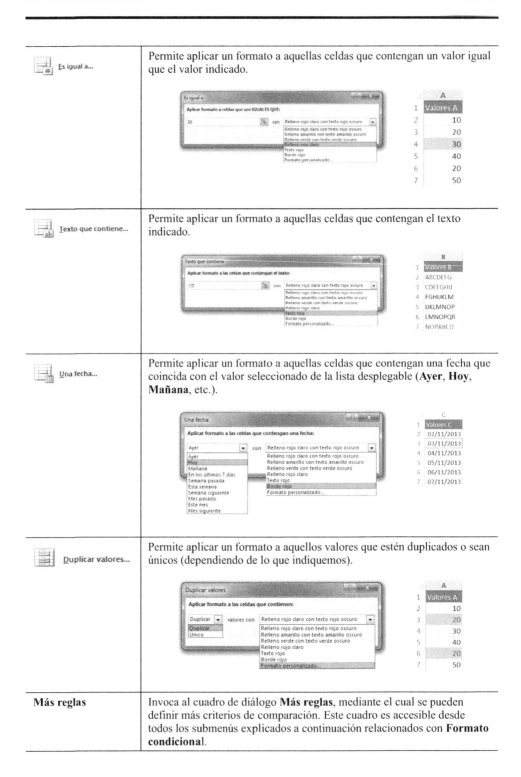

4.5.1.2 FORMATO PERSONALIZADO

El cuadro de diálogo de formato personalizado posee cuatro pestañas mediante las cuales se puede definir un formato concreto tanto para el texto como para el fondo y los bordes de las celdas sobre las que se aplica el formato condicional.

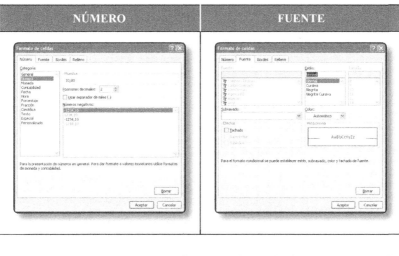

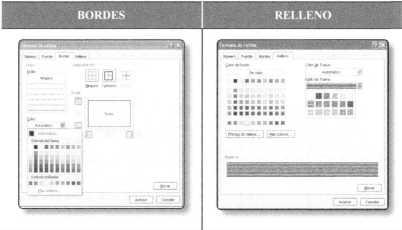

4.5.1.3 REGLAS SUPERIORES E INFERIORES

 Permite resaltar un determinado número de celdas que cumplen una condición de superioridad o inferioridad con respecto al rango seleccionado.

TIPOS DE REGLAS/ FORMATO	COMENTARIO
10 superiores...	Permite destacar un número de valores superiores. En el ejemplo seleccionamos los tres valores más altos.
10% de valores superiores...	Permite destacar un porcentaje (%) del número de valores superiores. En el ejemplo muestra el 40 % de los números más altos.
10 inferiores...	Permite destacar un número de valores inferiores. En el ejemplo seleccionamos los tres valores más bajos.
10% de valores inferiores...	Permite destacar un porcentaje (%) del número de valores inferiores. En el ejemplo muestra el 40 % de los números más bajos.

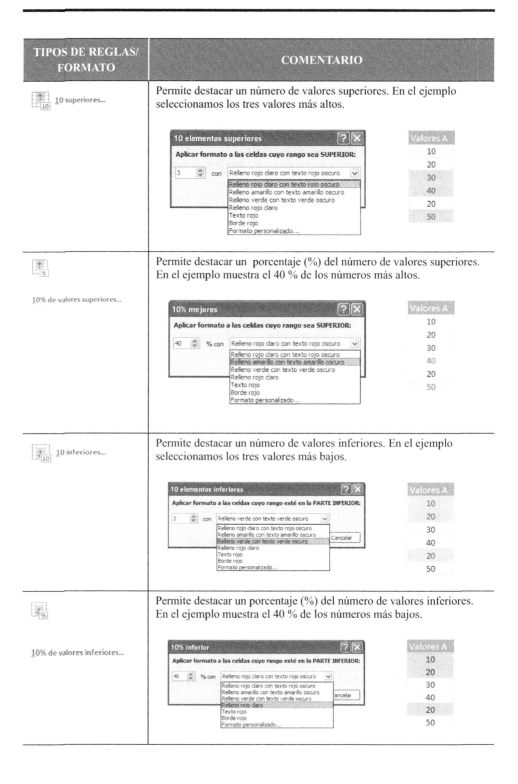

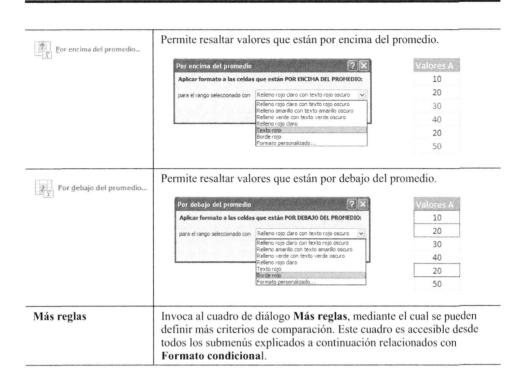

	Permite resaltar valores que están por encima del promedio.

	Permite resaltar valores que están por debajo del promedio.

Más reglas	Invoca al cuadro de diálogo **Más reglas**, mediante el cual se pueden definir más criterios de comparación. Este cuadro es accesible desde todos los submenús explicados a continuación relacionados con **Formato condicional**.

4.5.1.4 BARRAS DE DATOS

 Esta opción permite insertar un formato condicional en forma de barras. Es posible elegir entre mostrar los valores, solo la barra o ambas cosas.

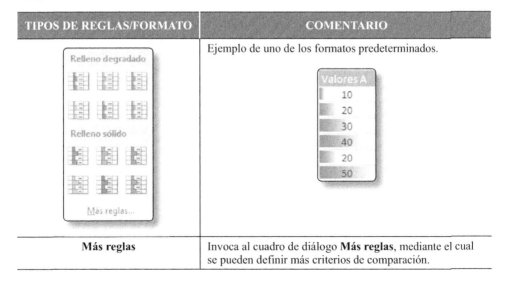

TIPOS DE REGLAS/FORMATO	COMENTARIO
	Ejemplo de uno de los formatos predeterminados.
Más reglas	Invoca al cuadro de diálogo **Más reglas**, mediante el cual se pueden definir más criterios de comparación.

4.5.1.5 ESCALAS DE COLOR

 Esta opción permite aplicar un formato en forma de color. Excel analiza los valores a tratar y aplica un color en función de los mismos.

TIPOS DE REGLAS/FORMATO	COMENTARIO
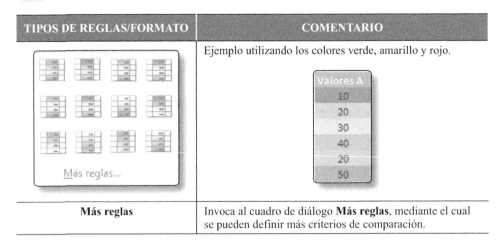	Ejemplo utilizando los colores verde, amarillo y rojo.
Más reglas	Invoca al cuadro de diálogo **Más reglas**, mediante el cual se pueden definir más criterios de comparación.

4.5.1.6 CONJUNTOS DE ICONOS

 Esta función aplica un icono u otro en función del grupo de iconos seleccionado, evidenciando cuál es el mejor y el peor valor del rango tratado.

TIPOS DE REGLAS/FORMATO	COMENTARIO
(selector de iconos: Direccional, Formas, Indicadores, Valoración)	Ejemplo de estilo de icono de tres símbolos (sin círculo).
Más reglas	Invoca al cuadro de diálogo **Más reglas**, mediante el cual se pueden definir más criterios de comparación.

4.5.1.7 NUEVA REGLA

Excel nos permite crear una nueva regla seleccionando un tipo y definiendo el criterio a considerar para la aplicación de un formato. La siguiente imagen nos da una idea de las características a definir en función del tipo de regla seleccionado.

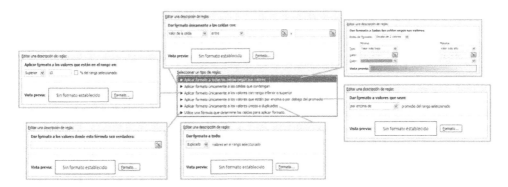

Dependiendo del tipo de regla, las opciones para crear una nueva regla pueden variar, pero, en general, todas persiguen la definición de un criterio y la aplicación de un formato que permita diferenciar sus diferentes valores. Veamos a continuación el detalle de los parámetros que se utilizan para la creación de una regla del tipo **Aplicar formato a las celdas según sus valores**.

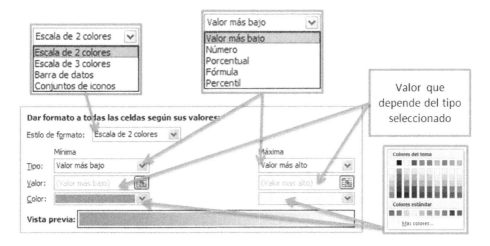

4.5.1.7.1 Aplicar formato a las celdas según sus valores

Permite utilizar diversos estilos de formato preestablecidos y aplicarlos según el valor tratado.

ESTILO DEL FORMATO	COMENTARIO
Escala de 2 colores	Aplica un formato mezclando dos colores en mayor o menor proporción según el valor que representan.
Escala de 3 colores	Aplica un formato mezclando tres colores en mayor o menor proporción según el valor que representan.
Barra de datos	Genera un formato de tipo barra teniendo en cuenta la distancia entre el valor más alto y el más bajo. Es posible mostrar solo la barra o la barra y el valor.
Conjuntos de iconos	Permite aplicar un formato basándose en iconos (semáforos, banderas, flechas, etc.).

4.5.1.7.2 Aplicar formato únicamente a las celdas que contengan

Esta opción permite aplicar un formato en función de su contenido.

ESTILO DEL FORMATO	COMENTARIO
Valor de la celda	El formato se aplica según el valor de la celda. 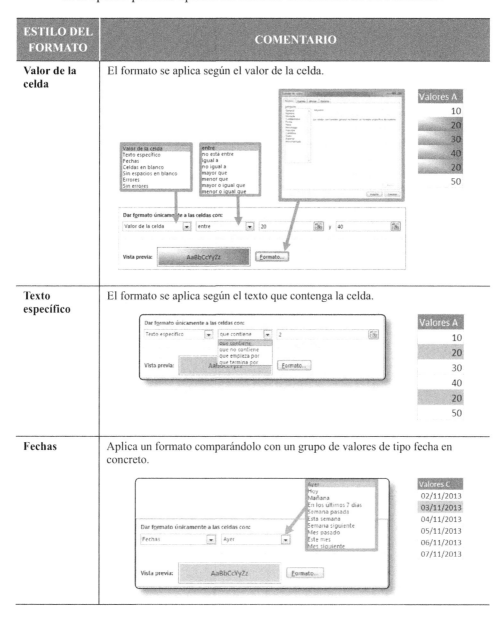
Texto específico	El formato se aplica según el texto que contenga la celda.
Fechas	Aplica un formato comparándolo con un grupo de valores de tipo fecha en concreto.

Celdas en blanco	Aplica un formato a las celdas vacías.
Sin espacios en blanco	Aplica un formato a las celdas que no están vacías.
Errores	Aplica un formato a aquellas celdas que contienen un error.
Sin errores	Aplica un formato a aquellas celdas que NO contienen un error.

4.5.1.7.3 Aplicar formato únicamente a los valores con rango superior o inferior

Permite aplicar un formato al número de elementos indicados que posean el valor más alto o más bajo según se seleccione **Superior** o **Abajo**.

ESTILO DEL FORMATO	COMENTARIO
Superior / Abajo	En el ejemplo se seleccionan los tres elementos con el valor más alto. 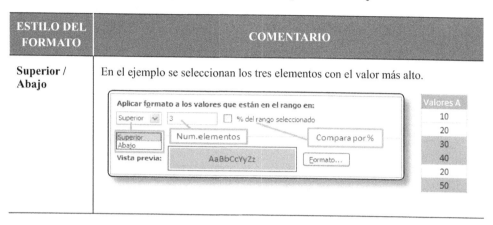

4.5.1.7.4 Aplicar formato únicamente a los valores que estén por encima o por debajo del promedio

Aplica un formato en función del resultado de comparar cada valor tratado con el promedio de valores calculado según el rango seleccionado.

ESTILO DEL FORMATO	COMENTARIO
Relativos al promedio	Ejemplo que aplica formato a los valores que se hallan por encima del promedio. 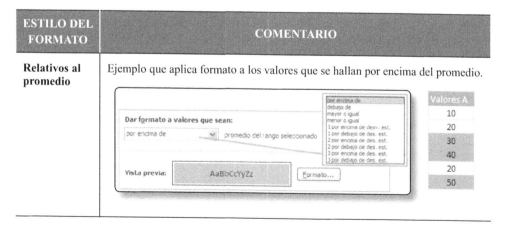

4.5.1.7.5 Aplicar formato únicamente a los valores únicos o duplicados

Permite aplicar un formato a aquellos valores que se hallen duplicados o que sean únicos.

ESTILO DEL FORMATO	COMENTARIO
Duplicado / único	Ejemplo que aplica formato a los valores duplicados existentes en el rango seleccionado. 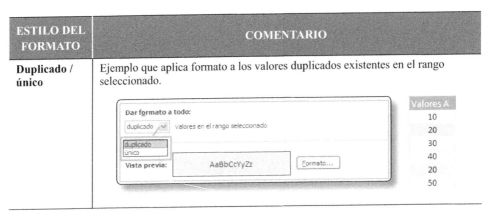

4.5.1.7.6 Utilice una fórmula que determine las celdas para aplicar formato

Permite aplicar un formato basándose en el resultado de una fórmula. Si el resultado de la fórmula es VERDADERO, se aplica el formato.

ESTILO DEL FORMATO	COMENTARIO
Fórmula	Permite definir una fórmula para aplicar o no un formato. 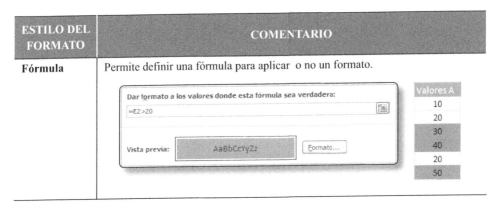

4.5.1.8 BORRAR REGLAS

Esta opción permite el borrado de las reglas que se hayan introducido para establecer un formato condicional. A la hora de borrar las reglas podemos seleccionar entre borrarlas todas o ser selectivos.

Las opciones para el borrado son:

▼ Borrar reglas de las celdas seleccionadas.
▼ Borrar reglas de toda la hoja.
▼ Borrar reglas de esta tabla.
▼ Borrar reglas de esta tabla dinámica.

Para efectuar el borrado de las tablas o tablas dinámicas, se ha de seleccionar previamente el objeto para que Excel pueda identificar cuál es el elemento sobre el que se desea aplicar el borrado.

4.5.1.9 ADMINISTRAR REGLAS

Mediante esta opción podemos administrar las reglas de formato condicional que tengamos asociadas al libro, pudiendo seleccionar el tratamiento de las reglas correspondientes a un rango, hoja o tabla en concreto.

Las opciones que se presentan invocan a los diferentes cuadros de diálogo que han sido explicados anteriormente. Permiten, en definitiva, añadir, modificar o eliminar reglas, establecer la prioridad con la que estas se aplicarán y simular su ejecución en versiones anteriores de Excel, deteniéndolas en caso de que sean "verdad".

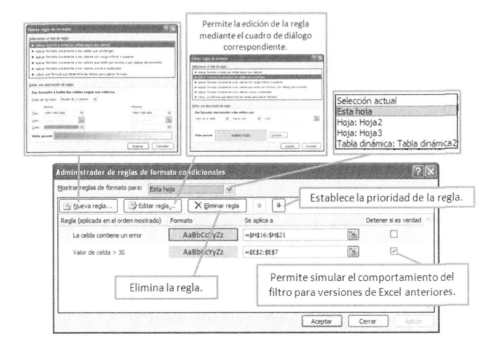

4.5.2 Dar formato como tabla

Mediante esta opción podemos dar formato a una tabla de datos. Si el rango seleccionado no es una tabla, al tratar de aplicar un formato de tabla aparecerá un cuadro de diálogo solicitando la ubicación de los datos, que, por defecto, será la correspondiente a la selección realizada:

ANTES DE APLICAR FORMATO	DESPUÉS DE APLICAR FORMATO
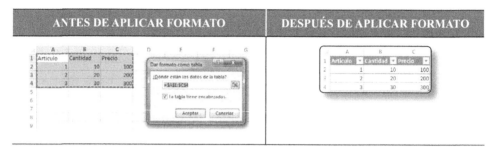	

Tras aplicar el formato, el rango seleccionado se habrá convertido en una tabla con todas las características asociadas a estas.

4.5.2.1 FORMATOS PREDEFINIDOS.

Podemos aplicar un formato rápidamente, simplemente haciendo clic sobre alguno de los formatos predefinidos. Al igual que ocurre con otras funcionalidades, podemos ver cómo quedará la tabla simplemente pasando el ratón sobre alguno de los formatos antes de hacer clic para aplicarlo definitivamente. Los formatos prestablecidos son los siguientes:

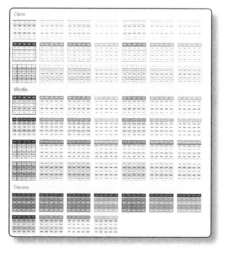

4.5.2.2 NUEVO ESTILO DE TABLA

 Podemos crear un nuevo estilo de tabla definiendo el formato y, en general, el tamaño de cada una de las bandas que lo componen. En este caso, hemos de seleccionar el elemento de la tabla que queremos definir y aplicarle las características deseadas:

4.5.2.3 NUEVO ESTILO DE TABLA DINÁMICA

De forma similar a lo descrito en el apartado anterior, para una tabla dinámica disponemos más o menos de las mismas opciones, con la salvedad de que para la tabla dinámica tenemos más elementos:

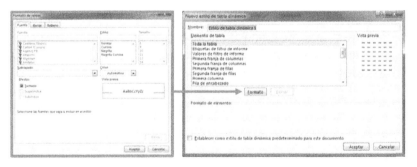

4.5.3 Estilos

Mediante los estilos podemos resaltar el contenido de una o varias celdas aplicando una serie de formatos en bloque, de forma fácil y sencilla.

Las posibilidades que ofrece este grupo de opciones son las siguientes:

Como puede apreciarse, además de aplicar un estilo predefinido, podemos crear o combinar nuevos estilos.

4.6 CELDAS

Mediante este grupo de opciones podemos insertar, eliminar y aplicar un formato a un grupo de celdas.

4.6.1 Insertar

Mediante este conjunto de opciones podemos insertar celdas, filas, columnas u hojas.

4.6.1.1 INSERTAR CELDAS

Al insertar celdas, nos encontramos con un cuadro de diálogo que nos pregunta hacia dónde queremos desplazar las celdas existentes cuando realicemos la inserción:

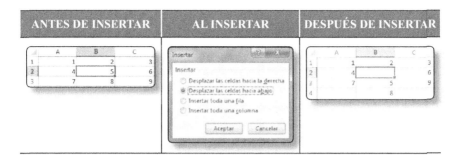

4.6.1.2 INSERTAR FILAS DE HOJA

 Permite insertar filas encima de la celda seleccionada:

4.6.1.3 INSERTAR COLUMNAS DE HOJA

 Permite insertar columnas a la izquierda de la celda seleccionada:

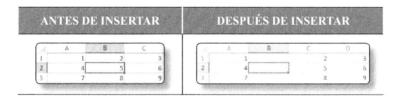

4.6.1.4 INSERTAR HOJA

 Permite insertar una hoja en el libro en curso:

4.6.2 Eliminar

 Este conjunto de opciones nos permite eliminar celdas, filas, columnas u hojas.

4.6.2.1 ELIMINAR CELDAS

Al eliminar celdas, nos encontramos con un cuadro de diálogo que nos pregunta hacia dónde queremos desplazar las celdas cuando realicemos la eliminación:

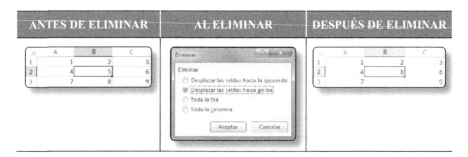

4.6.2.2 ELIMINAR FILAS DE LA HOJA

 Permite eliminar las filas correspondientes a las celdas seleccionadas:

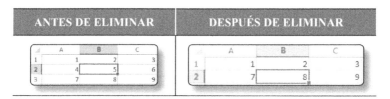

4.6.2.3 ELIMINAR COLUMNAS DE LA HOJA

 Permite eliminar las columnas correspondientes a las celdas seleccionadas:

4.6.2.4 ELIMINAR HOJA

 Permite eliminar la hoja actual:

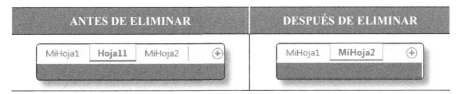

4.6.3 Formato

 En este grupo de opciones se hallan opciones destinadas a modificar el ancho y el alto de las columnas y filas, a mostrarlas u ocultarlas, a modificar el aspecto de las etiquetas de las hojas, a copiar o mover hojas, a bloquearlas y/o protegerlas, etc.

4.6.3.1 TAMAÑO DE LA CELDA

4.6.3.1.1 Alto de la fila

Esta opción permite definir el alto de las filas seleccionadas. Al hacer clic sobre la opción nos muestra el alto actual (si todas las filas seleccionadas poseen el mismo alto) y nos invita a introducir el nuevo alto:

4.6.3.1.2 Autoajustar alto de fila

Permite ajustar el alto de la fila automáticamente en función del contenido de las celdas de la misma. Supongamos que tenemos tres celdas con el siguiente contenido:

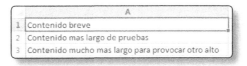

Si reducimos el tamaño de la columna observaremos cómo hay una parte del contenido que deja de visualizarse porque no cabe. Si seleccionamos las celdas en cuestión y seleccionamos **Autoajustar alto de fila** veremos cómo aplica el alto adecuado en cada caso:

4.6.3.1.3 Ancho de columna

Esta opción permite definir el ancho de las columnas seleccionadas. Al hacer clic sobre la opción nos muestra el ancho actual (si todas las columnas seleccionadas poseen el mismo ancho) y nos invita a introducir el nuevo ancho:

4.6.3.1.4 Autoajustar ancho de columna

Permite ajustar el ancho de las columnas seleccionadas automáticamente en función del contenido de las celdas de las mismas. Supongamos que tenemos tres celdas con el siguiente contenido:

Si seleccionamos las tres columnas y aplicamos **Autoajustar ancho de columna**, cada columna asumirá el ancho ideal para cada uno de los contenidos, según vemos a continuación:

4.6.3.1.5 Ancho predeterminado

El ancho predeterminado permite indicar cuál es el ancho que por defecto tendrán aquellas columnas a las que no se les haya indicado un ancho específico. Por ejemplo, si el ancho por defecto que tenemos es de 10,71 y modificamos dicho ancho a 30, nos encontraremos con lo siguiente:

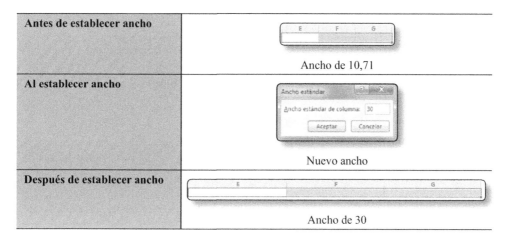

Antes de establecer ancho	Ancho de 10,71
Al establecer ancho	Nuevo ancho
Después de establecer ancho	Ancho de 30

4.6.3.2 VISIBILIDAD

Esta opción nos permite ocultar o mostrar filas, columnas u hojas.

4.6.3.2.1 Ocultar filas

Permite ocultar las filas implicadas en el rango seleccionado:

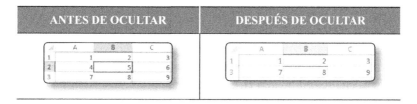

ANTES DE OCULTAR	DESPUÉS DE OCULTAR

Obsérvese la marca que queda entre las filas 1 y 3 que nos permite advertir que entre ambas existen filas ocultas:

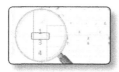

4.6.3.2.2 Ocultar columnas

Permite ocultar las columnas implicadas en el rango seleccionado:

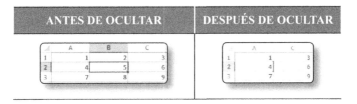

Obsérvese la marca que queda entre las columnas A y C que nos permite advertir que entre ambas existen columnas ocultas:

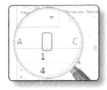

4.6.3.2.3 Ocultar hoja

Al seleccionar esta opción se oculta la hoja activa. Para volver a visualizarla, puede utilizar la opción **Mostrar hoja** comentada un poco más adelante.

4.6.3.2.4 Mostrar filas

Permite mostrar las filas ocultas comprendidas en el rango seleccionado. Reutilizando el ejemplo utilizado en el caso de **Ocultar filas** tendríamos:

ANTES DE MOSTRAR			DESPUÉS DE MOSTRAR		
	A	B	C		A	B	C
1	1	2	3	1	1	2	3
3	7	8	9	2	4	5	6
				3	7	8	9

4.6.3.2.5 Mostrar columnas

Permite mostrar las columnas ocultas que se hallan dentro del rango seleccionado. Aprovechando el ejemplo comentado para el caso de **Ocultar columnas**, visualizamos de nuevo la columna que habíamos ocultado:

ANTES DE MOSTRAR	DESPUÉS DE MOSTRAR

	A	C		A	B	C
1	1	3	1	1	2	3
2	4	6	2	4	5	6
3	7	9	3	7	8	9

4.6.3.2.6 Mostrar hoja

Esta opción nos permite mostrar una hoja que hayamos ocultado previamente. Al seleccionar esta opción, aparece un cuadro de diálogo con una lista en la que hemos de seleccionar la hoja que queremos mostrar de nuevo:

Al seleccionar **MiHoja1** y **Aceptar** tendremos:

ANTES DE MOSTRAR	DESPUÉS DE MOSTRAR
Hoja6 MiHoja2 ⊕	Hoja6 **MiHoja1** MiHoja2 ⊕

4.6.3.3 ORGANIZAR HOJAS

Este grupo de opciones permite realizar diversas acciones sobre hojas; acciones tales como cambiarles el nombre, moverlas de sitio dentro del libro o cambiar el color de la etiqueta que las identifica.

4.6.3.3.1 Cambiar el nombre de la hoja

Al seleccionar esta opción, veremos cómo el nombre de la hoja queda seleccionado y se convierte en un texto editable que podemos modificar:

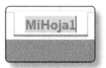

4.6.3.3.2 Mover o copiar hoja

Esta opción nos permite mover la hoja de posición dentro del libro, o bien a otro libro diferente o incluso nuevo.

Si interesa, podemos crear una copia de la hoja marcando la casilla de verificación **Crear una copia**. La hoja se moverá o copiará antes de la hoja que tengamos seleccionada en el momento de hacer clic sobre el botón **Aceptar**:

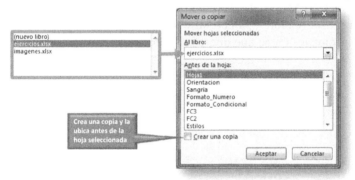

Hay que indicar que también es posible mover la hoja simplemente pinchándola con el ratón y arrastrándola hasta la posición que nos interese dentro del libro. Si mantenemos pulsada la tecla **CTRL** mientras arrastramos, lo que haremos será una copia de la hoja en lugar de moverla.

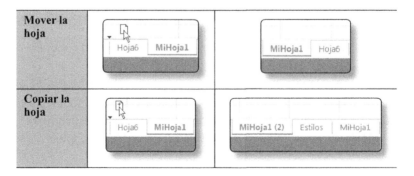

4.6.3.3 Color de etiqueta

Mediante esta opción podemos cambiar el color de la etiqueta que identifica la hoja en curso. Al seleccionar un color, este se aplica sobre dicha etiqueta:

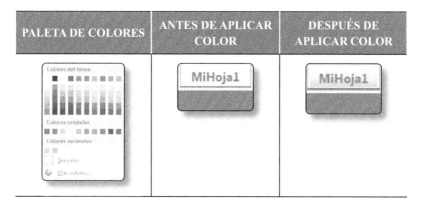

PALETA DE COLORES	ANTES DE APLICAR COLOR	DESPUÉS DE APLICAR COLOR

4.6.3.4 PROTECCIÓN

Permite proteger la hoja, bloquear celdas o acceder al cuadro de diálogo **Formato**.

4.6.3.4.1 Proteger hoja

Permite proteger una hoja contra diversas modificaciones. Al seleccionar esta opción, se muestra el siguiente cuadro de diálogo, mediante el que podemos indicar qué permitimos o no modificar al usuario:

Obsérvese que es posible introducir una contraseña para que solo pueda modificar esta configuración aquella persona que la conozca.

Esta opción se utiliza en combinación con la definición sobre celdas que hagamos en la pestaña de **Proteger** del cuadro de diálogo **Formato**:

Para impedir que una celda se modifique, hay que asegurarse de que está marcada la casilla **Bloqueada** antes de seleccionar la opción de **Proteger hoja**.

En esta pestaña se halla también la casilla de verificación **Oculta**, la cual nos permite ocultar fórmulas para impedir que nadie las visualice.

4.6.3.4.2 Bloquear celda

Esta opción nos permite bloquear y desbloquear celdas rápidamente sin necesidad de acudir al cuadro de diálogo **Formato**, explicado en el apartado anterior.

4.6.3.4.3 Formato de celdas

Este es el cuadro de diálogo general para la aplicación de formatos sobre celdas. Está compuesto por diversas pestañas, algunas de las cuales las hemos ido viendo en opciones anteriores (por ejemplo, **Fuente**, **Alineación**, **Número** y **Proteger**).

A continuación se muestran las pestañas que lo componen.

Número

Permite definir el formato que hay que aplicar a números, fechas y textos contenidos en una celda. Esta pestaña se ha explicado en detalle en el apartado *Cuadro de diálogo Formato de celdas (Número)*.

Alineación

Mediante esta pestaña podemos disponer el texto dentro de la celda; también nos permite modificar su posición vertical y horizontal. Puede ver una explicación más detallada de esta pestaña en el apartado *Cuadro de diálogo Formato de celdas (Alineación)*.

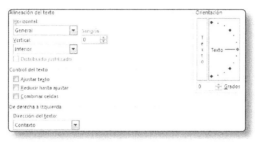

Fuente

Permite configurar las características de los tipos de fuente utilizados en los textos introducidos en una celda. Este apartado se ha comentado con detalle en *Cuadro de diálogo Formato de celdas (Fuente)*.

Borde

Esta pestaña nos permite insertar un borde a las celdas seleccionadas. Podemos indicar el estilo, el color y el segmento de las celdas o rango seleccionados sobre los que queremos aplicar dicho borde.

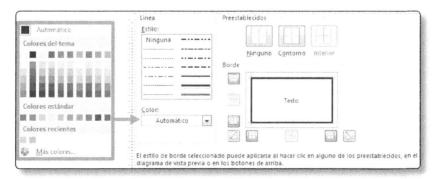

Relleno

Esta pestaña permite definir cómo queremos rellenar el fondo de una celda, pudiendo seleccionar colores, tramas y efectos, como se muestra a continuación:

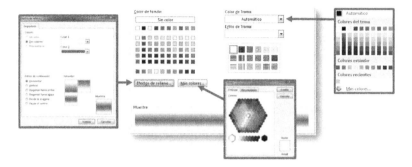

Proteger

Tal y como se ha comentado en el apartado *Proteger hoja*, esta pestaña sirve para dos cosas:

Bloquear una celda para impedir su modificación.

Ocultar el contenido de las fórmulas que pueda contener.

El contenido de esta pestaña es el siguiente:

4.7 MODIFICAR

Este grupo de opciones nos permite insertar rápidamente una serie de funciones frecuentes (autosumas, promedios y otras funciones), además de rellenar rangos con determinados valores o series. También permite realizar acciones de borrado, ordenación y búsqueda.

4.7.1 Autosuma

En este grupo se hallan funciones de uso frecuente y también facilita el acceso a otras.

4.7.1.1 SUMA

Permite insertar la función **SUMA** a continuación de las celdas seleccionadas. Para realizar esta acción, basta con seleccionar el rango de celdas que contiene los valores a sumar y a continuación hacer clic sobre el icono de **Autosuma** (Σ). También podemos utilizar la combinación de teclas **ALT** + = (pulsar el símbolo igual mientras se mantiene pulsada simultáneamente la tecla **ALT**).

ANTES DE APLICAR FUNCIÓN	DESPUÉS DE APLICAR FUNCIÓN	FUNCIÓN USADA

4.7.1.2 PROMEDIO

Permite insertar la función **PROMEDIO** a continuación de las celdas seleccionadas.

ANTES DE APLICAR FUNCIÓN	DESPUÉS DE APLICAR FUNCIÓN	FUNCIÓN USADA

4.7.1.3 CONTAR NÚMEROS

Permite insertar la función **CONTAR** a continuación de las celdas seleccionadas.

ANTES DE APLICAR FUNCIÓN	DESPUÉS DE APLICAR FUNCIÓN	FUNCIÓN USADA

4.7.1.4 MAX

Permite insertar la función **MAX** a continuación de las celdas seleccionadas.

ANTES DE APLICAR FUNCIÓN	DESPUÉS DE APLICAR FUNCIÓN	FUNCIÓN USADA
<table><tr><td></td><td>A</td><td>B</td><td>C</td></tr><tr><td>1</td><td>1</td><td>2</td><td>3</td></tr><tr><td>2</td><td>4</td><td>5</td><td>6</td></tr><tr><td>3</td><td>7</td><td>8</td><td>9</td></tr></table>	<table><tr><td></td><td>A</td><td>B</td><td>C</td></tr><tr><td>1</td><td>1</td><td>2</td><td>3</td></tr><tr><td>2</td><td>4</td><td>5</td><td>6</td></tr><tr><td>3</td><td>7</td><td>8</td><td>9</td></tr><tr><td>4</td><td>7</td><td>8</td><td>9</td></tr></table>	<table><tr><td></td><td>A</td><td>B</td><td>C</td></tr><tr><td>1</td><td>1</td><td>2</td><td>3</td></tr><tr><td>2</td><td>4</td><td>5</td><td>6</td></tr><tr><td>3</td><td>7</td><td>8</td><td>9</td></tr><tr><td>4</td><td>=MAX(A1:A3)</td><td>=MAX(B1:B3)</td><td>=MAX(C1:C3)</td></tr></table>

4.7.1.5 MIN

Permite insertar la función **MIN** a continuación de las celdas seleccionadas.

ANTES DE APLICAR FUNCIÓN	DESPUÉS DE APLICAR FUNCIÓN	FUNCIÓN USADA
<table><tr><td></td><td>A</td><td>B</td><td>C</td></tr><tr><td>1</td><td>1</td><td>2</td><td>3</td></tr><tr><td>2</td><td>4</td><td>5</td><td>6</td></tr><tr><td>3</td><td>7</td><td>8</td><td>9</td></tr></table>	<table><tr><td></td><td>A</td><td>B</td><td>C</td></tr><tr><td>1</td><td>1</td><td>2</td><td>3</td></tr><tr><td>2</td><td>4</td><td>5</td><td>6</td></tr><tr><td>3</td><td>7</td><td>8</td><td>9</td></tr><tr><td>4</td><td>1</td><td>2</td><td>3</td></tr></table>	<table><tr><td></td><td>A</td><td>B</td><td>C</td></tr><tr><td>1</td><td>1</td><td>2</td><td>3</td></tr><tr><td>2</td><td>4</td><td>5</td><td>6</td></tr><tr><td>3</td><td>7</td><td>8</td><td>9</td></tr><tr><td>4</td><td>=MIN(A1:A3)</td><td>=MIN(B1:B3)</td><td>=MIN(C1:C3)</td></tr></table>

4.7.1.6 MÁS FUNCIONES

Esta opción da acceso al cuadro de diálogo **Insertar función** mediante el que podemos insertar una función a través del asistente que **Excel** pone a nuestra disposición. El cuadro de diálogo es el siguiente:

También podemos acceder a este cuadro de diálogo pulsando sobre el icono f_x que se halla en la **Barra de fórmulas**, tal y como se muestra a continuación:

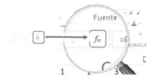

Supongamos que necesitamos calcular la raíz cúbica de un número y pensamos que podemos utilizar la exponenciación para elevar dicho número a un exponente fraccionario como puede ser, en este caso, la fracción 1/3. Lo primero que haríamos sería preparar la hoja con el siguiente contenido:

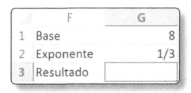

A continuación, vamos a insertar una función que nos permita realizar el cálculo. Para ello invocamos al cuadro de diálogo **Insertar función** e introducimos, en el campo **Buscar función**, el texto "potencia"; después hacemos clic sobre el botón **Ir**:

Observamos que aparecen varias funciones en la lista relacionadas con la palabra introducida y, casualmente, aparece la función **POTENCIA** en primer lugar. Podemos observar que en la parte inferior del cuadro de diálogo se muestra la sintaxis de la función (nombre y argumentos que utiliza) y una breve explicación que detalla el cometido de la misma:

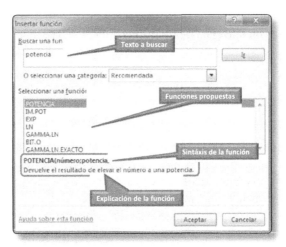

Seleccionamos **POTENCIA** y hacemos clic sobre **Aceptar** para que aparezca la siguiente ventana del asistente, en la que se nos pedirá que introduzcamos cada uno de los argumentos que se necesitan. La introducción de dichos argumentos se puede realizar manualmente, tecleando directamente sobre cada una de las cajas de texto asociadas a cada argumento, o bien seleccionando sobre la hoja las celdas o rangos que nos interesan. Dicha selección se realiza simplemente haciendo clic sobre la celda que contiene el argumento o sobre el icono 📊 que se halla a la derecha de cada una de las cajas de texto:

Al hacer clic sobre este botón, vemos que el asistente se minimiza y en su lugar queda la siguiente ventana, la cual mostrará la selección que hagamos directamente sobre la hoja. En nuestro caso, para indicar cuál es la celda que contendrá el valor del exponente (potencia) haremos clic sobre la celda **G2**:

Una vez seleccionada la celda, haremos clic sobre el icono que hay a la derecha de esta pequeña ventana (📊); de nuevo se mostrará el asistente, incorporando la selección realizada.

El asistente va mostrando información en la medida que se va introduciendo, e incluso es capaz de previsualizar el resultado en el caso de que disponga de suficientes valores para realizar el cálculo. En nuestro ejemplo, el asistente se mostraría con la siguiente información:

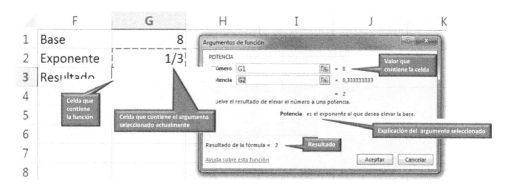

Al pulsar sobre **Aceptar**, se cierra el asistente y se muestra el resultado de la función sobre la hoja, tal y como vemos a continuación:

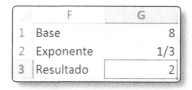

4.7.2 Rellenar

Este grupo de opciones nos permite rellenar un rango con una serie de valores procedentes de las celdas adyacentes al rango tratado o de la inserción de una serie de valores predefinida previamente.

4.7.2.1 HACIA ABAJO

Esta acción permite rellenar una celda con el contenido de la celda que tiene la celda adyacente superior. En el caso de querer rellenar varias celdas de golpe, seleccione el rango que le interese, incluyendo la celda que contiene el valor o fórmula que desee copiar. Tenga en cuenta que, en este caso, el valor que se copiará será el existente en la primera celda del rango seleccionado.

Supongamos que tenemos una hoja con el siguiente contenido y que queremos copiar la fórmula existente en la celda **C1** sobre el rango **C2:C5**:

Introducimos la fórmula			
	A	B	C
1	10	60	=A1+B1
2	20	70	
3	30	80	
4	40	90	
5	50	100	

Seleccionamos el rango a rellenar			
	A	B	C
1	10	60	70
2	20	70	
3	30	80	
4	40	90	
5	50	100	

Pulsamos ⬇ Rellenar hacia abajo			
	A	B	C
1	10	60	70
2	20	70	90
3	30	80	110
4	40	90	130
5	50	100	150

4.7.2.2 HACIA LA DERECHA

Esta acción permite rellenar una celda con el contenido de la celda que tiene la celda adyacente que se halla a su izquierda. En el caso de querer rellenar varias celdas de golpe, seleccione el rango que le interese, incluyendo la celda que contiene el valor o fórmula que desee copiar. Tenga en cuenta que, en este caso, el valor que se copiará será el existente en la primera celda del rango seleccionado.

Supongamos que tenemos una hoja con el siguiente contenido y que queremos copiar la fórmula existente en la celda **G12** sobre el rango **H1:J1**:

Introducimos la fórmula					
	F	G			
1	10	=F1+2			

Seleccionamos el rango a rellenar					
	F	G	H	I	J
1	10	12			

Pulsamos ➡ Rellenar hacia la derecha					
	F	G	H	I	J
1	10	12	14	16	18

4.7.2.3 HACIA ARRIBA

Esta acción permite rellenar una celda con el contenido de la celda que tiene la celda adyacente inferior. En el caso de querer rellenar varias celdas de una vez, seleccione el rango que desee, incluyendo la celda que contiene el valor o fórmula que desee copiar. Tenga en cuenta que, en este caso, el valor que se copiará será el existente en la última celda del rango seleccionado.

Supongamos que tenemos una hoja con el siguiente contenido y que queremos copiar la fórmula existente en la celda **C5** sobre el rango **C1:C4**:

Introducimos la fórmula			
	A	B	C
1	10	60	
2	20	70	
3	30	80	
4	40	90	
5	50	100	=A5+B5

Seleccionamos el rango a rellenar			
	A	B	C
1	10	60	
2	20	70	
3	30	80	
4	40	90	
5	50	100	150

Pulsamos ⬆ Rellenar hacia arriba			
	A	B	C
1	10	60	70
2	20	70	90
3	30	80	110
4	40	90	130
5	50	100	150

4.7.2.4 HACIA LA IZQUIERDA

Esta acción permite rellenar una celda con el contenido de la celda que tiene la celda adyacente que se halla a su derecha. En el caso de querer rellenar varias celdas de golpe, seleccione el rango que le interese, incluyendo la celda que contiene el valor o fórmula que desee copiar. Tenga en cuenta que, en este caso, el valor que se copiará será el existente en la última celda del rango seleccionado.

Supongamos que tenemos una hoja con el siguiente contenido y que queremos copiar la fórmula existente en la celda **I1** sobre el rango **F1:H1**:

Introducimos la fórmula	
	I 1 =I1-2 J 18
Seleccionamos el rango a rellenar	F G H I J 1 16 18
Pulsamos ⬅ Rellenar hacia la izquierda	F G H I J 1 10 12 14 16 18

4.7.2.5 OTRAS HOJAS

Esta opción nos permite rellenar una determinada celda en varias hojas simultáneamente. Por ejemplo, supongamos que disponemos de tres hojas, con una estructura similar, sobre las que queremos rellenar una celda introduciendo una determinada fórmula que se halla en la primera de las hojas del grupo. En este caso, lo que haremos es seleccionar la celda a rellenar en la primera hoja del grupo y, seguidamente, seleccionar las tres hojas simultáneamente sobre las que queremos que se produzca el relleno.

Veamos un ejemplo de tres hojas con el siguiente contenido:

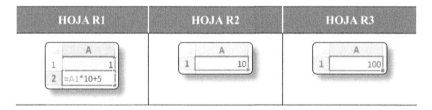

HOJA R1	HOJA R2	HOJA R3
A 1 1 2 =A1*10+5	A 1 10	A 1 100

A continuación seleccionamos en la primera hoja (**R1**) el rango a rellenar por una parte, y también las tres hojas a rellenar simultáneamente (**R1**, **R2** y **R3**):

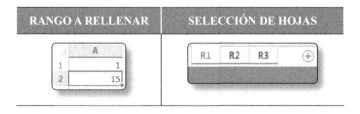

RANGO A RELLENAR	SELECCIÓN DE HOJAS
A 1 1 2 15	R1 R2 R3 ⊕

Al pulsar sobre **Otras hojas** nos aparece un cuadro de diálogo que pregunta qué es lo que queremos copiar:

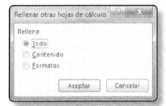

Vamos a seleccionar **Todo** y a pulsar sobre **Aceptar** para comprobar cómo dicha celda se ha copiado simultáneamente sobre las hojas seleccionadas y ha realizado el cálculo en cada una de ellas:

HOJA R1	HOJA R2	HOJA R3
A 1 → 1 2 → 15	A 1 → 10 2 → 105	A 1 → 100 2 → 1005
A 1 → 1 2 → =A1*10+5	A 1 → 10 2 → =A1*10+5	A 1 → 100 2 → =A1*10+5

4.7.2.6 SERIES

Permite rellenar un rango con valores que siguen una serie, la cual calcula valor a valor basándose en un incremento o deduciendo dicho incremento analizando la tendencia de los valores seleccionados.

El cuadro de diálogo correspondiente a **Series** es el siguiente:

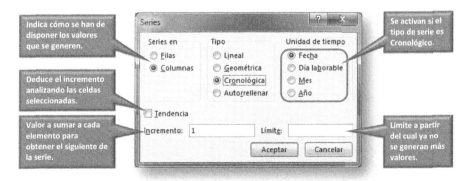

Supongamos que, partiendo de un valor inicial, queremos obtener una serie de valores sumando 5 a cada valor anterior hasta que lleguemos al valor 30.

Lo que haremos es introducir dicho valor inicial (en nuestro caso, **10**), seleccionar las celdas a rellenar con la serie, incluyendo el valor inicial (**A1:A10**), y ejecutar la opción **Series** para definir que queremos aplicar una serie de tipo **Lineal**, con un incremento de **5** y con un límite de **30**, de la siguiente manera:

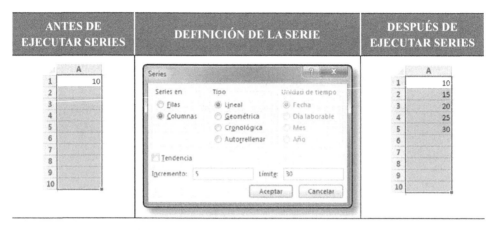

En función del tipo de serie seleccionado, los valores que se obtienen son diferentes. Veamos algunos ejemplos con diferentes tipos de series donde se ha introducido la primera celda superior del rango y el resto se calcula según el incremento:

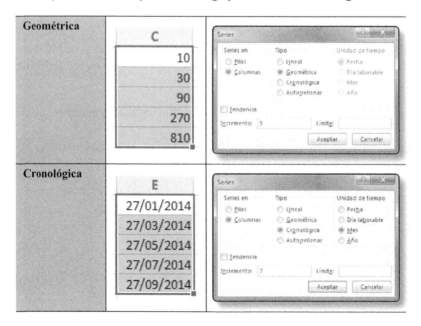

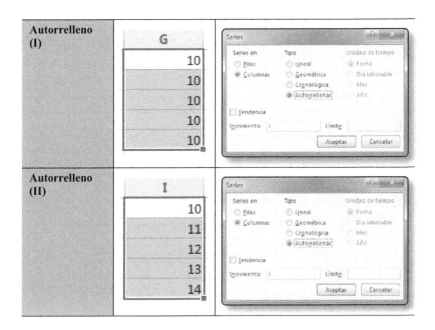

Autorrelleno (I)		
Autorrelleno (II)		

Autorrelleno (I) copia el contenido de la primera celda del rango sobre el resto de celdas sin obtener ningún nuevo valor. Sin embargo, **Autorrelleno (II)** parte de que el rango seleccionado contiene dos celdas con valores (**10** y **11**) y ha podido averiguar el incremento (tendencia) de forma que el resto de celdas las ha completado con valores diferentes aplicando a cada valor dicho incremento para obtener el siguiente.

4.7.2.7 JUSTIFICAR

Esta opción permite distribuir el contenido de una celda cuyo valor sea alfanumérico, en un grupo de celdas; de forma que irá colocando palabras en cada una de las mismas hasta que no quepan más, pasando el resto de palabras a la siguiente celda y así sucesivamente.

Veamos el siguiente ejemplo, donde una celda contiene una frase con diversas palabras que ocupan un ancho superior al de la propia celda. Si queremos distribuir las palabras de dicha frase en un determinado rango, lo que podemos hacer es seleccionar el rango en cuestión y a continuación aplicar **Justificar** para que la frase se acomode en función del ancho total del rango y vaya colocando las palabras que quepan en cada celda del mismo.

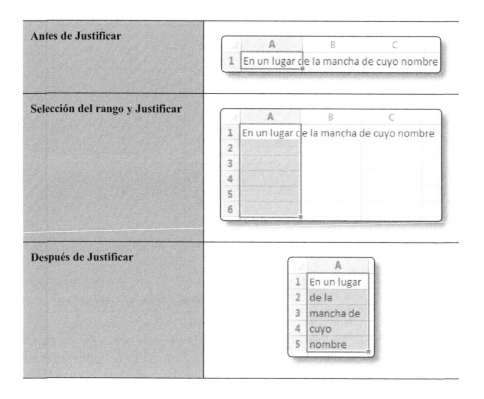

4.7.2.8 RELLENO RÁPIDO

Esta opción nos permite rellenar un rango a partir del contenido de otro. La idea es analizar el patrón de la celda que se está introduciendo y ver si corresponde a la información existente a su alrededor para imitar dicho patrón y rellenar las celdas seleccionadas a partir del mismo.

Supongamos que disponemos de una serie de columnas en las que tenemos el nombre y los dos apellidos de una serie de personas. Si lo que queremos es tener una nueva columna con el nombre completo, una de las posibles soluciones sería escribir en la primera celda de dicha columna el nombre completo tal y como queremos que aparezca y efectuar un relleno rápido sobre el resto de celdas de la misma columna. El siguiente ejemplo ilustra lo que acabamos de comentar:

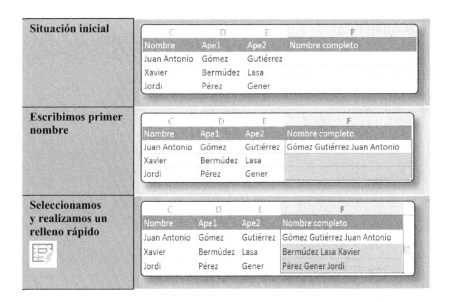

Podemos observar que tras ejecutar **Relleno rápido** aparece un icono junto al rango seleccionado que nos invita a realizar diversas acciones sobre el rango que acabamos de rellenar. En definitiva, lo que podemos hacer es aceptar los cambios, deshacerlos y seleccionar las celdas modificadas o en blanco:

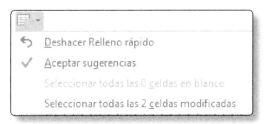

4.7.3 Borrar

 Este conjunto de opciones nos permite ejecutar diferentes borrados sobre la selección previamente realizada.

4.7.3.1 BORRAR TODO

 Esta opción borra todo el contenido de las celdas seleccionadas, incluyendo su formato y comentarios. Veamos el siguiente ejemplo:

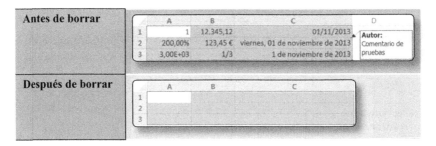

4.7.3.2 BORRAR FORMATOS

 Esta opción permite borrar solo el formato de las celdas seleccionadas. Veamos el siguiente ejemplo:

4.7.3.3 BORRAR CONTENIDO

Esta opción permite borrar solo el contenido existente en el rango seleccionado, respetando el formato y los comentarios. Veamos el siguiente ejemplo:

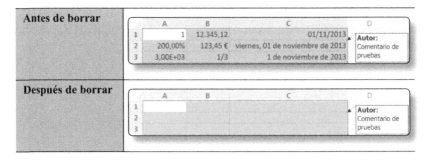

4.7.3.4 BORRAR COMENTARIOS

Esta opción permite borrar solo los comentarios existentes en el rango seleccionado. Veamos el siguiente ejemplo:

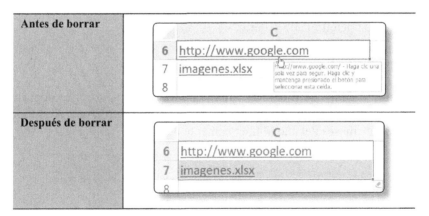

4.7.3.5 BORRAR HIPERVÍNCULOS

Esta opción permite borrar solo los hipervínculos existentes en el rango seleccionado. Veamos el siguiente ejemplo:

Podemos observar que tras **Borrar hipervínculos** aparece un icono al lado de la selección para que podamos afinar el borrado indicando si queremos borrar solo los hipervínculos o además queremos borrar también el formato:

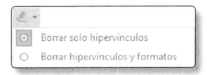

4.7.3.6 QUITAR HIPERVÍNCULOS

 Esta opción permite quitar los hipervínculos existentes en el rango seleccionado, y también su formato. Veamos el siguiente ejemplo:

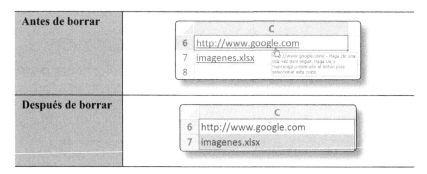

4.7.4 Ordenar y filtrar

 Este grupo de opciones permite ordenar rápidamente un conjunto de celdas y también aplicar filtros para visualizar solo celdas que cumplan con un determinado criterio.

4.7.4.1 ORDENAR DE MENOR A MAYOR

Permite ordenar un rango de valores de menor a mayor. La ordenación se realiza sobre las celdas que se hallan ubicadas en una columna. A continuación ordenaremos los meses del año alfabéticamente de menor a mayor:

4.7.4.2 ORDENAR DE MAYOR A MENOR

 Permite ordenar un rango de valores de menor a mayor. Veamos el siguiente ejemplo:

ANTES DE ORDENAR	DESPUÉS DE ORDENAR
	A			A
1	Enero		1	Septiembre
2	Febrero		2	Octubre
3	Marzo		3	Noviembre
4	Abril		4	Mayo
5	Mayo		5	Marzo
6	Junio		6	Junio
7	Julio		7	Julio
8	Agosto		8	Febrero
9	Septiembre		9	Enero
10	Octubre		10	Diciembre
11	Noviembre		11	Agosto
12	Diciembre		12	Abril

4.7.4.3 ORDEN PERSONALIZADO

 Mediante esta opción podemos ordenar un rango por múltiples criterios. Supongamos que disponemos de la siguiente información:

	A	B	C	D	E	F
1	Vendedor	Provincia	Articulo	Cantidad	Precio	Importe
2	Lola	Barcelona	Celo	2000	3,5	7000
3	Paco	Valencia	Celo	2000	3,5	7000
4	Ramón	Barcelona	Cubo	600	2	1200
5	Maria	Madrid	Cubo	800	2	1600
6	Juan	Barcelona	Goma	300	0,8	240
7	Juan	Madrid	Goma	1500	0,8	1200
8	Ramón	Madrid	Goma	500	0,8	400
9	Paco	Valencia	Goma	650	0,8	520
10	Luis	Barcelona	Lapiz	1000	1,2	1200
11	Maria	Madrid	Lapiz	4250	1,2	5100
12	Juan	Madrid	Lapiz	900	1,2	1080
13	Paco	Valencia	Lapiz	100	1,2	120
14	Lola	Valencia	Paq. Folios	750	3	2250
15	Luis	Valencia	Paq. Folios	1200	3	3600

Vamos a ordenar esta información por **Vendedor**, y, dentro de cada vendedor, por **Provincia**; por último, dentro de cada provincia, por **Importe**, de forma que aparezcan primero los importes mayores y luego los menores. Para ello seleccionaremos el rango a ordenar (**A1:F15**) e invocaremos al cuadro de diálogo

Ordenar para ir agregando niveles con cada criterio de ordenación hasta conseguir una definición como la siguiente:

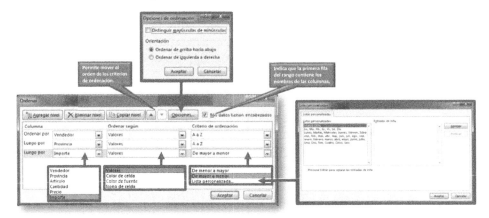

Una vez aplicada la ordenación obtendremos el siguiente resultado:

	A	B	C	D	E	F
1	Vendedor	Provincia	Artículo	Cantidad	Precio	Importe
2	Juan	Barcelona	Goma	300	0,8	240
3	Juan	Madrid	Goma	1500	0,8	1200
4	Juan	Madrid	Lapiz	900	1,2	1080
5	Lola	Barcelona	Celo	2000	3,5	7000
6	Lola	Valencia	Paq. Folios	750	3	2250
7	Luis	Barcelona	Lapiz	1000	1,2	1200
8	Luis	Valencia	Paq. Folios	1200	3	3600
9	Maria	Madrid	Lapiz	4250	1,2	5100
10	Maria	Madrid	Cubo	800	2	1600
11	Paco	Valencia	Celo	2000	3,5	7000
12	Paco	Valencia	Goma	650	0,8	520
13	Paco	Valencia	Lapiz	100	1,2	120
14	Ramón	Barcelona	Cubo	600	2	1200
15	Ramón	Madrid	Goma	500	0,8	400

Podemos comprobar que, efectivamente, las filas se han agrupado por vendedor y dentro de cada vendedor por provincia, mostrando en primer lugar los importes de mayor a menor valor dentro de cada provincia.

4.7.4.4 FILTRO

La aplicación de filtros es una herramienta que nos permite seleccionar la información que queremos visualizar gracias a la aplicación de unos determinados criterios o, simplemente, a través de la selección de ciertos valores concretos. Para aplicar un filtro hemos de seleccionar la información que queremos filtrar. Normalmente, la selección se realiza seleccionando las columnas que contienen dicha información; como resultado de la aplicación del filtro, en cada columna aparecerá el icono ▼ para que podamos invocar al panel que contiene las distintas funcionalidades utilizadas en dichos filtros.

4.7.4.4.1 Activar Autofiltro

Siguiendo con el ejemplo utilizado anteriormente, vamos a aplicar un filtro a cada una de las columnas existentes en el rango que contiene la información. Para ello primero seleccionamos las columnas comprendidas entre la **A** y la **F** y, a continuación, aplicamos el filtro:

Antes de aplicar filtro		A	B	C	D	E	F
	1	Vendedor	Provincia	Articulo	Cantidad	Precio	Importe
	2	Juan	Barcelona	Goma	300	0,8	240
	3	Juan	Madrid	Goma	1500	0,8	1200
	4	Juan	Madrid	Lapiz	900	1,2	1080

Después de aplicar filtro		A	B	C	D	E	F
	1	Vendedor	Provincia	Articulo	Cantidad	Precio	Importe
	2	Juan	Barcelona	Goma	300	0,8	240
	3	Juan	Madrid	Goma	1500	0,8	1200
	4	Juan	Madrid	Lapiz	900	1,2	1080

4.7.4.4.2 Opciones del Autofiltro

Al usar **Autofiltro** veremos que disponemos de las siguientes opciones:

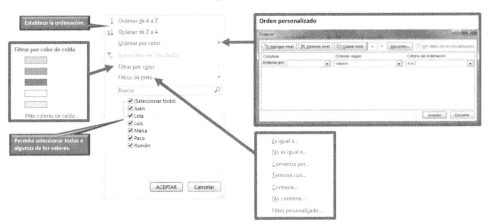

4.7.4.4.3 Usar Autofiltro para filtrar una lista

Para filtrar una lista con autofiltro basta con seleccionar los valores que se desean: observaremos que Excel solo visualiza las filas que contienen dichos valores.

VALOR SELECCIONADO EN EL FILTRO	DESPUÉS DE APLICAR AL FILTRO
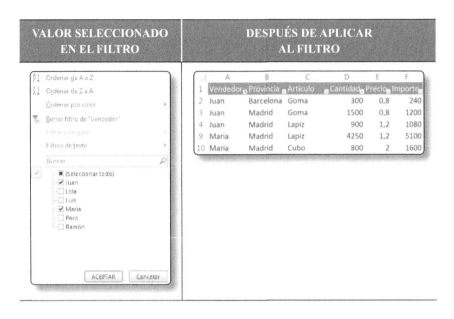	

Observaremos que la flecha correspondiente a la columna sobre la que se ha seleccionado un valor, muestra un icono en forma de embudo (⊽) para evidenciar que el filtro asociado a la misma está actuando.

También es posible indicar al autofiltro que muestre solo un determinado número de filas (elementos) cuyos valores cumplan con alguno de los criterios ofrecidos por la opción **Filtros de número**, la cual conduce al siguiente cuadro de diálogo para su definición:

Por ejemplo, si queremos ver las cuatro filas que poseen los importes más grandes, configuraremos el filtro de la columna **F (Importe)** seleccionando **Filtros de número → Diez mejores** con los siguientes valores:

Valores para el filtro	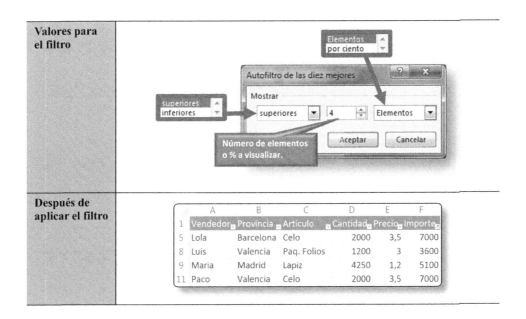
Después de aplicar el filtro	

	A	B	C	D	E	F
1	Vendedor	Provincia	Articulo	Cantidad	Precio	Importe
5	Lola	Barcelona	Celo	2000	3,5	7000
8	Luis	Valencia	Paq. Folios	1200	3	3600
9	Maria	Madrid	Lapiz	4250	1,2	5100
11	Paco	Valencia	Celo	2000	3,5	7000

4.7.4.4.4 Eliminar criterios del Autofiltro

Para eliminar los criterios del autofiltro basta con seleccionar la opción **Borrar filtro de "Importe"** (en este ejemplo):

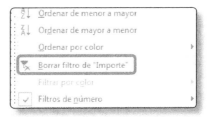

4.7.4.4.5 Crear un Autofiltro personalizado

Para crear un autofiltro personalizado escogeremos la opción (**Filtro personalizado**).

Al seleccionar esta opción, aparece un cuadro de diálogo mediante el cual se puede indicar hasta dos criterios para el filtrado. Dichos criterios pueden combinarse mediante los conectores **Y** y **O**. El conector **Y** indica que ambos criterios deben cumplirse. El conector **O** indica que basta que se cumpla cualquiera de los dos criterios para que la fila sea seleccionada.

A continuación mostramos un par de ejemplos combinados utilizando **Y** en un caso y **O** en otro:

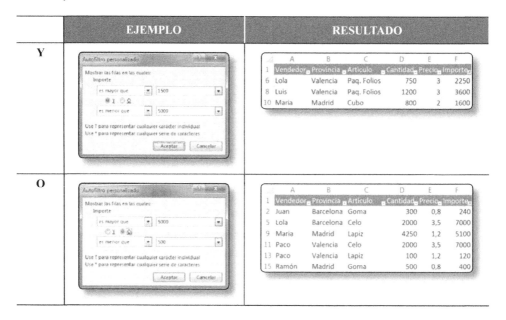

4.7.4.5 BORRAR

Mediante esta opción podemos eliminar los filtros existentes. También podemos utilizar la secuencia de teclas **CTRL** + **MAYÚS** + **L** para realizar la misma acción.

4.7.4.6 VOLVER A APLICAR

Esta opción permite volver a aplicar la ordenación y filtros aplicados sobre el rango seleccionado, de forma que si añadimos una nueva fila con más información, podemos someterla también a los filtros en curso. Por ejemplo, si al rango anterior le añadimos una nueva fila (véase el ejemplo) y volvemos a aplicar los filtros, observaremos cómo desaparece de la vista, ya que su importe no cumple con los filtros establecidos (**mayor que 5000 y menor que 500**):

Inclusión de nueva fila		A	B	C	D	E	F
	1	Vendedor	Provincia	Articulo	Cantidad	Precio	Importe
	2	Juan	Barcelona	Goma	300	0,8	240
	5	Lola	Barcelona	Celo	2000	3,5	7000
	9	Maria	Madrid	Lapiz	4250	1,2	5100
	11	Paco	Valencia	Celo	2000	3,5	7000
	13	Paco	Valencia	Lapiz	100	1,2	120
	15	Ramón	Madrid	Goma	500	0,8	400
	16	Juan	Madrid	Celo	200	3,5	700

Después de volver a aplicar		A	B	C	D	E	F
	1	Vendedor	Provincia	Articulo	Cantidad	Precio	Importe
	2	Juan	Barcelona	Goma	300	0,8	240
	5	Lola	Barcelona	Celo	2000	3,5	7000
	9	Maria	Madrid	Lapiz	4250	1,2	5100
	11	Paco	Valencia	Celo	2000	3,5	7000
	13	Paco	Valencia	Lapiz	100	1,2	120
	15	Ramón	Madrid	Goma	500	0,8	400

4.7.5 Buscar y seleccionar

En este grupo de opciones se hallan utilidades diversas que nos permiten, entre otras cosas, buscar textos, comentarios, formatos, reemplazar un texto por otro, ir a una determinada celda o tabla, seleccionar objetos o simplemente mostrar el **Panel de selección**.

4.7.6 Buscar

Esta opción, por defecto, nos permite buscar un texto en la hoja en curso. Sin embargo, si hacemos clic sobre el botón **Opciones**, nos permite buscar dicho texto en la hoja en curso o en el libro en curso, pudiendo también indicar si dicho texto ha de poseer un determinado formato o si hay que buscarlo como un valor, o dentro de una fórmula o de un comentario. En la siguiente imagen se muestra el cuadro de diálogo con el botón de **Opciones** previamente pulsado y con una muestra de las opciones asociadas a cada lista de valores y botones del propio cuadro:

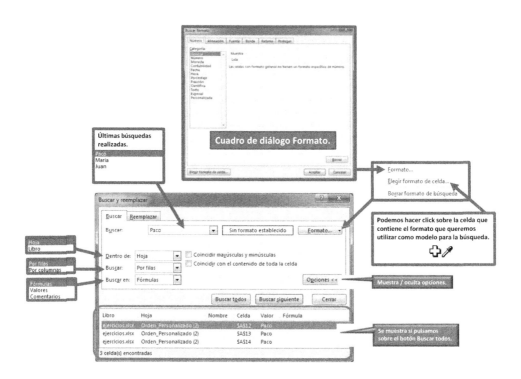

También podemos acceder a esta acción tecleando la secuencia de teclas **CTRL** + **B**.

4.7.7 Reemplazar

Esta opción es muy similar a la de **Buscar**, solo que, además de indicar el texto a buscar, contiene controles para indicar el texto que debe sustituir al texto buscado, y con qué formato.

En la siguiente imagen se muestran las opciones asociadas a esta acción:

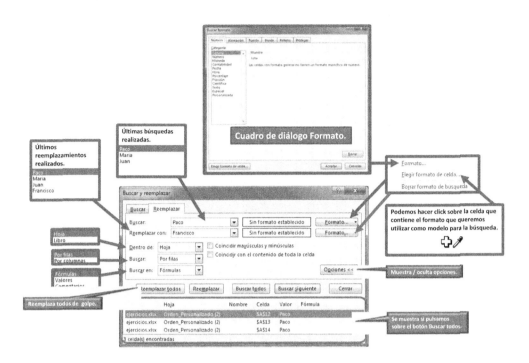

Cuadro de diálogo Formato.

También podemos acceder a esta acción tecleando la secuencia de teclas **CTRL + L**.

4.7.8 Ir a

Mediante esta opción podemos desplazarnos a un lugar determinado dentro de la hoja, del libro o de cualquier otro libro abierto. Cuando accedemos a esta opción, aparece el cuadro de diálogo **Ir a**, el cual nos muestra los últimos desplazamientos realizados por si queremos usar de nuevo alguno de ellos, simplemente haciendo clic sobre el mismo y pulsando **Aceptar**. También podemos indicar, en la caja de texto, la referencia a la celda o nombre del rango nombrado al que queremos desplazarnos. El cuadro de diálogo que aparece al seleccionar esta opción es el siguiente:

Vemos que desde este cuadro de diálogo podemos navegar al cuadro de diálogo **Ir a Especial**, que veremos a continuación.

4.7.9 Ir a Especial

Mediante este cuadro de diálogo podemos desplazarnos a unas celdas concretas que contengan el tipo de elemento seleccionado en el siguiente cuadro de diálogo:

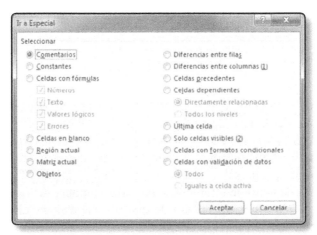

Por ejemplo, si deseamos desplazarnos entre las celdas que contengan comentarios, podemos seleccionar **Comentarios**: observaremos que, efectivamente, las celdas que contienen comentarios quedan seleccionadas, de forma que para desplazarse por ellas bastará con ir pulsando un **INTRO**, tal y como vemos a continuación:

Rango con comentarios	
Ir a Especial (Comentarios)	
Quedan seleccionadas las celdas con comentarios y pone el foco en la primera de ellas.	
Al pulsar **INTRO** nos desplazamos a la siguiente celda con comentarios.	
Pulsando **INTRO** vamos de celda en celda hasta volver a la primera, y así sucesivamente.	

4.7.10 Fórmulas

Esta opción es un caso particular de la opción general **Ir a Especial**, donde lo que se busca son **Fórmulas**. En el siguiente ejemplo hemos incluido unos sumatorios a las celdas del ejemplo anterior:

Vista normal				
	A	B	C	D
1	10	40	70	120
2	20	50	80	150
3	30	60	90	180
4	60	150	240	

Vista de fórmulas				
	A	B	C	D
1	10	40	70	=SUMA(A1:C1)
2	20	50	80	=SUMA(A2:C2)
3	30	60	90	=SUMA(A3:C3)
4	=SUMA(A1:A3)	=SUMA(B1:B3)	=SUMA(C1:C3)	

Si seleccionamos esta opción, veremos que las celdas seleccionadas son las que efectivamente contienen fórmulas:

	A	B	C	D
1	10	40	70	120
2	20	50	80	150
3	30	60	90	180
4	60	150	240	

Tal y como hemos comentado antes, para desplazarnos por cada una de las mismas bastará con ir pulsando la tecla **INTRO**.

4.7.11 Comentarios

Esta opción es un caso particular de la opción general **Ir a Especial** donde lo que se busca son **Comentarios**.

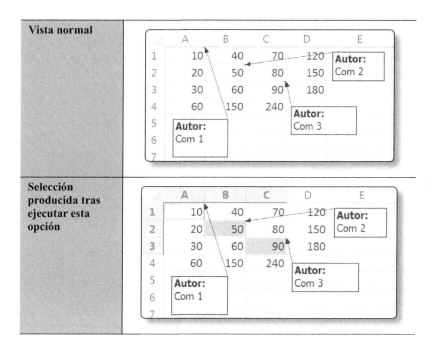

4.7.12 Formato condicional

Mediante esta opción podemos seleccionar aquellas celdas que posean un **Formato condicional**. Equivale a ejecutar **Ir a Especial** seleccionando **Celdas con formatos condicionales**.

Vista inicial				
	A	B	C	D
1	10	40	70	120
2	20	50	80	150
3	30	60	90	180
4	60	150	240	

Selección producida tras ejecutar esta opción				
	A	B	C	D
1	10	40	70	120
2	20	50	80	150
3	30	60	90	180
4	60	150	240	

4.7.13 Constantes

Esta opción permite localizar las celdas que poseen valores constantes (no fórmulas o funciones). También es un caso particular de la opción **Ir a Especial**, en el que se seleccionan **Constantes**.

Vista inicial		A	B	C	D
	1	10	40	70	120
	2	20	50	80	150
	3	30	60	90	180
	4	60	150	240	

Selección producida tras ejecutar esta opción		A	B	C	D
	1	10	40	70	120
	2	20	50	80	150
	3	30	60	90	180
	4	60	150	240	

4.7.14 Validación de datos

Esta opción permite localizar las celdas que tienen asociada una validación de datos. Es un caso particular de la opción **Ir a Especial**, en el que se seleccionan **Celdas con validación de datos**.

Vista inicial		A	B	C	D
	1	10	40	70	120
	2	20	50	80	150
	3	30	60	90	180
	4	60	150	240	

Selección producida tras ejecutar esta opción		A	B	C	D
	1	10	40	70	120
	2	20	50	80	150
	3	30	60	90	180
	4	60	150	240	

4.7.15 Seleccionar objetos

Esta opción permite seleccionar los objetos existentes en la hoja de forma que, cada vez que pulsamos la tecla **TAB**, el foco se va pasando de un objeto a otro. En el siguiente ejemplo podemos observar que al seleccionar esta opción, efectivamente, cada vez que pulsamos la tecla **TAB**, se va seleccionando un objeto detrás de otro (no pasa por las celdas):

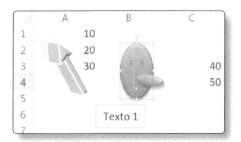

4.7.16 Panel de selección

Esta opción permite visualizar el panel de objetos. En ocasiones es útil poder visualizar una lista de objetos ya que algunos pueden estar tapados por otros o interesa ejecutar alguna opción sobre un grupo de objetos (alinearlos, aplicarles un formato determinado, copiarlos, etc.).

Continuando con el ejemplo anterior, al seleccionar esta opción vemos el siguiente panel:

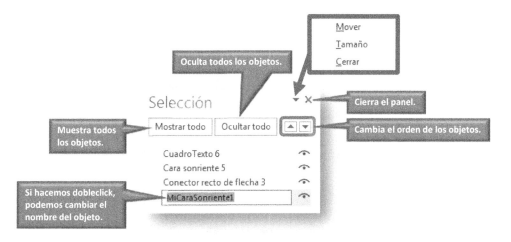

5

INSERTAR

Esta pestaña contiene multitud de opciones para insertar elementos y objetos en nuestros libros. Dichos objetos son, esencialmente, tablas, ilustraciones, gráficos, vínculos y símbolos especiales.

5.1 TABLAS

En este grupo nos encontramos con las opciones relativas a las tablas dinámicas y tablas en general. Mediante ellas podremos organizar y resumir grandes cantidades de datos, facilitando su análisis y representación.

5.1.1 Tabla dinámica

Una tabla dinámica es una herramienta que proporciona Excel para poder resumir una gran cantidad de información, simplemente arrastrando las columnas que han de configurar el informe hacia determinadas zonas del panel asociado a dicha tabla.

Al hacer clic sobre el icono correspondiente a **Tabla dinámica**, aparece un cuadro de diálogo mediante el cual podemos seleccionar la fuente de datos y la ubicación de la tabla que vamos a crear. La opción que por defecto se propone es la de utilizar como fuente de datos una tabla o un rango.

5.1.1.1 SELECCIÓN DE UNA TABLA O RANGO

Si ya hemos seleccionado un rango antes de invocar esta función, este será el rango que determine la fuente de datos que hay que utilizar. Si no hemos seleccionado ningún rango, Excel analizará el conjunto de datos que se hallan alrededor de la celda que contenga el foco y, seguidamente, sugerirá un rango por defecto. En las siguientes imágenes podemos comprobar cuál es el rango propuesto por defecto a partir de haber situado el foco en la celda **B5**:

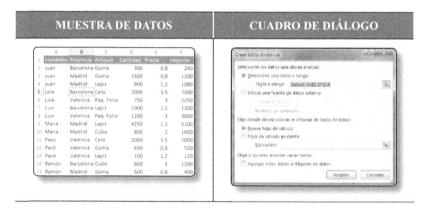

5.1.1.2 SELECCIÓN DE FUENTE DE DATOS EXTERNA

Si deseamos obtener los datos a partir de una fuente de datos externa, podemos seleccionar la opción **Utilice una fuente de datos externa**.

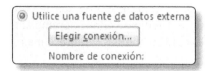

En cuyo caso nos mostrará el siguiente cuadro de diálogo:

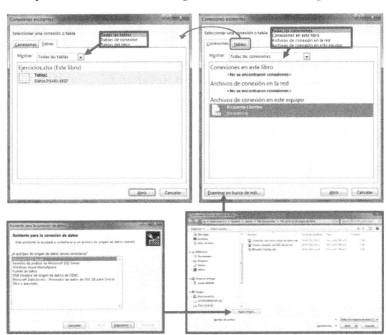

Si deseamos trabajar con una base de datos que no tengamos previamente referenciada, podemos incluirla pulsando en el botón **Examinar en busca de más**, en cuyo caso aparecerá un asistente mediante el cual podremos ir seleccionando paso a paso el origen y ubicación de la fuente de datos en cuestión. A continuación se muestra una imagen:

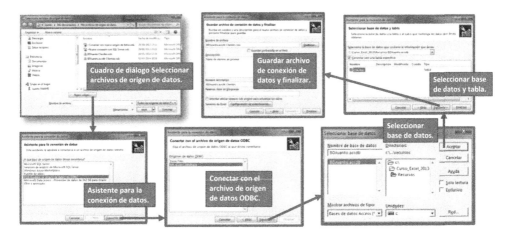

5.1.1.3 UBICACIÓN DE LA TABLA DINÁMICA

Con respecto a la ubicación de la tabla dinámica, podemos elegir entre colocarla en una nueva hoja de cálculo, o bien seleccionar alguna ya existente (incluso de otro libro de trabajo). En el siguiente ejemplo estamos indicando que la tabla se sitúe en la **Hoja 2** del libro de trabajo **Resultados**.

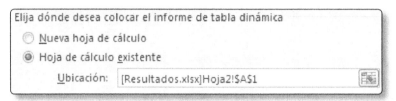

Una vez seleccionada la ubicación, pulsaremos sobre el botón **Aceptar**.

5.1.2 Tablas dinámicas

Con esta opción podemos insertar una tabla dinámica utilizando alguna de las que se recomiendan a través del siguiente cuadro de diálogo:

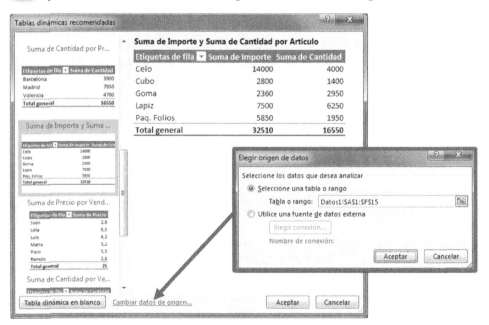

Como puede observarse, además de crear una tabla dinámica en blanco, se puede seleccionar el origen de datos si no se ha hecho previamente.

5.1.3 Tabla

Esta opción permite insertar una tabla y organizar los datos que insertemos en la misma. Por definición, una tabla es un conjunto de datos organizados en filas y sobre los que podemos aplicar operaciones como ordenar, filtrar, aplicar formato, incluir filas de resumen, etc.

Supongamos que tenemos el siguiente conjunto de datos y que habiendo seleccionado la celda **B3** hacemos un clic sobre la opción **Tabla**:

	A	B	C	D	E	F
1	Vendedor	Provincia	Artículo	Cantidad	Precio	Importe
2	Juan	Barcelona	Goma	300	0,8	240
3	Juan	Madrid	Goma	1500	0,8	1200
4	Juan	Madrid	Lapiz	900	1,2	1080
5	Lola	Barcelona	Celo	2000	3,5	7000
6	Lola	Valencia	Paq. Folios	750	3	2250
7	Luis	Barcelona	Lapiz	1000	1,2	1200
8	Luis	Valencia	Paq. Folios	1200	3	3600
9	Maria	Madrid	Lapiz	4250	1,2	5100
10	Maria	Madrid	Cubo	800	2	1600
11	Paco	Valencia	Celo	2000	3,5	7000
12	Paco	Valencia	Goma	650	0,8	520
13	Paco	Valencia	Lapiz	100	1,2	120
14	Ramón	Barcelona	Cubo	600	2	1200
15	Ramón	Madrid	Goma	500	0,8	400

Vemos que aparece un cuadro de diálogo solicitando que indiquemos dónde se encuentran los datos que queremos incluir en la tabla; dependiendo de cuál sea la celda o el rango seleccionado, se propondrá un rango u otro, el cual tendremos que corregir o aceptar en caso de que coincida con nuestras necesidades. Obsérvese la línea de guiones que rodea el rango propuesto y que identifica el conjunto de datos considerado para ser incluido en la tabla. El cuadro de diálogo que solicita los datos es el siguiente:

En este caso, al tener seleccionada la celda **B3** y seguidamente tratar de insertar una tabla, Excel analiza las celdas existentes alrededor de la celda **B3** y propone utilizar el rango **$A$1:$F$15** como fuente de datos, los cuales tienen encabezado:

	A	B	C	D	E	F
1	Vendedor	Provincia	Articulo	Cantidad	Precio	Importe
2	Juan	Barcelona	Goma	300	0,8	240
3	Juan	Madrid	Goma	1500	0,8	1200
4	Juan	Madrid	Lapiz	900	1,2	1080
5	Lola	Barcelona	Celo	2000	3,5	7000
6	Lola	Valencia	Paq. Folios	750	3	2250
7	Luis	Barcelona	Lapiz	1000	1,2	1200
8	Luis	Valencia	Paq. Folios	1200	3	3600
9	Maria	Madrid	Lapiz	4250	1,2	5100
10	Maria	Madrid	Cubo	800	2	1600
11	Paco	Valencia	Celo	2000	3,5	7000
12	Paco	Valencia	Goma	650	0,8	520
13	Paco	Valencia	Lapiz	100	1,2	120
14	Ramón	Barcelona	Cubo	600	2	1200
15	Ramón	Madrid	Goma	500	0,8	400

Obsérvese cómo se han incluido filtros en las cabeceras y un controlador de tamaño de tabla en la esquina inferior derecha, mediante el cual podemos añadir filas y columnas si nos interesa:

5.2 ILUSTRACIONES

Mediante este grupo de opciones podremos insertar imágenes, figuras y capturas de pantalla en nuestros libros.

5.2.1 Imágenes

Al seleccionar esta opción, se abre un cuadro de diálogo mediante el cual podemos seleccionar la imagen (o imágenes) que deseamos insertar en nuestra hoja. El cuadro de diálogo **Insertar imagen** es el siguiente:

Al seleccionar una imagen y pulsar sobre **Insertar**, la imagen se inserta en la hoja y aparece una nueva pestaña de herramientas denominada **HERRAMIENTAS DE IMAGEN** para poder gestionar las características y efectos de la misma:

Dicha barra de herramientas la analizaremos en capítulos posteriores.

5.2.2 Imágenes en línea

Esta opción nos permite buscar imágenes en determinados sitios a través de Internet. Al pulsar sobre la opción aparece un cuadro de diálogo ofreciendo distintos motores de búsqueda. Por ejemplo, al indicar el texto "Elefante", se realiza una búsqueda en el sitio seleccionado y se ofrecen las imágenes encontradas, de las cuales podemos realizar una previsualización:

Para insertar la imagen basta con hacer doble clic en la misma, o con seleccionarla y pulsar sobre el botón **Insertar**.

5.2.3 Formas

 Esta opción nos permite insertar formas de diversos tipos (flechas, figuras geométricas, llamadas de texto, etc.).

Es un recurso muy útil que nos permite componer presentaciones o diagramas muy fácilmente. A continuación vemos algunas de las formas que pueden insertarse mediante esta opción:

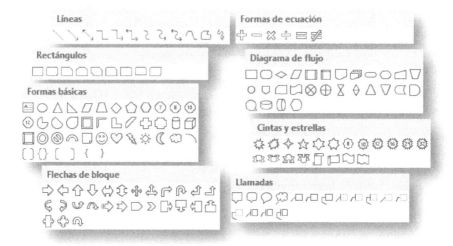

Una vez seleccionada la forma e incorporada sobre nuestra hoja, es posible aplicarle un sinfín de efectos y características. A continuación se muestra un ejemplo en el que a partir de una estrella (★) se han ido modificando sus características hasta conseguir una forma vistosa:

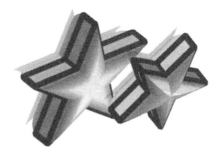

5.2.4 SmartArt

 Esta opción permite insertar gráficos orientados a representar diagramas de procesos y listas gráficas.

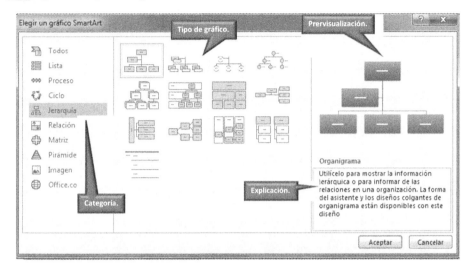

Una vez seleccionado el gráfico que queremos insertar, podemos acabar de rellenar la información necesaria y aplicarle los efectos que deseemos mediante su propia barra de herramientas (analizada en capítulos posteriores). En el siguiente ejemplo utilizamos un gráfico de jerarquía para representar la organización de un equipo:

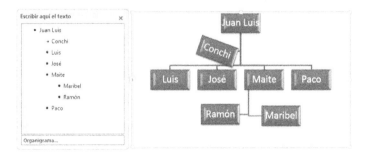

5.2.5 Captura

 Mediante esta opción podemos incorporar una imagen procedente de alguna pantalla que hayamos capturado anteriormente o de un recorte de alguna pantalla de las que tengamos abiertas.

Al pulsar sobre esta opción, aparece un pequeño panel en el que se muestran las capturas de pantalla más recientes que podemos incorporar (**Ventanas disponibles**) y también la opción de **Recorte de pantalla**, mediante la cual podemos recortar un trozo de la pantalla que hayamos seleccionado justo antes de pulsar esta opción. Veamos un ejemplo:

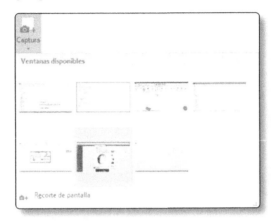

Si queremos recortar un trozo de alguna pantalla, lo primero que haremos es seleccionar dicha pantalla y, posteriormente, acudir a Excel para realizar el recorte pulsando sobre la opción **Recorte de pantalla**. En ese momento, Excel se minimiza y la pantalla seleccionada adquiere un color tenue, de forma que nos permite resaltar con el ratón la zona que queremos recortar. Dicho recorte se produce haciendo clic con el ratón en una zona de la pantalla (por ejemplo, en la esquina superior izquierda de la zona que queremos recortar) y a continuación arrastrando el ratón mientras mantenemos pulsado el botón izquierdo hasta el otro extremo de la zona a recortar (por ejemplo, hasta la esquina inferior derecha). A continuación se muestra un ejemplo:

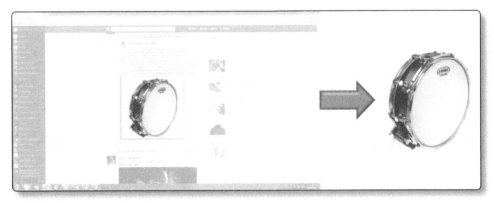

5.3 APLICACIONES

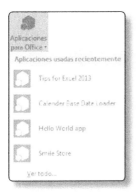 Esta opción permite incorporar aplicaciones en nuestro documento para aumentar la funcionalidad de nuestros libros. Dichas aplicaciones podemos incorporarlas desde el apartado de **Catálogos de aplicaciones de confianza** (accesible desde **ARCHIVO → Opciones → Centro de Confianza → Configuración del Centro de confianza**), o bien desde el cuadro de diálogo que aparece al seleccionar la opción **Ver todo** dentro del panel que se muestra al seleccionar la opción **Aplicaciones**:

Cuando agregamos una aplicación, se muestra un cuadro de diálogo con información sobre la misma

Si pulsa en **Confiar**, la aplicación se insertará y pasará a estar disponible para su utilización.

5.4 GRÁFICOS

Este grupo de controles reúne las opciones necesarias para la inserción de un gráfico y para el manejo de todas sus propiedades. Además de poder utilizar los gráficos recomendados, podremos seleccionar el tipo que más nos interese y acceder al cuadro de diálogo **Insertar gráfico** o **Cambiar tipo de gráfico** —dependiendo de si tenemos seleccionado un gráfico previamente o no— simplemente pulsando sobre la esquina inferior derecha del grupo.

5.4.1 Gráficos recomendados

Esta opción nos conduce directamente a la pestaña **Gráficos recomendados** del cuadro de diálogo **Insertar gráfico**. Dicha pestaña presenta el siguiente aspecto:

Podemos observar que al hacer clic en alguno de los gráficos recomendados de la parte izquierda del cuadro de diálogo, se produce una previsualización en la parte derecha, acompañada de una cierta explicación en la parte inferior para que podamos ver cómo quedará antes de insertarlo definitivamente.

Evidentemente, una vez insertado el gráfico, podremos personalizarlo a través de la barra de herramientas **HERRAMIENTAS DE GRÁFICOS**, que analizaremos en detalle en capítulos posteriores.

5.4.2 Gráficos genéricos

En este grupo de opciones tenemos a nuestra disposición una serie de iconos que nos permiten acceder a unos paneles donde se muestran los diferentes gráficos correspondientes a cada una de las categorías, mediante los cuales podemos realizar una previsualización de los mismos simplemente pasando el puntero del ratón sobre los modelos que más nos interesen:

Tal y como decíamos, al desplegar el panel correspondiente a una categoría de gráficos y pasar con el puntero del ratón por encima de un tipo de gráfico, se muestra una explicación del mismo y se realiza una previsualización que muestra cómo quedará en caso de que lo seleccionemos.

5.4.3 Gráfico dinámico

 Esta opción nos permite incorporar un gráfico dinámico y/o un gráfico y una tabla dinámica.

5.4.3.1 GRÁFICO DINÁMICO

Si seleccionamos esta opción, se nos preguntará en primer lugar cuáles serán los datos a utilizar para la creación del mismo. Al igual que vimos en el apartado de inserción de tablas dinámicas, aparece un cuadro de diálogo para determinar la fuente de datos y la ubicación del gráfico que estamos insertando:

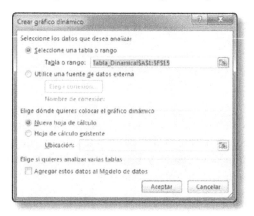

5.4.3.2 GRÁFICO DINÁMICO Y TABLA DINÁMICA

Esta opción, de forma similar a la anterior, preguntará mediante un cuadro de diálogo cuál es la fuente de datos y la ubicación final de la nueva tabla y gráfico, creando ambos objetos a la vez:

A continuación, a modo de ejemplo, arrastramos el campo **Vendedor** desde la lista de campos hasta el panel de **EJES (CATEGORÍAS)**, y el campo **Importe** hasta el panel de **VALORES**, para crear una tabla dinámica y un gráfico dinámico sincronizados entre sí:

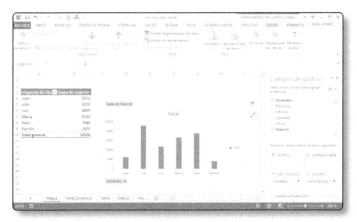

Analizaremos la barra de **HERRAMIENTAS DE TABLA DINÁMICA** y la de **HERRAMIENTAS DE GRÁFICO DINÁMICO** en capítulos posteriores.

5.4.4 Cuadro de diálogo (Insertar gráfico o Cambiar tipo de gráfico)

Esta opción nos permite acceder al cuadro de diálogo **Insertar gráfico** o **Cambiar tipo de gráfico**, dependiendo de si tenemos seleccionado o no un gráfico cuando la ejecutemos.

Si ya tenemos un gráfico seleccionado, se mostrarán los diferentes gráficos posibles agrupados por categoría. Al igual que se ha comentado anteriormente, para realizar una previsualización, bastará con seleccionar una categoría y seguidamente colocar el puntero del ratón sobre el tipo de gráfico deseado:

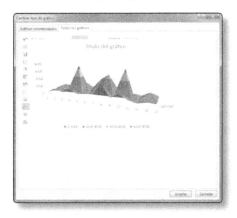

Si no tenemos un gráfico seleccionado, al hacer clic sobre esta opción, Excel tratará de determinar si puede proponer un rango o no, dependiendo de si previamente hemos seleccionado ya un rango o si, por el contrario, la celda seleccionada está fuera de cualquier rango. Si la celda seleccionada no contiene información, recibiremos el siguiente mensaje de error advirtiéndonos de que hemos de seleccionar un rango previamente:

5.5 INFORMES (POWER VIEW)

Esta opción permite insertar informes interactivos que facilitan el análisis dinámico de una fuente de datos. Si los datos están ubicados en un rango, convertiremos dicho rango en una tabla.

Así pues, supongamos que partimos de una tabla con la siguiente información:

	A	B	C	D	E	F
1	Vendedor	Provincia	Articulo	Cantidad	Precio	Importe
2	Juan	Barcelona	Goma	300	0,8	240
3	Juan	Madrid	Goma	1500	0,8	1200
4	Juan	Madrid	Lapiz	900	1,2	1080
5	Lola	Barcelona	Celo	2000	3,5	7000
6	Lola	Valencia	Paq. Folios	750	3	2250
7	Luis	Barcelona	Lapiz	1000	1,2	1200
8	Luis	Valencia	Paq. Folios	1200	3	3600
9	Maria	Madrid	Lapiz	4250	1,2	5100
10	Maria	Madrid	Cubo	800	2	1600
11	Paco	Valencia	Celo	2000	3,5	7000
12	Paco	Valencia	Goma	650	0,8	520
13	Paco	Valencia	Lapiz	100	1,2	120
14	Ramón	Barcelona	Cubo	600	2	1200
15	Ramón	Madrid	Goma	500	0,8	400
16	Marta					0

La primera vez que se utiliza esta opción, se muestra un mensaje indicando que se habilitará el complemento **Power View** además de habilitar el de **Power Pivot**. Dicho mensaje es el siguiente:

Tras este mensaje se crea una nueva hoja con diversos paneles: un panel para visualizar el informe, otro para gestionar los filtros del mismo y otro donde se disponen los campos que podemos utilizar en Power View:

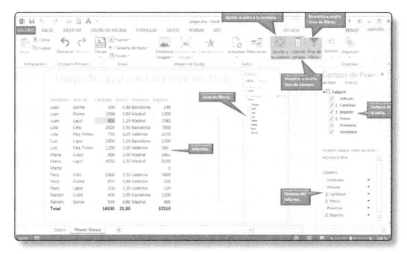

En esta imagen puede verse cómo se han incorporado los campos **Vendedor** y **Provincia** como elementos de filtro para poder ilustrar mejor los paneles asociados a **Power View**.

5.5.1 Ficha de Power View

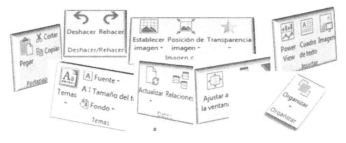

En esta ficha se agrupan diversas opciones que pueden ser de utilidad para la creación de informes **Power View**. Muchas de estas opciones se analizan con mayor detalle en otras fichas más comunes y, por tanto, solo comentaremos su funcionalidad a modo de recordatorio, poniendo el foco en aquellas opciones más específicas de **Power View**.

5.5.1.1 PORTAPAPELES

Incluye las clásicas opciones de **Pegar**, **Cortar** y **Copiar** de Windows, que permiten recuperar contenido del portapapeles para insertarlo sobre el documento en curso (**Pegar**) o eliminar (**Cortar**) o **Copiar** cierta información u objetos para depositarlos en el portapapeles.

5.5.1.2 DESHACER/REHACER

Con estas opciones podemos deshacer las últimas acciones realizadas o realizarlas de nuevo en el mismo orden.

5.5.1.3 TEMAS

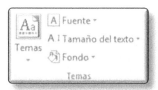

Mediante este grupo de opciones podemos aplicar un conjunto de características (fuentes, colores, tamaños, etc.) a nuestro informe.

OPCIÓN	COMENTARIO
Temas	Permite aplicar alguno de los temas predefinidos. Al seleccionar esta opción se ofrece un buen número de temas, de los cuales presentamos una pequeña muestra:
A Fuente	Permite seleccionar el tipo de fuente que deseamos utilizar en el informe. Veamos la siguiente muestra:
A·l Tamaño del texto	Permite definir el tamaño del texto a partir de unos porcentajes:
Fondo	Permite establecer un fondo determinado:

5.5.1.4 IMAGEN DE FONDO

Mediante este grupo de opciones podemos insertar una imagen de fondo y definir algunas de sus características.

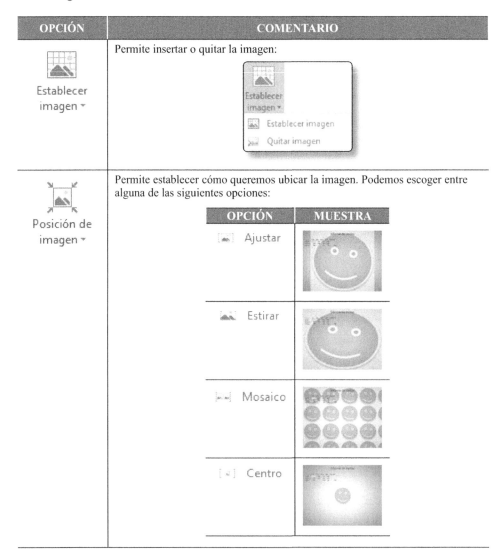

OPCIÓN	COMENTARIO
Establecer imagen ▾	Permite insertar o quitar la imagen:
Posición de imagen ▾	Permite establecer cómo queremos ubicar la imagen. Podemos escoger entre alguna de las siguientes opciones:

OPCIÓN	MUESTRA
[▲] Ajustar	
[▲] Estirar	
[▲▲] Mosaico	
[◦] Centro	

| Transparencia | Permite establecer la transparencia de la imagen: 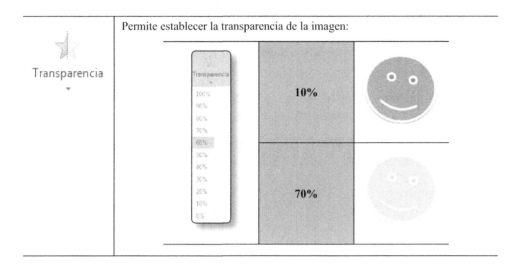 |

5.5.1.6 **DATOS**

Mediante este grupo de opciones podemos actualizar las visualizaciones refrescando los datos y definir y mantener las relaciones entre tablas.

5.5.1.6.1 **Actualizar**

 Esta opción permite actualizar los datos que se utilizan en las visualizaciones.

OPCIÓN	COMENTARIO
Actualizar	Actualiza la información de esta hoja.
Actualizar todo	Actualiza toda la información procedente de un origen de datos.
Cancelar actualización	Cancela la actualización en curso.

5.5.1.6.2 Relaciones

 Las relaciones entre tablas permiten mostrar datos de tablas diferentes en una misma visualización.

Por ejemplo, supongamos que tenemos dos tablas denominadas **T_Vendedores** y **T_D_Vendedores** con el siguiente contenido:

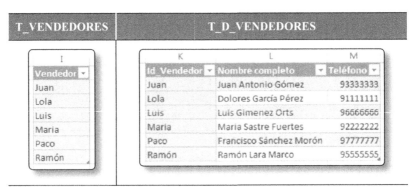

Como puede apreciarse, en una tabla tenemos solo el nombre de pila de los vendedores, mientras que en la otra tenemos, además del nombre de pila, el nombre completo y el teléfono.

Para crear una relación haremos clic sobre la opción **Relaciones** y accederemos a la siguiente ventana:

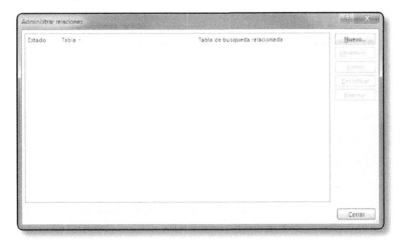

Desde esta ventana pulsaremos el botón **Nuevo** y accederemos al cuadro de diálogo **Crear relación** para crear una relación, tal y como vemos a continuación:

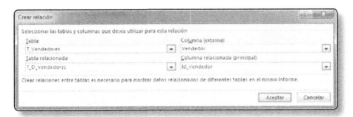

En las listas desplegables de este cuadro se muestran las diferentes tablas detectadas y las columnas contenidas en cada una de las que sean seleccionadas.

La ventana **Administrar relaciones** muestra ahora la nueva relación y habilita gran parte de los botones que permiten modificar, activar, desactivar y eliminar la relación seleccionada:

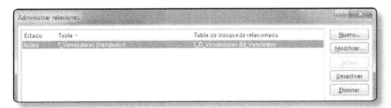

Ahora podemos crear una visualización que contenga una columna de cada una de las tablas relacionadas de la siguiente manera:

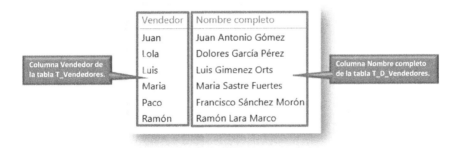

Por otra parte, si tenemos una visualización asociada a una tabla y pretendemos añadir una columna de otra tabla con la que no tiene ninguna relación creada, se producirá un error. Por ejemplo, si añadimos la columna **Nombre completo** de la tabla **T_D_Vendedores** a la visualización que muestra la información de la tabla **T_Ventas**, se producirá el siguiente error:

Arrastramos la columna Nombre completo de la tabla T_D_ Vendedores sobre la visualización de la tabla T_ Ventas	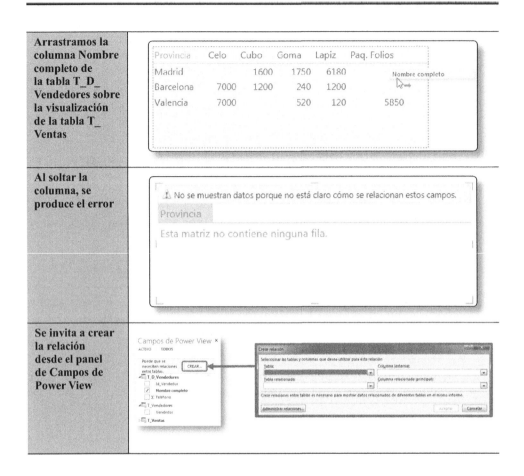
Al soltar la columna, se produce el error	
Se invita a crear la relación desde el panel de Campos de Power View	

5.5.1.7 VER

Este grupo de opciones nos permite ajustar el informe a la ventana y mostrar u ocultar los paneles que contienen la **Lista de campos** que podemos utilizar para el informe y el **Área de filtros**.

OPCIÓN	COMENTARIO
  Ajustar a la ventana	Amplía el informe hasta rellenar la ventana. 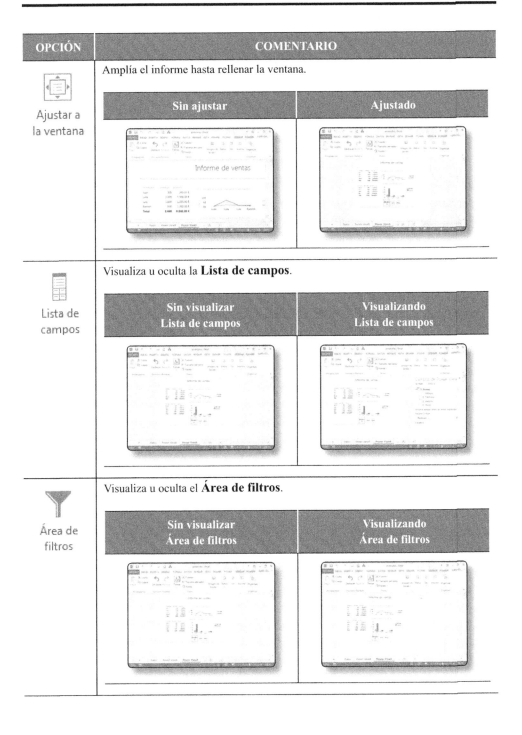
Lista de campos	Visualiza u oculta la **Lista de campos**.
Área de filtros	Visualiza u oculta el **Área de filtros**.

5.5.1.8 INSERTAR

Permite insertar algún elemento en el informe, como un cuadro de texto o una imagen, o incluso crear un nuevo informe de **Power View**.

OPCIÓN	COMENTARIO
Power View	Crea un nuevo informe Power View en una hoja nueva.
Cuadro de texto	Inserta un cuadro de texto en el informe. Cuadro de texto
Imagen	Permite insertar una imagen mostrando el cuadro de diálogo **Abrir**:

5.5.1.9 ORGANIZAR

Permite ubicar las visualizaciones colocándolas una encima o debajo de otra o por encima o debajo de todas.

OPCIÓN	COMENTARIO
Traer al frente	Coloca la visualización por encima de todas las demás.
Enviar al fondo	Coloca la visualización por debajo de todas las demás.
Traer adelante	Coloca la visualización por encima de las visualizaciones que tiene inmediatamente encima.
Enviar atrás	Coloca la visualización por debajo de las visualizaciones que tiene inmediatamente debajo.

5.5.2 Campos de Power View

En esta área podemos indicar si un campo debe ser mostrado o no en la tabla que aparece en el informe y también si queremos mostrarlo como filtro, como mosaico o como elemento de tabla. Si el campo es alfanumérico, podremos agregarlo a la tabla también como recuento:

Por ejemplo, si agregamos el campo **Vendedor** como mosaico, observaremos cómo cambia la vista del informe de la siguiente manera:

Juan	Lola	Luis	María	

Vendedor	Provincia	Articulo	Cantidad	Precio	Importe
Juan	Barcelona	Goma	300	0,80	240
Juan	Madrid	Goma	1500	0,80	1200
Juan	Madrid	Lapiz	900	1,20	1080
Total			2700	2,80	2520

Ahora, cada vez que seleccionemos un vendedor se mostrarán los datos asociados al mismo.

5.5.3 Mosaico Por y Campos

Continuando con el ejemplo anterior, si nos fijamos en el panel donde aparecen los campos de **MOSAICO POR** y **CAMPOS** veremos que en **MOSAICO POR** aparece el campo **Vendedor** con una lista desplegable mediante la cual podemos quitar el campo (y por tanto el mosaico), o provocar que aparezcan elementos aunque estos no tengan datos.

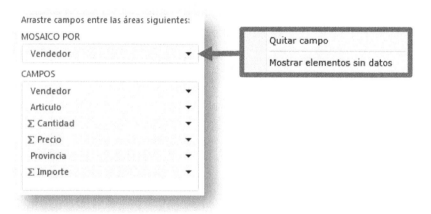

Por ejemplo, si ocultamos el campo **Importe**, observaremos que el vendedor **Marta** no aparece (entre María y Paco) porque no posee elementos que mostrar; por lo que si queremos que aparezca, tendremos que marcar la opción **Mostrar elementos sin datos**:

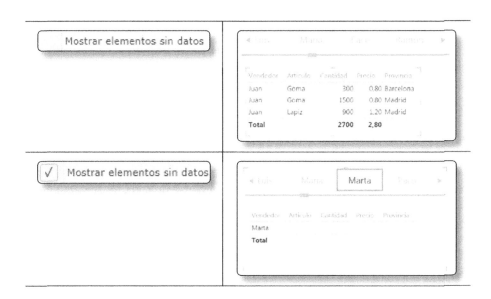

Si queremos recuperar la vista anterior sin mosaico, bastará con seleccionar la opción **Quitar campo** y recuperaremos la vista de tabla.

5.5.4 Filtros

En este panel podemos personalizar el informe filtrando valores para la vista o filtrando solo valores de la tabla seleccionada.

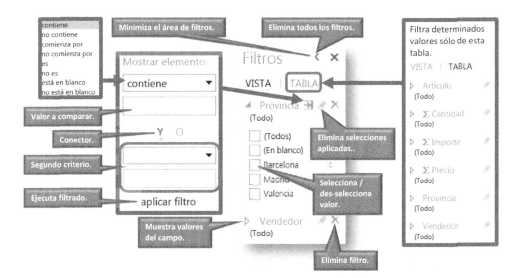

Básicamente podemos seleccionar entre **Filtrar determinados valores en todas las visualizaciones de una vista** o **Filtrar determinados valores solo de la tabla** seleccionada. Los filtros pueden ser seleccionando todos los valores, algunos de ellos, o bien definiendo un filtro en el que se comparen valores con una condición (se pueden combinar hasta dos condiciones usando los conectores **Y** u **O**).

5.5.5 Diseñar

En esta pestaña se agrupan diversas opciones, algunas de las cuales ya se han visto o se verán al analizar otras pestañas más generales. Sin embargo, a continuación vamos a comentar las más específicas de **Power View**. Las opciones relativas a **Segmentación de datos**, **Número**, **Texto** y **Organizar** se explican en otros capítulos.

5.5.5.1 CAMBIAR VISUALIZACIÓN

En este grupo de opciones podemos seleccionar la forma de visualizar el informe.

5.5.5.1.1 Tabla

 Presenta los datos en forma de tabla con diferentes disposiciones y agrupaciones.

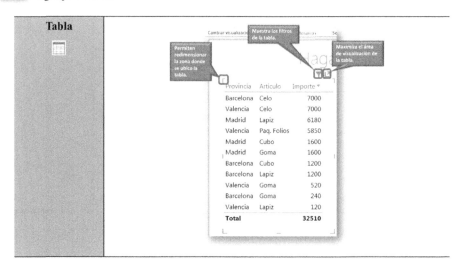

Matriz	
	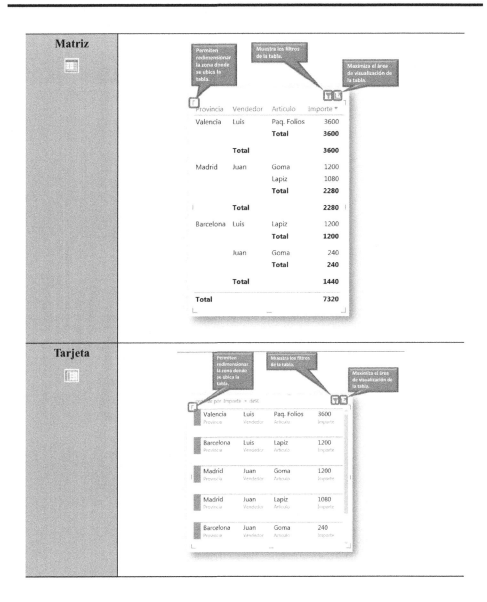
Tarjeta	

5.5.5.1.2 Gráfico de barras

Permite insertar un gráfico de barras con una serie de modelos predeterminados. Los gráficos de barras son ideales cuando se quieren comparar valores de varias categorías o se quieren representar varias series de datos. En **Power View** tenemos los siguientes modelos:

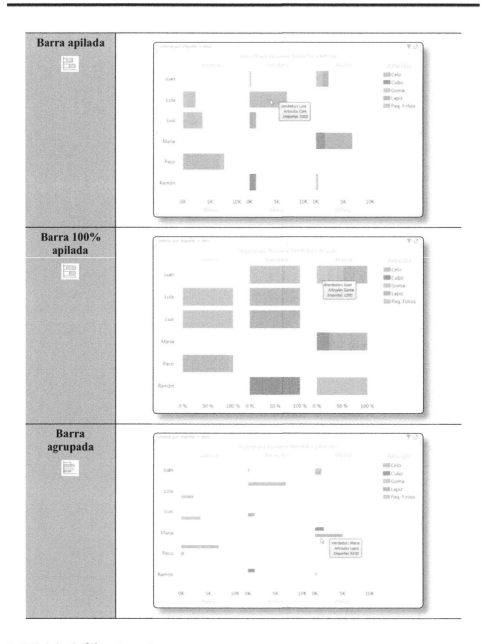

5.5.5.1.3 Gráfico de columnas

Permite insertar un gráfico de columnas con una serie de modelos predeterminados. Este tipo de gráfico está recomendado cuando lo que se desea representar son variaciones a lo largo del tiempo o se quieren comparar elementos entre sí.

Los modelos son los siguientes:

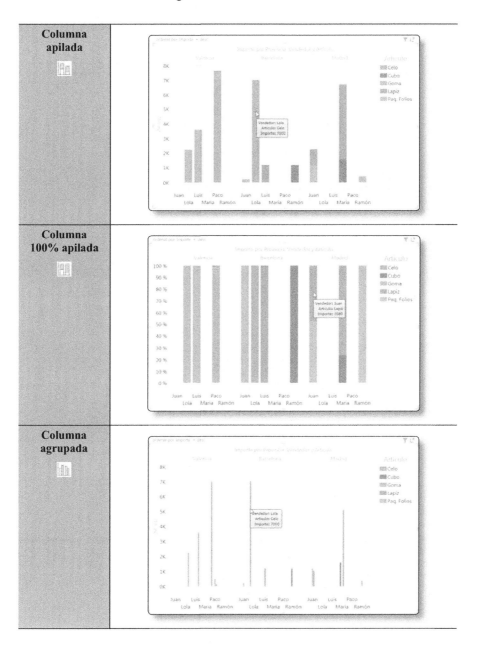

5.5.5.1.4 Otro gráfico

 Permite utilizar otros gráficos para mostrar los datos. A continuación vemos un ejemplo de los gráficos que podemos utilizar.

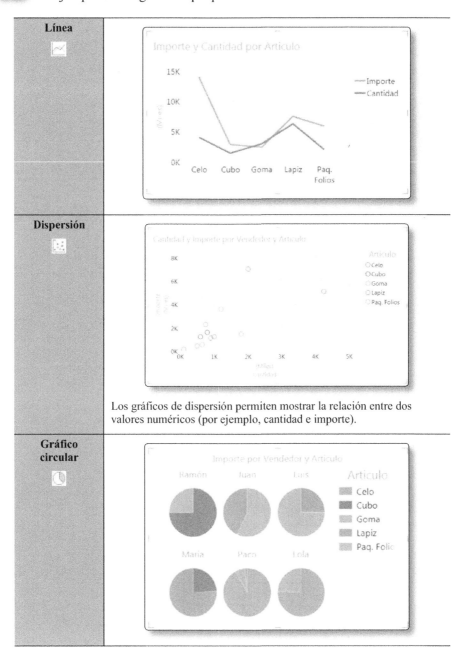

Línea	
Dispersión	Los gráficos de dispersión permiten mostrar la relación entre dos valores numéricos (por ejemplo, cantidad e importe).
Gráfico circular	

5.5.5.1.5 Mapa

Utiliza un mapa para representar los datos. Lógicamente, los datos deben contener información sobre localizaciones (países, provincias, etc.) ya que de otra forma no es posible representar en el mapa ninguna información.

Los mapas utilizan los mapas de **Bing**, por lo que es posible desplazarse dentro de los mismos y hacer zoom.

5.5.5.2 MOSAICOS

Los mosaicos permiten mostrar la información de forma agrupada, de tal manera que es posible gestionar mucha información en un espacio reducido.

Los mosaicos solo admiten la navegación de un solo campo, el cual es precisamente el agrupador principal y es el que podremos seleccionar para filtrar la información a mostrar.

5.5.5.2.1 Mosaicos

A continuación se muestra un ejemplo en el que, utilizando los datos que hemos usado anteriormente, hemos creado un mosaico por **Provincia** y, dentro del mismo, hemos colocado dos tablas y dos gráficos sincronizados entre sí para visualizar las ventas por vendedor y por artículo dentro de cada provincia:

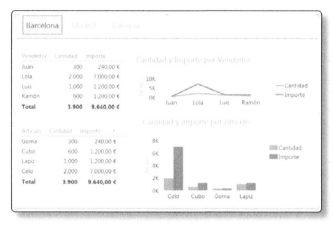

Podemos comprobar cómo, al hacer clic sobre las provincias de **Madrid** y **Valencia**, los gráficos muestran una información diferente:

MADRID	VALENCIA

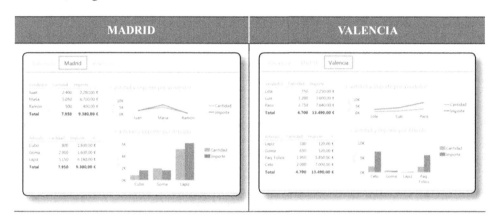

5.5.5.2.2 Tipo de mosaico

Disponemos de dos tipos de mosaicos:

Franja de pestañas: muestra las pestañas en la parte superior del contenedor de mosaicos.

Flujo de mosaico: los mosaicos se muestran en la parte inferior del contenedor, de forma que el mosaico seleccionado queda centrado.

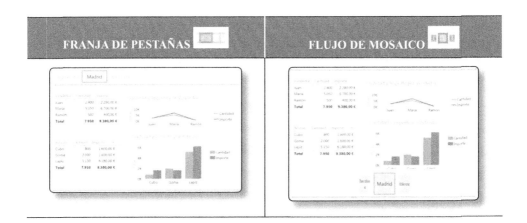

5.5.5.3 SEGMENTACIÓN DE DATOS

Las segmentaciones de datos son un tipo de filtro muy interesante cuando queremos incorporar dinamismo a nuestras visualizaciones. Para crear una segmentación de datos crearemos en primer lugar una tabla con una sola columna que represente una categoría o agrupador, como puede ser, en nuestro ejemplo, el vendedor o la provincia (no sea un valor numérico).

Por ejemplo, vamos a crear una segmentación de datos para el campo **Vendedor** de la tabla de datos utilizada en los apartados anteriores. Como hemos dicho, en primer lugar creamos una visualización de tipo tabla simplemente arrastrando el campo **Vendedor** a una zona del informe que esté vacía; a continuación haremos clic sobre la opción **Segmentación de datos**:

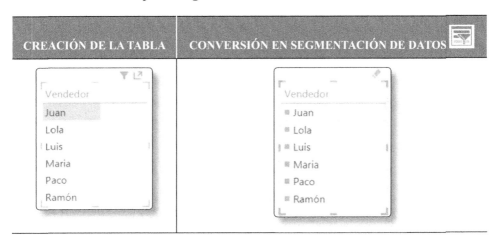

A partir de este momento podemos filtrar la tabla que contiene los datos, simplemente haciendo clic sobre el vendedor que nos interese en la segmentación de datos. Podemos incluso seleccionar varios vendedores manteniendo pulsada la tecla **CTRL** mientras seleccionamos en la segmentación de datos.

Veamos algún ejemplo de selección simple y múltiple:

Simple						Vendedor

Provincia	Vendedor	Articulo	Precio	Importe ▲		Vendedor
Barcelona	Juan	Goma	0,80	240		▣ Juan
Madrid	Juan	Lapiz	1,20	1080		Lola
Madrid	Juan	Goma	0,90	1350		Luis
Total				**2670**		Maria
						Paco
						Ramón

Múltiple						Vendedor

Provincia	Vendedor	Articulo	Precio	Importe ▲		Vendedor
Barcelona	Juan	Goma	0,80	240		▣ Juan
Madrid	Ramón	Goma	0,80	400		Lola
Madrid	Juan	Lapiz	1,20	1080		▣ Luis
Barcelona	Luis	Lapiz	1,20	1200		Maria
Barcelona	Ramón	Cubo	2,00	1200		Paco
Madrid	Juan	Goma	0,90	1350		▣ Ramón
Valencia	Luis	Paq. Folios	3,00	3600		
Total				**9070**		

Para mostrar todos los valores sin aplicar ningún filtro, bastará con hacer clic sobre el icono que hay en forma de goma de borrar sobre la segmentación de datos (✐).

5.5.5.4 OPCIONES

En este grupo se reúnen opciones para cambiar el aspecto de nuestras visualizaciones. Dependiendo del tipo de visualización se activarán unas u otras opciones. Por ejemplo, el **Estilo de tarjeta** estará habilitado cuando nuestra visualización sea, efectivamente, de tipo **Tarjeta**. Lo mismo sucede con la opción de **Mostrar niveles**, la cual solo estará habilitada cuando la visualización sea de tipo **Matriz**. Por último diremos que la opción **Totales** se activa solo para las visualizaciones de tipo **Tabla** o **Matriz**.

5.5.5.4.1 Estilo de tarjeta

Disponemos de dos tipos de estilos de tarjeta:

- **Tarjeta**: estilo predeterminado.
- **Llamada** (o globo): texto grande.

Tarjeta	
Llamada	

5.5.5.4.2 Mostrar niveles

Permite controlar los niveles que se van a mostrar. Dichos niveles pueden ser los siguientes:

- **Filas**: mostrar todos los niveles de agrupación a la vez.
- **Filas**: habilitar la exploración a fondo de niveles de uno en uno.
- **Columnas**: mostrar todos los niveles de agrupación a la vez.
- **Columnas**: habilitar la exploración a fondo de niveles de uno en uno.

Supongamos que tenemos una visualización de tipo **Matriz** con los siguientes datos y configuración:

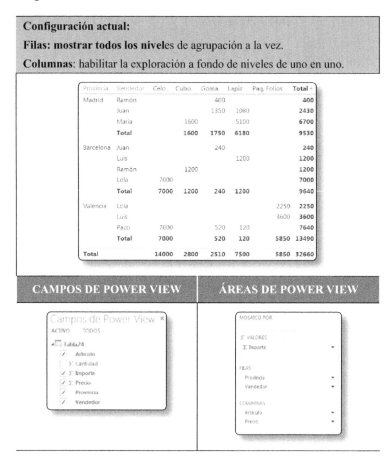

Si lo que queremos es analizar a qué **Precio** se vendió el artículo **Goma**, haremos clic sobre la cabecera de la columna que lo contiene y observaremos que aparece una flecha que nos invita a "profundizar" sobre el análisis:

Al hacer clic sobre la flecha, se muestra la siguiente vista, en la que puede apreciarse que el artículo **Goma** se ha vendido a dos precios diferentes (0,80 y 0,90), y también una flecha en la primera columna que nos invita a resumir y volver a la visualización anterior:

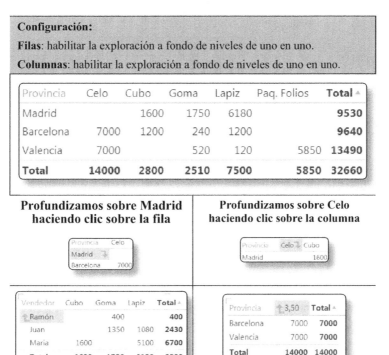

Provincia	Vendedor	0,80	0,90	Total ▲
Barcelona	Juan	Resumir		240
	Total	240		240
Valencia	Paco	520		520
	Total	520		520
Madrid	Ramón	400		400
	Juan		1350	1350
	Total	400	1350	1750
Total		1160	1350	2510

Ahora podemos cambiar radicalmente la visualización y mostrar una visualización muy resumida donde todas las filas y columnas tengan habilitadas la exploración a fondo de niveles de uno en uno:

Configuración:

Filas: habilitar la exploración a fondo de niveles de uno en uno.

Columnas: habilitar la exploración a fondo de niveles de uno en uno.

Provincia	Celo	Cubo	Goma	Lapiz	Paq. Folios	Total ▲
Madrid		1600	1750	6180		9530
Barcelona	7000	1200	240	1200		9640
Valencia	7000		520	120	5850	13490
Total	14000	2800	2510	7500	5850	32660

Profundizamos sobre Madrid haciendo clic sobre la fila	**Profundizamos sobre Celo haciendo clic sobre la columna**

Provincia	Celo
Madrid	
Barcelona	7000

Provincia	Celo	Cubo
Madrid		1600

Vendedor	Cubo	Goma	Lapiz	Total ▲
Ramón		400		400
Juan		1350	1080	2430
Maria	1600		5100	6700
Total	1600	1750	6180	9530

Provincia	3,50	Total ▲
Barcelona	7000	7000
Valencia	7000	7000
Total	14000	14000

5.5.5.4.3 Totales

Mediante esta opción podemos decidir si queremos o no visualizar totales en las filas y/o columnas de nuestras tablas o matrices.

Continuando con el ejemplo anterior, podemos encontrarnos con las siguientes opciones:

Ninguno	Provincia	Celo	Cubo	Goma	Lapiz	Paq. Folios
	Madrid		1600	1750	6180	
	Barcelona	7000	1200	240	1200	
	Valencia	7000		520	120	5850

Filas	Provincia	Celo	Cubo	Goma	Lapiz	Paq. Folios
	Madrid		1600	1750	6180	
	Barcelona	7000	1200	240	1200	
	Valencia	7000		520	120	5850
	Total	**14000**	**2800**	**2510**	**7500**	**5850**

Columnas	Provincia	Celo	Cubo	Goma	Lapiz	Paq. Folios	Total
	Madrid		1600	1750	6180		**9530**
	Barcelona	7000	1200	240	1200		**9640**
	Valencia	7000		520	120	5850	**13490**

Ambos grupos	Provincia	Celo	Cubo	Goma	Lapiz	Paq. Folios	Total
	Madrid		1600	1750	6180		**9530**
	Barcelona	7000	1200	240	1200		**9640**
	Valencia	7000		520	120	5850	**13490**
	Total	**14000**	**2800**	**2510**	**7500**	**5850**	**32660**

5.5.5.5 NÚMERO

Mediante estas opciones podemos dar formato a los valores de nuestras visualizaciones.

OPCIÓN	COMENTARIO
General ▾	Permite seleccionar el formato deseado a partir de la siguiente lista desplegable: 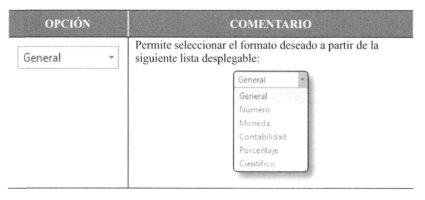

🗐	Aplica el formato de número de contabilidad.
%	Aplica el estilo **Porcentaje**.
000	Aplica el estilo de millares.
←.0 00	Aumenta decimales.
00 →0	Disminuye decimales.

5.5.5.6 TEXTO

Aumenta o disminuye el tamaño de la fuente del texto.

OPCIÓN	COMENTARIO
A˄	Aumenta el tamaño de la fuente.
A˅	Disminuye el tamaño de la fuente.

5.5.5.7 ORGANIZAR

Este grupo de opciones es equivalente al grupo **Organizar** que hemos comentado en el grupo **Organizar** de la ficha de **POWER VIEW**. En definitiva, permite ubicar una visualización por encima o por debajo de las demás.

5.5.6 Ejemplo de informe combinado

Una de las funcionalidades de **Power View** es la de poder sincronizar la información que se muestra en los diferentes elementos de un informe. De esta forma, dependiendo de lo que se quiera analizar, al hacer clic sobre un elemento, el resto muestra la información asociada al mismo.

En el siguiente ejemplo vamos a elaborar un informe con varios gráficos sincronizados entre sí para poder estudiar mejor el comportamiento de **Power View**.

En primer lugar insertamos un informe **Power View** seleccionando la tabla que contiene los datos (usaremos la misma que hemos utilizado en los ejemplos anteriores) y haciendo clic sobre el icono de **Power View**.

Si ya disponemos de alguna hoja que contenga otros informes **Power View**, se nos preguntará si queremos incluir estos datos en alguna de las mismas o crear una hoja nueva:

En nuestro caso crearemos una hoja nueva para ir creando cada uno de los objetos que pretendemos sincronizar.

También podríamos crear un informe en blanco simplemente insertando un informe **Power View** sin haber seleccionado previamente ninguna tabla.

Continuando con el ejemplo, una vez seleccionada la tabla de datos e insertado el informe creando una hoja de **Power View**, observaremos que aparece una nueva hoja con una tabla en la que los campos numéricos aparecen por defecto con un sumatorio y la ordenación corresponde a la ordenación de la primera columna.

Antes de continuar vamos a dar un poco de forma al informe para que sea más coherente y tenga mejor aspecto. En primer lugar eliminaremos el **sumatorio** (Σ) de las columnas **Cantidad** y **Precio**. Para ello acudiremos al apartado **CAMPOS**, situado en la parte inferior del panel de **Campos de Power View**, y modificaremos la acción asociada a la columna cambiando el *check* de opción de la siguiente manera:

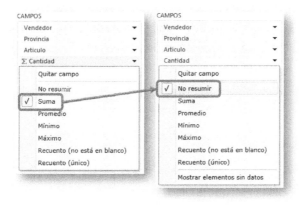

Una vez modificado el campo **Cantidad**, haremos lo mismo con el **Precio**.

A continuación daremos formato a los campos numéricos a través de las opciones ubicadas en el grupo **Número** de la ficha **DISEÑAR**:

Para dar formato a una columna basta con seleccionar cualquiera de los campos de la misma y seguidamente aplicar un formato. En nuestro caso aplicaremos el formato **Moneda** ( ) a las columnas **Importe** y **Precio**, y el formato **Estilo**

millares (⁰⁰⁰) sin decimales al campo **Cantidad**. La tabla quedará de la siguiente manera:

Vendedor ▲	Provincia	Articulo	Cantidad	Precio	Importe
Juan	Barcelona	Goma	300	0,80 €	240,00 €
Juan	Madrid	Goma	1.500	0,80 €	1.200,00 €
Juan	Madrid	Lapiz	900	1,20 €	1.080,00 €
Lola	Barcelona	Celo	2.000	3,50 €	7.000,00 €
Lola	Valencia	Paq. Folios	750	3,00 €	2.250,00 €
Luis	Barcelona	Lapiz	1.000	1,20 €	1.200,00 €
Luis	Valencia	Paq. Folios	1.200	3,00 €	3.600,00 €
Maria	Madrid	Cubo	800	2,00 €	1.600,00 €
Maria	Madrid	Lapiz	4.250	1,20 €	5.100,00 €
Paco	Valencia	Celo	2.000	3,50 €	7.000,00 €
Paco	Valencia	Goma	650	0,80 €	520,00 €
Paco	Valencia	Lapiz	100	1,20 €	120,00 €
Ramón	Barcelona	Cubo	600	2,00 €	1.200,00 €
Ramón	Madrid	Goma	500	0,80 €	400,00 €
Total					**32.510,00 €**

Ahora solo nos quedaría agregar un título al informe, para lo cual haremos clic sobre la parte superior (justo donde indica **Haga clic aquí para agregar un título**) y escribiremos, por ejemplo, "Informe de ventas":

Podemos observar que se nos permite modificar algunas características del título, ya que aparece la ficha **TEXTO** con los grupos de controles **Fuente** y **Alineación**. También podemos cambiar el tamaño del título simplemente pinchando y arrastrando las esquinas que lo delimitan hacia la nueva dimensión deseada.

Una vez creada esta tabla, vamos a crear un gráfico circular para reflejar las ventas por provincia. Para ello haremos clic en una zona en blanco del informe y a continuación crearemos una tabla que posteriormente convertiremos en gráfico. Para crear esta tabla bastará con incluir los campos que queremos, seleccionándolos en el panel de **Campos de Power View** situado a la derecha de la hoja y arrastrándolos hacia el informe de la siguiente manera:

ARRASTRAMOS EL CAMPO PROVINCIA	SE CREA LA NUEVA TABLA

Seguidamente arrastraremos, de la misma manera que el anterior, el campo **Importe** a la nueva tabla, y lo colocaremos a la derecha del campo **Provincia**, tal y como se muestra a continuación:

ARRASTRAMOS EL CAMPO IMPORTE	RESULTADO
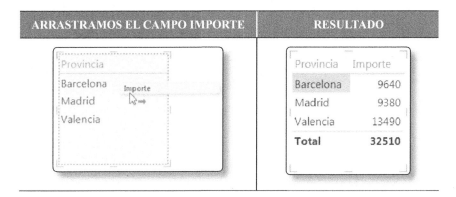	

Una vez creada la nueva tabla, solo hemos de convertirla en gráfico seleccionando la opción **Gráfico circular** existente en el grupo de controles **Otro gráfico** de la ficha **DISEÑAR**:

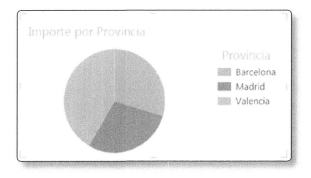

Nuestro informe presenta ahora el siguiente aspecto:

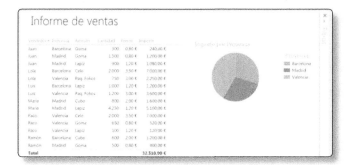

Vamos a añadir a continuación una nueva tabla que contenga los campos **Artículo**, **Cantidad** e **Importe**; una vez creada, la convertiremos en un **Gráfico de columnas** de tipo **Columna agrupada**, quedando de la siguiente manera:

CREAMOS LA TABLA	LA CONVERTIMOS EN GRÁFICO
Artículo Cantidad Importe Celo 4000 14000 Cubo 1400 2800 Goma 2950 2360 Lapiz 6250 7500 Paq. Folios 1950 5850 **Total** **16550** **32510**	(gráfico de columnas)

Ahora solo nos queda distribuir los elementos adecuadamente dentro del gráfico, dándoles el tamaño que más nos guste. La siguiente es una de las presentaciones posibles:

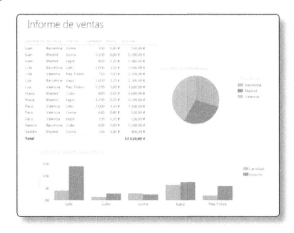

Ahora comprobemos cómo interactúan entre sí los diferentes gráficos. Por ejemplo, si en el gráfico circular hacemos clic sobre la provincia de **Barcelona**, observaremos que la tabla solo muestra datos de Barcelona y que el gráfico de columnas cambia el color de las barras para resaltar la información asociada a Barcelona, dejando el resto de informaciones en un color grisáceo:

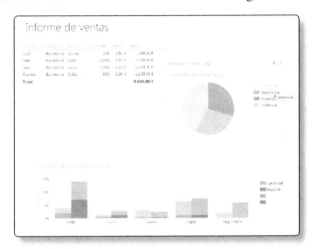

Seguidamente, si queremos analizar las ventas del artículo **Celo**, podemos hacer clic sobre la barra de columnas correspondiente al **Celo** y comprobar que ahora la tabla solo muestra información sobre ventas de **Celo**; el gráfico circular, por su parte, muestra un subgráfico dentro del propio gráfico en el que se refleja lo que representa el artículo **Celo** dentro de las ventas de cada provincia:

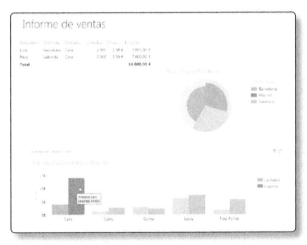

Para volver a visualizar toda la información basta con volver a hacer clic sobre el elemento que había seleccionado o, simplemente, sobre cualquier otra parte en blanco del gráfico.

5.6 MINIGRÁFICOS

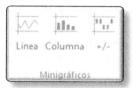

Los minigráficos permiten confeccionar gráficos muy pequeños y ubicarlos en una celda, de forma que, con un simple vistazo, podemos analizar la evolución o tendencia de los datos existentes en una tabla de datos o en un determinado rango.

Existe una barra de herramientas específica para los minigráficos; la veremos detalladamente en capítulos posteriores.

A continuación se muestra una tabla sobre la que se han insertado minigráficos en los totales por columna y en los totales por fila:

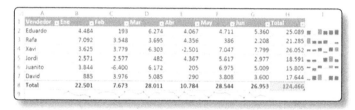

Vendedor	Ene	Feb	Mar	Abr	May	Jun	Total	
Eduardo	4.484	193	6.274	4.067	4.711	5.360	25.089	
Rafa	7.092	3.548	3.695	4.356	386	2.208	21.285	
Xavi	3.625	3.779	6.303	-2.501	7.047	7.799	26.052	
Jordi	2.571	2.577	482	4.367	5.617	2.977	18.591	
Juanito	3.844	-6.400	6.172	205	6.975	5.009	15.805	
David	885	3.976	5.085	290	3.808	3.600	17.644	
Total	22.501	7.673	28.011	10.784	28.544	26.953	124.466	

Para las filas se han incluido minigráficos de tipo **Columna**. En ellos se muestra un bloque para cada valor cuya altura es proporcional al valor más alto. Para las columnas se ha elegido un minigráfico de tipo **Línea**.

5.6.1 Línea

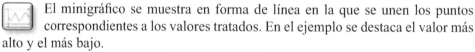

El minigráfico se muestra en forma de línea en la que se unen los puntos correspondientes a los valores tratados. En el ejemplo se destaca el valor más alto y el más bajo.

5.6.2 Columna

En este tipo de gráfico se muestra una barra por cada columna. Los valores negativos se muestran en la parte inferior del gráfico. En el ejemplo se destaca el valor más alto y el más bajo.

5.6.3 +/-

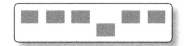 Se muestran tantos bloques como valores tratados. Cada bloque tiene el mismo tamaño. Los valores negativos se muestran en la parte inferior del gráfico. En el ejemplo se destacan el valor más alto y el más bajo.

5.7 FILTROS

Este grupo de opciones permite incorporar mecanismos de filtros que permiten analizar la información de una manera interactiva. Básicamente, se apoyan en valores que pueden utilizarse como categorías o agrupaciones y también en valores de tipo fecha, que pueden agruparse en períodos de tiempo.

5.7.1 Segmentación de datos

Permite incorporar un componente de filtrado rápido que actúa sobre las tablas dinámicas y que facilita la selección de la información que se desea mostrar.

Supongamos que disponemos de una hoja con los siguientes datos:

	A	B	C	D	E	F
1	Vendedor	Provincia	Articulo	Cantidad	Precio	Importe
2	Juan	Barcelona	Goma	300	0,8	240
3	Juan	Madrid	Goma	1500	0,8	1200
4	Juan	Madrid	Lapiz	900	1,2	1080
5	Lola	Barcelona	Celo	2000	3,5	7000
6	Lola	Valencia	Paq. Folios	750	3	2250
7	Luis	Barcelona	Lapiz	1000	1,2	1200
8	Luis	Valencia	Paq. Folios	1200	3	3600
9	Maria	Madrid	Lapiz	4250	1,2	5100
10	Maria	Madrid	Cubo	800	2	1600
11	Paco	Valencia	Celo	2000	3,5	7000
12	Paco	Valencia	Goma	650	0,8	520
13	Paco	Valencia	Lapiz	100	1,2	120
14	Ramón	Barcelona	Cubo	600	2	1200
15	Ramón	Madrid	Goma	500	0,8	400

A continuación creamos una tabla dinámica y un gráfico dinámico a partir de la opción **INSERTAR** → **Gráfico dinámico** → **Gráfico dinámico y tabla dinámica**, lo que da como resultado una nueva hoja con el siguiente contenido:

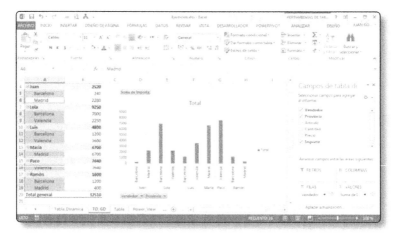

A partir de aquí, para insertar una segmentación de datos bastará con hacer clic sobre la opción **Segmentación de datos**, de forma que aparecerá una ventana mostrando los campos que podemos seleccionar para su creación. En nuestro ejemplo seleccionaremos los campos **Vendedor** y **Provincia**; observaremos que aparecen dos nuevos elementos en la hoja que muestran la lista de valores existentes en ambos campos:

Cada vez que pulsamos sobre algún vendedor o sobre una provincia veremos cómo la tabla y el gráfico dinámico se ajustan para mostrar solo la información correspondiente a dicha selección.

Es posible seleccionar más de un valor si mantenemos pulsada la tecla **CTRL** mientras vamos seleccionando valores de la lista.

A continuación vemos un ejemplo en el que se han seleccionado los vendedores **Juan**, **María**, **Paco** y **Ramón**, y, también, las provincias de **Madrid** y **Valencia**:

Para volver a visualizar toda la información sin que se le aplique ningún filtro, bastará con hacer clic sobre el icono situado en la esquina superior derecha de la segmentación de datos, tal y como se muestra a continuación:

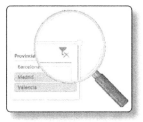

Para eliminar la segmentación de datos, simplemente la seleccionaremos y pulsaremos sobre el botón **Suprimir**, o bien haremos clic con el botón derecho del ratón y seleccionaremos la opción (en nuestro ejemplo) **Quitar "Provincia"**.

Existe una barra de herramientas específica para la segmentación de datos que veremos detalladamente en capítulos posteriores.

5.7.2 Escala de tiempo

La **Escala de tiempo** es un tipo de filtro que puede aplicarse a tablas dinámicas que posean información de fechas. Permite analizar períodos diversos (anuales, trimestrales, mensuales, etc.).

El siguiente ejemplo incorpora una columna denominada **Fecha** a la tabla que hemos usado en el ejercicio anterior. Así pues, los datos que usaremos en nuestra tabla dinámica son los siguientes:

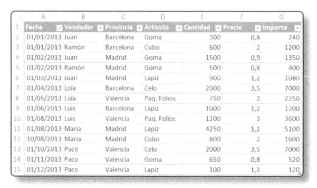

Con esta información fabricamos una tabla dinámica que contenga los siguientes datos:

Al hacer clic sobre cualquier celda de la tabla dinámica y a continuación sobre la opción **Escala de tiempo**, se muestra una pequeña ventana con los campos que podemos utilizar para configurar nuestras escalas de tiempo:

En nuestro ejemplo, si seleccionamos el campo **Fecha**, se crea la escala de tiempo siguiente:

Por tanto, al seleccionar el mes de agosto, la tabla dinámica nos mostrará solo información de agosto:

Etiquetas de fila	Suma de Importe
⊟01/08/2013	8700
Luis	3600
Maria	5100
⊟10/08/2013	1600
Maria	1600
Total general	10300

En función de la escala de tiempo que elijamos, se mostrarán unas fracciones u otras; si muestra varias escalas de tiempo relacionadas con el mismo campo, comprobará cómo se sincronizan entre sí al seleccionar un período:

Observe que puede ampliar la franja seleccionada simplemente arrastrándola hasta donde precise:

Para eliminar el filtro bastará con hacer clic sobre el icono que hay en la esquina superior derecha ( ) de la escala de tiempo (o, simplemente, haciendo clic con el botón derecho del ratón y seleccionando la opción **Quitar escala de tiempo**).

Existe una barra de herramientas específica para la **Escala de tiempo**; la veremos detalladamente en capítulos posteriores.

5.8 VÍNCULOS

Esta opción permite crear accesos rápidos a información existente en otros archivos o páginas web.

5.8.1 Hipervínculo

Para insertar un hipervínculo basta con hacer clic sobre la opción **Hipervínculo** o pulsar la secuencia de teclas **CTRL** + **ALT** + **K**, lo cual invocará al cuadro de diálogo **Insertar hipervínculo**:

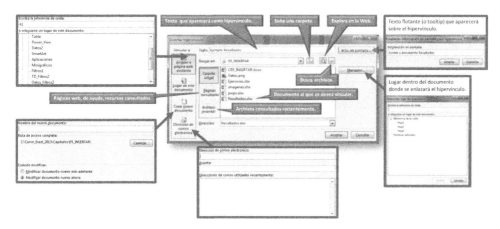

Una vez insertado el hipervínculo, podremos acceder al documento, página web o marcador referenciado simplemente haciendo clic sobre el mismo. Al pasar el puntero del ratón por encima se mostrará un *tooltip*, tal y como se muestra a continuación:

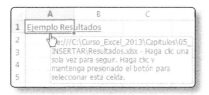

5.9 TEXTO

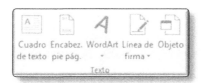

Este grupo de opciones permite la inserción de elementos tales como cuadros de texto, encabezados y pies de página, y otros objetos (PDF, documentos de Word, editores de ecuaciones, etc.). A continuación analizamos cada uno de estos elementos.

5.9.1 Cuadro de texto

Esta opción nos permite insertar un cuadro de texto de dimensiones variables al que podemos aplicar un formato y todos los efectos como si fuera un dibujo. Para crear un cuadro de texto basta con seleccionar la opción; a continuación hay que dibujar el cuadro haciendo clic con el botón izquierdo del ratón en la zona donde queramos ubicarlo y, manteniendo pulsado dicho botón, arrastrar el puntero hasta la esquina contraria que delimita el tamaño del cuadro en cuestión, tal y como se muestra a continuación:

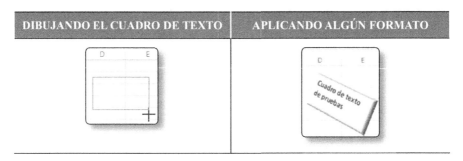

DIBUJANDO EL CUADRO DE TEXTO	APLICANDO ALGÚN FORMATO

Una vez dibujado, podemos insertar un texto, darle formato y dar formato también a la forma recién creada.

5.9.2 Encabezado y pie página

Mediante esta opción podemos definir el encabezado y/o el pie de página de la hoja en curso. Al hacer clic sobre esta opción, Excel cambia la vista a modo **Diseño de página** y sitúa el cursor en la zona del encabezado para que empecemos a escribirlo:

Al tratar el encabezado aparece una barra de herramientas específica que trataremos con detalle en capítulos posteriores; no obstante, anticipamos que, para definir el pie, simplemente hay que hacer clic sobre la opción **Ir al pie de página** que aparece en esta barra de herramientas dentro del grupo de controles **Navegación**:

5.9.3 WordArt

 Esta opción nos permite insertar un tipo de elemento denominado **WordArt**, muy utilizado para fabricar rótulos vistosos de forma sencilla.

Al ejecutar esta opción, aparecen varios modelos de letras a partir de los cuales podemos escoger un formato de partida al que posteriormente iremos aplicando características hasta dar con el resultado deseado. Una vez escogido un tipo, se crea una caja de texto en la hoja en curso, invitándonos a introducir el texto que queremos embellecer:

Tras introducir el texto podremos darle forma con la barra de **HERRAMIENTAS DE DIBUJO** y aplicarle efectos como si se tratara de un dibujo más:

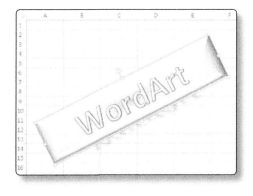

5.9.4 Línea de firma

 Permite insertar una línea de firma indicando quién es la persona que debe firmar y cuál es su puesto de trabajo.

5.9.4.1 LÍNEA DE FIRMA DE MICROSOFT OFFICE

Al seleccionar esta opción, se muestra un cuadro de diálogo en el que se solicitan diversas informaciones (el firmante y el puesto, entre otras), tal y como puede observarse a continuación:

Cuando se procede a la firma, si no se dispone de un id. digital aparece un mensaje invitando a obtener uno:

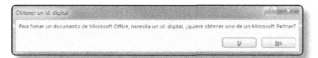

Si la respuesta es **Sí**, accedemos a una página de Office en la que se ofrecen diferentes posibilidades, tales como ARX CoSign, Avoco secure2trust, ChosenSecurity, etc.

Una vez obtenido el id. digital, podemos firmar. Obtendremos un resultado como el siguiente:

Si hacemos clic con el botón derecho del ratón, podemos acceder a dos opciones que dan acceso a configurar diversos detalles de la firma:

Al firmar el libro, este queda marcado como "final" y, por tanto, nos encontraremos con el siguiente mensaje de advertencia:

Si decidimos **Editar de todos modos** se quitarán las firmas, solicitando conformidad previamente con el siguiente mensaje:

Si contestamos que Sí:

A partir de este momento, si el documento contiene firmas pero está pendiente de firmar definitivamente, al abrirlo nos encontraremos con el siguiente mensaje:

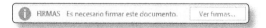

5.9.4.2 AGREGAR SERVICIOS DE FIRMA

Esta opción nos conduce directamente a la página que Office ofrece para la obtención de un id. digital.

http://office.microsoft.com/es-es/downloads/id-digital-HA001050484.aspx

5.9.5 Objeto

 Esta opción permite incrustar un objeto en el documento.

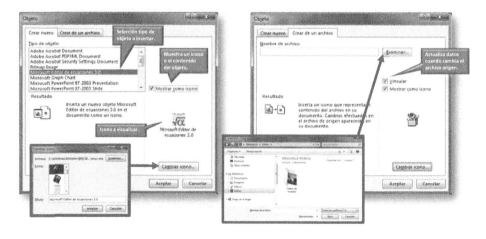

Al incrustar un objeto en el documento, podremos acceder a la aplicación asociada al mismo haciendo doble clic sobre él o invocando al menú contextual que aparece al hacer clic con el botón derecho del ratón.

Podremos ver también que la representación del objeto variará según si hemos decidido mostrarlo como un icono o no. Por ejemplo, si insertamos un objeto de tipo ecuación y lo mostramos como un icono, veremos que se muestra lo siguiente:

EN LA HOJA	AL HACER DOBLE CLIC
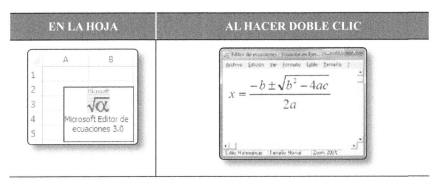	

Si al insertarlo no indicamos que se muestre como un icono, tendremos:

EN LA HOJA	AL HACER DOBLE CLIC
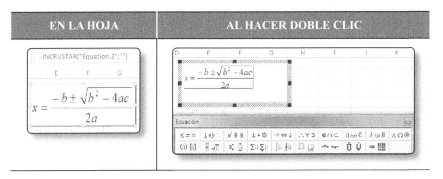	

5.10 SÍMBOLOS

Este grupo de opciones permite insertar símbolos y caracteres especiales, además de representaciones de ecuaciones de diversas categorías.

5.10.1 Ecuación

Esta opción nos permite insertar ecuaciones basándonos en una plantilla, de forma que, una vez introducida la ecuación, podemos modificarla y adecuarla a nuestras necesidades. Las ecuaciones que se ofrecen son las siguientes:

Al hacer clic sobre la ecuación deseada, se inserta en la hoja como un cuadro de texto:

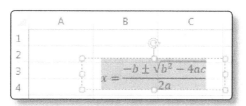

5.10.2 Símbolo

Esta opción permite introducir símbolos y caracteres especiales que utilizamos con cierta frecuencia (especialmente en expresiones matemáticas y técnicas) y que no aparecen en el teclado. Al seleccionar esta opción se muestra un cuadro de diálogo para que seleccionemos el símbolo o carácter especial a incluir. El cuadro de diálogo posee las siguientes opciones:

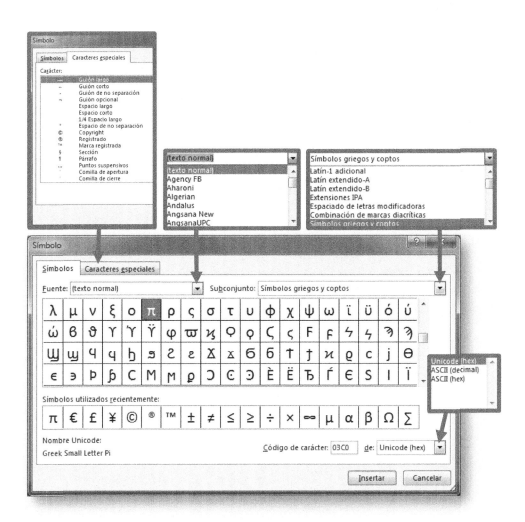

Los símbolos se introducen en la celda de la siguiente manera:

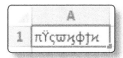

6

DISEÑO PÁGINA

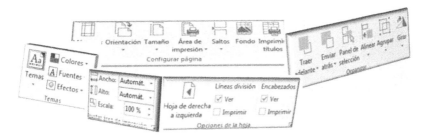

En esta ficha se reúnen opciones que nos permiten aplicar un diseño y formato tanto a la hoja como a los datos y objetos contenidos en la misma.

Desde aquí podremos configurar el tema que queremos utilizar y la configuración de la página, decidiendo su orientación, sus márgenes, forzando o ajustando sus saltos de página, la alineación de las imágenes y formas existentes en ella, etc.

6.1 TEMAS

Mediante este grupo de opciones podemos definir el aspecto y colores que tendrán nuestros textos y objetos de forma rápida.

6.1.1 Temas

Por definición, un tema es un conjunto de opciones de formato que agrupan fuentes, colores y efectos que se aplican a la vez. Por defecto, Office ofrece un buen número de temas, pero nosotros podemos crear nuestros propios temas para aplicarlos cuando nos interese de forma rápida y sencilla. Al seleccionar esta opción, se muestra un conjunto de temas predefinidos y unas opciones mediante las cuales podemos localizar otros temas o guardar uno nuestro:

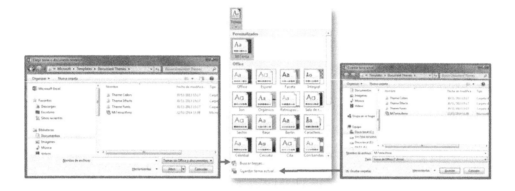

A continuación veremos un par de ejemplos de textos y formas a los que se ha aplicado un tema diferente:

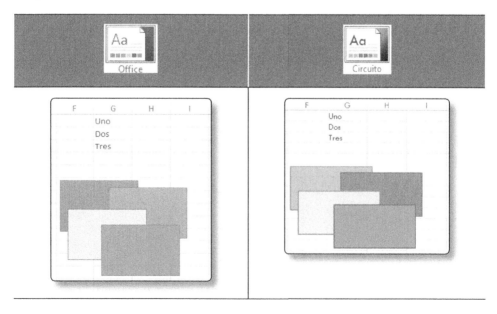

6.1.2 Colores

Esta opción nos permite seleccionar alguna de las combinaciones de colores propuestas por Office, o definir nuestra propia combinación:

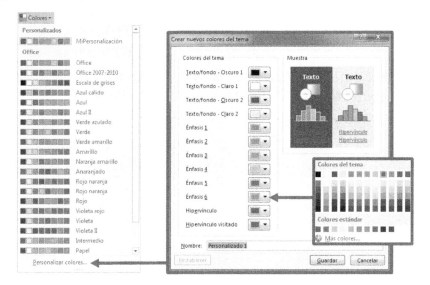

Para aplicar dicha combinación basta con seleccionarla. Veamos un ejemplo:

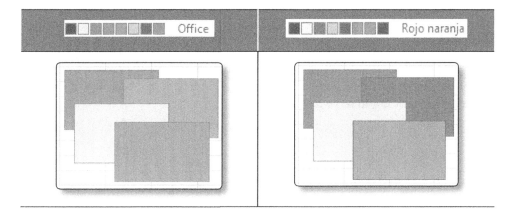

6.1.3 Fuentes

Esta opción permite cambiar rápidamente el conjunto de fuentes utilizado en el documento sobre aquellos textos a los que no se les haya aplicado una fuente específica. Cuando creamos una hoja nueva, utilizamos las fuentes del tema por defecto, las cuales podemos observar al desplegar los tipos de fuente en **INICIO** → **Fuente**:

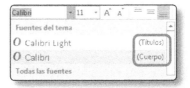

Lo que hacemos al aplicar un estilo de fuentes diferente es modificar la fuente del título y del cuerpo. A continuación se muestra un ejemplo:

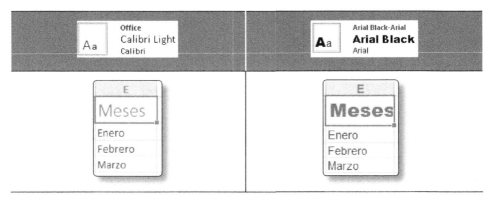

6.1.4 Efectos

Esta opción permite aplicar una serie de efectos visuales y bordes a los objetos de la hoja. Al seleccionar la opción se muestra un conjunto de estilos predefinidos, tal y como se ve a continuación:

Veamos el siguiente ejemplo:

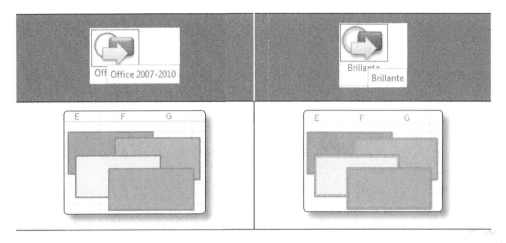

6.2 CONFIGURAR PÁGINA

Las siguientes opciones permiten configurar la forma en la que se mostrará la hoja, teniendo en cuenta sus márgenes, el tipo de papel utilizado para su impresión, si se imprimirá vertical u horizontalmente, etc.

Además de las opciones que directamente haya en el grupo, podemos acceder también al cuadro de diálogo **Configurar página** para definir cualquiera de las características existentes en MS Excel. Para ello bastará con hacer clic sobre el icono (⌐) situado en la parte inferior derecha del grupo.

6.2.1 Márgenes

Esta opción permite establecer los márgenes del documento, pudiendo personalizar el espacio entre los extremos del papel y la información impresa en el mismo. Al seleccionar esta opción se muestran varias configuraciones que ofrecen unos márgenes de uso frecuente; también da acceso a una personalización de los mismos. En la imagen siguiente vemos los márgenes propuestos y las posibilidades que ofrece la opción **Márgenes personalizados**.

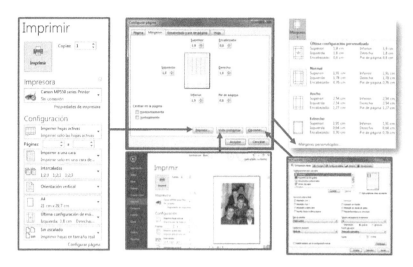

En definitiva, la opción **Márgenes personalizados** nos conduce a la pestaña **Márgenes** del cuadro de diálogo **Configurar página**.

6.2.2 Orientación

 La orientación permite indicar que el documento se disponga verticalmente o de forma horizontal (apaisada).

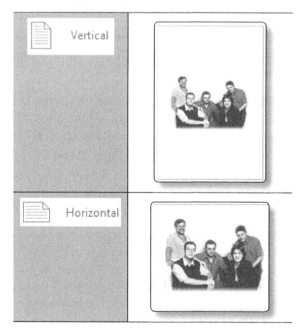

6.2.3 Tamaño

Permite seleccionar un tamaño para el documento. El tamaño más utilizado es el **A4**, pero puede elegir entre una gran variedad de tamaños predefinidos, además de poder configurar un tamaño personalizado.

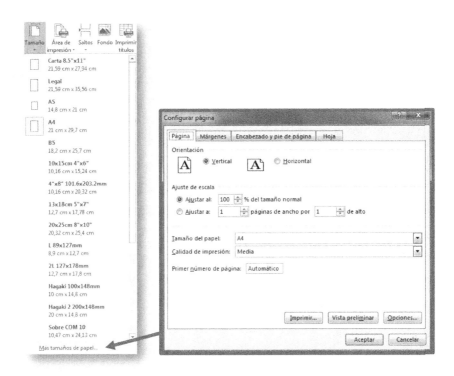

6.2.4 Área de impresión

Esta opción nos permite seleccionar el área que deseamos imprimir. Por una parte podemos **Establecer área de impresión**, por otra, **Borrar área de impresión**.

Para establecer un área de impresión, basta con seleccionar el rango que queremos imprimir y pulsar sobre la opción **Establecer área de impresión**. Si la selección se compone de diversos rangos, cada uno de ellos se imprimirá en una hoja independiente. De esta forma, si realizamos la siguiente selección y seguidamente hacemos una vista preliminar observaremos que se imprimirán tres hojas separadas:

	Selección						
		A	B	C	D	E	F
	1	Vendedor	Provincia	Articulo	Cantidad	Precio	Importe
	2	Juan	Barcelona	Goma	300	0,8	240
	3	Juan	Madrid	Goma	1500	0,8	1200
	4	Juan	Madrid	Lapiz	900	1,2	1080
	5	Lola	Barcelona	Celo	2000	3,5	7000
	6	Lola	Valencia	Paq. Folios	750	3	2250
	7	Luis	Barcelona	Lapiz	1000	1,2	1200
	8	Luis	Valencia	Paq. Folios	1200	3	3600
	9	Maria	Madrid	Lapiz	4250	1,2	5100
	10	Maria	Madrid	Cubo	800	2	1600
	11	Paco	Valencia	Celo	2000	3,5	7000
	12	Paco	Valencia	Goma	650	0,8	520
	13	Paco	Valencia	Lapiz	100	1,2	120
	14	Ramón	Barcelona	Cubo	600	2	1200
	15	Ramón	Madrid	Goma	500	0,8	400

Vista preliminar

6.2.5 Saltos

Permite insertar saltos de página a la hora de imprimir la hoja en curso. Es útil cuando nos interesa controlar qué información queremos separar o mantener junta y evitar que sea Excel el que decida cuándo separar porque no le cabe más información en una página. Podemos ver cómo están dispuestos los saltos de página si acudimos a la pestaña **VISTA** y seleccionamos **Ver salt. Pág.** dentro del grupo de controles **Vistas de libro**, o bien si hacemos clic sobre el siguiente icono ubicado en la parte inferior de la ventana de Excel:

6.2.5.1 INSERTAR SALTO DE PÁGINA

Inserta un salto de página justo encima de la selección realizada. En el siguiente ejemplo podemos ver, mediante la vista de saltos de página, cómo se establece el salto de página al insertar un salto de página habiendo seleccionado la celda **C12**:

SELECCIONAMOS EL LUGAR DONDE INSERTAR EL SALTO DE PÁGINA

TRAS HABER INSERTADO EL SALTO DE PÁGINA

6.2.5.2 QUITAR SALTO DE PÁGINA

Para eliminar un salto de página, hemos de seleccionar la celda que se encuentra justo a continuación del mismo y a continuación hacer clic sobre la opción **Quitar salto de página**:

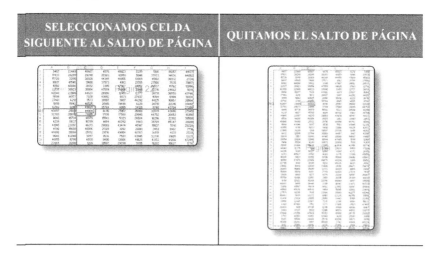

6.2.5.3 RESTABLECER TODOS LOS SALTOS DE PÁGINA

Esta opción permite eliminar todos los saltos de página que hayamos colocado manualmente y dejar que sea Excel quien determine dónde se tienen que colocar en función del tamaño del papel y de la información de la hoja.

6.2.6 Fondos

Esta opción nos permite insertar una imagen de fondo sobre nuestra hoja. Al seleccionar esta opción se ofrecen diferentes posibilidades para obtener la imagen:

En el siguiente ejemplo hemos insertado una imagen **Desde un archivo** que hemos obtenido al hacer clic en el botón **Examinar**, el cual abre el cuadro de diálogo **Fondo de hoja**, que, en definitiva, es idéntico a **Abrir**, para que podamos navegar hasta la ubicación donde reside la imagen y seleccionarla:

Una vez insertado el fondo, la opción de **Insertar fondo** desaparece y en su lugar aparece **Eliminar fondo** para que podamos eliminarlo cuando ya no nos interese.

6.2.7 Imprimir títulos

La opción **Imprimir títulos** nos conduce directamente a la pestaña **Hoja** del cuadro de diálogo **Configurar página** para que podamos indicar los rangos que contienen las filas y las columnas que queremos repetir en cada una de las páginas que se impriman.

A menudo, las primeras filas (y columnas) de nuestras hojas contienen encabezados de tablas y rangos que solo aparecen en la primera página de nuestras impresiones cuando la información no cabe en una sola hoja. Por tanto, es frecuente que podamos necesitar que dicha primera fila se imprima en cada una de nuestras páginas; la forma de indicarlo es a través de esta opción, según podemos ver en la siguiente imagen:

Veamos mediante la vista **Diseño de página** cómo aparecen las páginas dependiendo de si repetimos o no filas y columnas (encabezados) en cada página:

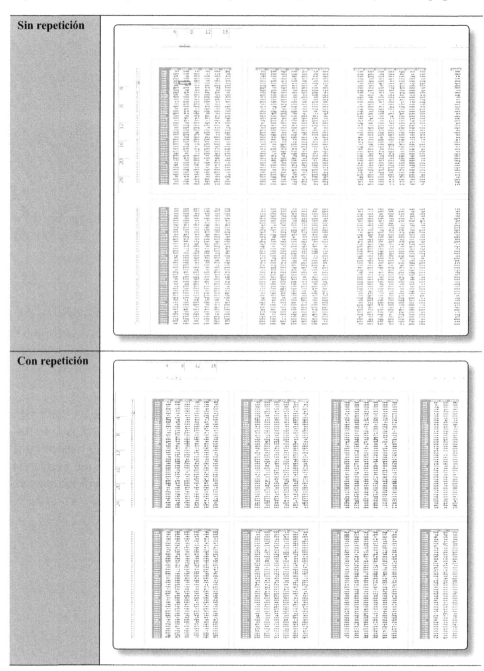

6.2.8 Cuadro de diálogo Configurar página (Página)

Este cuadro de diálogo nos permite ajustar y definir las características de impresión de nuestras hojas, pudiendo determinar desde el tamaño del papel hasta el encabezado y pie de página pasando por la definición de márgenes y el orden de impresión de las páginas, entre otros muchos aspectos.

El cuadro en sí posee cuatro pestañas que describimos a continuación.

6.2.8.1 PÁGINA

OPCIÓN	COMENTARIO
Orientación	Impresión vertical o apaisada.
Ajuste de escala	Permite especificar el porcentaje (%) de aumento o reducción de la impresión, o bien forzar a que se ajuste a un número de páginas determinado (tanto verticales como horizontales).
Tamaño del papel	Permite seleccionar alguno de los tamaños estándar de papel.
Calidad de impresión	Permite indicar la calidad del documento a imprimir, que puede ser alta, media, baja o borrador.
Primer número de página	Permite especificar en qué número de página ha de empezar la numeración de páginas.

6.2.8.2 MÁRGENES

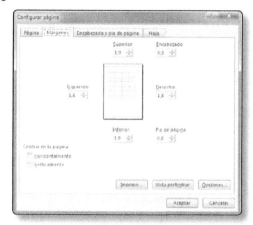

OPCIÓN	COMENTARIO
Superior, inferior, izquierdo, derecho	Espacio del margen en centímetros.
Encabezado, pie de página	Distancia del borde del papel a partir del cual se imprimirán el encabezado o el pie.
Centrar en la página	Se puede elegir el centrado vertical y/o horizontal de forma independiente y también simultáneamente.

6.2.8.3 ENCABEZADO Y PIE DE PÁGINA

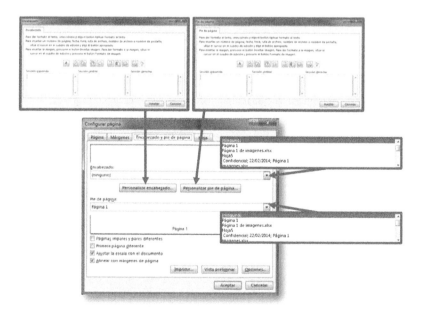

OPCIÓN	COMENTARIO
Encabezado	Permite seleccionar alguna de las sugerencias para el encabezado.
Personalizar encabezado	Invoca un cuadro de diálogo mediante el cual podemos componer el encabezado.
Pie de página	Permite seleccionar alguna de las sugerencias para el pie.
Personalizar pie de página	Invoca un cuadro de diálogo mediante el cual podemos componer el pie.

Los cuadros de diálogo de **Encabezado** y **Pie de página** son muy similares y ambos poseen las siguientes opciones:

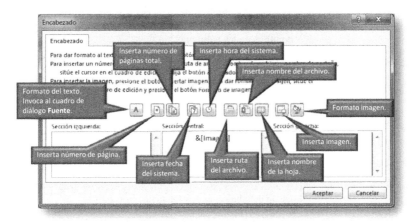

6.2.8.4 HOJA

OPCIÓN	COMENTARIO
Área de impresión	Permite especificar qué parte de la hoja se desea imprimir.
Imprimir títulos	Permite indicar qué filas o columnas han de imprimirse como títulos en la hoja, o en caso de que la hoja se fraccione en varias páginas.
Imprimir	Permite indicar: **Líneas de división**: si queremos que se impriman o no las líneas de división entre celdas. **Blanco y negro**: si queremos que el documento se imprima solo en blanco y negro o en color. **Calidad de borrador**: si se ha de imprimir con calidad de borrador o con la máxima calidad. **Encabezados de filas y columnas**: si queremos incluir los nombres de las columnas y/o filas. **Comentarios**: si han de aparecer o no los comentarios, y en qué forma. **Errores de celda como**: cómo queremos que aparezcan los errores (si hay).
Orden de las páginas	De arriba abajo y luego hacia la derecha. Hacia la derecha y luego hacia abajo.

6.2.8.5 IMPRIMIR, VISTA PRELIMINAR Y OPCIONES

En todas las pestañas del cuadro de diálogo **Configurar página** aparecen tres botones comunes, dos de los cuales (**Imprimir** y **Vista preliminar**) nos permiten acceder a la opción **Imprimir** de la pestaña **ARCHIVO**; y el otro (**Opciones**) nos muestra el cuadro de diálogo asociado a la impresora que tengamos seleccionada en la actualidad:

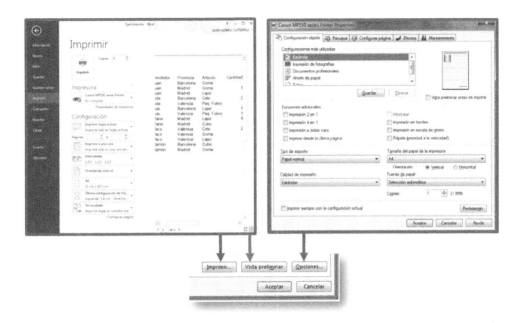

6.3 AJUSTAR ÁREA DE IMPRESIÓN

Este grupo de opciones nos permite encajar la hoja en un número determinado de páginas, así como aumentar o disminuir el tamaño del texto e imágenes que vamos a imprimir. También podemos acceder al cuadro de diálogo **Configurar página** haciendo clic sobre el icono ( ) situado en la parte inferior derecha del grupo.

6.3.1 Ancho

Permite reducir el ancho de la impresión para ajustarlo de forma que el número de páginas sea el indicado. Por ejemplo, si nuestra hoja necesita imprimir cuatro hojas hacia la derecha porque la información existente así lo precisa, podemos indicar que solo imprima **1 página**, de forma que modificaremos la escala automáticamente para encajar las cuatro páginas en una sola:

Automát.	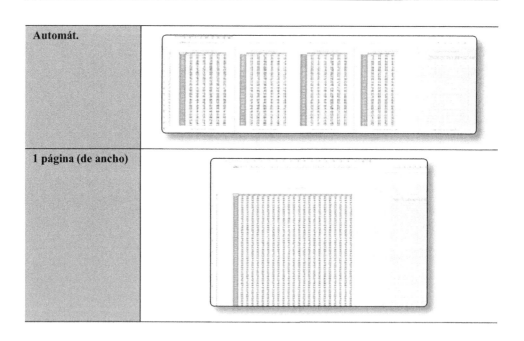
1 página (de ancho)	

6.3.2 Alto

De forma idéntica a la descrita para el ancho, esta opción nos permite forzar la impresión para que solo se imprima un número de páginas verticales concreto. Continuando con el ejemplo anterior, forzaremos a que todas las páginas verticales se reduzcan a una en lugar de tres:

AUTOMÁT.	1 PÁGINA (DE ALTO)

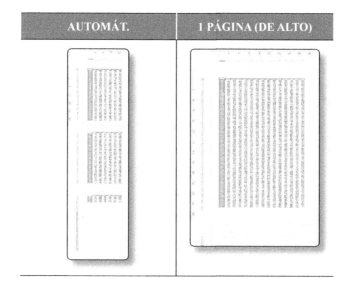

6.3.3 Escala

Esta opción permite aumentar o disminuir la impresión en un determinado porcentaje. Veamos en el siguiente ejemplo cómo podemos disminuir o aumentar el tamaño a la hora de imprimir:

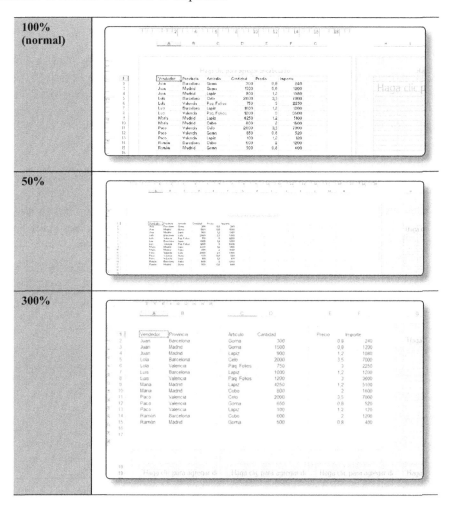

6.4 OPCIONES DE LA HOJA

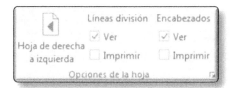

Este grupo de opciones permite configurar la hoja para mostrar las líneas de división o encabezados (o no mostrarlos) tanto en pantalla como en papel (impresión). Así mismo, puede invertir la disposición de las columnas para que la primera columna quede ajustada a la derecha en lugar de a la izquierda, como sucede en la disposición por defecto.

6.4.1 Hoja de derecha a izquierda

Esta opción permite invertir la disposición de las columnas de forma que, en lugar de mostrarlas de izquierda a derecha, se muestran al revés, mostrando la primera columna en la parte derecha de la ventana. Veamos un ejemplo:

NORMAL						DE DERECHA A IZQUIERDA					

NORMAL

	A	B	C	D	E	F
1	Vendedor	Provincia	Artículo	Cantidad	Precio	Importe
2	Juan	Barcelona	Goma	300	0,8	240
3	Juan	Madrid	Goma	1500	0,8	1200
4	Juan	Madrid	Lapiz	900	1,2	1080
5	Lola	Barcelona	Celo	2000	3,5	7000
6	Lola	Valencia	Paq. Folios	750	3	2250
7	Luis	Barcelona	Lapiz	1000	1,2	1200
8	Luis	Valencia	Paq. Folios	1200	3	3600
9	Maria	Madrid	Lapiz	4250	1,2	5100
10	Maria	Madrid	Cubo	800	2	1600
11	Paco	Valencia	Celo	2000	3,5	7000
12	Paco	Valencia	Goma	650	0,8	520
13	Paco	Valencia	Lapiz	100	1,2	120
14	Ramón	Barcelona	Cubo	600	2	1200
15	Ramón	Madrid	Goma	500	0,8	400

DE DERECHA A IZQUIERDA

F	E	D	C	B	A	
Importe	Precio	Cantidad	Artículo	Provincia	Vendedor	1
240	0,8	300	Goma	Barcelona	Juan	2
1200	0,8	1500	Goma	Madrid	Juan	3
1080	1,2	900	Lapiz	Madrid	Juan	4
7000	3,5	2000	Celo	Barcelona	Lola	5
2250	3	750	Paq. Folios	Valencia	Lola	6
1200	1,2	1000	Lapiz	Barcelona	Luis	7
3600	3	1200	Paq. Folios	Valencia	Luis	8
5100	1,2	4250	Lapiz	Madrid	Maria	9
1600	2	800	Cubo	Madrid	Maria	10
7000	3,5	2000	Celo	Valencia	Paco	11
520	0,8	650	Goma	Valencia	Paco	12
120	1,2	100	Lapiz	Valencia	Paco	13
1200	2	600	Cubo	Barcelona	Ramón	14
400	0,8	500	Goma	Madrid	Ramón	15

6.4.2 Líneas división

Mediante esta opción podemos indicar si queremos mostrar las líneas de división tanto en pantalla como en impresora. La casilla **Ver** hace referencia a la visualización por pantalla; la casilla **Imprimir**, a la impresora.

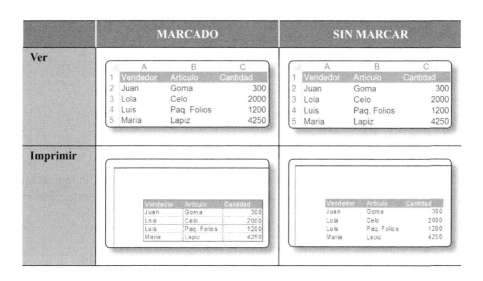

6.4.3 Encabezados

Esta opción permite indicar si queremos mostrar los encabezados de las columnas y los números de fila, tanto en pantalla como en impresora.

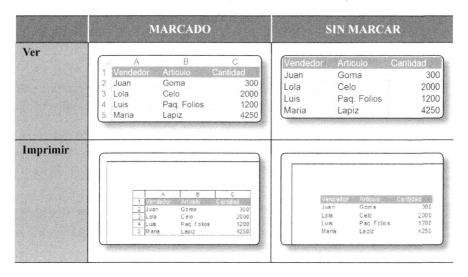

6.5 ORGANIZAR

Este grupo de opciones permite organizar nuestras formas e imágenes superponiéndolas entre sí, alineándolas, agrupándolas, girándolas, etc. Este tipo de acciones las encontramos en diversos apartados de Excel y se repiten simplemente para facilitar su utilización, al no tener que desplazarnos de una cinta a otra para su ejecución.

6.5.1 Traer adelante

Este grupo de opciones permite colocar un objeto por encima de otros, pudiendo diferenciar entre colocarlo justo encima del que tiene inmediatamente encima o directamente encima de todos los demás.

6.5.1.1 TRAER ADELANTE

 Cada vez que ejecutamos esta acción sobre un objeto o forma, lo que hacemos es colocar dicho objeto por encima del objeto que tiene inmediatamente encima.

En el siguiente ejemplo podemos observar cómo partimos de una situación en la que el objeto con forma de corazón se halla detrás de los otros objetos, y que cada vez que ejecutamos un **Traer adelante** se va colocando por encima de cada uno de los demás:

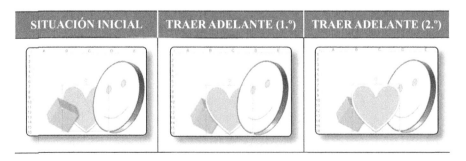

| SITUACIÓN INICIAL | TRAER ADELANTE (1.ª) | TRAER ADELANTE (2.ª) |

6.5.1.2 **TRAER AL FRENTE**

  Esta opción colocará el objeto indicado por encima de todos los demás. Continuando con el ejemplo anterior, podremos observar cómo al realizar un **Traer al frente** sobre el objeto con forma de corazón lo que haremos es colocarlo por delante de todos los demás.

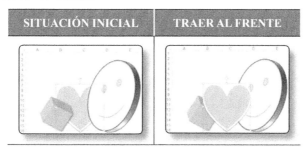

6.5.2 Enviar atrás

Este grupo de opciones permite colocar un objeto por debajo de otros, pudiendo diferenciar entre colocarlo justo debajo del que tiene inmediatamente debajo o directamente debajo de todos los demás.

6.5.2.1 **ENVIAR ATRÁS**

Cada vez que ejecutamos esta acción sobre una forma lo que hacemos es colocar dicho objeto por debajo del objeto que tiene inmediatamente debajo.

A continuación podemos observar cómo el objeto con forma de corazón está encima de todos los objetos, y cómo cada vez que ejecutamos un **Enviar atrás** se va colocando por debajo de cada uno de los demás:

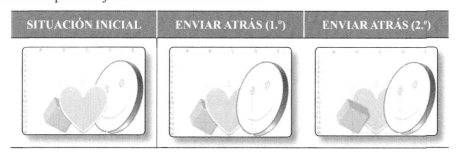

6.5.2.2 ENVIAR AL FONDO

Esta opción colocará el objeto indicado por debajo de todos los demás. Continuando con el ejemplo anterior, podremos observar cómo al realizar un **Enviar al fondo** sobre el objeto con forma de corazón lo que haremos es colocarlo por debajo de todos los demás.

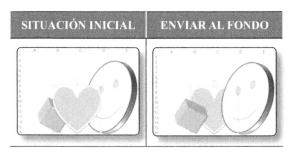

6.5.3 Panel de selección

Este panel muestra una lista con todos los objetos (objetos, imágenes, formas, etc.) y permite realizar una serie de acciones de forma colectiva (mostrar u ocultar todos), o bien de forma individual (mostrarlos u ocultarlos, o cambiarlos de posición en la lista, cambiar el nombre, etc.). Al seleccionar esta opción, se muestra un panel a la derecha de la ventana de Excel con las siguientes opciones:

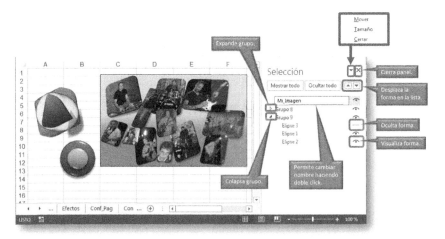

Vemos que es posible cambiar el nombre de un objeto simplemente haciendo doble clic sobre el mismo y escribiendo el nuevo nombre. Vemos también que es posible expandir o colapsar los posibles grupos de objetos para facilitar su selección o tratamiento.

6.5.4 Alinear

La alineación nos permite ubicar un objeto en referencia a otro. Es muy frecuente que, una vez incorporados los objetos a nuestra hoja, queramos disponerlos de una forma ordenada visualmente, para lo cual utilizaremos este grupo de opciones.

Supongamos que tenemos las siguientes formas en nuestra hoja:

A continuación se muestra un ejemplo de las posibles alineaciones y opciones que se ofrecen en este grupo:

OPCIÓN	MUESTRA
Alinear a la izquierda	
Alinear verticalmente	

🖳	Alinear a la derecha	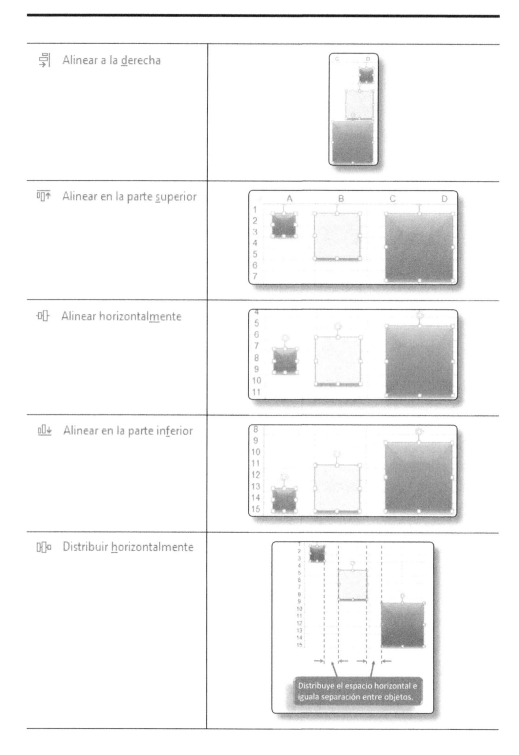
🖳	Alinear en la parte superior	
🖳	Alinear horizontalmente	
🖳	Alinear en la parte inferior	
🖳	Distribuir horizontalmente	

Distribuye el espacio horizontal e iguala separación entre objetos.

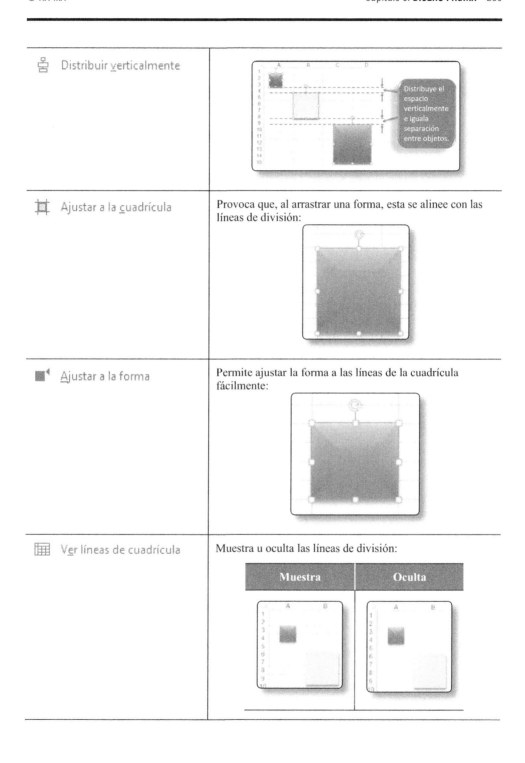

⊟ Distribuir <u>v</u>erticalmente	
⊞ Ajustar a la <u>c</u>uadrícula	Provoca que, al arrastrar una forma, esta se alinee con las líneas de división:
◼ <u>A</u>justar a la forma	Permite ajustar la forma a las líneas de la cuadrícula fácilmente:
⊞ V<u>e</u>r líneas de cuadrícula	Muestra u oculta las líneas de división:

6.5.5 Agrupar

Este grupo de opciones permite agrupar objetos para fabricar un grupo de objetos, que simplifica tareas de asignación de formato, cambio de tamaño o de movimiento. A su vez, un grupo puede unirse a otro y reproducir el proceso de agrupación ilimitadamente.

6.5.5.1 AGRUPAR

Para agrupar dos o más objetos, basta con seleccionarlos y ejecutar la opción de **Agrupar**. A partir de este momento, en el **Panel de selección** podremos ver la existencia de un grupo que contiene los objetos agrupados. A continuación mostramos un ejemplo en el que se muestran tres formas sin agrupar, y, posteriormente, el resultado de su agrupación:

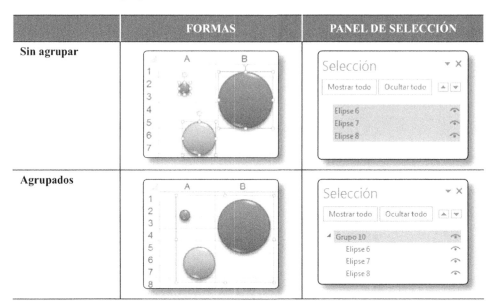

6.5.5.2 REAGRUPAR

Permite volver a crear un grupo simplemente seleccionando cualquiera de los objetos que antes estaban agrupados.

6.5.5.3 DESAGRUPAR

 Tal y como su nombre indica, esta opción permite desagrupar los objetos pertenecientes al grupo o grupos seleccionados.

6.5.6 Girar

Este grupo de opciones permite girar la forma o formas seleccionadas. Existen unos cuantos giros de uso frecuente que pueden aplicarse simplemente seleccionando alguna de las opciones prestablecidas. De todas formas, existe un panel específico mediante el cual se pueden provocar giros mucho más precisos, tal y como veremos a continuación.

Supongamos que tenemos una forma como la siguiente:

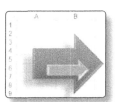

Si le aplicamos los diferentes giros prestablecidos, veremos un resultado como el indicado en la columna **Muestra** de la siguiente tabla:

OPCIÓN	MUESTRA
Girar 90° a la derecha	
Girar 90° a la izquierda	

◁ Voltear verticalmente	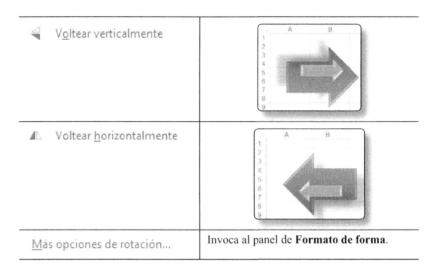
◢△ Voltear horizontalmente	
M̲ás opciones de rotación...	Invoca al panel de **Formato de forma**.

En el panel de **Formato de forma** podemos definir giros indicando grados positivos y negativos, dependiendo del sentido que queramos establecer. Si pulsamos sobre el botón **Efectos** (⌂) podemos definir giros 3D:

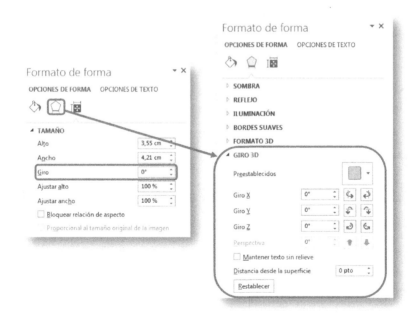

7

FÓRMULAS

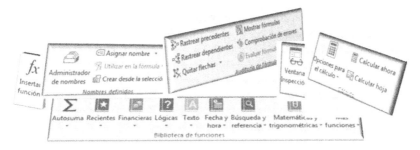

Esta ficha agrupa opciones relacionadas con los cálculos, las fórmulas y las funciones que podemos utilizar en Excel. Por una parte podemos observar que contiene un acceso rápido a las categorías de las funciones más utilizadas, y por otra vemos que aporta herramientas para realizar una auditoría de fórmulas que nos permitirá corregir errores que puedan producirse y depurar ejecuciones complejas.

Para ver un detalle mayor de las funciones más importantes revise el anexo destinado a *Funciones*.

7.1 INSERTAR FUNCIÓN

Esta opción invoca al cuadro de diálogo **Insertar función**, el cual es un asistente que nos permite, en primer lugar, buscar la función deseada; posteriormente nos ayudará a definir cada uno de los parámetros que pueda necesitar. Este cuadro de diálogo puede invocarse también mediante la combinación de teclas **MAYÚS + F3**.

Supongamos que estamos preparando una pequeña hoja de cálculo para hallar una potencia a partir de una base y un exponente variables:

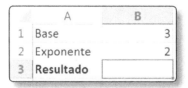

Así pues, en la celda **B3** deberíamos insertar una función que calcule la potencia de la base (**B1**) elevada a un exponente (**B2**). Por tanto, una vez colocado el cursor sobre la celda **B3**, haremos clic sobre la opción **Insertar función** y aparecerá el siguiente cuadro de diálogo, en el que introduciremos la palabra "potencia" y pulsaremos sobre el botón **Ir**:

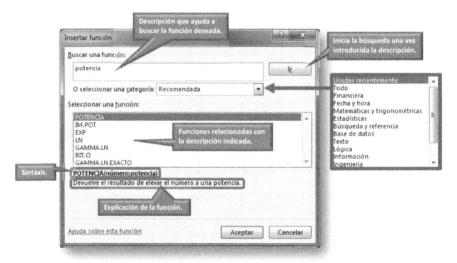

Cuando pulsemos sobre el botón **Aceptar**, aparecerá el asistente de la función para solicitar los parámetros que sean necesarios para la misma; mostrará una ventana como la siguiente:

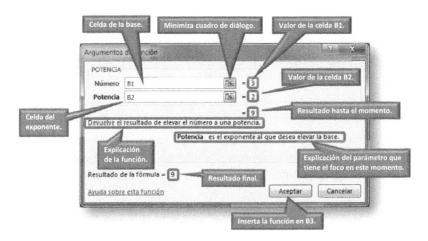

Observe que para introducir un parámetro, además de introducirlo manualmente, podemos utilizar el botón situado a la derecha del campo del mismo (🔲) de forma que se minimiza el cuadro de diálogo y podemos seleccionar con el ratón la celda (o rango dependiendo del tipo de parámetro requerido). Efectivamente, al pulsar sobre este botón, el cuadro de diálogo desaparece y en su lugar aparece esta pequeña ventana esperando que introduzcamos el parámetro haciendo clic sobre la celda que representará el parámetro que estamos definiendo:

En nuestro ejemplo, una vez introducido el parámetro que representa la base en la función, restauraremos el cuadro de diálogo haciendo clic sobre el botón (🔲) ubicado a la derecha de esta pequeña ventana.

Podemos comprobar que, efectivamente, se ha introducido la función y se ha calculado el resultado de la misma:

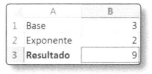

Otro ejemplo podría ser calcular la raíz cúbica de 27, para lo cual indicaríamos un exponente fraccionario (1/3), tal y como mostramos a continuación:

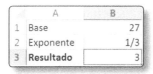

7.2 BIBLIOTECA DE FUNCIONES

A través de este grupo de opciones podemos introducir la función que necesitemos, localizando en primer lugar su categoría y, seguidamente, los parámetros que sean necesarios, tal y como se ha mostrado en el apartado anterior.

A continuación enumeramos las funciones existentes en cada categoría, pero recomendamos que, para un mayor detalle, se acuda al anexo *Funciones* descrito al final de este libro.

7.2.1 Autosuma

 En este grupo se hallan algunas de las funciones de uso más frecuente, que detallamos a continuación:

FUNCIÓN	COMENTARIO
Σ Suma	Inserta la función **SUMA**, la cual permite sumar todas las celdas seleccionadas y coloca la función después (abajo o a la derecha) de las mismas. Si se utiliza esta opción sin haber seleccionado previamente las celdas, se analizarán las celdas contiguas a la celda sobre la que se está insertando la función y se hará una propuesta de rango a sumar:
Promedio	Calcula el promedio de la selección usando la función **PROMEDIO**:

Contar números	Cuenta los números seleccionados usando la función **CONTAR**:
	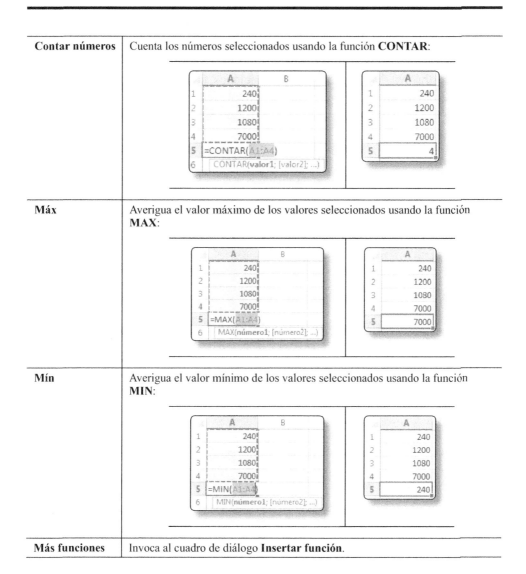
Máx	Averigua el valor máximo de los valores seleccionados usando la función **MAX**:
Mín	Averigua el valor mínimo de los valores seleccionados usando la función **MIN**:
Más funciones	Invoca al cuadro de diálogo **Insertar función**.

7.2.2 Recientes

Permite acceder a las funciones utilizadas recientemente mostrando una lista de las mismas. Así mismo, ofrece la posibilidad de **Insertar función** al final de la lista para invocar al cuadro de diálogo **Insertar función**. En general, todas las categorías ofrecen la posibilidad de **Insertar función** como última opción de la lista.

7.2.3 Financieras

 Muestra una lista con todas las funciones financieras para que podamos agregar la que deseemos con un simple clic. La lista de las funciones financieras es la siguiente:

AMORTIZ.LIN	LETRA.DE.TES.PRECIO	RENDTO.PER.IRREGULAR.1
AMORTIZ.PROGRE	LETRA.DE.TES.RENDTO	RENDTO.PER.IRREGULAR.2
CANTIDAD.RECIBIDA	MONEDA.DEC	RENDTO.VENCTO
CUPON.DIAS	MONEDA.FRAC	RRI
CUPON.DIAS.L1	NPER	SLN
CUPON.DIAS.L2	P.DURACION	SYD
CUPON.FECHA.L1	PAGO	TASA
CUPON.FECHA.L2	PAGO.INT.ENTRE	TASA.DESC
CUPON.NUM	PAGO.PRINC.ENTRE	TASA.INT
DB	PAGOINT	TASA.NOMINAL
DDB	PAGOPRIN	TIR
DURACION	PRECIO	TIR.NO.PER
DURACION.MODIF	PRECIO.DESCUENTO	TIRM
DVS	PRECIO.PER.IRREGULAR.1	VA
INT.ACUM	PRECIO.PER.IRREGULAR.2	VF
INT.ACUM.V	PRECIO.VENCIMIENTO	VF.PLAN
INT.EFECTIVO	RENDTO	VNA
INT.PAGO.DIR	RENDTO.DESC	VNA.NO.PER
LETRA.DE.TES.EQV.A.BONO		

7.2.4 Lógicas

Muestra una lista con todas las funciones lógicas, las cuales son:

Y
FALSO
SI
SI.ERROR
SI.ND
NO
O
VERDADERO
XO

7.2.5 Texto

 Muestra una lista con todas las funciones de texto, son las siguientes:

ASC	VALOR.NUMERO
TEXTOBAHT	FONETICO
CARACTER	NOMPROPIO
LIMPIAR	Funciones REEMPLAZAR, REEMPLAZARB
CODIGO	REPETIR
CONCATENAR	Funciones DERECHA, DERECHAB
DBCS	Funciones HALLAR, HALLARB
MONEDA	SUSTITUIR
IGUAL	T
Funciones ENCONTRAR, ENCONTRARB	TEXTO
DECIMAL	RECORTAR
Funciones IZQUIERDA, IZQUIERDAB	UNICAR
Funciones LARGO, LARGOB	UNICODE
MINUSC	MAYUSC
Funciones EXTRAE, EXTRAEB	VALOR

7.2.6 Fecha y hora

 Muestra una lista de funciones para tratamiento de fecha y hora. La lista es la siguiente:

FECHA	ISO.NUM.DE.SEMANA	HORANUMERO
FECHANUMERO	MINUTO	HOY
DIA	MES	DIASEM
DIAS	DIAS.LAB	NUM.DE.SEMANA
DIAS360	DIAS.LAB.INTL	DIA.LAB
FECHA.MES	AHORA	DIA.LAB.INTL
FIN.MES	SEGUNDO	AÑO
HORA	TIEMPO	FRAC.AÑO

7.2.7 Búsqueda y referencia

 Muestra una lista con todas las funciones que permiten realizar búsquedas o referenciar a celdas y/o rangos:

DIRECCION	INDIRECTO
AREAS	BUSCAR
ELEGIR	COINCIDIR
COLUMNA	DESREF
COLUMNAS	FILA
FORMULATEXT	FILAS
IMPORTARDATOSDINAMICOS	RDTR
BUSCARH	TRANSPONER
HIPERVINCULO	BUSCARV
INDICE	

7.2.8 Matemáticas y trigonométricas

 Muestra una lista con todas las funciones matemáticas:

ABS	EXP	ALEATORIO
ACOS	FACT	ALEATORIO.ENTRE
ACOSH	FACT.DOBLE	NUMERO.ROMANO
ACOT	MULTIPLO.INFERIOR	REDONDEAR
ACOTH	MULTIPLO.INFERIOR.MAT	REDONDEAR.MENOS
AGREGAR	MULTIPLO.INFERIOR.EXACTO	REDONDEAR.MAS
NUMERO.ARABE	M.C.D	SEC
ASENO	ENTERO	SECH
ASINH	MULTIPLO.SUPERIOR.ISO	SUMA.SERIES
ATAN	M.C.M	SIGNO
ATAN2	LN	SENO
ATANH	LOG	SINH
BASE	LOG10	RCUAD
MULTIPLO.SUPERIOR	MDETERM	RAIZ2PI
CEILING.MATH	MINVERSA	SUBTOTALES
MULTIPLO.SUPERIOR.EXACTO	MMULT	SUMA
COMBINAT	RESIDUO	SUMAR.SI
COMBINA	REDOND.MULT	SUMAR.SI.CONJUNTO
COS	MULTINOMIAL	SUMAPRODUCTO

COSH	MUNIT	SUMA.CUADRADOS
COT	REDONDEA.IMPAR	SUMAX2MENOSY2
COTH	PI	SUMAX2MASY2
CSC	POTENCIA	SUMAXMENOSY2
CSCH	PRODUCTO	TAN
CONV.DECIMAL	COCIENTE	TANH
GRADOS	RADIANES	TRUNCAR
REDONDEA.PAR		

7.2.9 Más funciones

7.2.9.1 ESTADÍSTICAS

 Las funciones estadísticas son las siguientes:

DESVPROM	FRECUENCIA	PERMUTACIONES
PROMEDIO	GAMMA	PERMUTACIONES.A
PROMEDIOA	INV.GAMMA	FI
PROMEDIO.SI	INV.LOGNORM	POISSON.DIST
PROMEDIO.SI.CONJUNTO	GAMMA.LN	PROBABILIDAD
DISTR.BETA	GAMMA.LN.EXACTO	CUARTIL.EXC
INV.BETA	GAUSS	CUARTIL.INC
DISTR.BINOM.N	MEDIA.GEOM	JERARQUIA.MEDIA
DISTR.BINOM.SERIE	CRECIMIENTO	JERARQUIA.EQV
INV.BINOM	MEDIA.ARMO	COEFICIENTE.R2
DISTR.CHICUAD	DISTR.HIPERGEOM.N	COEFICIENTE.ASIMETRIA
DISTR.CHICUAD.CD	INTERSECCION.EJE	COEFICIENTE.ASIMETRIA.P
INV.CHICUAD	CURTOSIS	PENDIENTE
INV.CHICUAD.CD	K.ESIMO.MAYOR	K.ESIMO.MENOR
PRUEBA.CHICUAD	ESTIMACION.LINEAL	NORMALIZACION
INTERVALO.CONFIANZA.NORM	ESTIMACION.LOGARITMICA	DESVEST.P
INTERVALO.CONFIANZA.T	DISTR.LOGNORM	DESVEST.M
COEF.DE.CORREL	INV.LOGNORM	DESVESTA
CONTAR	MAX	DESVESTPA

CONTARA	MAXA	ERROR.TIPICO.XY
CONTAR.BLANCO	MEDIANA	DISTR.T.N
CONTAR.SI	MIN	DISTR.T.2C
CONTAR.SI.CONJUNTO	MINA	DISTR.T.CD
COVARIANZA.P	MODA.VARIOS	INV.T
COVARIANZA.M	MODA.UNO	INV.T.2C
DESVIA2	NEGBINOM.DIST	PRUEBA.T
DISTR.EXP.N	DISTR.NORM.N	TENDENCIA
DISTR.F.RT	INV.NORM	MEDIA.ACOTADA
DISTR.F.CD	DISTR.NORM.ESTAND.N	VAR.P
INV.F	INV.NORM.ESTAND	VAR.S
INV.F.CD	PEARSON	VARA
PRUEBA.F.N	PERCENTIL.EXC	VARPA
FISHER	PERCENTIL.INC	DIST.WEIBULL
PRUEBA.FISHER.INV	RANGO.PERCENTIL.EXC	PRUEBA.Z
PRONOSTICO	RANGO.PERCENTIL.INC	

7.2.9.2 INGENIERÍA

 La lista de funciones de ingeniería es la siguiente:

BESSELI	FUN.ERROR	IM.EXP
BESSELJ	FUN.ERROR.EXACTO	IM.LN
BESSELK	FUN.ERROR.COMPL	IM.LOG10
BESSELY	FUN.ERROR.COMPL.EXACTO	IM.LOG2
BIN.A.DEC	MAYOR.O.IGUAL	IM.POT
BIN.A.HEX	HEX.A.BIN	IM.PRODUCT
BIN.A.OCT	HEX.A.DEC	IM.REAL
BIT.Y	HEX.A.OCT	IM.SEC
BIT.DESPLIZQDA	IM.ABS	IM.SECH
BIT.O	IMAGINARIO	IM.SENO
BIT.DESPLDCHA	IM.ANGULO	IM.SENOH
BIT.XO	IM.CONJUGADA	IM.RAIZ2
COMPLEJO	IM.COS	IM.SUSTR
CONVERTIR	IM.COSH	IM.SUM
DEC.A.BIN	IM.COT	IM.TAN
DEC.A.HEX	IM.CSC	OCT.A.BIN
DEC.A.OCT	IM.CSCH	OCT.A.DEC
DELTA	IM.DIV	OCT.A.HEX

7.2.9.3 CUBO

 Las funciones de cubo son las siguientes:

MIEMBROKPICUBO
MIEMBROCUBO
PROPIEDADMIEMBROCUBO
MIEMBRORANGOCUBO
CONJUNTOCUBO
RECUENTOCONJUNTOCUBO
VALORCUBO

7.2.9.4 INFORMACIÓN

 Las funciones de información nos permiten averiguar información sobre una celda y son muy útiles para manejar los errores y condicionar la aplicación de algunos cálculos en función del valor que contienen. Su lista es la siguiente:

CELDA	ESFORMULA	ESTEXTO
TIPO.DE.ERROR	ESLOGICO	N
INFO	ESNOD	NOD
ESBLANCO	ESNOTEXTO	HOJA
ESERR	ESNUMERO	HOJAS
ESERROR	ES.IMPAR	TIPO
ES.PAR	ESREF	

7.2.9.5 COMPATIBILIDAD

Las funciones de compatibilidad se utilizan para la compatibilidad con versiones anteriores y son:

DISTR.BETA	DISTR.GAMMA	POISSON
DISTR.BETA.INV	DISTR.GAMMA.INV	CUARTIL
DISTR.BINOM	DISTR.HIPERGEOM	JERARQUIA
DISTR.CHI	DISTR.LOG.INV	DESVEST
PRUEBA.CHI.INV	DISTR.LOG.NORM	DESVESTP
PRUEBA.CHI	MODA	DISTR.T
INTERVALO.CONFIANZA	NEGBINOMDIST	DISTR.T.INV

COVAR	DISTR.NORM	PRUEBA.T
BINOM.CRIT	DISTR.NORM.INV	VAR
DISTR.EXP	DISTR.NORM.ESTAND	VARP
DISTR.F	DISTR.NORM.ESTAND.INV	DIST.WEIBULL
DISTR.F.INV	PERCENTIL	PRUEBA.Z
PRUEBA.F	RANGO.PERCENTIL	

7.2.9.6 WEB

 La lista de funciones web es la siguiente:

URLCODIF
XMLFILTRO
SERVICIOWEB

7.3 NOMBRES DEFINIDOS

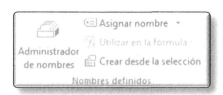

Este grupo de opciones permite gestionar los nombres que podemos crear para referirnos de forma nemotécnica a rangos que contienen cierta información, o a tablas, constantes, fórmulas, etc.

En general, es mucho más claro referirnos a un rango que contiene valores relativos a ventas con el nombre de **Ventas** que con la expresión **A1:F15**. De la misma manera, resulta más comprensible una expresión como "**=cantidad*precio**" que "**=A7*B11**".

7.3.1 Administrador de nombres

El **Administrador de nombres** nos permite crear, modificar, eliminar y consultar las características de los nombres existentes en el libro. Al ejecutar esta acción aparece el siguiente cuadro de diálogo con las siguientes opciones:

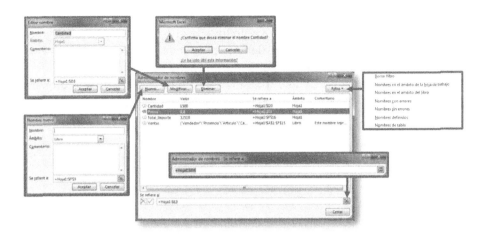

Como puede apreciarse, es posible aplicar un filtro para ver solo aquellos nombres que cumplan con alguna de las condiciones propuestas. Así mismo, es posible redimensionar la ventana para ver mejor el valor o la referencia de cada nombre, pudiendo incluso minimizar el cuadro de diálogo con el botón (▦) situado en la parte inferior derecha del cuadro para seleccionar el rango que queremos usar en la definición del nombre previamente marcado en la lista.

7.3.2 Asignar nombre

Este grupo permite seleccionar mediante una lista desplegable la opción de **Definir nombre** (para crear nombres) y también la de **Aplicar nombres** (para sustituir referencias a celdas por los nombres recién creados).

7.3.2.1 DEFINIR NOMBRE

Esta opción nos permite crear y definir nombres a través del siguiente cuadro de diálogo:

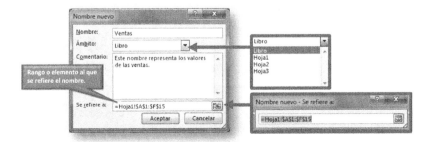

Por ejemplo, si hemos creado el nombre **Ventas** para referirnos al rango **$A$1:$F$15**, a partir de su creación ya podremos utilizarlo en cualquier función como si hiciéramos referencia al rango de forma explícita. De hecho, si desplegamos el **Cuadro de nombres** (ubicado a la izquierda de la barra de fórmulas), observaremos que el nombre está disponible, y que si lo seleccionamos, también se seleccionará el rango que representa:

	A	B	C	D	E	F
1	Vendedor	Provincia	Artículo	Cantidad	Precio	Importe
2	Juan	Barcelona	Goma	300	0,8	240
3	Juan	Madrid	Goma	1500	0,8	1200
4	Juan	Madrid	Lapiz	900	1,2	1080
5	Lola	Barcelona	Celo	2000	3,5	7000
6	Lola	Valencia	Paq. Folios	750	3	2250
7	Luis	Barcelona	Lapiz	1000	1,2	1200
8	Luis	Valencia	Paq. Folios	1200	3	3600
9	Maria	Madrid	Lapiz	4250	1,2	5100
10	Maria	Madrid	Cubo	800	2	1600
11	Paco	Valencia	Celo	2000	3,5	7000
12	Paco	Valencia	Goma	650	0,8	520
13	Paco	Valencia	Lapiz	100	1,2	120
14	Ramón	Barcelona	Cubo	600	2	1200
15	Ramón	Madrid	Goma	500	0,8	400

Cantidad / Precio / Total_Importe / Ventas

En este ejemplo pueden observarse otros nombres como son **Cantidad**, **Precio** y **Total_Importe**.

7.3.2.2 APLICAR NOMBRES

Mediante esta opción podremos sustituir las referencias a rangos o celdas para las que hayamos creado un nombre en aquellas fórmulas o funciones que los contengan. El cuadro de diálogo asociado a esta opción es el siguiente:

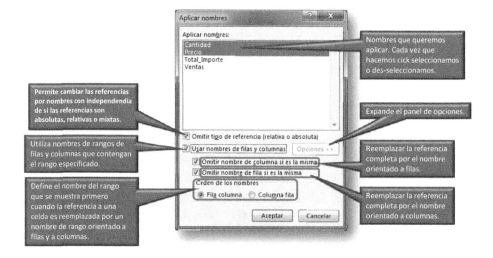

Por ejemplo, si hemos creado un nombre para referirnos a la **Cantidad** y otro para el **Precio**, existirán celdas con fórmulas que todavía harán referencia a las celdas directamente. En la siguiente imagen podemos ver fórmulas que hacen referencia a celdas y las mismas fórmulas modificadas tras ejecutar la opción **Aplicar nombres** Para poder visualizarlo mejor, mostraremos las fórmulas haciendo clic sobre la opción **FÓRMULAS** → **Auditoría de fórmulas** → **Mostrar fórmulas**, o simplemente pulsando la combinación de teclas **CTRL** + ` (acento grave):

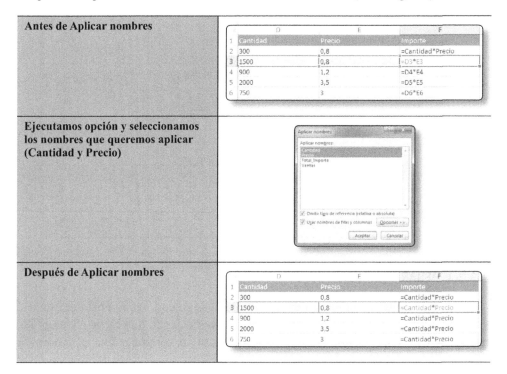

Antes de Aplicar nombres	
Ejecutamos opción y seleccionamos los nombres que queremos aplicar (Cantidad y Precio)	
Después de Aplicar nombres	

7.3.3 Utilizar en la fórmula

Una vez definidos los nombres, podemos utilizarlos en nuestras fórmulas simplemente escribiendo el nombre directamente, o bien seleccionando alguno de la lista desplegable que aparece al hacer clic sobre esta opción. Por ejemplo, si el importe lo calculamos multiplicando la **Cantidad** por el **Precio**, podemos emplear la siguiente secuencia para definir la fórmula:

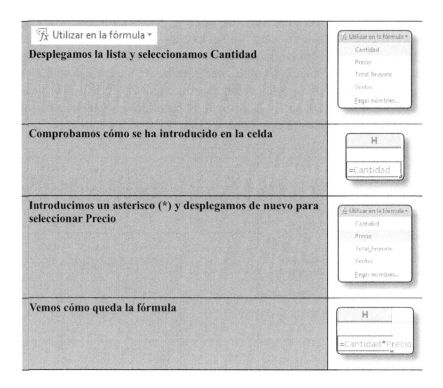

7.3.3.1 PEGAR NOMBRES

Esta opción nos muestra un cuadro de diálogo con los nombres existentes. Es otra forma de insertar un nombre: simplemente haciendo doble clic sobre el que nos interese o seleccionándolo y pulsando **Aceptar** a continuación. El cuadro de diálogo que aparece es el siguiente:

Si pulsamos sobre **Pegar lista**, observaremos cómo se inserta la lista de nombres acompañados por sus referencias sobre la celda que tenía el foco en ese momento de la siguiente manera:

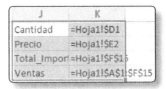

7.3.4 Crear desde la selección

Otra forma de crear nombres es seleccionar el rango que nos interese y pulsar a continuación la opción de **Crear desde la selección**, de forma que el nombre propuesto será el correspondiente al texto situado en la primera fila del rango seleccionado, o a la primera columna, dependiendo de la forma del rango. De todas formas, podemos modificar la propuesta para ajustarla a nuestras necesidades.

A continuación mostramos un par de ejemplos que permiten ver cómo es posible crear nombres a partir de un rango situado verticalmente y otro horizontalmente.

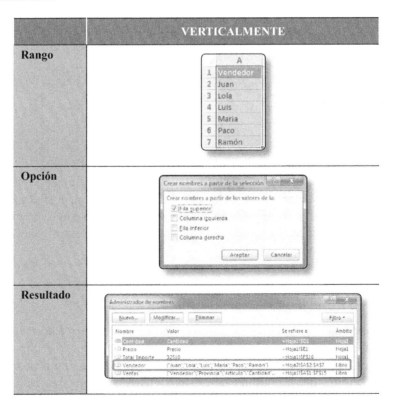

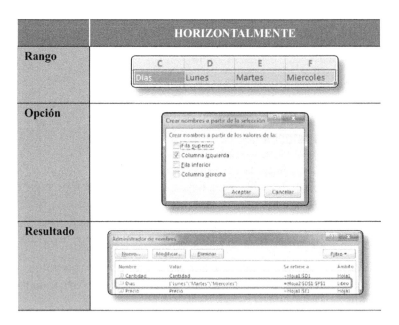

7.4 AUDITORÍA DE FÓRMULAS

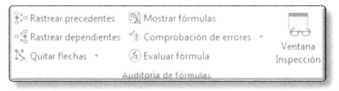

Este grupo de controles permite analizar nuestras fórmulas y funciones, proporcionando mecanismos para detectar dónde se producen posibles errores y para localizar las celdas implicadas en un cálculo. A continuación veremos cómo podemos evaluar fórmulas realizando cálculos parciales paso a paso e inspeccionando variables en determinadas condiciones.

7.4.1 Rastrear precedentes

En ocasiones, al analizar el resultado de una fórmula puede resultar algo difícil localizar las celdas que participan en la misma. Por otra parte, es posible que dichas celdas contengan a su vez otros cálculos que implican a su vez a más celdas, de forma que el entramado de celdas a tener en cuenta para la depuración de un cálculo puede llegar a ser complejo.

Mediante esta opción, podemos analizar visualmente y de forma sencilla cuáles son las celdas que participan en una fórmula y localizar todo el árbol de celdas y fórmulas implicadas en el mismo.

El siguiente ejemplo muestra una pequeña tabla en la que se hallan diversas filas con un total por fila y un total general al final de la tabla.

Observaremos que al seleccionar la celda que contiene el total general y hacer clic sobre **Rastrear precedentes**, se selecciona el rango que contiene las celdas implicadas en el sumatorio. Observaremos también una flecha que parte de la primera celda del rango y acaba precisamente sobre la celda que contiene el total. Así mismo, si volvemos a hacer clic de nuevo sobre **Rastrear precedentes**, cada una de las celdas del rango que se suma en el total localizará a su vez las celdas que le preceden, que, en nuestro caso, son las columnas de cantidad y precio. Veamos la siguiente imagen, que muestra cada una de las secuencias descritas:

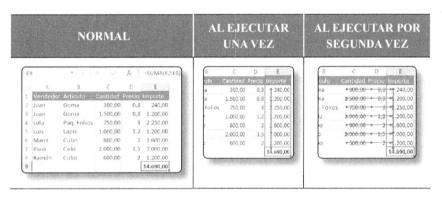

Si hacemos clic sobre una celda que no posee celdas precedentes, recibiremos el siguiente mensaje:

7.4.2 Rastrear dependientes

De forma similar a lo descrito en el apartado anterior, es posible que nos interese averiguar cuáles son las celdas que pueden verse afectadas si modificamos una determinada celda. Para ello, hemos de seleccionar la celda que queremos analizar y hacer clic sobre **Rastrear dependientes**. De esta forma, veremos una flecha que parte de la celda seleccionada y acaba en la celda (o celdas) que contiene la fórmula o función que la utiliza. Si volvemos a hacer clic sobre esta misma opción, de nuevo se mostrará otra flecha localizando las celdas que contienen fórmulas en las que participa esta última celda localizada. Vemos el siguiente ejemplo:

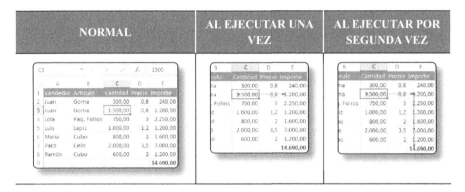

Veamos otro ejemplo de una celda que posee varias celdas dependientes:

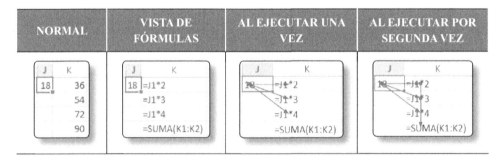

Si ejecutamos esta opción sobre una celda que no posee celdas dependientes, recibiremos el siguiente mensaje:

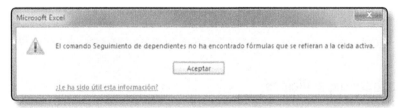

7.4.3 Quitar flechas

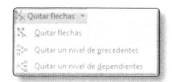

De la misma manera que hemos ido mostrando flechas para marcar las celdas precedentes o dependientes de otra, también tenemos un mecanismo para eliminarlas.

7.4.3.1 QUITAR FLECHAS

 Esta opción quita todas las flechas que se estén visualizando actualmente, sea cual sea el nivel de precedentes o dependientes mostrado.

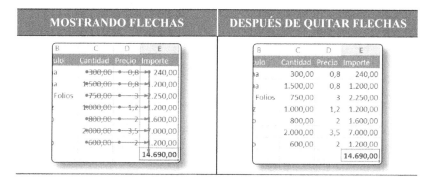

7.4.3.2 QUITAR UN NIVEL DE PRECEDENTES

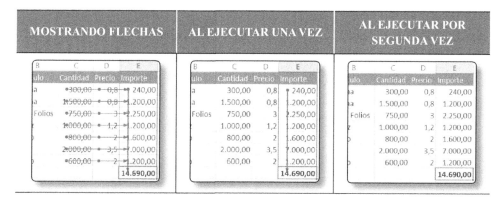 Al igual que hemos visto que cada vez que se ejecuta la opción de **Rastrear precedentes** se van incorporando flechas sobre las celdas implicadas, podemos ver cómo estas se eliminan progresivamente cada vez que ejecutamos **Quitar un nivel de precedentes**:

7.4.3.3 QUITAR UN NIVEL DE DEPENDIENTES

Esta opción va eliminando las flechas correspondientes a un nivel de dependencia. Cada vez que ejecutamos esta opción, se elimina un nivel. Veamos el siguiente ejemplo:

MOSTRANDO FLECHAS	AL EJECUTAR UNA VEZ	AL EJECUTAR POR SEGUNDA VEZ

7.4.4 Mostrar fórmulas

Esta opción permite mostrar las fórmulas existentes en las celdas. De esta forma, podemos echar un vistazo rápidamente a lo que se está calculando en cada celda sin necesidad de situarnos sobre ellas. Cada vez que pulsamos sobre esta opción se muestran u ocultan las fórmulas dependiendo de lo que se esté mostrando en ese momento. También es posible ejecutar esta acción si pulsamos la combinación de teclas **CTRL** + ` (acento grave).

NORMAL	VISTA DE FÓRMULAS

7.4.5 Comprobación de errores

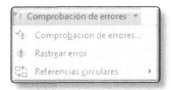

En este apartado se agrupan las opciones que permiten localizar los diferentes errores existentes y realizar acciones sobre los mismos, acciones tales como buscar ayuda, ver en detalle cada uno de los pasos del cálculo o, simplemente, omitirlos.

Observe también que al poner el foco en una celda que contiene un error, aparece un icono al lado de la misma, el cual nos ofrece el acceso a las mismas opciones que comentaremos en los siguientes apartados. Si ponemos el puntero del ratón sobre dicho icono, aparece una pequeña explicación sobre el error:

Desplegando la lista vemos que podemos acceder a las opciones de **Comprobación de errores**:

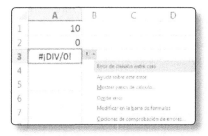

7.4.5.1 COMPROBACIÓN DE ERRORES

Al ejecutar esta opción, aparece el cuadro de diálogo **Comprobación de errores**, mediante el cual podremos navegar por los diferentes errores existentes en la hoja en curso analizando cuál es el tipo de error y decidiendo qué hacer con cada uno de ellos. Dicho cuadro de diálogo es el siguiente:

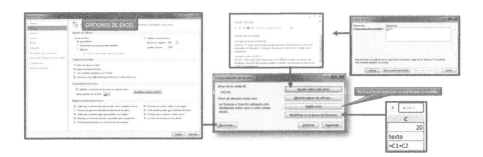

Vemos que además de mostrar la fórmula de la celda que contiene el error, muestra una pequeña explicación del mismo. También es posible invocar a la ayuda mostrando el tema relacionado con el error en curso. Podemos omitir un error para que no volvamos a detectarlo en próximas comprobaciones. Para volver a considerar el error que hayamos podido omitir, hemos de acudir a **ARCHIVO** → **Opciones** → **Fórmulas**, y, en el apartado de **Comprobación de errores**, hacer clic sobre el botón **Restablecer errores omitidos**:

El botón **Opciones** nos permite acceder al grupo de opciones de **Fórmulas** existente en **ARCHIVO** → **Opciones**, desde el que podemos definir diferentes aspectos relacionados con el cálculo de fórmulas y tratamiento de errores. Este grupo fue analizado en el capítulo dedicado a la pestaña **ARCHIVO** pero de nuevo destacamos las siguientes reglas de verificación mediante las cuales podemos activar o desactivar algunas comprobaciones:

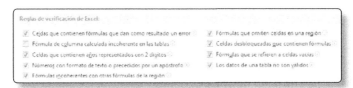

Si pulsamos sobre el botón **Modificar en la barra de fórmulas**, el cursor se sitúa sobre la barra de fórmulas para que podamos modificarla y se marcan las celdas implicadas en el cálculo para que podamos revisarlas más fácilmente:

Si pulsamos sobre el botón **Mostrar pasos de cálculo** invocamos al cuadro de diálogo **Evaluar fórmula**, que nos permite analizar cómo se van resolviendo los distintos cálculos existentes en una fórmula y que analizaremos más adelante en un apartado posterior.

Observe también los botones **Anterior** y **Siguiente**, los cuales nos permiten navegar hacia adelante o hacia atrás en la lista de errores de la hoja.

7.4.5.2 RASTREAR ERROR

 Utilizando esta opción podemos averiguar de dónde procede un error, ya que nos marcará las celdas implicadas y mostrará también una flecha uniéndolas:

NORMAL	DESPUÉS DE RASTREAR EL ERROR
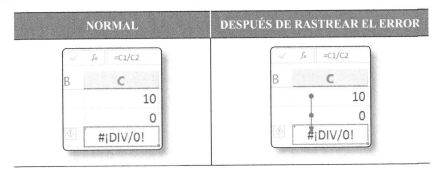	

Para eliminar las flechas que aparecen basta con hacer clic sobre la opción de **Quitar flechas** ( ).

7.4.5.3 REFERENCIAS CIRCULARES

Nos encontramos con una referencia circular cuando una fórmula hace referencia a la propia celda que contiene dicha fórmula; o cuando en una celda hacemos referencia a otra celda, la cual, a su vez, hace referencia a la primera. Veamos un par de ejemplos: en un caso, la fórmula contiene una referencia a sí misma; en otro, 2 celdas se referencian entre sí:

REFERENCIA A SÍ MISMA	REFERENCIAS ENTRE SÍ

Al recalcular la hoja (por ejemplo pulsando la tecla **F9** o accediendo a la opción **FÓRMULAS** → **Cálculo** → **Calcular ahora**) observaremos cómo aparece una flecha que relaciona las celdas que provocan una referencia circular entre sí, y también, cómo aparecen dichas referencias en la lista de referencias circulares asociada a la propia opción:

 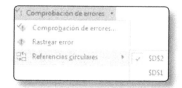

Por defecto, Excel está configurado para no realizar este tipo de cálculos para evitar que el proceso pudiera entrar en un bucle interminable que llegara a bloquear el sistema. No obstante, podemos habilitar este tipo de cálculos determinando un máximo de iteraciones permitidas, tal y como vimos al analizar las opciones del grupo **Fórmulas** de la pestaña **ARCHIVO** → **Opciones**:

Efectivamente, si habilitamos esta opción comprobaremos que se producen 100 iteraciones; el resultado final sería el siguiente:

7.4.6 Evaluar fórmula

Esta opción resulta muy útil cuando queremos analizar detalladamente los cálculos que se realizan en una determinada celda. En la misma, es posible analizar el cálculo de cada uno de los elementos que participan o solo profundizar en aquellos que sea necesario. Supongamos que tenemos una hoja con el siguiente rango, en el que realizaremos un cálculo sencillo:

NORMAL	VISTA DE FÓRMULAS

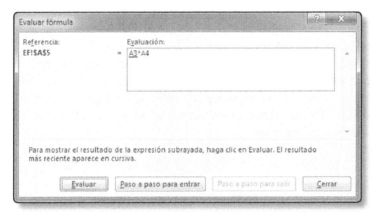

	A
1	10
2	20
3	30
4	2
5	60

	A
1	10
2	20
3	=A1+A2
4	2
5	=A3*A4

Si ejecutamos la opción **Evaluar fórmula**, aparecerá el siguiente cuadro de diálogo:

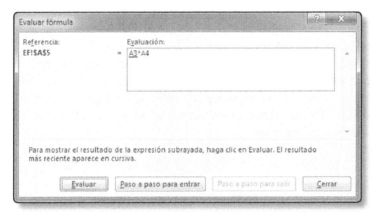

En el mismo, podemos observar que disponemos de diferentes opciones para ir analizando el cálculo. Si pulsamos sobre el botón **Evaluar**, sustituiremos la referencia a la celda que está subrayada (**A3**) por su valor y pondremos el foco en el siguiente operando de la expresión (**A4**):

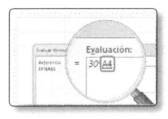

Si en lugar de pulsar sobre **Evaluar** pulsamos sobre **Paso a paso para entrar**, estando la celda **A3** seleccionada, veremos cómo profundizamos un nivel para poner el foco en la fórmula contenida en la misma:

PULSAMOS EN PASO A PASO PARA ENTRAR	PULSAMOS DE NUEVO EN PASO A PASO PARA ENTRAR
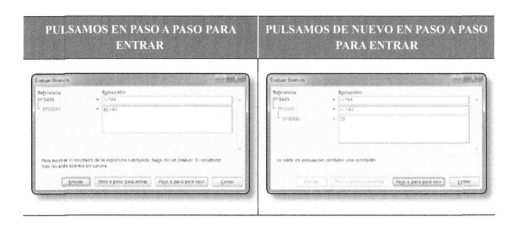	

Podemos comprobar que cada vez que pulsamos **Paso a paso para entrar**, vamos profundizando sobre la celda que está subrayada hasta encontrar su valor final, de forma que ya no podemos profundizar más. Vemos que, en este punto, solo queda habilitada la opción de **Paso a paso para salir**, la cual cerrará el nivel de análisis actual y volverá al nivel anterior sustituyendo el valor obtenido por la referencia a la celda que estábamos analizando:

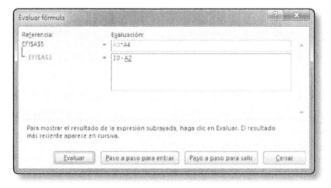

A partir de aquí podemos ir ejecutando la opción que necesitemos hasta llegar al final de todo el cálculo, momento en el que seremos invitados a reiniciar el proceso de nuevo. Veamos la siguiente secuencia, en la que, en general, hemos ido ejecutando la acción **Evaluar**, excepto en el caso de la aparición del resultado 30 en la celda **$A$3**, caso en que hemos pulsado **Paso a paso para salir**:

SITUACIÓN		ACCIÓN A REALIZAR
Referencia: EF!$A$5 └ EF!$A$3	Evaluación: = A3*A4 = 10+A2	**Evaluar**
Referencia: EF!$A$5 └ EF!$A$3	Evaluación: = A3*A4 = 10 + 20	**Evaluar**
Referencia: EF!$A$5 └ EF!$A$3	Evaluación: = A3*A4 = 30	**Paso a paso para salir**
Referencia: EF!$A$5	Evaluación: = 30*A4	**Evaluar**
Referencia: EF!$A$5	Evaluación: = 30*2	**Evaluar**
Referencia: EF!$A$5	Evaluación: = 60	**Reiniciar/Cerrar**

7.4.7 Ventana de inspección

La ventana de inspección nos permite observar el resultado de algunas celdas sin necesidad de tener que desplazarnos a las mismas. Esto es útil en hojas grandes donde los valores a analizar están ubicados en celdas distantes entre sí. Su utilización es muy simple y básicamente ofrece las acciones **Agregar inspección** y **Eliminar inspección**.

En el siguiente ejemplo vamos a agregar una inspección ejecutando esta opción, y, una vez que aparece la **Ventana de inspección**, haremos clic sobre el botón de **Agregar inspección** (📲) para seleccionar las celdas que deseamos inspeccionar, tal y como puede observarse en la siguiente imagen:

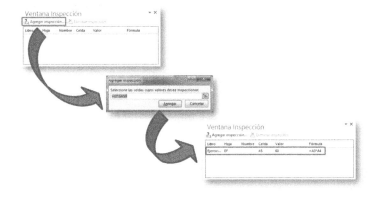

A partir de este momento, cada vez que se produzca un cambio de valor en la celda **A5**, este se reflejará en la **Ventana de inspección**. Para eliminar una inspección, basta con seleccionarla dentro de la ventana y hacer clic sobre la opción **Eliminar inspección**:

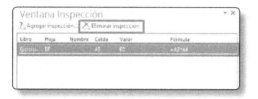

7.5 CÁLCULO

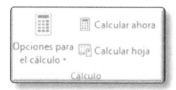

Este grupo de opciones determina cuándo se han de realizar los cálculos, y su ámbito. Por defecto, Excel tiende a calcular automáticamente aquellas fórmulas que poseen referencias a celdas sobre las que se producen cambios. Sin embargo, en hojas muy grandes, en ocasiones es mejor evitar los recálculos automáticos, para poder trabajar sin tener que realizar esperas, y concentrar los cálculos al final de todas las modificaciones.

Las siguientes combinaciones de teclas permiten ejecutar algunos recálculos parciales o totales:

F9	Recalcula todo el libro activo.
MAYÚS + F9	Recalcula la hoja activa.
CTRL + MAYÚS + ALT + F9	Recalcula todas las hojas de todos los libros abiertos.

7.5.1 Opciones para el cálculo

Esta lista ofrece las diferentes opciones existentes para el cálculo, pudiendo elegir, básicamente, entre calcular el libro automáticamente cada vez que se produce algún cambio o realizarlo manualmente, matizando si queremos diferenciar los cálculos sobre tablas o no.

7.5.1.1 AUTOMÁTICO

Esta es la opción por defecto y provoca que se recalculen las celdas dependientes de una celda que cambie.

7.5.1.2 AUTOMÁTICO EXCEPTO EN LAS TABLAS DE DATOS

Esta opción es idéntica a la del cálculo automático, excepto en que las tablas de datos no se recalculan y en que para recalcular una fórmula de una tabla, será necesario seleccionarla y pulsar la tecla **F9** expresamente.

7.5.1.3 MANUAL

Esta opción impide que se produzcan recálculos automáticamente. Si la activamos, observaremos que a pesar de cambiar valores en nuestra hoja, no se produce ningún cálculo, de forma que para actualizar la hoja será necesario pulsar la tecla **F9** o seleccionar la opción **Calcular ahora** o **Calcular hoja** (dependiendo del ámbito en el que se hayan realizado los cambios).

Tal y como hemos dicho antes, esta opción es útil cuando se dispone de una hoja con mucha información y no se quiere provocar ningún recálculo cada vez que se cambia algún valor para evitar tiempos de espera.

7.5.2 Calcular ahora

 Provoca que se realicen todos los cálculos pendientes en el libro activo.

7.5.3 Calcular hoja

 Provoca un recálculo sobre la hoja en curso.

8

DATOS

Esta cinta contiene una gran cantidad de opciones destinadas al tratamiento de datos en cuanto a su obtención, análisis y filtrado se refiere. También permite la creación de esquemas y agrupaciones que ayudan a simplificar la visión de grandes cantidades de datos.

8.1 OBTENER DATOS EXTERNOS

Este grupo reúne las opciones destinadas a la obtención de datos de fuentes externas, las cuales dependerán de los diferentes *drivers* de conexión y otros mecanismos que tengamos instalados en nuestro sistema. Por defecto se proponen las fuentes más típicas, pero es posible también acceder a otras fuentes más específicas usando los conectores proporcionados por sus fabricantes.

8.1.1 Desde Access

La obtención de datos de una fuente basada en **Access** se realiza localizando en primer lugar el origen de datos adecuado y posteriormente indicando cómo deseamos ver estos datos y dónde ubicarlos.

Al seleccionar esta opción, aparece en primer lugar el cuadro de diálogo **Seleccionar origen de datos** para que podamos localizar el archivo que contiene la base de datos (accdb, accde, mdb, mde):

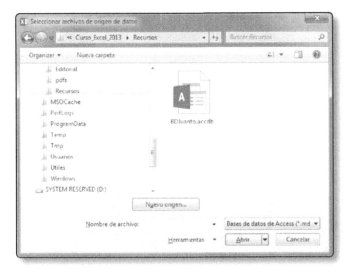

Una vez seleccionada la base de datos, se mostrará una ventana con la lista de tablas que la componen para que podamos elegir la tabla que necesitemos:

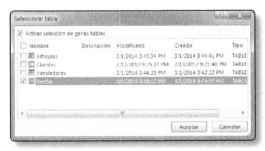

Una vez seleccionada la tabla, se mostrará el cuadro de diálogo **Importar datos** para que podamos definir cómo y dónde queremos ver estos datos. Dicho cuadro posee el siguiente aspecto:

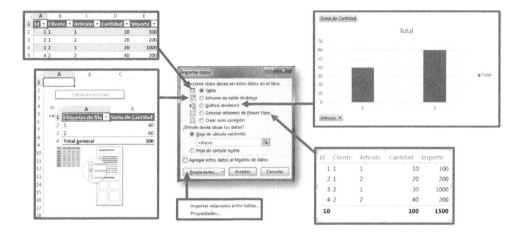

Al pulsar sobre **Aceptar**, vemos que, efectivamente, los datos se han insertado en forma de tabla en nuestra hoja:

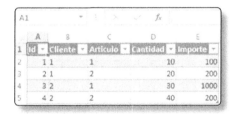

8.1.2 Desde Web

Mediante esta opción podemos importar datos desde una página web. Al acceder a la misma, se abre un cuadro de diálogo en el que hemos de introducir la URL que contiene los datos que deseamos importar y, a continuación, seleccionar la tabla que contiene los datos deseados e importarla.

A continuación mostramos un ejemplo en el que importamos los tipos de cambio proporcionados por la siguiente URL:

http://moneycentral.msn.com/investor/external/excel/rates.asp

El cuadro de diálogo que aparece es el siguiente:

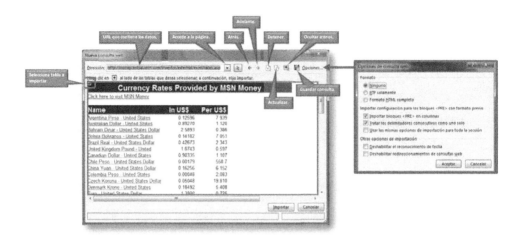

Una vez introducida la URL, seleccionaremos la tabla que nos interesa marcando el *check* existente en la esquina superior izquierda de la misma (☑) y a continuación pulsaremos sobre el botón **Importar**. Una vez establecida la conexión, aparece el cuadro de diálogo **Importar datos**, que nos solicita la ubicación de los datos:

Una vez que pulsamos **Aceptar**, se realiza la consulta y finalmente se incorporan los datos a nuestra hoja:

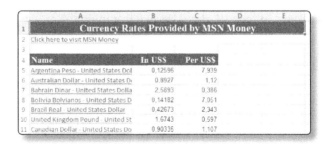

Vemos, entre otras características, que es posible importar también el formato, guardar la consulta y seleccionar las tablas que contengan dicha página o toda la página en sí.

A partir de este momento, cada vez que abramos el libro nos encontraremos con el siguiente mensaje, solicitando permiso para actualizar los datos:

8.1.3 Desde texto

Al seleccionar esta opción se abre un cuadro de diálogo que permite localizar el archivo de texto; una vez localizado, entra en funcionamiento un asistente de conversión que consta de tres pasos, los cuales mostramos a continuación:

Paso 1

Mediante este paso indicamos, básicamente, si los campos están separados por algún carácter especial o si poseen una longitud fija. También podemos indicar la codificación u origen del archivo y decidir si queremos importar desde la primera línea o desde alguna otra; podremos pasar por alto encabezados y otras líneas no deseadas.

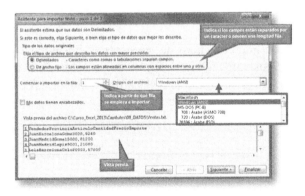

Paso 2

Dependiendo de si hemos indicado que los campos posean un delimitador o un ancho fijo, el segundo paso variará.

Campos delimitados

Excel analiza el contenido, propone el separador que considera más adecuado y muestra un posible resultado en la vista previa existente a pie del cuadro:

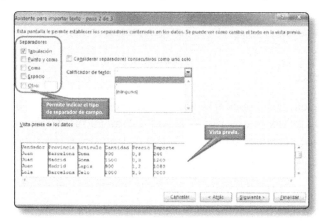

También permite indicar si los campos de texto están delimitados por algún carácter especial (**Calificador de texto**, el cual normalmente es una comilla simple ['] o doble [“]). En el caso de que el carácter separador no sea ninguno de los propuestos, se puede indicar expresamente en el casillero **Otro**.

Campos de ancho fijo

En el caso de que el fichero de texto posea líneas cuyos campos posean una longitud fija, el asistente analiza dichos espacios y propone una separación de campos, que pueden ser variados simplemente arrastrando líneas de dentro hacia fuera (eliminar) o desde fuera hacia dentro (incluir) para crear más o menos separaciones.

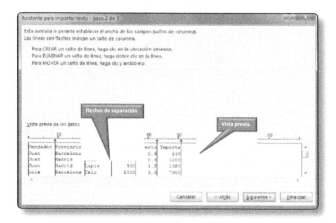

Paso 3

El tercer paso permite configurar el formato de cada una de las columnas que se están definiendo, dependiendo de si el valor que contienen es un texto, un número, una fecha, etc.

También es posible indicar el carácter separador de millares y de decimales, así como la posición del signo (detrás del número o delante) para los negativos. La opción **Restablecer** permite recuperar los valores por defecto que Excel aplicó inicialmente según la configuración de Windows.

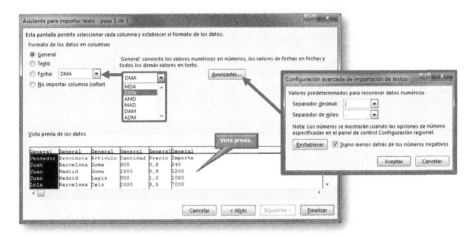

Por último, mediante el siguiente cuadro de diálogo indicamos si los datos se colocan en la hoja de cálculo en curso o en una nueva:

8.1.4 De otras fuentes

También podemos obtener datos externos a través de otras fuentes, como, por ejemplo, desde consultas realizadas contra bases de datos, o desde datos XML.

FUENTE	COMENTARIO
	Desde SQL Server Permite importar datos de SQL Server mediante una conexión a una tabla. Los datos pueden importarse como tabla o como tabla dinámica.
	Desde Analysis Services Permite importar datos desde un cubo de SQL Server Analysis Services.
	Desde el catálogo de soluciones de Windows Azure Permite importar datos desde una conexión a una fuente de Microsoft Windows Azure DataMarket.
	Desde la fuente de datos OData Permite importar datos desde una fuente de datos OData.
	Desde importación de datos XML Recupera o traspasa información.
	Desde el asistente para la conexión de datos Permite importar información de ficheros de texto interpretando cada línea como fila, y troceando cada línea en campos según un delimitador o ancho fijo de campo.
	Desde Microsoft Query Permite fabricar una consulta de Microsoft y/o ODBC, e importar el resultado de la misma en forma de datos (tablas de filas y columnas).

8.1.4.1 DESDE SQL SERVER

Esta opción nos permite conectarnos a una base de datos SQL e importar los datos contenidos en sus tablas. Al seleccionar esta opción, aparece el siguiente cuadro de diálogo para que podamos indicar el nombre del servidor que contiene la base de datos deseada y las credenciales de conexión, las cuales, por defecto, son las de autenticación de Windows (las mismas que hemos usado para conectarnos a nuestro PC):

Una vez cumplimentado este cuadro, pulsaremos en **Siguiente** para seleccionar la base de datos deseada de entre las que se ofrecen en la lista desplegable asociada al rótulo **Seleccione la base de datos que contiene la información que desea**:

Una vez seleccionada la base de datos, se mostrarán las tablas existentes en la misma para que podamos seleccionar la tabla (o tablas si activamos **Activar selección de varias tablas**) que deseemos. Si seleccionamos varias tablas, se habilitará el casillero de **Importar relaciones entre tablas seleccionadas**, por si queremos importarlas también. Una vez seleccionada la tabla, pulsamos en **Siguiente** para acceder al siguiente paso del asistente y acabar de añadir una descripción y un nombre descriptivo (entre otros detalles) para hacer que sea más fácil de identificar en el apartado de **Conexiones existentes**, que veremos más adelante:

Por último, cuando pulsemos sobre **Finalizar**, aparecerá el cuadro de diálogo **Importar datos** (que ya conocemos de apartados anteriores) para que podamos indicar cómo y dónde queremos situarlos:

En nuestro ejemplo podemos observar la tabla **Ventas** en **Microsoft SQL Server Management Studio**, cómo ha sido importada en **MS Excel**:

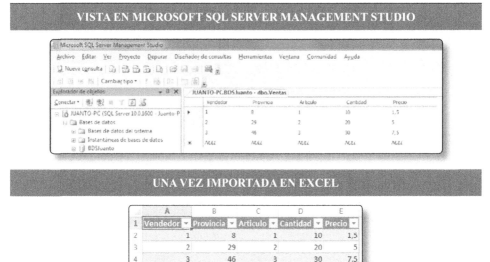

8.1.4.2 DESDE ANALYSIS SERVICES

Al igual que en lo descrito para el caso de la importación de datos desde SQL Server, se solicita el nombre del servidor que contiene la base de datos y el tipo de credenciales que hay que utilizar para la misma. La autenticación de Windows utiliza el usuario que está conectado a Windows para identificarse en la base de datos.

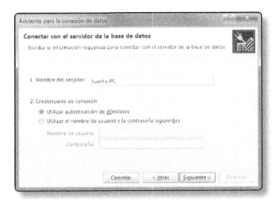

Una vez introducido el nombre del servidor y las credenciales, nos invita a seleccionar la base de datos y la tabla o cubo a utilizar:

Por último, y como sucede en general con todas las definiciones para la obtención de datos, se solicita una descripción para la conexión y algún dato complementario, tal y como se muestra en el siguiente paso:

Una vez pulsado el botón **Finalizar**, solo nos queda indicar cómo y dónde se visualizarán los datos importados:

8.1.4.3 DESDE EL CATÁLOGO DE SOLUCIONES DE WINDOWS AZURE

Windows Azure Marketplace pone a nuestra disposición una gran cantidad de datos de diversos tipos, y, en muchas ocasiones, de forma gratuita. Lo único necesario es disponer de una cuenta de Microsoft.

Al acceder a esta opción aparecerá un cuadro de diálogo para que podamos indicar cuál será la ubicación de nuestra fuente de datos y cuáles serán nuestras credenciales de conexión.

Como credenciales de conexión, bastará con indicar la clave de la cuenta principal que aparece en nuestra información sobre la cuenta de **Windows Azure** y que mostramos a continuación (de forma borrosa para mantener la privacidad):

El siguiente ejemplo muestra una conexión de datos con **Windows Azure Marketplace**:

Para obtener el vínculo a indicar como ubicación de la fuente de datos, accederemos a la opción **Mis datos**, situada en la **Información sobre la cuenta** (en **Windows Azure**); una vez mostradas las fuentes de datos a las que estamos suscritos, seleccionaremos la opción **Usar**:

Al pulsar **Usar**, aparece una página con los datos asociados a la fuente de datos, y en la misma aparece la URL que podemos utilizar para nuestra consulta:

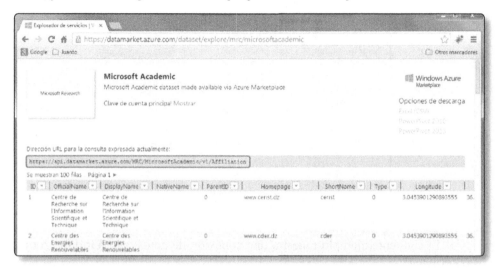

Una vez introducida la URL en el apartado de fuente de datos y nuestra clave como credenciales, al pulsar **Siguiente** aparece la siguiente ventana para que podamos seleccionar las tablas que queremos importar:

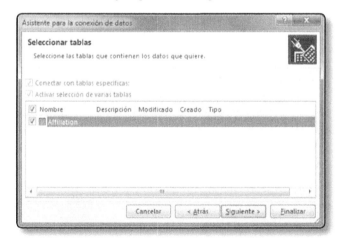

Seleccionamos **Affiliation** y pulsamos sobre **Siguiente** para acceder al último paso de este asistente en el que podremos definir una descripción adecuada para la conexión (entre otros detalles):

Por último, y como hemos visto en el resto de obtenciones de datos, aparecerá el cuadro de diálogo **Importar datos** para que podamos definir dónde y cómo queremos ver los datos:

Pulsamos **Aceptar** y los datos se incorporarán en nuestra hoja. A continuación podemos ver una pequeña muestra del resultado:

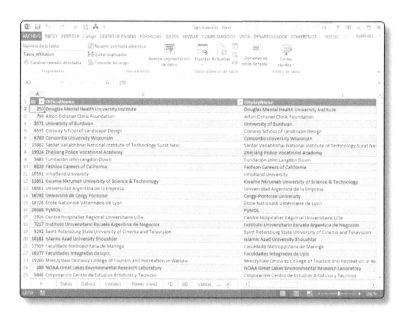

8.1.4.4 DE LA FUENTE DE DATOS ODATA

OData (*open data protocol*) es un protocolo de exposición de datos como un servicio que se basa en estándares de Internet. Es la evolución de **ADO.NET** Data Services y soluciona orígenes de datos a través de un servicio web basándose en **JSON** (*JavaSript object notation*) y utilizando acciones como **GET**, **POST**, **PUT** y **DELETE**. Puede acceder a *http://www.odata.org/* para profundizar más sobre el tema y para obtener ejemplos.

En nuestro caso, realizaremos un ejemplo utilizando como ubicación de la fuente de datos la siguiente URL: *http://services.odata.org/Northwind/Northwind.svc/*

En primer lugar haremos clic sobre la opción **De la fuente de datos ODATA** para acceder al asistente para la conexión de datos:

Una vez que aparezca el asistente, introduciremos la URL indicada en la caja de texto **Ubicación de la fuente de datos**, aceptaremos las **Credenciales de conexión** que nos propone y pulsaremos sobre el botón **Siguiente** para continuar con el siguiente paso del asistente, que consiste en seleccionar las tablas que contienen los datos que se van a importar:

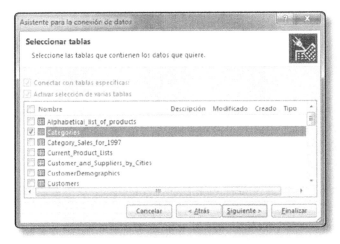

En nuestro ejemplo seleccionamos la tabla **Categories** y pulsamos sobre **Siguiente** para acceder al último paso de este asistente, en el que definiremos una descripción para la conexión y otros detalles:

Para acabar, seleccionaremos la forma y ubicación de los datos a importar como hemos visto en otros apartados; y ya habremos finalizado el proceso:

El resultado de la importación es el siguiente:

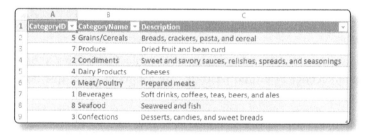

8.1.4.5 DESDE IMPORTACIÓN DE DATOS XML

La importación de datos XML permite importar datos desde ficheros XML y crear un esquema en caso de que sea necesario. Lo primero que se solicita es un archivo mediante el cuadro de diálogo **Seleccionar archivos de origen de datos**, que es idéntico a cualquier cuadro de diálogo de **Abrir ficheros**.

Si al abrir el fichero se detecta la necesidad de crear un esquema, se muestra el siguiente mensaje de advertencia:

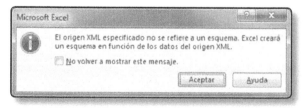

A continuación, Excel pregunta dónde se desea ubicar los datos que se van a importar:

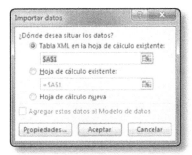

El botón **Propiedades** muestra el siguiente cuadro de diálogo, mediante el cual se pueden configurar algunos aspectos de la importación:

A continuación mostramos un ejemplo de fichero XML y su importación dentro de una hoja:

Si hacemos clic con el botón derecho del ratón sobre la tabla importada, accedemos a un menú contextual donde una de las opciones es **XML**, que permite el acceso a todas las acciones relacionadas con los datos:

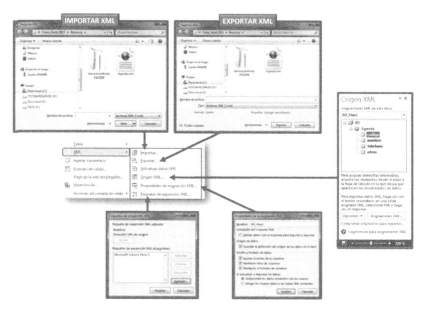

8.1.4.6 DESDE EL ASISTENTE PARA LA CONEXIÓN DE DATOS

Es posible utilizar un asistente para facilitar la definición de una conexión de datos. Cuando se invoca esta opción, se muestra un cuadro de diálogo que, a su vez, muestra los diferentes conectores que se han reconocido en el sistema. La siguiente imagen muestra un ejemplo de dicho cuadro de diálogo:

En función de la conexión seleccionada, las pantallas para la definición de dicha conexión variarán. A continuación, nos basamos en un ejemplo de conexión contra una base de datos de SQL Server para poder explicar cada uno de los pasos que la componen. A continuación, hemos de seleccionar servidor y modo de autenticación:

Seguidamente, hemos de indicar la base de datos y seleccionar la tabla asociada a la misma que deseamos tratar:

A continuación, definimos la información que se almacenará para establecer la conexión en futuras ocasiones:

Y, por último, indicamos dónde se ubicarán los datos que se van a importar:

A continuación, mostramos un ejemplo de la importación de datos resultante del ejemplo utilizado en la explicación:

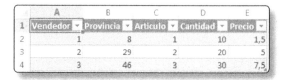

8.1.4.7 DESDE MICROSOFT QUERY

Al acceder a esta opción, nos aparece un cuadro de diálogo desde el que hemos de seleccionar el origen de datos que queremos utilizar. En nuestro caso, y siguiendo con el ejemplo en el que utilizamos una base de datos Access, seleccionaremos **MS Access Database***:

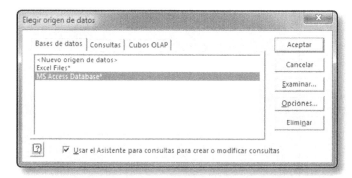

Las pestañas de **Consultas** y **Cubos OLAP** nos permitirían utilizar otros orígenes de datos que se apoyan en otros tipos de objetos (consultas y servicios OLAP de MS SQL Server).

Para la explicación utilizamos un origen de datos **MS Access Database**. En función del tipo de origen, el asistente mostrará unas pantallas u otras, pero, en general, todas permiten localizar y definir los parámetros de acceso a dichos datos.

Al pulsar sobre **Aceptar**, se abre un cuadro de diálogo para que podamos indicar dónde se halla la base de datos que queremos utilizar en la consulta:

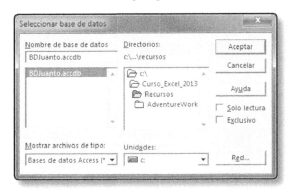

Los casilleros **Solo lectura** y **Exclusivo** indican el modo en el que se abre la base de datos y la protegen contra actualizaciones y contra el acceso por parte de otros usuarios, respectivamente.

Una vez pulsamos en **Aceptar**, hemos de indicar qué columnas deseamos recuperar en la consulta y, por tanto, qué tablas y campos hay que seleccionar.

Por ejemplo, si seleccionamos la tabla **Ventas** y pulsamos sobre el icono , estaremos indicando que queremos incluir todas las columnas que posee la tabla en la consulta.

A partir de aquí, nos quedan los siguientes pasos en el asistente de **Nueva consulta**:

OPCIÓN	COMENTARIO
Filtrar datos	Permite incluir algún criterio de selección en la consulta para filtrar el resultado.
Orden de resolución	Permite establecer un orden de presentación del resultado.
Finalizar	Indicamos qué queremos hacer con la consulta realizada a la base de datos.

Al finalizar la creación de la consulta, aparece de nuevo el cuadro de diálogo de **Importar datos** para que decidamos dónde ubicar los datos resultantes de la consulta.

A continuación, mostramos un ejemplo de la importación de datos resultante:

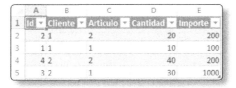

8.1.5 Conexiones existentes

Al seleccionar esta opción, se visualiza una lista de conexiones existentes en nuestro sistema y que, en definitiva, corresponden a alguna de las conexiones que hemos visto anteriormente. A la hora de filtrar las conexiones, podemos indicar si queremos visualizar solo las del libro en curso, las que se hallen en la red a la que tenemos acceso o concretamente las de este equipo. A continuación, se muestra una imagen en la que se explican las posibilidades de esta opción:

Una vez seleccionada la opción de conexión, se inicia el tratamiento que corresponde según el tipo de la misma.

8.2 CONEXIONES

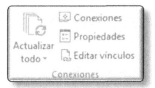

Este grupo de opciones nos permite actualizar una o todas las conexiones existentes en el libro para que podamos refrescar los datos obtenidos a través de las mismas; también nos ofrece la posibilidad de revisar sus propiedades, agregar o eliminar conexiones, editar vínculos y definir la forma en que los mantenemos y actualizamos.

8.2.1 Actualizar todo

8.2.1.1 ACTUALIZAR TODO

 Actualiza todos los datos importados de todas las fuentes existentes en el libro.

8.2.1.2 ACTUALIZAR

 Actualiza los datos correspondientes a la fuente asociada a la celda que posee el foco en el momento de ejecutar la opción.

8.2.1.3 ACTUALIZAR ESTADO

En las actualizaciones de orígenes de datos de gran tamaño aparece un mensaje en la barra de estado indicando la ejecución de la consulta. Haciendo doble clic en la misma puede comprobarse su estado.

8.2.1.4 CANCELAR ACTUALIZAR

Es posible detener una actualización de datos cuya consulta se esté ejecutando en segundo plano haciendo doble clic sobre la barra de estado que indica que se está actualizando, y haciendo clic en **Detener actualización**.

8.2.1.5 PROPIEDADES DE LA CONEXIÓN

Dependiendo del tipo de conexión, las propiedades que podremos definir variarán. Pero, en general, todas las conexiones nos permiten definir la frecuencia de actualización de los datos, y la forma en la que nos conectamos en cuanto a la autenticación, cadena de conexión y archivo de conexión a utilizar. En la siguiente imagen se muestran las dos pestañas que posee el cuadro de diálogo **Propiedades de conexión** y los posibles cuadros de diálogo asociados a sus botones:

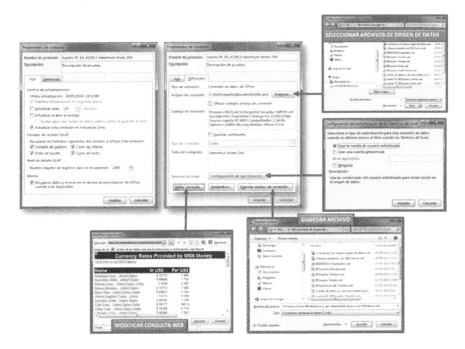

8.2.2 Conexiones

Esta opción muestra todas las conexiones de datos existentes en el libro y permite, a través del cuadro de diálogo asociado, añadir y/o eliminar conexiones, acceder a sus propiedades, actualizar los datos obtenidos a través de las mismas, etc.

El cuadro de diálogo **Conexiones del libro** es el siguiente:

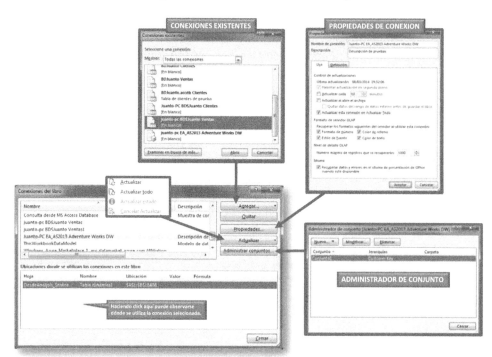

8.2.3 Propiedades

 Esta opción accede al mismo cuadro de diálogo que hemos descrito en el apartado anterior (*Propiedades de la conexión*).

8.2.4 Editar vínculos

Otra posible fuente de datos es la vinculación de celdas a celdas de otros libros de trabajo. Para vincular una celda a otra, basta con situarse sobre la celda en la que queremos realizar el vínculo (destino) e introducir la referencia a la celda de la que queremos extraer el valor (origen). Dicha referencia se introduce atendiendo los siguientes parámetros:

='Path[NombreLibro]NombreHoja'!Celda

Por ejemplo:

='C:\Excel_Avanzado2013\[articulos.xlsx]Hoja1'!$A$2

Al vincular celdas en un libro, podemos configurar algunas de sus características mediante la opción **Datos** → **Conexiones** → **Editar vínculos**, cuyo cuadro de diálogo mostramos en la siguiente imagen:

Vemos que además de mostrar todos los vínculos existentes, nos ofrece la posibilidad de preguntar o no al abrir el libro si deseamos que se actualicen los datos.

8.3 ORDENAR Y FILTRAR

Este grupo de opciones permite ordenar nuestra información por diversos criterios y aplicar filtros para poder visualizar solo aquella información que cumple unas determinadas condiciones.

Estas opciones se analizaron con detalle en el capítulo dedicado a la ficha **INICIO**, por lo que en este apartado simplemente recordaremos su funcionalidad.

8.3.1 Ordenar

Este grupo permite ordenar fácilmente de **menor a mayor** y de **mayor a menor**, simplemente seleccionando el rango que nos interesa y pulsando sobre los iconos (⬆) o (⬇) tal y como mostramos en el siguiente ejemplo:

SITUACIÓN INICIAL	A↓Z	Z↓A
K	**K**	**K**
240	240	7000
1200	1080	3600
1080	1200	2250
7000	1200	1600
2250	1600	1200
1200	2250	1200
3600	3600	1080
1600	7000	240

En el caso de querer ordenar por varios criterios, disponemos de la opción 🔲, la cual nos permite acceder al cuadro de diálogo **Ordenar**, que, tal y como hemos indicado al principio, está explicado detalladamente en el capítulo destinado a la ficha **INICIO** y cuya imagen mostramos a continuación:

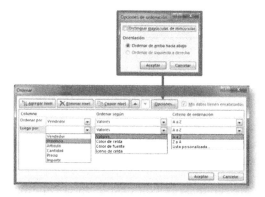

8.3.2 Filtro

Las opciones dedicadas a los filtros (o autofiltros) también están explicadas detalladamente en el capítulo dedicado a la ficha **INICIO**, pero, a modo de recordatorio, indicamos que al ejecutar esta opción se activan los filtros en el rango o columnas seleccionadas. Los filtros, en definitiva, permiten visualizar solo aquella información que cumple con determinados criterios.

Antes de aplicar filtros							
		A	B	C	D	E	F
	1	Vendedor	Provincia	Artículo	Cantidad	Precio	Importe
	2	Juan	Barcelona	Goma	300	0,8	240
	3	Juan	Madrid	Goma	1500	0,8	1200
	4	Juan	Madrid	Lapiz	900	1,2	1080
Después de aplicar filtros							
		A	B	C	D	E	F
	1	Vendedor	Provincia	Artículo	Cantidad	Precio	Importe
	2	Juan	Barcelona	Goma	300	0,8	240
	3	Juan	Madrid	Goma	1500	0,8	1200
	4	Juan	Madrid	Lapiz	900	1,2	1080

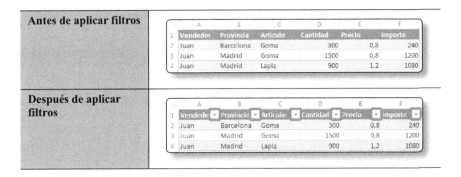

Al desplegar un filtro, nos encontramos con las siguientes opciones:

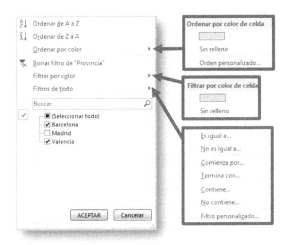

8.3.3 Borrar

 Esta opción permite borrar el filtro que se halle aplicado en el rango de datos actual y vuelve a visualizar todas las filas que se habían ocultado como consecuencia de la aplicación de los mismos.

8.3.4 Volver a aplicar

 Al seleccionar esta opción, el rango actual se vuelve a ordenar de nuevo según el criterio vigente y también se aplican los filtros que estén en uso.

8.3.5 Avanzadas

 Las opciones de filtros avanzadas permiten apoyarse en criterios más complejos que los vistos hasta ahora con los autofiltros.

Al acceder a esta opción de menú, aparece el siguiente cuadro de diálogo:

8.3.5.1 CREAR UN RANGO DE CRITERIOS

Un rango de criterios es un rango en el que se indican los criterios que van a ser utilizados por un filtro avanzado. Se definirá una columna por cada uno de los campos que participarán en el filtro y una celda por cada criterio que deba analizarse para cada campo.

El criterio se define en una celda mediante la expresión =”=**valor**”, siendo **valor** el que queremos que sea tenido en cuenta cuando se aplique el criterio. Por ejemplo, si estamos buscando todas las celdas de una columna que posean el carácter *A*, la expresión que hay que introducir en la celda que formará parte del rango de criterios será =”=**A**”.

Es posible introducir los clásicos comodines en la expresión para indicar que, en el lugar de dichos comodines, puede existir cualquier carácter (caso del interrogante [**?**]) o cualquier número de caracteres (caso del asterisco [*****]).

Por ejemplo, para preguntar por un nombre que empiece por cualquier letra, le siga una *u* y, a continuación, le siga cualquier conjunto de letras, se puede introducir la expresión =”=**?u***” (este caso resolvería *Luis*, *Juan*, *Susana*, etc.).

8.3.5.2 USAR UN RANGO DE CRITERIOS

Para utilizar un rango de criterios, bastará con indicarlo en el cuadro de diálogo comentado anteriormente para el filtro avanzado. Dicho rango se puede introducir manualmente, o bien haciendo clic sobre el campo **Rango de criterios** y, a continuación, realizando la selección del rango que contiene los criterios sobre la propia hoja de cálculo.

8.3.5.3 USAR CRITERIOS DE COMPARACIÓN

Es posible definir diversos criterios sobre diversos campos. Tal y como se ha indicado anteriormente, definiremos una columna por cada uno de los campos que participen en los criterios.

Cuando se necesita más de un criterio, debemos plantearnos si dichos criterios han de cumplirse simultáneamente o basta con que se cumpla cualquiera de los mismos. Es decir, hemos de pensar si los criterios se conectan con **Y** o con **O**.

Recordatorio:

Y	Cada uno de los criterios conectados con **Y** deben cumplirse para que el resultado sea **VERDADERO**.
O	Si los criterios se conectan con **O**, será **VERDADERO** siempre que se cumpla cualquiera de ellos.

La forma más sencilla de entender cómo se relacionan los criterios es pensar que todos los criterios que se especifican en una misma fila se unen con el conector **Y**, y, por tanto, todos deben cumplirse para que el resultado de la comparación sea **VERDADERO**.

Los criterios que se hallen en filas distintas se conectarán con **O**, lo cual significa que el resultado será verdadero siempre que se cumpla cualquiera de los criterios.

Vamos a utilizar la siguiente tabla para explicar el funcionamiento de dichos criterios.

	A	B	C	D	E	F
1	**Vendedor**	**VentasT1**	**VentasT2**	**VentasT3**	**VentasT4**	**Total**
2	Juan	1.100	2.300	1.800	2.100	7.300
3	Jordi	2.300	1.100	2.300	1.650	7.350
4	Xavi	1.800	2.300	2.100	1.800	8.000
5	Rafa	2.100	1.800	1.600	1.100	6.600
6	Santi	1.900	2.100	1.100	2.300	7.400

El siguiente ejemplo muestra un filtro basado en un criterio simple y que selecciona aquellas filas donde los valores correspondientes a la columna con el encabezado **VentasT1** sean **iguales** o **mayores** a **1800**:

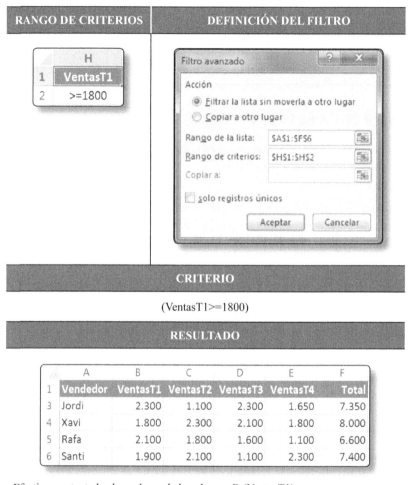

RANGO DE CRITERIOS	DEFINICIÓN DEL FILTRO

	H
1	VentasT1
2	>=1800

CRITERIO

(VentasT1>=1800)

RESULTADO

	A	B	C	D	E	F
1	Vendedor	VentasT1	VentasT2	VentasT3	VentasT4	Total
3	Jordi	2.300	1.100	2.300	1.650	7.350
4	Xavi	1.800	2.300	2.100	1.800	8.000
5	Rafa	2.100	1.800	1.600	1.100	6.600
6	Santi	1.900	2.100	1.100	2.300	7.400

Efectivamente, todos los valores de la columna B (VentasT1) son mayores o iguales a 1.800.

El siguiente ejemplo utiliza un criterio compuesto en el que se usan dos criterios conectados con el conector **O**, lo que significa que para seleccionar una fila, esta debe cumplir cualquiera de los criterios indicados. Es decir, **O** cumple un criterio **O** cumple otro. En nuestro caso, seleccionaremos filas con unas **VentasT1 mayores** o **iguales** a **2100** o con unas **VentasT2 mayores** o **iguales** a **2300**:

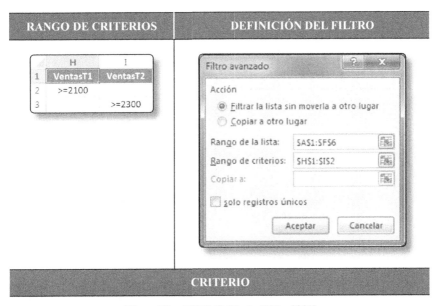

| RANGO DE CRITERIOS | DEFINICIÓN DEL FILTRO |

CRITERIO

(VentasT1>=2100) O (VentasT2 >=2300)

RESULTADO

Al estar los criterios en filas distintas, se conectarán con **O**.

	A	B	C	D	E	F
1	**Vendedor**	**VentasT1**	**VentasT2**	**VentasT3**	**VentasT4**	**Total**
2	Juan	1.100	2.300	1.800	2.100	7.300
3	Jordi	2.300	1.100	2.300	1.650	7.350
4	Xavi	1.800	2.300	2.100	1.800	8.000
5	Rafa	2.100	1.800	1.600	1.100	6.600

Se cumple que todos los valores de la columna B (VentasT1) son mayores o iguales a 2100, o que los valores de la columna C (VentasT2) son mayores o iguales a 2300.

A continuación, mostramos un criterio compuesto por 2 criterios que necesariamente deben cumplirse simultáneamente. Es decir, una fila será seleccionada cuando cumple el primer criterio **Y** cuando cumple el segundo al mismo tiempo. El ejemplo seleccionará filas cuyas **VentasT1** sean **mayores** o **iguales** a **1800** y cuyas **VentasT2** sean **mayores** o **iguales** a **2300**:

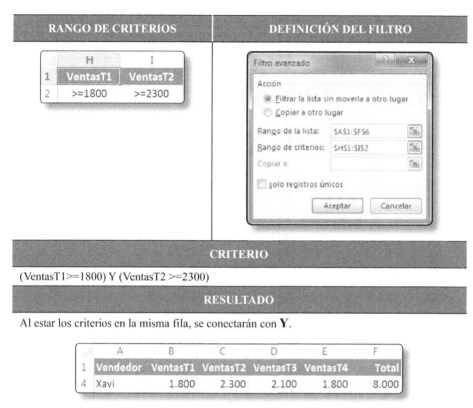

RANGO DE CRITERIOS	DEFINICIÓN DEL FILTRO

	H	I
1	VentasT1	VentasT2
2	>=1800	>=2300

CRITERIO

(VentasT1>=1800) Y (VentasT2 >=2300)

RESULTADO

Al estar los criterios en la misma fila, se conectarán con **Y**.

	A	B	C	D	E	F
1	Vendedor	VentasT1	VentasT2	VentasT3	VentasT4	Total
4	Xavi	1.800	2.300	2.100	1.800	8.000

Vemos que solo Xavi cumple con ambos criterios simultáneamente.

El rango de criterios puede albergar criterios complejos conectando criterios con **O** e **Y** según se necesite. Veamos algunos ejemplos más complejos:

RANGO DE CRITERIOS	CRITERIO APLICADO
H: VentasT1 >=1100 / I: VentasT1 <=1800	**(VentasT1>=1100) Y (VentasT1 <=1800)**
H: VentasT1 >=1100, >=1900 / I: VentasT1 <=1800, <=2100	**((VentasT1>=1100) Y (VentasT1 <=1800))** **O** **((VentasT1>=1900) Y (VentasT1 <=2100))**
H: VentasT1 >=1100 / I: VentasT1 <=1800 / J: VentasT2 >=1900 / K: VentasT2 <=2100	**((VentasT1>=1100) Y (VentasT1 <=1800))** **O** **((VentasT2>=1900) Y (VentasT2 <=2100))**

8.4 HERRAMIENTAS DE DATOS

Este grupo de opciones contiene herramientas de gran utilidad, ya que nos permite dar forma a un conjunto de datos troceándolos en columnas, eliminando datos duplicados, incorporando filtros que impiden la entrada de datos que no cumplen un determinado formato, etc.

8.4.1 Texto en columnas

Esta opción es muy útil cuando disponemos de un texto que queremos trocear en columnas y que se basa en filas donde los campos o partes a trocear poseen una longitud fija, o bien están separados entre sí por algún carácter fácilmente identificable.

Para probar esta opción podemos pegar un texto de las características comentadas directamente sobre la hoja en curso, o bien, utilizar un fichero de texto que contenga el texto a tratar.

En el apartado *Obtener datos externos* pudimos ver el asistente que aparece al pulsar sobre esta opción y sus respectivos pasos cuando comentamos la obtención de datos **Desde texto**. Por tanto, recomendamos revisar este apartado para ver más detalladamente dichos pasos. No obstante, a continuación hacemos un pequeño recordatorio mostrando muy brevemente cómo podemos conseguir una serie de columnas a partir de un texto determinado.

Supongamos que disponemos de un texto que copiamos directamente sobre nuestra hoja de la siguiente manera:

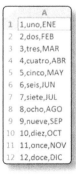

A partir de aquí, lo que nos interesaría sería poder separar el contenido de cada celda de forma que en una columna quedaran los valores numéricos, en otra los nombres de los números y en la tercera las abreviaciones de los meses.

Para conseguirlo, bastará con seleccionar la columna o el rango que contiene los datos y pulsar sobre la opción **Texto en columnas**, dando paso a un asistente que consta de 3 pasos que son:

1	**Selección de separación** por delimitador o porque nuestros datos poseen un ancho fijo.
2	Si **seleccionamos** que la separación sea por **delimitador,** se solicitará el separador a utilizar, de forma que, una vez lo hayamos seleccionado, en la vista previa empezaremos a ver cómo van a quedar nuestras columnas. Si seleccionamos la opción **De ancho fijo,** tendremos que insertar líneas manualmente para delimitar el tamaño de cada columna.
3	Por último, **aplicaremos** un **formato** a cada **columna.**

En nuestro ejemplo usaremos la opción de **Delimitados** usando la coma (,) como carácter separador y aceptaremos el formato que nos propone por defecto para cada columna.

La secuencia sería la siguiente:

1. SELECCIÓN DE RANGO	2. EJECUCIÓN DE LA OPCIÓN
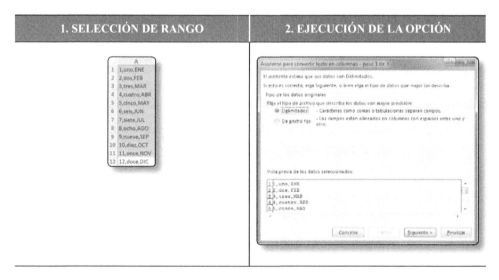	

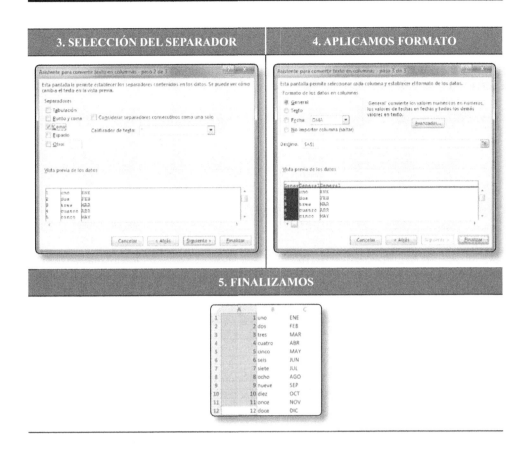

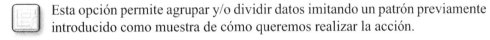

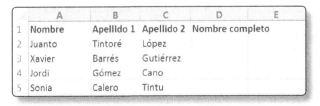

8.4.2 Relleno rápido

Esta opción permite agrupar y/o dividir datos imitando un patrón previamente introducido como muestra de cómo queremos realizar la acción.

Supongamos que tenemos una hoja con los nombres y apellidos de ciertas personas y lo que queremos es unir dichas informaciones para obtener un nombre completo de cada una de las mismas. La hoja podría tener un aspecto como el siguiente:

	A	B	C	D	E
1	Nombre	Apellido 1	Apellido 2	Nombre completo	
2	Juanto	Tintoré	López		
3	Xavier	Barrés	Gutiérrez		
4	Jordi	Gómez	Cano		
5	Sonia	Calero	Tintu		

Para obtener el nombre completo de todas las personas, bastará con introducir el modelo de cómo queremos unir las partículas para conseguirlo y seguidamente pulsar sobre la opción **Relleno rápido** (o simplemente la combinación de teclas **CTRL + E**) de la siguiente manera:

Introducimos el modelo					
	A	B	C	D	E
1	Nombre	Apellido 1	Apellido 2	Nombre completo	
2	Juanto	Tintoré	López	Tintoré López Juanto	
3	Xavier	Barrés	Gutiérrez		
4	Jordi	Gómez	Cano		
5	Sonia	Calero	Tintu		

Pulsamos sobre Relleno rápido					
	A	B	C	D	E
1	Nombre	Apellido 1	Apellido 2	Nombre completo	
2	Juanto	Tintoré	López	Tintoré López Juanto	
3	Xavier	Barrés	Gutiérrez	Barrés Gutiérrez Xavier	
4	Jordi	Gómez	Cano	Gómez Cano Jordi	
5	Sonia	Calero	Tintu	Calero Tintu Sonia	

Observaremos que aparece un pequeño icono (⊞) con una flechita mediante el que podemos afinar el acabado del relleno deshaciendo o aceptando el relleno producido y seleccionando las celdas que se han modificado. Las opciones asociadas a este icono se pueden ver a continuación:

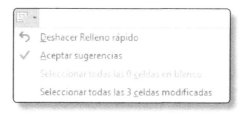

También podemos usar **Relleno rápido** para dividir un texto de forma similar a la descrita para la unión. Supongamos el caso contrario al ejemplo anterior, en el que disponemos de un nombre completo y lo que queremos es descomponerlo en partes. Lo que haremos es indicar la partícula que queremos separar de todo el nombre y a continuación pulsar sobre **Relleno rápido** para aplicar la acción sobre el resto de filas del rango en el que se halla la celda, tal y como podemos ver a continuación:

8.4.3 Quitar duplicados

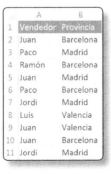 La opción de **Quitar duplicados** resulta útil cuando nos encontramos con valores repetidos y lo que queremos conseguir es una lista de valores únicos. Para determinar si una fila contiene valores repetidos o no, podemos considerar una o varias columnas.

A continuación, mostramos una lista en la que aparecen vendedores y provincias representando los lugares donde cada vendedor ha realizado alguna venta:

	A	B
1	Vendedor	Provincia
2	Juan	Barcelona
3	Paco	Madrid
4	Ramón	Barcelona
5	Juan	Madrid
6	Paco	Barcelona
7	Jordi	Madrid
8	Luis	Valencia
9	Juan	Valencia
10	Juan	Barcelona
11	Jordi	Madrid

Si lo que quisiéramos averiguar es cuántos vendedores diferentes han realizado alguna venta con independencia de dónde ha sido realizada, lo ideal sería seleccionar el rango que contiene los vendedores y aplicar la opción **Quitar duplicados**, tal y como se muestra a continuación:

SELECCIONAMOS	PULSAMOS SOBRE QUITAR DUPLICADOS
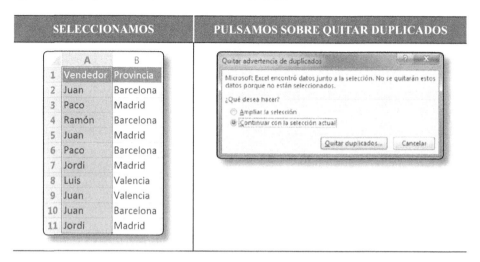	

Tal y como puede observarse, el cuadro de diálogo que aparece nos ofrece la opción de **Ampliar la selección**, ya que ha detectado que existen datos junto a los seleccionados y considera que tal vez estos pudieran estar asociados también. En este ejemplo seleccionaremos **Continuar con la selección actual** y accederemos al cuadro de diálogo **Quitar duplicados**, que se muestra a continuación:

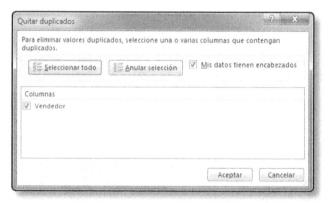

En este cuadro podemos elegir si **Mis datos tienen encabezados** o no, y, también, seleccionar las columnas que queremos considerar para determinar si una fila del rango seleccionado se considera duplicada o no. En este caso, al haber seleccionado solo una columna vemos que solo aparece la columna **Vendedor**.

Los botones de **Seleccionar todo** y **Anular selección** permitirían seleccionar o deseleccionar respectivamente todas las columnas existentes en el rango seleccionado. Al pulsar **Aceptar**, se eliminan los valores duplicados y se dejan solo los valores únicos, mostrando un mensaje que indica el resultado de la operación, tal y como vemos a continuación:

MENSAJE QUE INDICA EL RESULTADO	RESULTADO FINAL
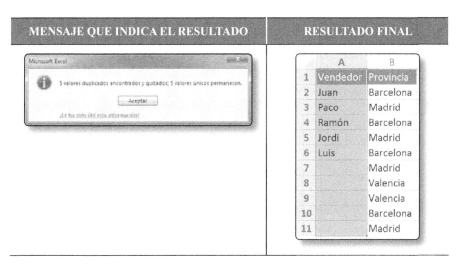	

Si lo que queremos es averiguar en cuántas provincias ha vendido cada vendedor y eliminar aquellas parejas en las que el vendedor y la provincia sean idénticas, en ese caso, la selección del rango ha de incluir ambas columnas y, en el cuadro de diálogo, tendremos que seleccionar ambas columnas. Veamos la siguiente secuencia:

MENSAJE QUE INDICA EL RESULTADO	RESULTADO FINAL
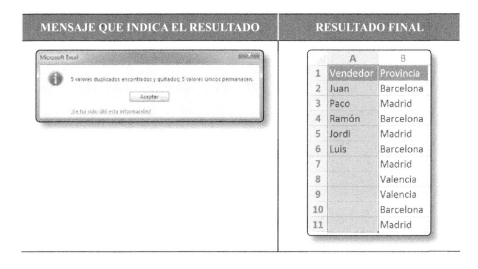	

Selección	
Quitar duplicados	
Seleccionamos ambas columnas y pulsamos en Aceptar	
Resultado	

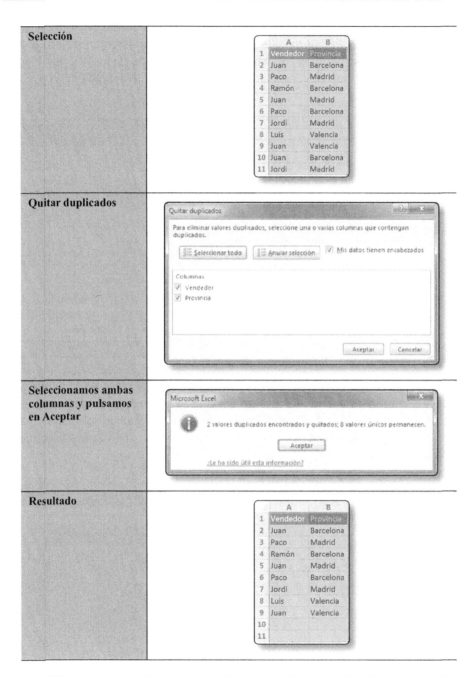

Tal y como podemos comprobar, han desaparecido las parejas **Juan-Barcelona** y **Jordi-Madrid** porque estaban duplicadas en el rango inicial.

8.4.4 Validación de datos

La validación de datos permite establecer reglas para depurar las entradas en las celdas y también resaltar o no aquellas celdas que posean datos erróneos que se hayan introducido con anterioridad a la aplicación de la regla.

8.4.4.1 VALIDACIÓN DE DATOS

 Las validaciones permiten depurar la entrada de datos en las celdas sobre las que se aplican.

La siguiente imagen muestra el cuadro de diálogo **Validación de datos**, que aparece al seleccionar esta opción:

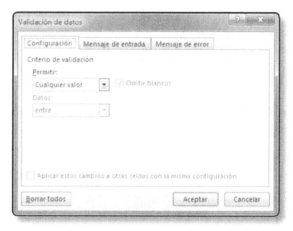

Los tipos de dato válidos entre los que se puede escoger son:

TIPO DE DATOS	COMENTARIO
Números	Se puede indicar que el número sea entero o decimal. Así mismo, se puede indicar que el número esté incluido o excluido en un determinado rango, o bien se puede utilizar una fórmula para validarlo.
Fechas y horas	Ídem pero para fechas.
Longitud	Se puede definir un mínimo o un máximo de caracteres.
Lista de valores	La validación se apoya en una lista de valores previamente definida.
Personalizada	Puede basar la validación utilizando una fórmula.

El siguiente ejemplo muestra las definiciones asociadas a la validación de un número entero comprendido entre 10 y 50 (ambos inclusive):

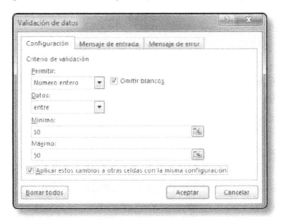

El *check* **Omitir blancos** permite introducir cualquier valor durante la validación de datos, si los valores permitidos se basan en un rango de celdas con nombre definido y en el mismo existen celdas vacías (o nulas).

También es posible aplicar un cambio realizado a una celda a otras que posean la misma configuración de la validación activando la casilla **Aplicar estos cambios a otras celdas con la misma configuración**.

Es posible visualizar un mensaje cuando el cursor se sitúe sobre la celda ayudando a concretar qué tipo de valores, y otros detalles, deben introducirse en la misma.

Para ello, seleccionaremos la pestaña **Mensaje de entrada**:

Vemos que el mensaje consta de un título y de un cuerpo. El resultado tiene un aspecto como el que se muestra en la siguiente imagen:

8.4.4.1.1 Validar datos usando una lista

Para validar una entrada en función de una lista, en primer lugar se ha de seleccionar el tipo **Lista** del desplegable correspondiente al campo **Permitir**:

A continuación, se ha de especificar en el siguiente campo cuáles son los valores que contiene la lista:

El origen puede ser un rango de una sola dimensión (fila o columna), como, por ejemplo, **$G$2:$G$4**, o bien una serie de valores separados por punto y coma (;), como, por ejemplo, A;B;C.

Tras la aplicación de la validación, cada vez que el cursor acceda a una celda que posea dicha validación, aparecerá una flechita indicando que posee una lista de valores asociada, tal y como se muestra en el siguiente ejemplo:

Para seleccionar un valor, basta con hacer clic sobre la flecha, desplegar la lista de valores y seleccionar el valor deseado. Si lo preferimos, podemos validar el dato sin necesidad de mostrar la lista asociada. Para ello, basta con desmarcar la casilla **Celda con lista desplegable**:

8.4.4.1.2 Criterios de validación

Los criterios de validación pueden solicitar más o menos datos, según su funcionamiento, y son los siguientes:

CRITERIO DE VALIDACIÓN	COMENTARIO
Cualquier valor	Permite introducir cualquier valor.
Número entero	Permite la introducción de números enteros que cumplan con el criterio seleccionado en el apartado **Datos**.

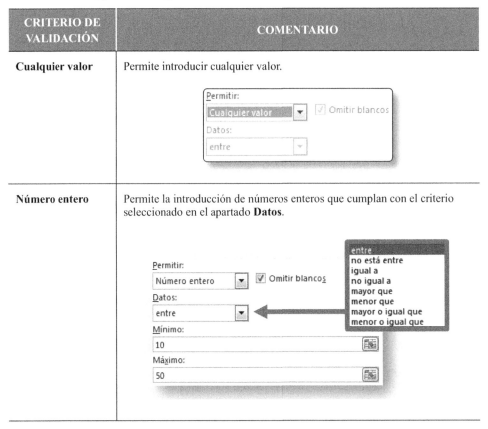

Decimal	Permite la introducción de valores decimales que cumplan con el criterio seleccionado en el apartado **Datos**. 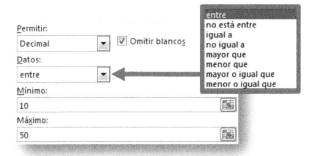
Lista	Permite introducir valores que estén definidos mediante el parámetro **Origen**. 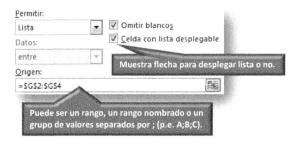
Fecha	Permite introducir fechas que cumplan con el criterio seleccionado en el apartado **Datos**. 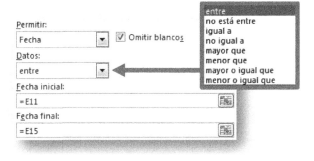

Hora	Permite introducir horas que cumplan con el criterio seleccionado en el apartado **Datos**. 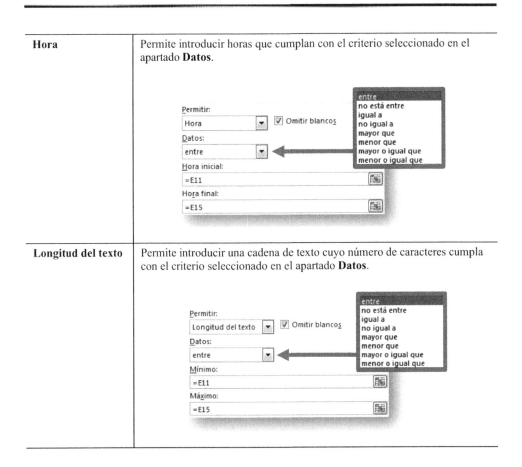
Longitud del texto	Permite introducir una cadena de texto cuyo número de caracteres cumpla con el criterio seleccionado en el apartado **Datos**.

8.4.4.1.3 Crear un mensaje de error personalizado

También es posible definir un mensaje de error en caso de que el valor introducido no cumpla con la validación impuesta sobre la celda. Dicho mensaje de error se define en la pestaña **Mensaje de error**.

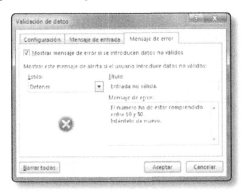

De forma similar a la descrita para el Mensaje de entrada, esta pestaña permite definir un título y un mensaje para el error y, además, un icono (estilo) entre los que se describen a continuación:

ICONO	SIGNIFICADO
	Detener
	Información
	Advertencia

El resultado del error en pantalla es el siguiente:

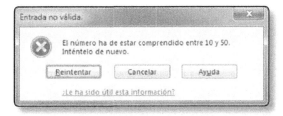

8.4.4.1.4 Eliminar la validación de datos

Para eliminar dicha validación, basta con pulsar el botón **Borrar todos** en el siguiente cuadro de diálogo:

8.4.4.2 RODEAR CON UN CÍRCULO DATOS NO VÁLIDOS

Es posible que, tras asociar una validación de datos a un determinado rango, nos interese destacar qué celdas no cumplen con el criterio de validación, para actuar en consecuencia. Para ello, podemos seleccionar la opción **Rodear con un círculo datos no válidos**.

Por ejemplo, si aplicamos una validación de datos que implique permitir números enteros comprendidos entre 10 y 50 sobre un rango que contiene textos y fechas, podemos resaltar las celdas que no cumplen con la validación y obtener el siguiente resultado:

8.4.4.3 BORRAR CÍRCULOS DE VALIDACIÓN

Esta opción permite eliminar los círculos que han aparecido en el ejemplo anterior al ejecutar la opción de **Rodear con un círculo datos no válidos** después de aplicar una validación a un rango que contenía valores no válidos.

8.4.5 Consolidar

La consolidación de datos nos permite combinar, en una determinada hoja, datos procedentes de diversas hojas pudiendo escoger una función para que dichos datos se sumen, promedien, cuenten, etc.

Esta opción es muy útil cuando se dispone de hojas con informaciones idénticas en cuanto a estructuras o contenido, como pueden ser las ventas realizadas por representantes en un período de tiempo, o los gastos registrados en unos centros de trabajo con idénticos conceptos, etc.

La idea es que la consolidación se produzca en una hoja "resumen" en la que se hace referencia a otras hojas o libros que contienen los datos a combinar.

Básicamente, la consolidación puede hacerse por posición o por categoría. La consolidación por posición se produce cuando las hojas a combinar poseen una estructura idéntica y los valores se hallan siempre en las mismas posiciones. La consolidación por categoría tiene en cuenta los rótulos de los datos de forma que los valores se agrupan atendiendo a los mismos.

A continuación, mostramos un ejemplo en el que se realiza una consolidación por categoría unificando en un libro resumen las ventas de artículos realizadas por dos vendedores diferentes.

Partimos de 2 libros de trabajo en los que disponemos de una hoja con las ventas de artículos de los vendedores 01 (V_201401.xlsx) y 02 (V_201402.xlsx) respectivamente. Su contenido es el siguiente:

V_201401.XLSX					V_201402.XLSX			
	A	B	C	D		A	B	C	D
1	Producto	ENE	FEB	MAR	1	Producto	ENE	FEB	MAR
2	Lápiz	10	20	30	2	Lápiz	1000	2000	3000
3	Goma	11	21	31	3	Folios	1100	2100	3100
4	Folios	12	22	32	4	Grapadora	1200	2200	3200
					5	Papelera	1300	2300	3300

Supongamos que necesitamos fabricar un libro resumen (**V_RESUMEN. xlsx**) en el que se consoliden las ventas de los 2 vendedores. Los importes se han introducido de forma que al ser combinados en la hoja resumen podamos distinguir claramente su procedencia.

Así pues, el primer paso será crear un nuevo libro denominado **V_ RESUMEN.xlsx** y colocar el cursor (por ejemplo) en la celda **A1**. En este punto, pulsaremos sobre la opción **Consolidar** y aparecerá el siguiente cuadro de diálogo:

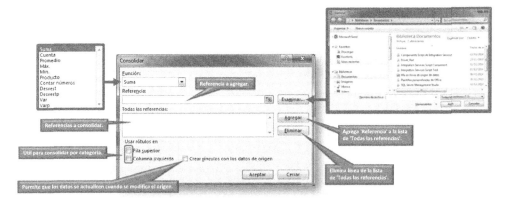

A partir de este momento iremos introduciendo, en el campo **Referencia**, los rangos que queremos consolidar en el resumen. Para ello, lo más fácil será que abramos los libros que contienen la información a consolidar para que podamos marcar el rango que nos interese utilizando la opción de contraer cuadro de diálogo (📑) para acudir a nuestro primer libro (**V_201401.xlsx**) y seleccionar el rango **A1:D4**, tal y como se muestra a continuación:

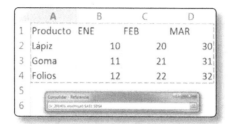

Una vez seleccionado el rango, volveremos a maximizar el cuadro de diálogo pulsando sobre el botón (📑) y a continuación pulsamos sobre **Agregar** para que la **Referencia** pase a formar parte de la lista de **Todas las referencias**. Repetimos la acción para agregar los datos del libro **V_201402.xlsx** y obtendremos la siguiente definición:

La función a utilizar será la función **Suma**. Marcaremos los casilleros de **Usar rótulos** tanto en la **Fila superior** como en la **Columna izquierda**, puesto que los rangos contienen los rótulos y además los necesitamos para determinar las coordenadas de los valores; también marcaremos el casillero de **Crear vínculos con los datos de origen** para que al modificar cualquier valor en los libros "origen" se modifique también el acumulado en el resumen. Al pulsar sobre el botón **Aceptar** obtendremos el siguiente resultado:

		A	B	C	D	E
	1			ENE	FEB	MAR
+	4	Lápiz		1010	2020	3030
+	6	Goma		11	21	31
+	9	Folios		1112	2122	3132
+	11	Grapadora		1200	2200	3200
+	13	Papelera		1300	2300	3300

Podemos comprobar que, efectivamente, se han sumado los valores de cada artículo de cada libro atendiendo a los rótulos asociados. Podemos observar que aparecen unos botones con los símbolos 1 y 2 y también con los signos + y –, que nos permiten mostrar los datos agrupados o detallados, y nos permiten también expandir una agrupación simplemente pulsando sobre el botón que nos interese:

VISTA EXPANDIDA PARCIALMENTE	VISTA EXPANDIDA TOTALMENTE

	A	B	C	D	E
1			ENE	FEB	MAR
4	Lápiz		1010	2020	3030
6	Goma		11	21	31
7		V_201401	12	22	32
8		V_201402	1100	2100	3100
9	Folios		1112	2122	3132
11	Grapadora		1200	2200	3200
12		V_201402	1300	2300	3300
13	Papelera		1300	2300	3300

	A	B	C	D	E
1			ENE	FEB	MAR
2		V_201401	10	20	30
3		V_201402	1000	2000	3000
4	Lápiz		1010	2020	3030
5		V_201401	11	21	31
6	Goma		11	21	31
7		V_201401	12	22	32
8		V_201402	1100	2100	3100
9	Folios		1112	2122	3132
10		V_201402	1200	2200	3200
11	Grapadora		1200	2200	3200
12		V_201402	1300	2300	3300
13	Papelera		1300	2300	3300

8.4.6 Análisis de hipótesis

Los análisis de hipótesis nos permiten probar con diferentes conjuntos de valores y poder analizar así los posibles resultados que obtendríamos variando algunos escenarios. Por ejemplo, si queremos cuantificar ciertas inversiones a partir de unos determinados ingresos, podemos plantear diversos escenarios de partida y observar los diferentes resultados de cada uno de los mismos.

También son útiles para averiguar, a partir de un resultado, qué valores podemos utilizar para conseguirlo.

A continuación mostraremos algunas herramientas que podemos utilizar para estos casos.

8.4.6.1 ADMINISTRADOR DE ESCENARIOS

8.4.6.1.1 ¿Qué es un escenario?

Un escenario es un conjunto de valores que pueden ser almacenados en MS Excel para permitir la comparación de diferentes situaciones basadas en los mismos cálculos, pero con diferentes valores. Los escenarios también forman parte del grupo de herramientas de análisis denominadas **Y si**, y están orientados al análisis de los resultados a partir de unos valores de entrada.

8.4.6.1.2 Crear un escenario

Una vez que hayamos creado la hoja con los valores y fórmulas que nos puedan interesar, accederemos a la opción **Administrador de escenarios** y nos encontraremos con el cuadro de diálogo mediante el que podremos realizar las diferentes opciones que se hallan previstas en el manejo de escenarios.

Supongamos que disponemos de la siguiente hoja de cálculo con los siguientes valores y fórmulas:

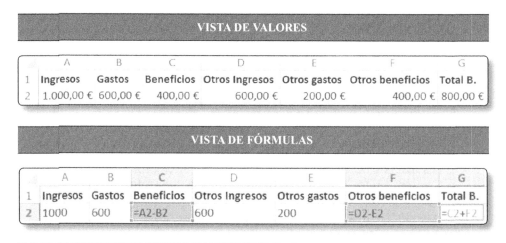

Pulsamos sobre la opción de **Administrador de escenarios** y aparece el siguiente cuadro de diálogo:

Como vemos, no disponemos todavía de ningún escenario, por tanto, algunos botones y cajas de texto están deshabilitados. Para crear nuestro primer escenario, pulsaremos sobre el botón **Agregar**, dando paso al cuadro de diálogo **Modificar escenario**, mediante el cual definiremos, fundamentalmente, el nombre que vamos a dar al escenario y las celdas que pueden cambiar en el mismo; de la siguiente manera:

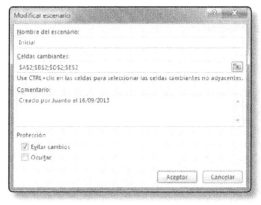

Al pulsar sobre **Aceptar**, aparece otro cuadro de diálogo en el que se solicitan los valores correspondientes a las celdas cambiantes para este escenario:

En esta ocasión se proponen los valores que habíamos introducido originalmente antes de crear el escenario, pero podemos variarlos si así lo deseamos. Si queremos crear más escenarios, podemos pulsar sobre el botón **Agregar** y, de nuevo, volveremos al cuadro de diálogo inicial para que indiquemos un nuevo nombre y el resto de parámetros previstos de forma que, al **Aceptar**, de nuevo volverá a aparecer este cuadro de valores para que introduzcamos los valores para el nuevo escenario. En nuestro ejemplo vamos a crear un par de escenarios más denominados **Optimista** y **Pesimista**:

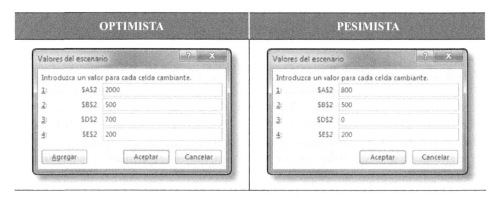

En este punto tenemos tres escenarios creados, tal y como puede observarse en el diálogo principal del **Administrador de escenarios**:

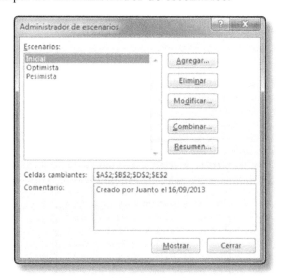

Ahora vemos que se han habilitado los botones de **Eliminar**, **Modificar**, **Resumen** y **Mostrar**. En resumen, además de **Agregar** podemos realizar alguna de las siguientes acciones:

ACCIÓN	COMENTARIO
Eliminar	Elimina el escenario previamente seleccionado en la lista de escenarios.
Modificar	Invoca al cuadro de diálogo **Modificar escenario** que hemos visto durante la creación de los escenarios: 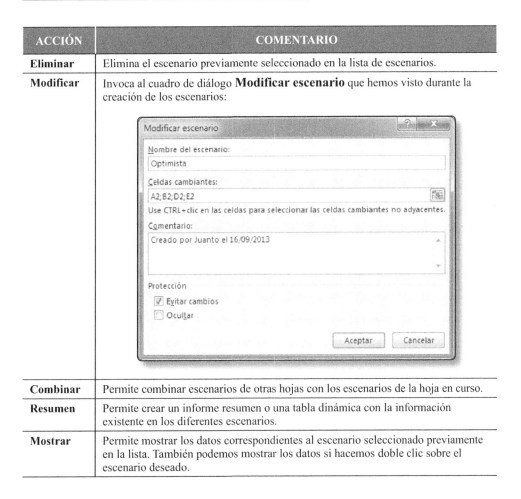
Combinar	Permite combinar escenarios de otras hojas con los escenarios de la hoja en curso.
Resumen	Permite crear un informe resumen o una tabla dinámica con la información existente en los diferentes escenarios.
Mostrar	Permite mostrar los datos correspondientes al escenario seleccionado previamente en la lista. También podemos mostrar los datos si hacemos doble clic sobre el escenario deseado.

8.4.6.1.3 Combinar escenarios

Es posible combinar escenarios en la hoja sobre la que se está trabajando, de forma que, al utilizar otros escenarios, las celdas cambiantes asumirán los valores que se hallen definidos en los otros escenarios. Una vez combinados los escenarios, observaremos que estos forman parte de la lista de escenarios que podemos utilizar en nuestra hoja.

Al pulsar sobre el botón **Combinar** aparece el cuadro de diálogo **Combinar escenarios**, mediante el cual, desplegando la lista de valores asociada al campo **Libro**, podemos seleccionar el libro a utilizar, y, una vez seleccionado el libro, seleccionar también la hoja del mismo que contiene los escenarios:

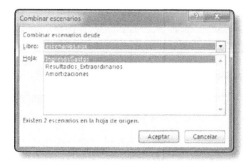

Una vez seleccionado el libro y la hoja, los escenarios pasan a formar parte de la lista de escenarios a utilizar. En nuestro ejemplo hemos incorporado los escenarios **Cuadro** y **Cinco**, correspondientes a la hoja **IngresosGastos** del libro **escenarios. xlsx**:

8.4.6.1.4 Crear un informe de resumen del escenario

Es posible resumir la información existente en los diversos escenarios que tengamos definidos en una hoja.

Al pulsar sobre el botón **Resumen**, aparece un cuadro de diálogo mediante el cual podemos indicar si queremos fabricar un informe **Resumen**, o bien un **Informe de tabla dinámica de escenario**. Una vez seleccionado el tipo de informe que se desea, indicaremos cuáles son las celdas que contienen los resultados y pulsaremos sobre **Aceptar**.

8.4.6.1.5 Muestra para tipo informe Resumen

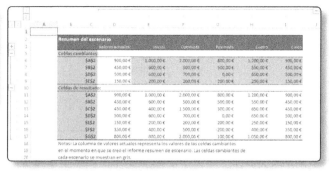

8.4.6.1.6 Muestra para tipo Informe de tabla dinámica de escenario

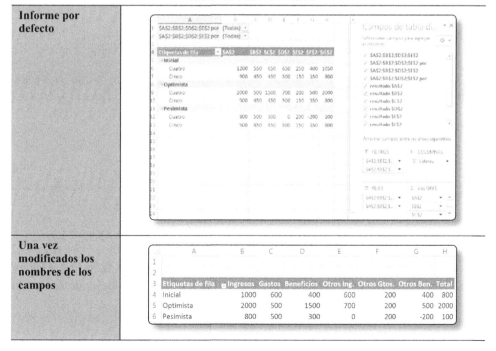

| Informe por defecto | |

| Una vez modificados los nombres de los campos | |

Etiquetas de fila	Ingresos	Gastos	Beneficios	Otros Ing.	Otros Gtos.	Otros Ben.	Total
Inicial	1000	600	400	600	200	400	800
Optimista	2000	500	1500	700	200	500	2000
Pesimista	800	500	300	0	200	-200	100

8.4.6.1.7 Evitar cambios en un escenario

Para evitar cambios en un escenario, hemos de acceder al cuadro de diálogo **Agregar escenario** (en la creación de un escenario), o a **Modificar escenario** (desde el **Administrador de escenarios**) y marcar alguno de los siguientes campos según nos interese:

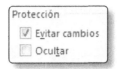

La opción **Evitar cambios** evitará que un escenario se pueda modificar, y la opción **Ocultar** no mostrará el escenario en la lista de escenarios si la hoja está protegida.

Ambas características tendrán efecto si la hoja está protegida.

8.4.6.2 BUSCAR OBJETIVO

Buscar objetivo es otra de las herramientas denominadas **herramientas de análisis Y si**.

En este caso, **Buscar objetivo** trata de localizar cuál es el valor de entrada que puede producir un determinado resultado.

Buscar un resultado específico de una celda ajustando el valor de otra celda

Supongamos que disponemos de una hoja de cálculo en la que queremos averiguar cuál será la base que, aplicándole un determinado IVA (21), nos proporciona un importe de factura concreto.

La hoja podría contener los siguientes datos y fórmulas:

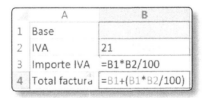

Se trata, pues, de averiguar un valor para la celda **B1** (Base) que cumpla con las fórmulas indicadas, de tal manera que podamos obtener el importe de la factura que conocemos.

Si el importe de nuestra factura es de **121 €**, podemos invocar el cuadro de diálogo **Buscar objetivo** y definir los siguientes valores:

Una vez indicamos **Aceptar**, Excel empezará a buscar un valor que nos dé el resultado que conocemos y, cuando lo haya encontrado, mostrará un cuadro de diálogo con el resultado. Los cuadros de diálogo resultantes son:

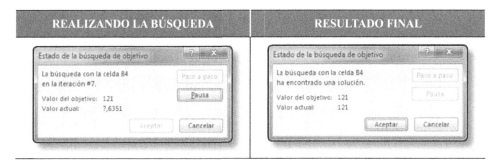

Si aceptamos, el valor hallado se instalará en la celda que queríamos rellenar y la hoja quedará con el siguiente aspecto:

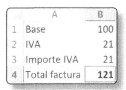

	A	B
1	Base	100
2	IVA	21
3	Importe IVA	21
4	Total factura	**121**

8.4.6.3 TABLA DE DATOS

Una tabla de datos es un rango de celdas que permite analizar diferentes resultados al cambiar una o dos variables en alguna de las fórmulas que se utilizan.

Las tablas de datos forman parte del conjunto de herramientas denominadas **herramientas de análisis Y si**.

Las tablas, al igual que los escenarios, determinan posibles resultados a partir de una serie de valores de entrada.

8.4.6.3.1 Crear una tabla de datos de una variable

Para la creación de una tabla de datos de una variable, hemos de colocar los valores que puedan utilizarse en dicha variable en una única columna o fila.

Por ejemplo, supongamos que disponemos de una fórmula que nos permite calcular la longitud de una circunferencia a partir de una variable (B2->radio), tal que:

Podemos crear una tabla de una variable para determinar las longitudes diferentes que obtendríamos a partir de diferentes radios. Para ello, realizaremos los siguientes pasos:

1. Introduciremos los diferentes valores a utilizar en un rango (A6:A11).

2. Seguidamente, en la esquina superior derecha del rango que contendrá la tabla, insertaremos una referencia a la celda que contiene la fórmula (en B5 insertaremos '=B3').

3. A continuación, seleccionaremos el rango que contendrá la tabla de una variable.

4. Accederemos a la opción **Tabla de datos**, que estamos analizando en este apartado.

   El cuadro de diálogo que aparece es el siguiente:

   A continuación, introduciremos en el campo **Celda de entrada (columna)** la celda que contiene la variable en la fórmula que queremos utilizar con diferentes valores (**$B$2**).

5. Al **Aceptar** veremos un resultado para cada uno de los valores indicados.

Las imágenes de la secuencia son las siguientes:

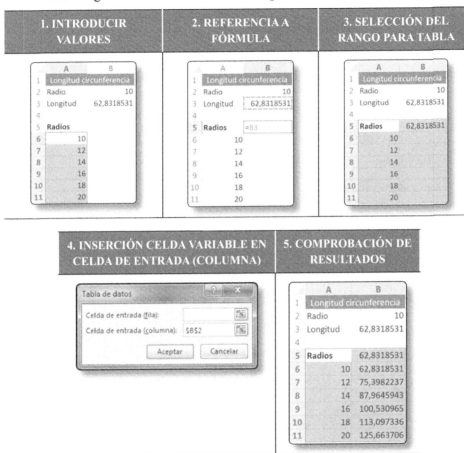

También hubiésemos podido resolverlo horizontalmente, por ejemplo, de la siguiente manera:

1. Introduciremos los diferentes valores a utilizar en el rango **B5:F5**).

2. Seguidamente, en la esquina superior izquierda del rango que contendrá la tabla, insertaremos una referencia a la celda que contiene la fórmula (en **A5** insertaremos '**=B3**').

3. A continuación seleccionaremos el rango que contendrá la tabla de una variable.

4. Accederemos a la opción **Tabla de datos**, analizada en este apartado. El cuadro de diálogo que aparece es el de **Tabla de datos** visto anteriormente, pero esta vez, introduciremos en el campo **Celda de entrada (fila)** la

celda que contiene la variable en la fórmula que queremos utilizar con diferentes valores (**B2**):

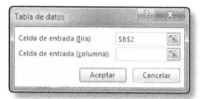

5. Al **Aceptar** veremos un resultado para cada uno de los valores indicados.

La secuencia puede verse en las siguientes imágenes:

1. Introducir valores	
2. Referencia a fórmula	
3. Selección del rango para tabla	
4. Inserción celda variable en Celda de entrada (fila)	
5. Comprobación de resultados	

8.4.6.3.2 Crear una tabla de datos de dos variables

De forma similar a la descrita para las tablas de datos de una variable, podemos crear una tabla que proporcione resultados correspondientes a una fórmula, en la que utilizamos dos variables cuyos valores están dispuestos en una columna y en una fila para cada una de las variables.

Supongamos que queremos calcular la superficie de un rectángulo y que, para ello, definimos la siguiente hoja de cálculo:

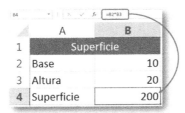

En este caso, las dos variables serán la base y la altura. Para crear la tabla que nos permita calcular las diferentes superficies que se pueden obtener utilizando diversos valores para cada variable, seguiremos los siguientes pasos:

1. Introduciremos los diferentes valores tanto para la base, en el rango (**A7:A12**), como para la altura (**B6:F6**).

2. Seguidamente, en la esquina superior izquierda del rango que contendrá la tabla, insertaremos una referencia a la celda que contiene la fórmula (en **A6** insertaremos '=**B4**').

3. A continuación, seleccionaremos el rango que contendrá la tabla de una variable (**A6:F12**).

4. Accederemos a la opción e introduciremos en el campo **Celda de entrada (fila)** la celda que contiene la variable en la fórmula que queremos utilizar con diferentes valores para la base ($B$2); y en el campo **Celda de entrada (columna)**, la celda que contiene la variable para la altura ($B$3).

5. Al aceptar en el cuadro de diálogo anterior, veremos un resultado para cada uno de los valores indicados.

Las imágenes de la secuencia son las siguientes:

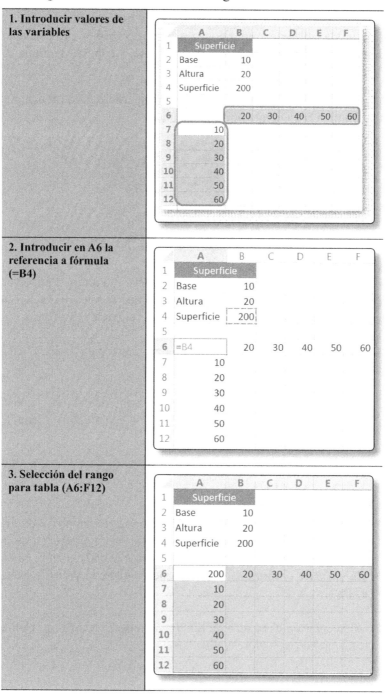

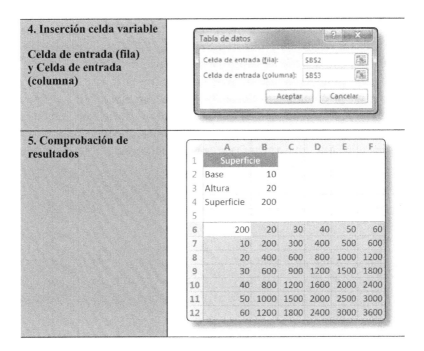

8.4.7 Relaciones

Esta opción nos permite crear y/o modificar las relaciones existentes entre las diferentes tablas que podamos tener en nuestro libro. Dichas relaciones son muy útiles en Power View y Power Pivot, ya que nos permiten crear informes con campos procedentes de diferentes tablas, incluso aunque las tablas procedan de diferentes orígenes.

Esta opción fue comentada en el capítulo dedicado a la ficha **INSERTAR** cuando hablamos de los informes de Power View. No obstante, a continuación hacemos un pequeño recordatorio.

Para poder explicar el tema, vamos a crear una hoja con 3 tablas sencillas correspondientes a **Vendedores**, **Artículos** y **Ventas** de la siguiente manera:

A continuación, pasamos a crear una relación entre la tabla **Ventas** y la tabla **Artículos** para relacionar ambas tablas por medio de sus respectivas columnas **Articulo ID**. Para que dos tablas se puedan relacionar, la columna a utilizar de una de las tablas debe contener valores únicos. En nuestro caso, la tabla que contendrá valores únicos en la columna **ArticuloID** será la correspondiente al maestro de artículos y es la que denominamos **Articulos**. Al pulsar sobre la opción **Relaciones**, aparece el cuadro de diálogo **Administrar relaciones**, mediante el que podremos administrar las relaciones que vayamos creando. Dicho cuadro es el siguiente:

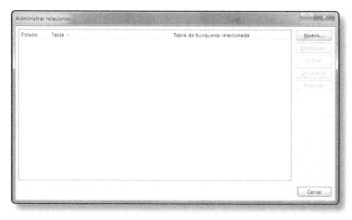

Como puede apreciarse, la única opción disponible es la de crear una nueva relación, ya que, hasta el momento, el libro utilizado no contiene ninguna. Al pulsar sobre **Nuevo**, aparece un cuadro de diálogo mediante el cual estableceremos la relación entre las dos tablas seleccionando las tablas a relacionar y, de cada una de ellas, la columna a relacionar con la otra tabla.

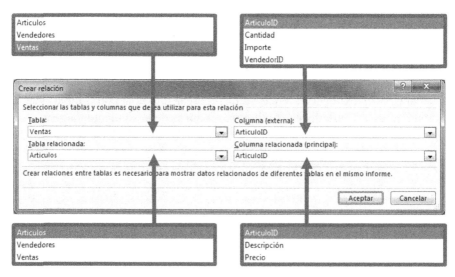

En este punto, observamos que en el cuadro de diálogo **Administrar relaciones** ya aparece la relación que acabamos de crear, y también, que ya aparecen habilitados más botones con los que poder actuar sobre la relación:

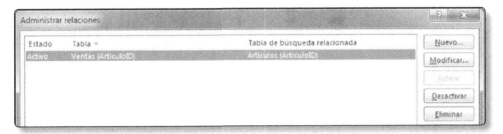

ACCIÓN	COMENTARIO
Nuevo	Permite crear una nueva relación invocando al cuadro de diálogo **Crear relación**.
Modificar	Accede al cuadro de diálogo **Editar relación**, que es idéntico al de **Crear relación** solo que muestra los valores de la relación a modificar.
Activar	Vuelve a activar una relación previamente desactivada.
Desactivar	Desactiva la relación temporalmente cambiando el estado a **Inactivo** y mostrando un mensaje de advertencia con el texto: "Si desactiva esta relación, es posible que las tablas dinámicas, los gráficos dinámicos, los rangos de datos externos y las funciones de cubo que combinan datos de varias tablas conectadas mediante esta relación ya no muestren los datos correctamente".
Eliminar	Elimina la relación mostrando un mensaje de advertencia similar al de la acción **Desactivar**.

Para comprobar el funcionamiento de la relación, podemos crear un informe Power View (**INSERTAR → Informes → Power View**) y crear un informe de ventas incorporando todas las columnas de la tabla **Ventas** más la columna **Descripción** de la tabla **Artículos** de la siguiente manera:

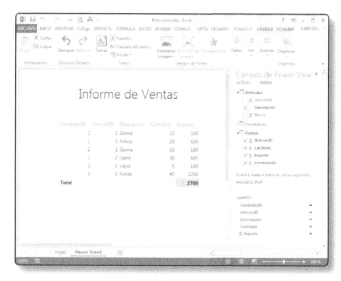

Observaremos que al arrastrar la columna **Descripción** de la tabla **Artículos**, se muestra la descripción de cada artículo gracias a la relación previamente definida.

Si queremos añadir el nombre del vendedor y arrastramos el campo **Nombre** de la tabla **Vendedores** a nuestro informe, observaremos que aparece un mensaje indicando que no está claro cómo relacionar el campo; además, se nos invita a crear una relación:

Si pulsamos sobre el botón **Crear**, aparecerá el cuadro de diálogo **Crear relación**, con el que podremos crear la relación entre la tabla **Ventas** y la tabla **Vendedores** usando la columna **VendedorID** existente en ambas tablas:

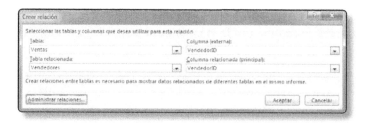

Ahora, reordenando un poco las columnas del informe podremos obtener el siguiente resultado:

8.5 ESQUEMA

Este grupo de opciones proporciona mecanismos para agrupar datos organizados en forma de tablas y facilitar la visión de los mismos mostrando u ocultando los grupos que nos interesen en cada momento. Así mismo, puede incorporar informaciones resultantes de la aplicación de funciones a dichos grupos sumando, contando, promediando, etc., los valores existentes en los mismos.

8.5.1 Agrupar

Mediante estas opciones podemos agrupar filas o columnas de forma manual, o dejando a Excel que interprete los datos y busque fórmulas en el rango que queremos agrupar, para ver qué filas o columnas se están procesando para obtener un resultado de tipo suma, promedio, etc.

8.5.1.1 AGRUPAR

Esta opción nos permite agrupar de forma manual las filas y/o columnas que han de constituir los grupos deseados. Supongamos que tenemos una hoja con las ventas de unos vendedores que pueden agruparse en dos grupos y a la que hemos añadido unos subtotales y totales manualmente, tal y como se muestra a continuación:

	A	B	C	D	E	F	G	H	I
1	Grupo	Vendedor	Enero	Febrero	Marzo	Abril	Mayo	Junio	Total
2	Grupo1	Paco	1.324	6.539	2.929	5.751	5.445	5.892	27.880
3	Grupo1	María	8.347	3.925	4.074	6.421	8.930	4.654	36.351
4	Subtotal Grupo 1		9.671	10.464	7.003	12.172	14.375	10.546	64.231
5	Grupo2	Luis	8.208	6.358	4.115	7.066	2.226	1.108	29.081
6	Grupo2	Noelia	8.001	7.531	4.197	8.222	7.842	5.459	41.252
7	Grupo2	Marta	7.733	5.369	7.673	6.448	3.627	6.576	37.426
8	Subtotal Grupo 2		23.942	19.258	15.985	21.736	13.695	13.143	107.759
9	Total general		33.613	29.722	22.988	33.908	28.070	23.689	171.990

Si en lugar de ver el detalle quisiéramos agrupar a los vendedores de un mismo grupo para mostrar solo los totales de las ventas del grupo, podríamos agrupar las filas de cada grupo seleccionándolas y pulsando sobre la opción **Agrupar**, para, posteriormente, seleccionar **Filas** como criterio de agrupación, tal y como podemos ver en las siguientes imágenes:

Selección de filas a agrupar	
Clic en Agrupar y selección de la opción Filas	
Resultado	

A continuación podríamos repetir la misma acción para agrupar las filas del **Grupo2**, y, finalmente, podríamos disponer de una vista resumida pulsando sobre el botón (1), o de todo el detalle pulsando sobre el botón (2):

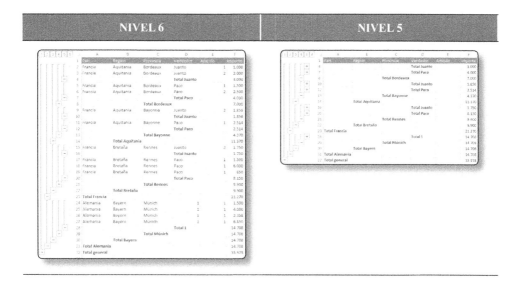

	Grupo	Vendedor	Enero	Febrero	Marzo	Abril	Mayo	Junio	Total
1	Grupo	Vendedor	Enero	Febrero	Marzo	Abril	Mayo	Junio	Total
4	Subtotal Grupo 1		9.671	10.464	7.003	12.172	14.375	10.546	64.231
8	Subtotal Grupo 2		23.942	19.258	15.985	21.736	13.695	13.143	107.759
9	Total general		33.613	29.722	22.988	33.908	28.070	23.689	171.990

	Grupo	Vendedor	Enero	Febrero	Marzo	Abril	Mayo	Junio	Total
1	Grupo	Vendedor	Enero	Febrero	Marzo	Abril	Mayo	Junio	Total
2	Grupo1	Paco	1.324	6.539	2.929	5.751	5.445	5.892	27.880
3	Grupo1	María	8.347	3.925	4.074	6.421	8.930	4.654	36.351
4	Subtotal Grupo 1		9.671	10.464	7.003	12.172	14.375	10.546	64.231
5	Grupo2	Luis	8.208	6.358	4.115	7.066	2.226	1.108	29.081
6	Grupo2	Noelia	8.001	7.531	4.197	8.222	7.842	5.459	41.252
7	Grupo2	Marta	7.733	5.369	7.673	6.448	3.627	6.576	37.426
8	Subtotal Grupo 2		23.942	19.258	15.985	21.736	13.695	13.143	107.759
9	Total general		33.613	29.722	22.988	33.908	28.070	23.689	171.990

Como puede comprobarse, los botones (+) y (−) sirven para expandir y contraer el detalle de los grupos. En un esquema, puede haber hasta 8 niveles de agrupación. Veamos varios ejemplos de vistas de un esquema según el nivel seleccionado:

NIVEL 6	NIVEL 5

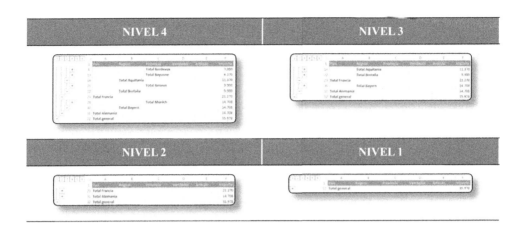

8.5.1.2 AUTOESQUEMA

Autoesquema genera un esquema basándose en las fórmulas existentes en el rango seleccionado o al que pertenece la celda que tiene el foco en el momento de acceder a la opción.

Continuando con el ejemplo anterior, si pulsamos sobre la opción **Autoesquema** habiendo seleccionado cualquiera de las celdas pertenecientes al rango que contiene los datos a agrupar, observaremos que crea agrupaciones de filas (con los grupos detectados) y de columnas (con los meses) ya que ha hallado sumatorios en ambos sentidos:

Datos sin agrupar	

	A	B	C	D	E	F	G	H	I
1	Grupo	Vendedor	Enero	Febrero	Marzo	Abril	Mayo	Junio	Total
2	Grupo1	Paco	1.324	6.539	2.929	5.751	5.445	5.892	27.880
3	Grupo1	María	8.347	3.925	4.074	6.421	8.930	4.654	36.351
4	Subtotal Grupo 1		9.671	10.464	7.003	12.172	14.375	10.546	64.231
5	Grupo2	Luis	8.208	6.358	4.115	7.066	2.226	1.108	29.081
6	Grupo2	Noelia	8.001	7.531	4.197	8.222	7.842	5.459	41.252
7	Grupo2	Marta	7.733	5.369	7.673	6.448	3.627	6.576	37.426
8	Subtotal Grupo 2		23.942	19.258	15.985	21.736	13.695	13.143	107.759
9	Total general		33.613	29.722	22.988	33.908	28.070	23.689	171.990

Tras pulsar sobre Autoesquema	

	A	B	C	D	E	F	G	H	I
1	Grupo	Vendedor	Enero	Febrero	Marzo	Abril	Mayo	Junio	Total
2	Grupo1	Paco	1.324	6.539	2.929	5.751	5.445	5.892	27.880
3	Grupo1	María	8.347	3.925	4.074	6.421	8.930	4.654	36.351
4	Subtotal Grupo 1		9.671	10.464	7.003	12.172	14.375	10.546	64.231
5	Grupo2	Luis	8.208	6.358	4.115	7.066	2.226	1.108	29.081
6	Grupo2	Noelia	8.001	7.531	4.197	8.222	7.842	5.459	41.252
7	Grupo2	Marta	7.733	5.369	7.673	6.448	3.627	6.576	37.426
8	Subtotal Grupo 2		23.942	19.258	15.985	21.736	13.695	13.143	107.759
9	Total general		33.613	29.722	22.988	33.908	28.070	23.689	171.990

A continuación vemos algunas vistas de este esquema:

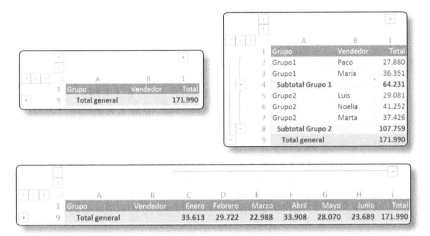

8.5.2 Desagrupar

Este grupo de opciones permite deshacer las agrupaciones que hemos comentado en los apartados anteriores. Podemos desagrupar manualmente aquellos grupos que ya nos interesan, o bien, eliminar todo el esquema de una vez.

8.5.2.1 DESAGRUPAR

 Al seleccionar esta opción, nos pregunta qué tipo de agrupación queremos deshacer mostrando el siguiente cuadro de diálogo:

Dependiendo de lo que necesitemos, seleccionaremos **Filas** o **Columnas**.

8.5.2.2 BORRAR ESQUEMA

Esta opción borra el esquema existente eliminando todas las agrupaciones, tanto de filas como de columnas.

Datos agrupados	
Tras pulsar sobre Borrar esquema	

8.5.3 Subtotal

El uso de subtotales permite resumir los valores numéricos existentes en una hoja, y, de forma parecida a los esquemas, podemos ampliar o reducir el detalle de la información que se desea analizar. Para la aplicación correcta de los subtotales, el primer paso será ordenar el rango por las columnas que usaremos para determinar el cambio de los grupos sobre los que añadir dichos subtotales.

Volviendo al ejemplo utilizado en el apartado dedicado a los esquemas nos encontramos con los siguientes datos:

	A	B	C	D	E	F	G	H	I
1	Grupo	Vendedor	Enero	Febrero	Marzo	Abril	Mayo	Junio	Total
2	Grupo1	Paco	1.324	6.539	2.929	5.751	5.445	5.892	27.880
3	Grupo1	María	8.347	3.925	4.074	6.421	8.930	4.654	36.351
4	Grupo2	Luis	8.208	6.358	4.115	7.066	2.226	1.108	29.081
5	Grupo2	Noelia	8.001	7.531	4.197	8.222	7.842	5.459	41.252
6	Grupo2	Marta	7.733	5.369	7.673	6.448	3.627	6.576	37.426

Para aplicar subtotales, simplemente haremos clic sobre la opción **Subtotales**; cuando aparezca el cuadro de diálogo asociado a la misma, haremos lo siguiente:

| SELECCIONAMOS EL CAMPO QUE CAMBIA | SELECCIONAMOS LA FUNCIÓN | SELECCIONAMOS EL CAMPO AL QUE AGREGAR SUBTOTALES |

El resultado es el siguiente:

	A	B	C	D	E	F	G	H	I
1	Grupo	Vendedor	Enero	Febrero	Marzo	Abril	Mayo	Junio	Total
2	Grupo1	Paco	1.324	6.539	2.929	5.751	5.445	5.892	27.880
3	Grupo1	María	8.347	3.925	4.074	6.421	8.930	4.654	36.351
4	Total Grupo1		9.671	10.464	7.003	12.172	14.375	10.546	64.231
5	Grupo2	Luis	8.208	6.358	4.115	7.066	2.226	1.108	29.081
6	Grupo2	Noelia	8.001	7.531	4.197	8.222	7.842	5.459	41.252
7	Grupo2	Marta	7.733	5.369	7.673	6.448	3.627	6.576	37.426
8	Total Grupo2		23.942	19.258	15.985	21.736	13.695	13.143	107.759
9	Total general		33.613	29.722	22.988	33.908	28.070	23.689	171.990

Los subtotales están pensados para ser asociados a columnas o rangos verticales. Las opciones del cuadro de diálogo son las siguientes:

ACCIÓN	COMENTARIO
Para cada cambio en	Seleccionamos la columna a considerar para el cambio de una fila a otra.
Usar función	Indica la función a aplicar cuando cambie el valor de la columna de una fila a otra. Dicha función puede ser alguna de las siguientes: Suma, Cuenta, Promedio, Máx., Mín., Producto, Contar números, Desvest, Desvestp, Var y Varp.
Agregar subtotal a	Columnas a las que hay que añadir la función de subtotal.
Reemplazar subtotales actuales	Si marcamos esta casilla, se eliminan los subtotales que hubiese y se añaden los nuevos. Para conservar los subtotales existentes, hay que desmarcarla.
Salto de página entre grupos	Provoca un salto de página en cada cambio de grupo a la hora de imprimir por impresora.
Resumen debajo de los datos	Si está marcada, los subtotales se colocan debajo de la última fila del grupo. Si se desmarca, los subtotales se colocan encima.
Quitar todos	Elimina todos los subtotales existentes hasta el momento.

8.5.4 Mostrar detalle

 Permite expandir un grupo de información que esté agrupado y contraído. Equivale a pulsar sobre el botón ⊞ en un esquema.

8.5.5 Ocultar detalle

 Colapsa o contrae la información agrupada en un esquema. Equivale a pulsar sobre el botón ⊟ del esquema.

8.5.6 Cuadro de diálogo Configuración

Al pulsar sobre el icono situado en la parte inferior derecha del grupo de opciones **Esquema** (⌐) aparece el siguiente cuadro de diálogo:

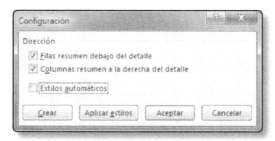

OPCIÓN	COMENTARIO
Filas resumen debajo del detalle	Indica si las filas de resumen están encima o debajo del detalle. Si están encima, deje desmarcada esta casilla.
Columnas resumen a la derecha del detalle	Indica si las columnas de resumen están a la derecha o a la izquierda del detalle. Si están a la izquierda, deje desmarcada esta casilla.
Estilos automáticos	Si marcamos esta casilla, cuando se crean los subtotales y agrupaciones se aplican las características definidas para los estilos **NivelFila_1** y **NivelFila_2** y **NivelCol_1** y **NivelCol_2** (compruébelo en el grupo de opciones **Estilos** de la ficha **INICIO**). En general estos estilos utilizan negrita e itálica para diferenciar las líneas de subtotales.
Crear	Al pulsar sobre este botón se produce un **Autoesquema**.
Aplicar estilos	Aplica los estilos sobre el esquema que tenga el foco.

9

Los controles de formulario y Active X son objetos que podemos insertar en nuestras hojas de cálculo para dar una mayor funcionalidad a las mismas.

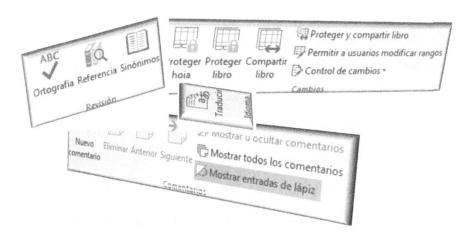

En este grupo de opciones nos encontramos con utilidades de diversa índole. Por una parte, podemos revisar y corregir las posibles faltas de ortografía que tengamos en nuestros textos, así como buscar sinónimos o traducciones. Por otra, tenemos todo el conjunto de opciones que nos permiten gestionar las notas asociadas a las celdas. Por último, disponemos también de un apartado destinado a la gestión de cambios en nuestras hojas y libros, tanto en lo referido a la protección como a la hora de compartirlos con otros usuarios.

9.1 REVISIÓN

Estas opciones nos permitirán corregir ortográficamente las palabras de nuestras hojas, además de traducirlas a diversos idiomas; también nos proporcionarán sinónimos.

9.1.1 Ortografía

 Esta opción permite comprobar la ortografía y proponer alternativas a las palabras que se hayan detectado como erróneas.

Para explicar mejor el funcionamiento de esta opción, vamos a colocar 3 palabras con diferentes errores ortográficos, tal y como vemos a continuación:

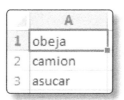

Al pulsar sobre la opción **Ortografía** (o al pulsar la tecla **F7**), aparece el siguiente cuadro de diálogo:

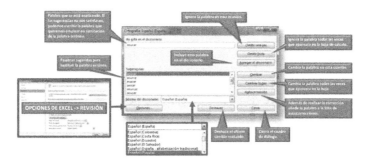

Si no se trata de ningún error, podemos optar por **Omitir una vez** (consideramos que en esta ocasión no hay error) o por **Omitir todo**, en cuyo caso omitiremos esta palabra en todas las ocasiones que aparezca durante la revisión.

Si pensamos que se trata de una palabra correcta y que vamos a utilizar en más de una ocasión, lo que podemos hacer es pulsar sobre **Agregar al diccionario** para que en el futuro sea reconocida por nuestro diccionario y no sea considerada como error.

Para cambiar una palabra, podemos seleccionarla de la lista de **Sugerencias** y pulsar sobre el botón **Cambiar**, o simplemente hacer doble clic sobre la palabra en la lista. Si queremos cambiar esta palabra todas las veces que aparezca en la hoja, pulsaremos sobre **Cambiar todas**.

Si en la lista de **Sugerencias** no encontramos la palabra que nos interesa, podemos escribirla en el campo **No está en el diccionario** y utilizarla para cambiar la palabra errónea. Por ejemplo, si quisiéramos sustituir la palabra *obeja* por *ovella*, escribiríamos *ovella* de la siguiente manera:

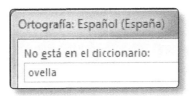

Y al pulsar en **Autocorrección**, observaríamos el siguiente mensaje de advertencia:

Al pulsar sobre el botón **Sí**, observaremos que la palabra se ha cambiado en nuestra hoja:

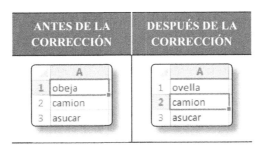

A partir de este momento, cada vez que escribiésemos la palabra *obeja*, esta será cambiada automáticamente por *ovella*. Si queremos eliminar este cambio automático, podemos acceder a **ARCHIVO** → **Opciones de Excel** → **Revisión** → **Opciones de Autocorrección**.

En el cuadro de diálogo que aparece, localizamos la palabra *obeja* y, a continuación, pulsamos sobre el botón **Eliminar** y después sobre **Aceptar** para cerrar dicho cuadro:

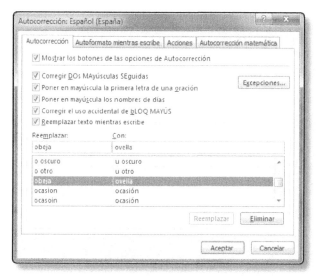

Volviendo a la corrección ortográfica que estábamos realizando, si restablecemos nuestro diccionario a la situación original y activamos la opción **Ortografía**, veremos que el cuadro de diálogo **Ortografía** aparece, y que, al pulsar sobre **Cambiar** habiendo seleccionado la palabra que nos interese, irá pasando a la palabra errónea siguiente hasta que haya finalizado todas las palabras, en cuyo caso mostrará el siguiente mensaje:

Mediante el botón **Deshacer** podemos deshacer los cambios de uno en uno empezando por el último y continuando con el cambio anterior.

El **Idioma del diccionario** utilizado puede cambiarse si desplegamos la lista asociada a dicho campo:

El botón de **Opciones** nos permite acceder a las **Opciones de Excel** dedicadas a la **Revisión**, donde podemos configurar el comportamiento de la misma:

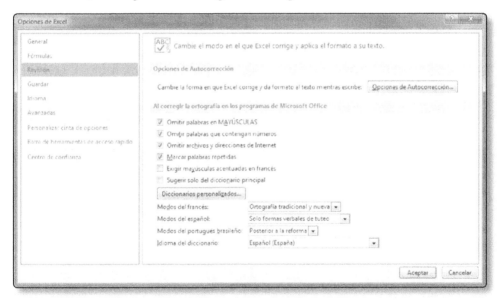

9.1.2 Referencia

La opción **Referencia** nos permite acceder a recursos con los que podemos obtener información sobre la palabra en cuestión. Al pulsar sobre esta opción (o bien al pulsar la combinación **ALT** + **clic con el botón izquierdo del ratón**), aparece el panel **Referencia**, con varias opciones que mostramos esquemáticamente a continuación:

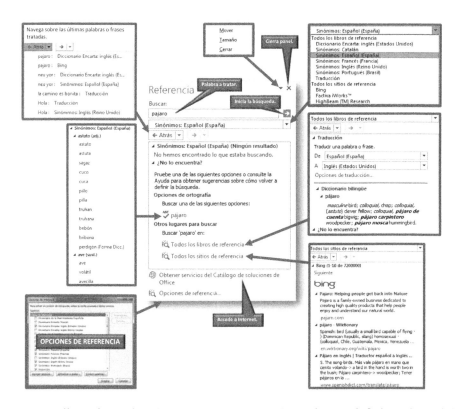

Mediante la opción **Opciones de referencia** podemos definir qué servicios de búsqueda queremos utilizar. El cuadro de diálogo asociado a la misma es el siguiente:

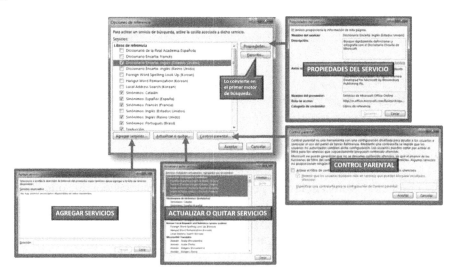

Para activar o desactivar un servicio, basta con marcar la casilla asociada al mismo.

El botón **Propiedades** nos muestra una ventana con información del servicio, tal como el nombre del servicio, el nombre del proveedor, su ruta de acceso, categoría del contenido, etc.

El botón **Favorito** convierte al servicio seleccionado en el primer motor de búsqueda.

Mediante el botón de **Control parental** podemos controlar el uso del panel de tareas **Referencia**. Para ejecutar esta opción es preciso disponer de privilegios de administrador, de lo contrario recibirá el siguiente mensaje de error:

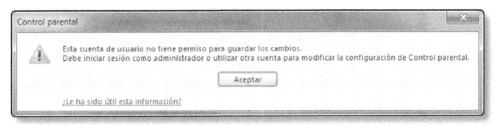

Una vez arrancado Excel como administrador, podremos acceder al siguiente cuadro de diálogo, mediante el cual podremos activar el filtro de contenido y establecer una contraseña para este control:

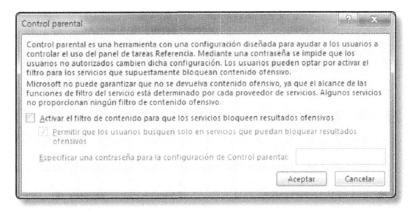

Con el botón **Actualizar o quitar servicios** podremos administrar los servicios instalados actualmente.

Para **Agregar servicios**, pulsaremos el botón que posee dicho texto y añadiremos la dirección que nos proporcione nuestro proveedor.

9.1.3 Sinónimos

Mediante esta opción podemos pedir a Excel que sugiera sinónimos de la palabra que tengamos en la celda seleccionada. Al pulsar sobre esta opción, se mostrará el panel **Sinónimos**. A continuación mostramos un ejemplo:

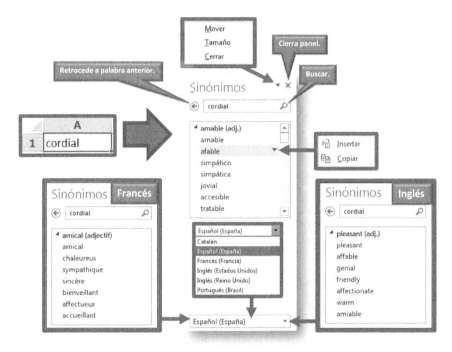

Vemos que, al cambiar el idioma, la palabra se traduce y se muestran sinónimos en el idioma seleccionado.

9.2 IDIOMA (TRADUCIR)

Realmente, esta opción es una de las posibilidades que ofrece la opción **Referencia**, solo que usada en modo **Traducción**. Al igual que comentamos anteriormente, esta opción abre el panel **Referencia**, mostrando una solución basada en unos parámetros por defecto. Supongamos que en la celda **A1** introducimos el texto "Es una prueba de traducción" y pulsamos sobre esta opción. Hallaremos el siguiente resultado:

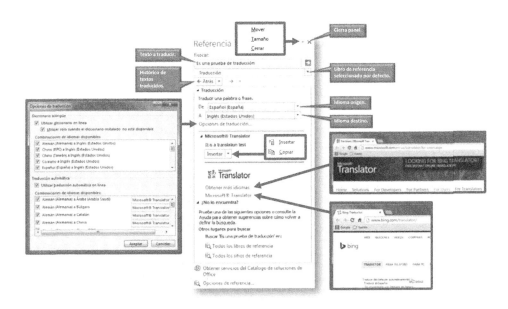

La opción de **Opciones de traducción** nos da acceso a un cuadro de diálogo en el que se muestran las diferentes combinaciones entre idiomas que tengamos disponibles, así como las combinaciones que podemos utilizar usando traductores en línea, como **Microsoft Translator** o **WorldLingo**.

9.3 COMENTARIOS

Los comentarios son notas asociadas a una celda que permiten aportar claridad sobre el contenido de la misma. Como veremos, los comentarios pueden visualizarse u ocultarse según nos interese y pueden ser incluidos cuando se imprime la hoja al final de la misma o tal y como se hallan dispuestos sobre las celdas.

9.3.1 Nuevo comentario

Podemos insertar un comentario utilizando la opción **Nuevo comentario** o también mediante el menú flotante que aparece al hacer clic con el botón derecho del ratón sobre la celda deseada, seleccionando la opción **Insertar comentario**.

Al insertar un comentario se abre una caja de texto en la que se puede escribir el texto que constituye la nota. Dicha caja de texto aparece con el nombre del usuario que se haya conectado al sistema y muestra una serie de puntos, mediante los cuales podemos variar la dimensión de la misma:

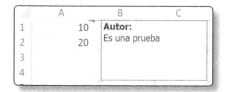

Podemos configurar la forma en la que se mostrarán por defecto los comentarios y las marcas que indican qué celdas los contienen accediendo a **ARCHIVO** → **Opciones** → **Avanzadas** → **Mostrar**:

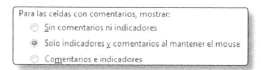

Para modificar el contenido de un comentario, basta con hacer clic con el botón derecho del ratón sobre la celda que lo contiene y seleccionar la opción (🖉) **Modificar comentario**. Observe que si hace clic con el botón derecho del ratón sobre el texto del comentario, aparece un menú contextual desde el que puede realizar diversas acciones, entre las que destacamos la opción de **Formato de comentario**, que le da acceso a un cuadro de diálogo de tipo **Formato**:

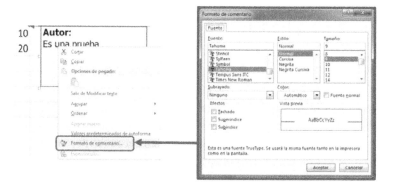

A continuación mostramos un ejemplo de aplicación de formato sobre el comentario:

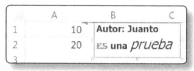

9.3.2 Eliminar

Mediante esta opción podemos eliminar el comentario asociado a una celda. Para eliminar un comentario podemos pulsar sobre esta opción, o hacer clic con el botón derecho del ratón sobre la celda (o celdas) que contiene el comentario, y seleccionar del menú flotante que aparece la opción ( ) **Eliminar comentario**.

9.3.3 Anterior

Esta opción nos permite acceder al comentario que precede al comentario en curso. En el siguiente ejemplo vemos una hoja con 3 comentarios y con el último comentario seleccionado:

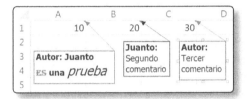

Cada vez que pulsemos sobre la opción **Anterior**, el foco se desplazará al comentario anterior hasta llegar al primer comentario, en el que se mostrará un mensaje invitando a continuar de nuevo por el último comentario del libro:

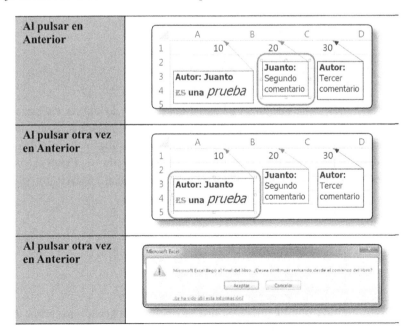

9.3.4 Siguiente

Esta opción es idéntica a la comentada en el apartado anterior, solo que cada vez que pulsamos sobre esta opción (**Siguiente**), el foco se coloca en el comentario siguiente al comentario que está seleccionado en este momento. De igual forma, al llegar al último comentario del libro, se nos invita a desplazarnos al primer comentario del libro con el siguiente mensaje:

9.3.5 Mostrar u ocultar comentarios

Esta opción nos permite mostrar u ocultar el comentario de la celda activa alternativamente. Es decir, si el comentario se está visualizando, se oculta y solo se muestra al pasar el puntero del ratón sobre la celda. Si el comentario no se está visualizando, pasará a visualizarse de forma permanente.

9.3.6 Mostrar todos los comentarios

Mediante esta opción podemos visualizar u ocultar todos los comentarios de golpe. Es similar a la opción anterior, solo que actúa sobre todos los comentarios existentes.

9.3.7 Mostrar entradas de lápiz

Esta opción permite visualizar u ocultar las entradas de lápiz que tengamos en la hoja. Para poder comprobar la acción de esta opción, podemos visualizar la barra de herramientas **Plumas** (**ARCHIVO** → **Opciones** → **Personalizar cinta de opciones** → **Comandos disponibles en** → **Herramientas de lápiz** → **Plumas**) y dibujar cualquier figura seleccionando un grosor (≡ Grosor ▾) en dicha barra de herramientas:

Observaremos que al pulsar sobre la opción **Mostrar entradas de lápiz**, aparece y desaparece alternativamente.

9.4 CAMBIOS

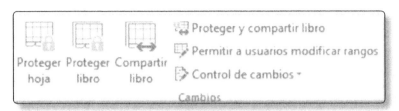

Este grupo de controles permite la gestión de diversas funcionalidades relacionadas con la seguridad y la protección de las hojas y del propio libro en sí. De esta forma, podremos proteger el contenido de una celda, rango, hojas o todo un libro dependiendo de cada necesidad y al mismo tiempo, gestionar los cambios realizados en caso de que el libro esté compartido.

Excel ofrece los diferentes tipos de protección:

ÁMBITO DE LA PROTECCIÓN	COMENTARIO
Proteger hoja	Protege la hoja y el contenido de las celdas bloqueadas.
Proteger libro	Permite proteger un libro para que no se puedan modificar, incluir o eliminar hojas y, también, para evitar que las ventanas se puedan redimensionar.
Compartir libro	Permite compartir el libro con otros usuarios.
Proteger y compartir libro	Permite realizar un control de cambios en libros compartidos, registrando un historial de los mismos.
Permitir que los usuarios modifiquen rangos	Permite definir una serie de rangos protegidos por contraseña, que pueden ser modificados cuando la hoja está protegida si se conoce la contraseña o el usuario tiene autorización expresa.
Control de cambios	Permite revisar los cambios realizados en el libro y aceptarlos o rechazarlos según proceda.

9.4.1 Proteger hoja

Mediante esta opción podemos evitar que se modifiquen determinados contenidos dentro de una hoja, impidiendo, por ejemplo, el acceso a celdas bloqueadas, insertar o eliminar columnas o filas, etc.

Al seleccionar esta opción aparece el siguiente cuadro de diálogo:

En este cuadro, mediante el *check* **Proteger hoja y contenido de celdas bloqueadas** podemos aplicar o no el bloqueo de las celdas que estén bloqueadas. Para bloquear o desbloquear una celda (o un rango), hay que seleccionar la celda en cuestión y acceder al cuadro de diálogo de **Formato de celdas** (ficha **Inicio** → **Fuente** → ⌐ o simplemente haciendo clic con el botón derecho del ratón y seleccionando **Formato de celdas)**. En dicho cuadro de diálogo, accedemos a la pestaña **Proteger**, y marcamos la opción **Bloqueada**. Recordemos las marcas:

MARCA PROTEGER	COMENTARIO
Bloqueada	Impide que la celda pueda ser modificada si la hoja está bloqueada.
Oculta	Oculta el contenido de una celda (fórmulas, funciones, etc.) mostrando solo su valor o resultado.

En la parte central del cuadro de diálogo **Proteger hoja**, se puede indicar qué funcionalidades se van a permitir o no cuando una hoja está protegida.

Si hemos introducido alguna contraseña, al pulsar **Aceptar** se solicitará de nuevo la contraseña para su confirmación mediante el siguiente cuadro de diálogo:

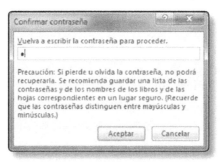

A partir de este momento, cualquier modificación que se pretenda realizar sobre celdas protegidas provocará el siguiente mensaje:

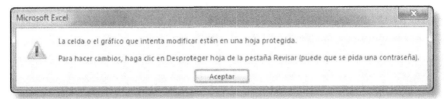

9.4.2 Proteger libro

Mediante esta opción podemos impedir que se inserten o eliminen hojas de cálculo, así como evitar que se cambien de nombre, se muevan o se copien. También podemos evitar que las ventanas se redimensionen. Ambas opciones podemos protegerlas mediante una contraseña opcional. El siguiente cuadro de diálogo muestra las opciones que estamos comentando:

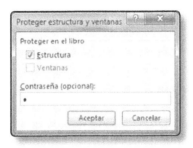

9.4.3 Compartir libro

Esta opción nos permite compartir el libro con otros usuarios de forma que, mediante un control de cambios, se puedan ir gestionando las modificaciones que se vayan realizando simultáneamente.

Es posible que, en función de la privacidad establecida, aparezca el siguiente mensaje de advertencia:

Para permitir compartir el libro, tendremos que pulsar sobre la ficha **Archivo**, a continuación en **Opciones** y, una vez ahí, localizar la opción de **Centro de confianza**, la cual muestra, entre otras opciones, un botón denominado

Configuración del centro de confianza, que, si pulsamos, muestra un cuadro de diálogo con diversas opciones, de las que hay que destacar **Opciones de privacidad**. Una vez estamos en este punto, hay que desmarcar la opción **Quitar información personal de las propiedades del archivo al guardarlo**. En la siguiente imagen se muestra la ruta que hay que seguir para desmarcar dicha opción:

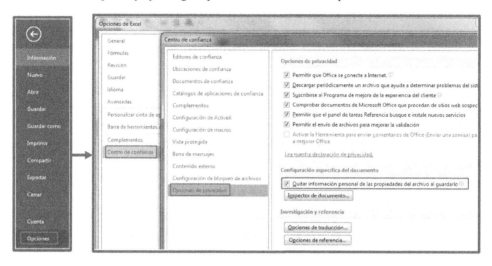

9.4.4 Proteger y compartir libro

Mediante esta protección se puede compartir un libro con un control de cambios, e impedir que el historial de cambios se elimine. Es decir, cada modificación que se realice sobre el libro quedará reflejada en un histórico.

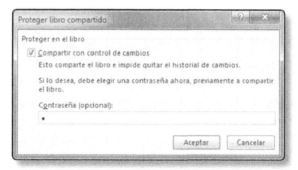

Al ejecutar la opción **Compartir libro**, accedemos a un cuadro de diálogo mediante el cual podemos permitir o denegar el uso compartido del libro. Dicho cuadro de diálogo es el siguiente:

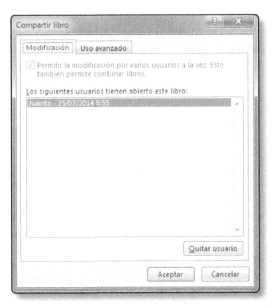

Si pulsamos en la pestaña **Uso avanzado**, veremos los diferentes aspectos que pueden configurarse en el uso compartido de un libro, tal y como se muestra en las siguientes imágenes:

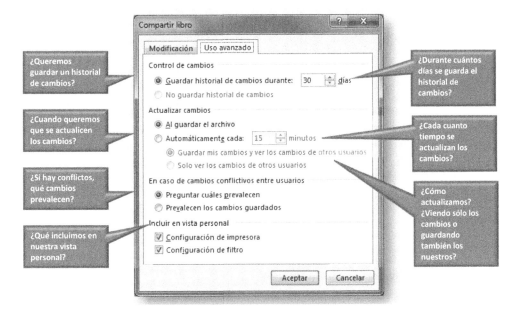

Al aceptar, aparece un cuadro de diálogo que nos recuerda que la acción de compartir el libro guardará el libro. Aceptamos.

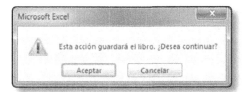

A partir de este momento, en la barra de título ya aparecerá el nombre del libro seguido del texto **[Compartido]** para que sepamos que está compartido.

9.4.4.1 DEJAR DE COMPARTIR UN LIBRO

Para dejar de compartir un libro, se ha de acceder a la opción **Compartir libro**; en el cuadro de diálogo que aparece se ha de desmarcar la opción **Permitir la modificación por varios usuarios a la vez**.

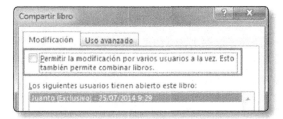

En este punto, **Excel** avisa de que se perderá el historial de los cambios y de que si hay usuarios trabajando con este libro, perderán los cambios o tendrán que guardarlos en otro libro:

Si el libro está protegido, previamente tendremos que desprotegerlo mediante la opción **Desproteger libro compartido**:

Si la protección se realizó con contraseña, se solicitará para poder llevar a cabo dicha desprotección:

9.4.4.2 MODIFICAR LIBRO COMPARTIDO

Un libro compartido se modifica igual que uno sin compartir, teniendo en cuenta que no se podrán agregar ni modificar los siguientes elementos:

- Celdas combinadas
- Formatos condicionales
- Validación de datos
- Gráficos
- Imágenes
- Objetos
- Hipervínculos
- Escenarios
- Esquemas
- Subtotales
- Tablas de datos
- Informes de tablas dinámicas
- Protección de libros, hojas de cálculo y macros

Al guardar los cambios realizados, se actualizará el contenido del libro mostrando los cambios realizados por otros usuarios.

Para visualizar quién está accediendo al libro en un determinado momento, podemos acceder al cuadro de diálogo de **Compartir libro** y ver en la lista central los usuarios en cuestión:

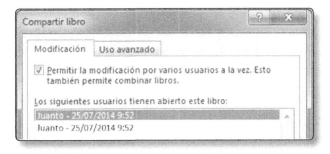

Si, en este punto, quisiéramos dejar de compartir el libro con un usuario, podríamos seleccionarlo y pulsar sobre el botón **Quitar usuario**, de forma que los cambios que el mismo tuviese pendientes de actualizar sobre el libro ya no podría actualizarlos.

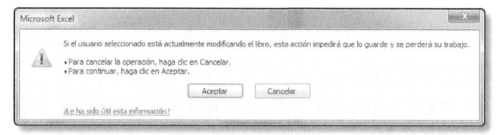

Si un usuario es "quitado" de la lista de usuarios que comparten un libro mientras los está editando, al intentar guardar sus cambios recibirá un mensaje como el siguiente y tendrá que grabar un nuevo libro si no quiere perder su trabajo:

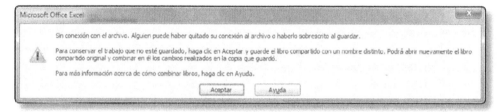

9.4.4.3 RESOLUCIÓN DE CONFLICTOS EN UN LIBRO COMPARTIDO

La resolución de conflictos surge cuando 2 usuarios modifican una misma celda. Si esto sucede, observaremos que, al ir a guardar los cambios, aparece el siguiente cuadro de diálogo:

Resolución de conflictos

Sus cambios en la hoja "Hoja1":

Cambiada Celda A7 de 'David' a 'Pedro'.   Aceptar los míos

Cambios conflictivos de Noe - 15/11/2014 8:49:

Cambiada Celda A7 de 'David' a 'Jaime'.   Aceptar otros

Aceptar todos los míos   Aceptar todos los otros   Cancelar

En este punto tendremos que decidir qué queremos hacer con cada uno de los cambios que se han producido. Para cada cambio se dispone de las siguientes opciones:

OPCIÓN	COMENTARIO
Aceptar los míos	Acepta mi cambio y, por tanto, este prevalece sobre los del otro.
Aceptar otros	Acepta el cambio del otro.
Aceptar todos los míos	Acepta todos mis cambios.
Aceptar todos los otros	Acepta todos los cambios de los otros.

9.4.5 Permitir a usuarios modificar rangos

 Mediante esta opción podemos definir qué rangos pueden ser modificados cuando una hoja está protegida.

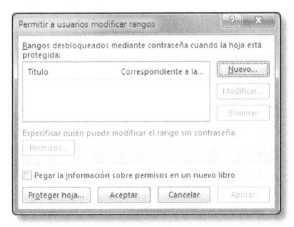

Ahora podemos pasar a definir un nuevo rango, pulsando sobre el botón **Nuevo** y accediendo al siguiente cuadro de diálogo:

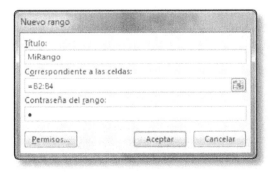

En este cuadro daremos un nombre al rango que queremos definir, definiremos el grupo de celdas al que hace referencia y, si nos interesa, podemos introducir una contraseña, en cuyo caso, al aceptar, tendremos que confirmar.

AL PULSAR EN PERMISOS	AL PULSAR EN AGREGAR

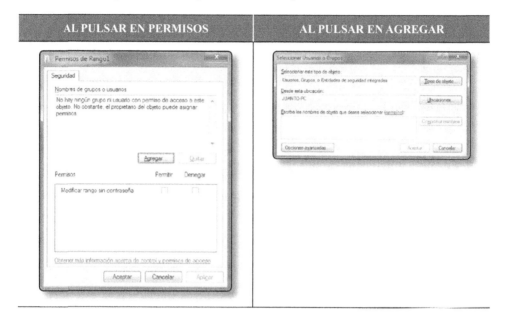

El botón **Permisos** nos permitiría definir para cada usuario existente en el sistema si puede modificar o no rangos sin contraseña.

Tras introducir los rangos que necesitemos, el cuadro de diálogo principal mostrará en forma de lista cada uno de los mismos para que podamos modificarlos (botón **Modificar**) o eliminarlos (botón **Eliminar**).

Si se marca la opción **Pegar la información sobre permisos en un nuevo libro**, se crea un nuevo libro y se incluye una fila por cada rango que se haya definido, indicando sus características. A continuación mostramos un ejemplo:

9.4.6 Control de cambios

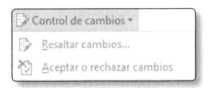

Este grupo de controles permite resaltar los cambios realizados por otro usuario con el que hayamos compartido el libro. Así mismo, permite gestionar los cambios realizados, aceptándolos o rechazándolos según proceda.

9.4.6.1 RESALTAR CAMBIOS

Para determinar qué cambios queremos resaltar, podemos utilizar el cuadro de diálogo que aparece a través de la opción de la ficha **REVISAR → Cambios → Control de cambios → Resaltar cambios**

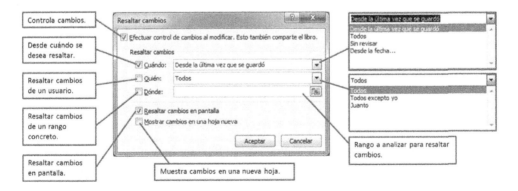

Esta opción también permite compartir un libro.

Si decidimos mostrar los cambios en una hoja nueva, obtendremos una nueva hoja, llamada **Historial**, con las siguientes informaciones:

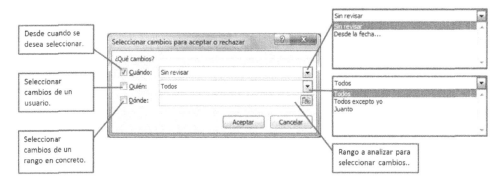

9.4.6.2 ACEPTAR O RECHAZAR CAMBIOS

Mediante esta opción podemos aceptar o rechazar los cambios que se produzcan por parte de varios usuarios que hayan modificado un libro compartido simultáneamente.

Accedemos a esta opción a través de la ficha **REVISAR** → **Cambios** → **Control de cambios** → Aceptar **o rechazar cambios** El cuadro de diálogo asociado a esta opción nos permite, en primer lugar, localizar qué cambios son los que deseamos revisar para su aceptación o rechazo. Su aspecto es el siguiente:

Mediante esta selección, podemos determinar de cuándo son los cambios que queremos revisar, o bien seleccionar solo los cambios realizados por un determinado usuario o en un rango en concreto.

Una vez localizados los cambios, aparece el siguiente cuadro, en el que podemos aceptar o rechazar un cambio o todos de golpe.

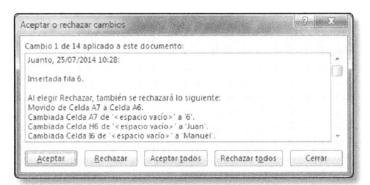

Si revisamos cambio a cambio, observaremos que, en aquellos que hagan referencia a la misma celda, tendremos que escoger entre los posibles valores que haya contenido la misma. Si solo hay un valor, simplemente se acepta o se rechaza:

Tal y como puede observarse, también podemos optar por aceptar o rechazar todos los cambios de golpe.

Si no hay cambios pendientes de revisar, aparece el mensaje:

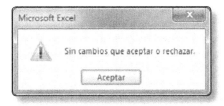

10

VISTA

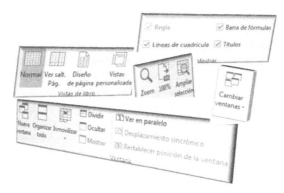

En esta ficha disponemos de opciones que nos permiten gestionar la forma en que vemos nuestros libros y hojas, así como la organización de las diferentes ventanas que utilizamos.

10.1 VISTAS DEL LIBRO

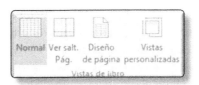

Este grupo de opciones nos permite elegir cómo queremos ver nuestra hoja mientras trabajamos. En ocasiones nos interesa observar cómo se va a distribuir la información en las diferentes páginas cuando realicemos una impresión, o, simplemente, visualizar la información de una determinada manera ocultando ciertas filas y columnas, es decir, personalizando nuestras vistas.

10.1.1 Normal

Esta es la forma en la que por defecto se muestran nuestras hojas. Esta vista nos muestra la información sin tener en cuenta la impresora que vamos a utilizar o si una celda se imprimirá en una hoja u otra dependiendo del tamaño de papel utilizado.

A continuación mostramos un ejemplo de vista **Normal**:

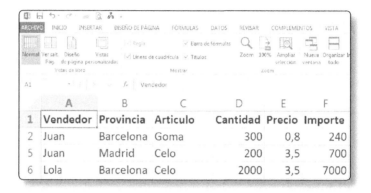

10.1.2 Ver saltos de página

Esta vista es muy útil cuando necesitamos ver cómo se va a distribuir la información de una hoja entre las diferentes páginas que se necesiten para su impresión. También es útil para ajustar los saltos de página, pues permite mantener junta la información que nos interese, o separarla por grupos.

A continuación podemos observar una hoja con mucha información en la que, al seleccionar esta opción veremos cómo se distribuirán los saltos de página por defecto. Podemos observar también cómo, al mover mediante el ratón las líneas que indican el salto de página, estamos cambiando la distribución de dicha información. La forma en la que moveremos las líneas es bastante intuitiva. Es decir, basta con pinchar la línea (tanto vertical como horizontal) y moverla hacia el lugar deseado. Hay que tener en cuenta que para encajar la información en una página es posible que se tenga que aplicar un tamaño de fuente más pequeño, lo cual puede provocar que la información no se vea tal y como esperamos:

ANTES DE AJUSTAR SALTOS	DESPUÉS DE AJUSTAR SALTOS

Podemos observar que los saltos por defecto se representan con una línea discontinua (antes de ajustar) y los saltos establecidos manualmente se muestran con líneas continuas.

Si queremos eliminar un determinado salto de página, basta con hacer clic con el botón derecho del ratón sobre una de las celdas que estén por debajo del salto y seleccionar la opción **Quitar salto de página**:

De igual manera podemos insertar un salto de página o, simplemente, restablecer todos los saltos de página, invocando al mismo menú contextual con solo pulsar el botón derecho del ratón sobre la celda en la que nos interese colocar dicho salto.

10.1.3 Diseño de página

La vista de diseño de página nos permite visualizar la hoja de forma similar a como será impresa, podemos observar cómo quedarán los encabezados y pies de página, así como los márgenes, saltos de página, etc.

A continuación se muestra un ejemplo de este tipo de vista:

10.1.4 Vistas personalizadas

Las vistas personalizadas nos permiten almacenar una determinada forma de mostrar la información para poder volver a utilizarla posteriormente cuando nos interese.

Por ejemplo, podemos usar las vistas personalizadas para guardar una configuración de presentación específica, como, por ejemplo, la altura de las filas, el ancho de las columnas, la configuración de los filtros, etc.

Supongamos que disponemos de la siguiente información:

	A	B	C	D	E	F
1	Vendedor	Provincia	Articulo	Cantidad	Precio	Importe
2	Juan	Barcelona	Goma	300	0,8	240
3	Lola	Madrid	Celo	2000	3,5	7000
4	Luis	Valencia	Paq. Folios	1200	3	3600
5	Maria	Madrid	Lapiz	4250	1,2	5100
6	Paco	Valencia	Celo	2000	3,5	7000
7	Ramón	Barcelona	Cubo	600	2	1200

Consideremos que esta forma de ver la información es la que denominamos "inicial" y que puede interesarnos recuperar esta vista de forma rápida simplemente con un par de clics. En este caso, pulsaremos sobre esta opción para invocar al cuadro de diálogo **Vistas personalizadas** y guardaremos esta vista para poder usarla en el futuro:

Pulsaremos sobre **Agregar**

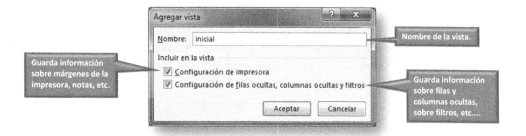

Al pulsar sobre **Agregar** se abre otro cuadro de diálogo denominado **Agregar vista**, mediante el cual indicaremos un nombre a dicha vista; también definiremos si queremos almacenar características relacionadas con la configuración de la impresora (márgenes, notas, etc.) y si queremos considerar las filas y columnas ocultas, así como los filtros.

A continuación vamos a crear otra vista dividiendo la pantalla. Para ello podemos hacer clic en la celda (por ejemplo) **C3** y a continuación pulsar sobre el icono **Dividir** (▦ Dividir). Podemos observar cómo se han incluido unas líneas de división, de forma que nos ha dividido la hoja en cuatro partes:

	A	B	C	D	E	F
1	Vendedor	Provincia	Articulo	Cantidad	Precio	Importe
2	Juan	Barcelona	Goma	300	0,8	240
3	Lola	Madrid	Celo	2000	3,5	7000
4	Luis	Valencia	Paq. Folios	1200	3	3600
5	Maria	Madrid	Lapiz	4250	1,2	5100
6	Paco	Valencia	Celo	2000	3,5	7000
7	Ramón	Barcelona	Cubo	600	2	1200

De nuevo, vamos a guardar esta vista con el nombre "dividir". Para ello, al igual que hicimos en el ejemplo anterior, seleccionaremos la opción **Vistas personalizadas** y pulsaremos sobre el botón **Agregar** para introducir la nueva vista con el nombre "dividir":

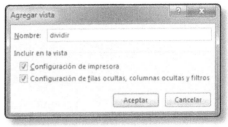

A partir de este momento podemos observar que para recuperar una vista rápidamente bastará con seleccionar la opción **Vistas personalizadas** y, a continuación, pulsar sobre la vista a utilizar y sobre el botón **Mostrar**; o, simplemente, con hacer doble clic sobre el nombre de la vista deseada:

Para eliminar una vista, basta con seleccionarla y pulsar sobre el botón **Eliminar**.

10.2 MOSTRAR

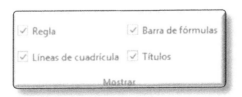

Este grupo de opciones nos permite mostrar ciertos elementos en nuestra pantalla de trabajo.

10.2.1 Regla

Esta casilla nos permite decidir si queremos ver o no la regla horizontal y vertical que aparece a la izquierda y parte superior de nuestra pantalla. Solo está activa en la vista de **Diseño de página**.

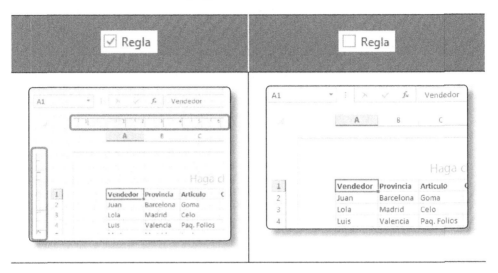

10.2.2 Líneas de cuadrícula

Esta opción permite mostrar las líneas de separación que delimitan las celdas. A continuación mostramos un ejemplo:

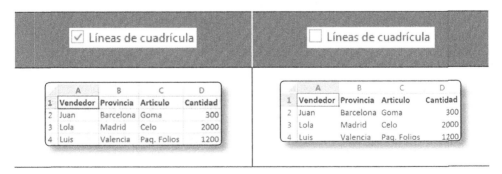

Es útil cuando la hoja contiene imágenes o formas y queremos que el fondo esté vacío.

10.2.3 Barra de fórmulas

Permite mostrar la barra de fórmulas (cuadro de nombre, botón para insertar funciones, barra de fórmulas, etc.) o no.

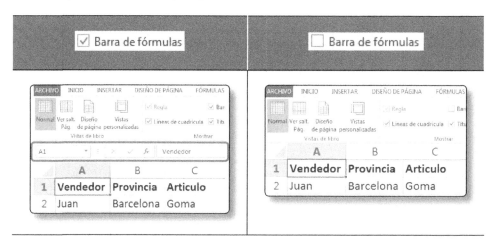

10.2.4 Títulos

Permite mostrar o no los números de fila y letras de las cabeceras de las columnas. Veamos lo que se muestra según esté activa o inactiva la casilla:

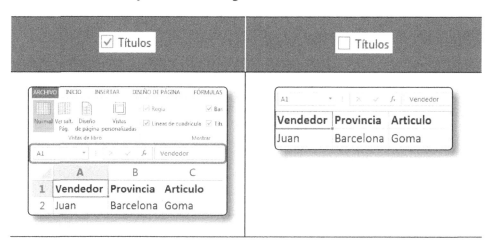

10.3 ZOOM

Este grupo de controles nos permite gestionar el tamaño de la vista, pudiendo aumentar o disminuir el área a visualizar de forma sencilla. Existen diversas maneras de realizar un zoom sobre la vista en curso, aunque la más habitual consiste en desplazar el puntero que nos encontramos en la barra de zoom existente en la parte inferior derecha de la ventana de Excel:

También podemos realizar un zoom rápidamente si nuestro ratón dispone de la ruedecita central y mantenemos pulsada la tecla **CTRL** mientras la giramos hacia arriba o hacia abajo. Por favor, pruébelo, ¡comprobará que su vista se lo agradece!

10.3.1 Zoom

 Esta opción nos permite invocar directamente al cuadro de diálogo **Zoom**:

Mediante este cuadro, de forma intuitiva podemos observar cómo aumentar o disminuir el tamaño de nuestra vista. Por defecto se muestran unos determinados valores, pero vemos que mediante la opción **Personalizado** podemos indicar exactamente el porcentaje (**%**) de zoom que queremos aplicar.

Si seleccionamos la opción **Ajustar a la selección de la ventana** observaremos cómo la selección que tengamos aplicada en ese momento pasa a ocupar toda la ventana.

10.3.2 100%

Esta opción nos permite aplicar un zoom del 100 % (recuperar la vista **Normal**), así, si hubiéramos aplicado cualquier zoom para aumentar o disminuir la vista, con un simple clic volveríamos a verlo con su tamaño por defecto.

10.3.3 Ampliar selección

Esta opción permite aumentar el tamaño de la vista correspondiente al rango seleccionado, de forma que rellenaremos toda la ventana (siempre y cuando no excedamos el máximo permitido (400 %).

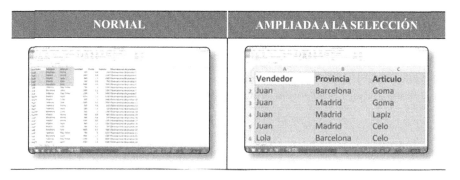

10.4 VENTANA

Este grupo de opciones nos permite gestionar las diferentes ventanas que utilicemos para trabajar con nuestros libros. De este modo podremos crear y organizar la ubicación de las mismas de forma sencilla.

10.4.1 Nueva ventana

Esta opción es especialmente útil cuando queremos disponer de dos vistas diferentes —bien sean de la misma hoja o no— y queremos que cada vista se halle en una ventana diferente. Veremos más tarde que es posible visualizar más de una ventana simultáneamente y que es una forma sencilla de visualizar dos zonas diferentes (por ejemplo) de la misma hoja.

Al seleccionar esta opción observaremos que se crea otra ventana cuyo título contiene el mismo nombre del libro, pero añadiendo el sufijo ":2". Así pues, si inspeccionamos las aplicaciones que tenemos abiertas en Windows, observaremos que aparece una nueva sesión con la nueva ventana para que podamos seleccionarla como si se tratara de otra aplicación más:

En definitiva, se trata de la misma información mostrada en otra ventana. Evidentemente, cualquier cambio producido en una ventana es visible simultáneamente en la otra.

10.4.2 Organizar todo

Esta opción invoca al cuadro de diálogo **Organizar ventanas**, mediante el cual podemos indicar cómo queremos que se organicen las ventanas para poder acceder a las mismas. Si marcamos la casilla **Ventanas del libro activo**, solo se organizarán las ventanas asociadas al libro activo, dejando intactas las ventanas de otros libros que también pudiéramos tener abiertos en este momento. El cuadro de diálogo es el siguiente:

Supongamos que tenemos cuatro ventanas abiertas sobre el mismo libro. A continuación mostramos un ejemplo de organización de ventanas del mismo:

TIPO	MUESTRA
Mosaico	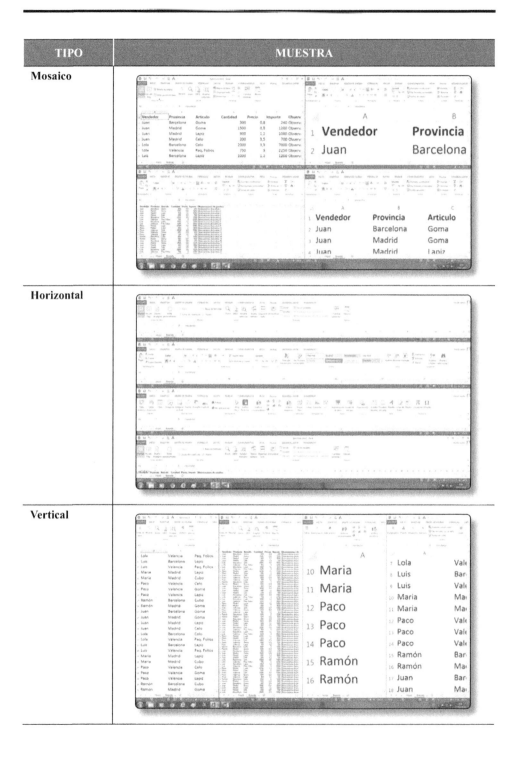
Horizontal	
Vertical	

Cascada	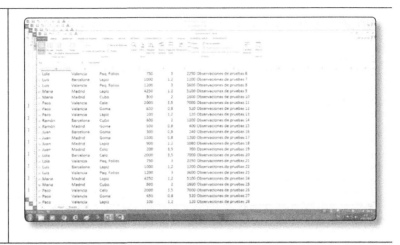

10.4.3 Inmovilizar

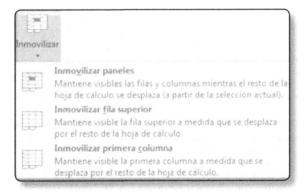

Este grupo de opciones se encarga de inmovilizar ciertas áreas de nuestra hoja para mantenerlas siempre a la vista a pesar de que usemos las barras de desplazamiento para desplazarnos por la misma.

10.4.3.1 INMOVILIZAR PANELES

 Esta opción permite inmovilizar las filas y columnas que queden por encima o a la izquierda de la celda que esté seleccionada en el momento de ejecutar la acción Inmovilizar paneles.

Veamos el siguiente ejemplo:

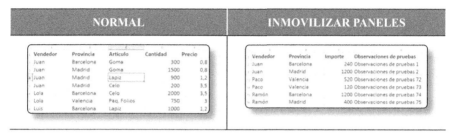

Podemos observar que al inmovilizar paneles y realizar un *scroll* con las barras de desplazamiento, se ocultan columnas y filas (en nuestro ejemplo se ocultan las filas desde la 4 a la 72 y las columnas de la C a la E, ambas inclusive).

10.4.3.2 INMOVILIZAR FILA SUPERIOR

 Esta opción permite inmovilizar la fila superior, tal y como puede observarse en el siguiente ejemplo:

En este ejemplo podemos observar cómo se ocultan las filas (desde la 2 hasta la 13 inclusive) menores que la fila 14 al realizar un *scroll* vertical.

10.4.3.3 INMOVILIZAR PRIMERA COLUMNA

 De forma similar a la descrita en el apartado anterior, esta opción nos permite inmovilizar la primera columna, dejándola siempre visible.

En este ejemplo podemos observar cómo al realizar un desplazamiento horizontal desaparecen las columnas B, C y D, mientras que la A permanece visible.

10.4.4 Dividir

Esta opción permite dividir la pantalla en varios paneles, los cuales poseen su propio desplazamiento independiente del resto.

Dependiendo de la celda que tengamos seleccionada en el momento de realizar esta acción, podemos establecer dos paneles horizontales, verticales o cuatro paneles distintos.

Si la celda seleccionada se halla en la primera columna, la pantalla se dividirá en dos paneles horizontales, situando la división justo en la fila que hay inmediatamente antes de la fila en curso, exceptuando que nos hallemos en la primera celda visible, en cuyo caso la división se producirá a mitad de la pantalla.

Si la celda se halla en la primera fila, se producirá una división vertical, situando dicha división justo a la izquierda de la celda en curso y teniendo en cuenta la misma excepción comentada en el párrafo anterior (para la primera celda visible, la división se sitúa en mitad de la pantalla).

En cualquier otra posición, la división se produce justo por encima y a la izquierda de la celda en curso.

10.4.5 Ocultar

 Esta opción nos permite ocultar la ventana actual.

10.4.6 Mostrar

Permite volver a mostrar una ventana que previamente se haya ocultado mediante la opción **Ocultar**. Al seleccionar esta opción se muestra un cuadro de diálogo con una lista de las ventanas ocultas para que podamos seleccionar la ventana que nos interesa mostrar. Para mostrar una ventana basta con seleccionarla de la lista y pulsar sobre el botón **Aceptar**, también se puede hacer doble clic sobre la ventana a mostrar. El cuadro de diálogo **Mostrar** es el siguiente:

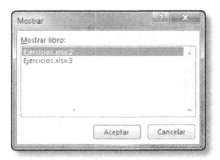

10.4.7 Ver en paralelo

La visión en paralelo de dos libros u hojas nos permite comparar fácilmente el contenido entre sí de forma visual. Cuando ejecutamos esta opción, veremos que en el caso de tener más de dos ventanas abiertas, se mostrará un cuadro de diálogo para que podamos seleccionar con qué ventana deseamos realizar la comparación. El cuadro de diálogo **Comparar en paralelo** para seleccionar dicha ventana a comparar es el siguiente:

Por ejemplo, si seleccionamos el libro **Ejercicio2.xlsx**, se mostrarán los dos libros de la siguiente manera:

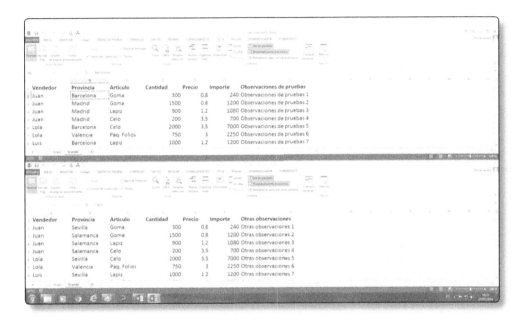

Vemos que los dos libros se han colocado uno encima de otro, repartiéndose el tamaño de la pantalla de forma que visualmente estén los dos a la vista.

10.4.8 Desplazamiento sincrónico

Esta opción solo se activa si previamente hemos seleccionado la opción **Ver en paralelo**, ya que lo que va a hacer es que cada vez que realicemos un desplazamiento en uno de los libros, se produzca el mismo desplazamiento en el otro.

Continuando con el ejemplo anterior, podemos observar que, efectivamente, al realizar un desplazamiento horizontal o vertical sobre uno de los libros, el otro libro realizará el mismo desplazamiento, independientemente de si se está mostrando la misma zona o no en ambos libros.

Desplazamiento vertical	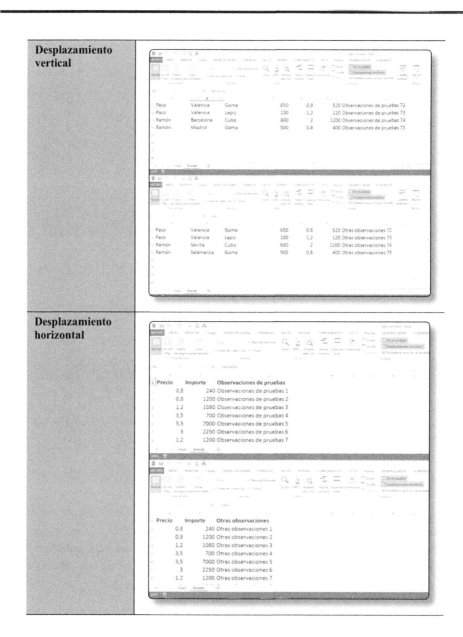
Desplazamiento horizontal	

10.4.9 Restablecer posición de la ventana

Esta opción nos permite recuperar la vista de los dos libros que estamos viendo en paralelo. Vuelve a colocar uno encima de otro repartiendo el espacio de la pantalla equitativamente.

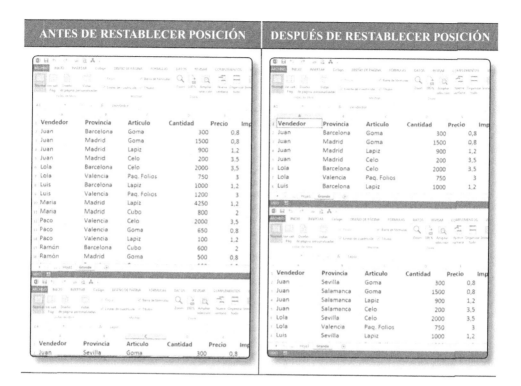

10.4.10 Cambiar ventanas

Mediante esta opción podemos desplazarnos rápidamente a cualquiera de las ventanas que tengamos visibles (no ocultas) simplemente seleccionándola de la lista que nos muestra. A continuación mostramos un ejemplo de una posible lista de ventanas visibles:

11

DESARROLLADOR

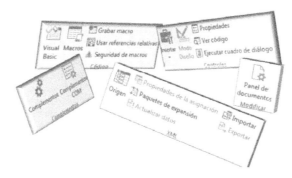

Este grupo de opciones está orientado a la programación de código escrito en Visual Basic y a la gestión de macros que permiten la automatización de ciertas tareas repetitivas.

La programación con Visual Basic requiere de ciertos conocimientos que no son el objeto de este libro. Sin embargo, podemos decir que con pocos conocimientos del lenguaje podríamos ser capaces de realizar diferentes tareas y funciones de usuario.

11.1 CÓDIGO

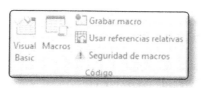

En este grupo de opciones se reúnen las diferentes herramientas que nos van a permitir acceder a la programación con Visual Basic, así como gestionar la creación y mantenimiento de macros, al igual que la configuración de los temas relativos a la seguridad de las mismas.

11.1.1 Visual Basic

Esta opción nos permite acceder al editor de Visual Basic, mediante el cual tendremos acceso a los diferentes trozos de código que vayamos creando, bien sea en forma de macros, módulos o diálogos. También es posible acceder a este editor si pulsamos la secuencia de teclas **ALT** + **F11**.

El editor presenta el siguiente aspecto por defecto:

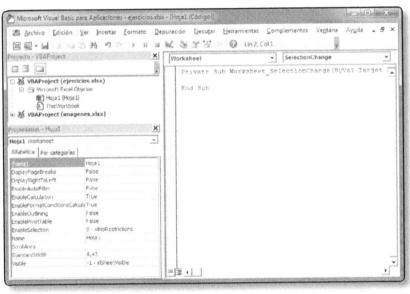

Tal y como hemos comentado anteriormente, la programación en Visual Basic constituye por sí sola un tema extenso sobre el cual hay mucha bibliografía e información en la Red.

Yo tuve el placer de tratar de explicar con cierto detalle una introducción al lenguaje de programación Visual Basic para Excel —así como a cada uno de los elementos que nos encontramos en este editor de Visual Basic— en el libro *Programación con Visual Basic para Excel* de esta misma editorial.

Para pasar desde este editor a Microsoft Excel, podemos pulsar el icono (🖳) o la combinación de teclas **ALT** + **F11**.

La siguiente imagen muestra los principales elementos del editor:

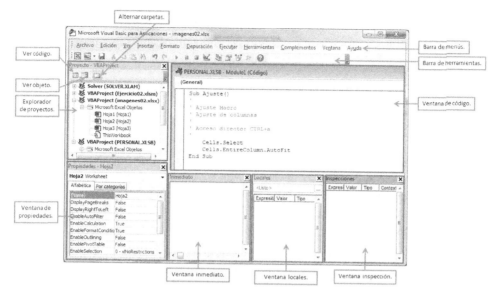

La barra de menús posee las siguientes opciones:

OPCIÓN	COMENTARIO
Archivo	Permite realizar diversas opciones, entre las que se halla el guardar el libro, importar o exportar un archivo, imprimir, etc.
Edición	Permite realizar diversas acciones en función del objeto que se esté tratando, pero posee las clásicas opciones de copiar, cortar, pegar, deshacer, rehacer, buscar, reemplazar, etc.
Ver	Permite mostrar las diferentes ventanas y barras de herramientas existentes en el entorno de desarrollo.
Insertar	Permite insertar alguno de los diferentes tipos de archivo y elementos que podemos utilizar en Visual Basic.
Formato	Contiene opciones para dar formato a los diferentes objetos que aparecen en un formulario.
Depuración	Menú que contiene las opciones que permiten realizar la compilación del proyecto y la depuración del mismo (establecer puntos de interrupción, ejecución paso a paso del código, etc.).
Ejecutar	Controla la ejecución de un procedimiento o formulario.
Herramientas	Permite definir las propiedades del proyecto y personalizar determinadas opciones del entorno de desarrollo.
Complementos	Administración de complementos.
Ventana	Organización de las diferentes ventanas en curso durante la sesión de trabajo con el editor.
Ayuda	Gestión de la ayuda en línea de Visual Basic.

11.1.2 Macros

Esta opción nos permite acceder al cuadro de diálogo **Macro**, mediante el cual podemos crear, modificar, eliminar y ejecutar las macros que tengamos en nuestros libros.

A modo de recordatorio diremos que una macro es un conjunto de instrucciones que permite automatizar ciertos procesos repetitivos. En el caso de Excel, una macro permitiría realizar una secuencia de acciones en un determinado orden, agilizando el trabajo del usuario.

Las macros se almacenan en módulos que a su vez se guardan en un libro de Excel; puede ser el libro sobre el que se está trabajando, un libro determinado o un libro de macros denominado **PERSONAL.XLSB**, que siempre está accesible a todos los libros que así lo requieran. En las antiguas versiones de Excel el libro se denomina **PERSONAL.XLS**.

Las macros están compuestas por una serie de instrucciones que pertenecen, como hemos dicho anteriormente, a un lenguaje de programación denominado Visual Basic.

Una macro puede crearse escribiendo directamente el código fuente que la compone; también puede crearse como fruto de una grabación, como veremos en el siguiente punto.

Por motivos de seguridad, las macros se han de guardar en archivos con extensión *.xlsm* a partir de MS Excel 2007.

Al pulsar sobre esta opción, aparece el cuadro de diálogo **Macro**:

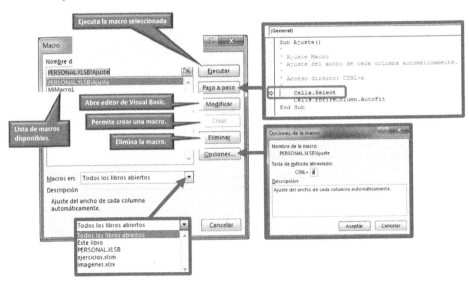

En el mismo disponemos de las siguientes opciones:

OPCIÓN	COMENTARIO
Nombre de la macro	Nombre de la macro a ejecutar. Si la macro se halla en otro libro distinto al libro en curso, observaremos que la macro va precedida del nombre del libro y del signo de admiración (!). 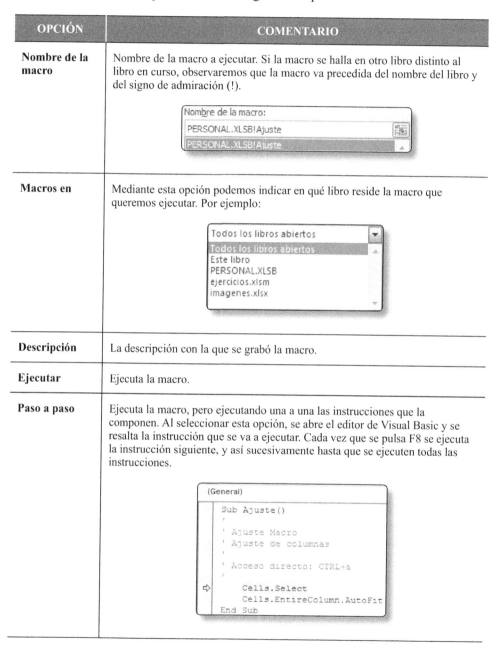
Macros en	Mediante esta opción podemos indicar en qué libro reside la macro que queremos ejecutar. Por ejemplo:
Descripción	La descripción con la que se grabó la macro.
Ejecutar	Ejecuta la macro.
Paso a paso	Ejecuta la macro, pero ejecutando una a una las instrucciones que la componen. Al seleccionar esta opción, se abre el editor de Visual Basic y se resalta la instrucción que se va a ejecutar. Cada vez que se pulsa F8 se ejecuta la instrucción siguiente, y así sucesivamente hasta que se ejecuten todas las instrucciones.

Modificar	Abre el editor de Visual Basic para poder modificar el contenido de la macro. Si la macro se halla en un libro oculto (como puede ser el de **PERSONAL. XLSB**), aparecerá el siguiente mensaje: 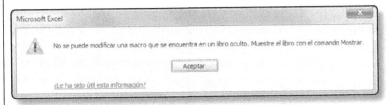 Para acceder al libro ha de utilizarse la opción **Mostrar**, situada en la ficha **VISTA**, grupo de controles Ventana. Al acceder a esta opción, aparece un cuadro de diálogo con los libros ocultos para que podamos seleccionar cuál es el que queremos mostrar. 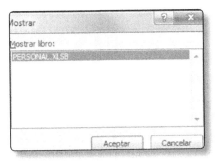
Crear	Esta opción permanece inhabilitada hasta que se introduce un nombre de macro inexistente.
Eliminar	Permite eliminar la macro. Si se pulsa esta opción aparece el siguiente cuadro de diálogo solicitando confirmación:  Para eliminar la macro se ha de pulsar **Sí**.

Opciones	Permite redefinir la secuencia de teclas para el método abreviado y la descripción de la macro mediante el siguiente cuadro de diálogo: 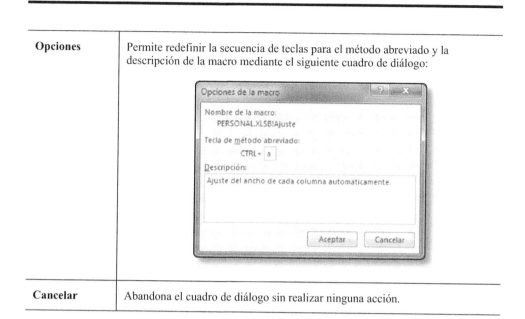
Cancelar	Abandona el cuadro de diálogo sin realizar ninguna acción.

11.1.3 Grabar macro

Supongamos que disponemos de una hoja en la que colocamos los nombres de los meses abreviados de forma que cada uno de ellos ocupa una celda, tal y como se muestra a continuación:

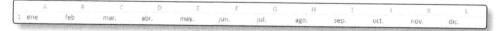

Si quisiéramos ajustar el ancho de cada columna de forma automática, lo que tendríamos que hacer es seleccionar la hoja haciendo un clic sobre la esquina superior izquierda de la hoja, para seleccionar toda la hoja:

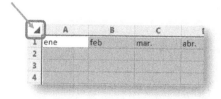

A continuación haríamos doble clic con el botón izquierdo del ratón sobre cualquiera de las separaciones entre columnas:

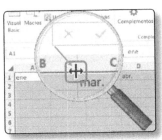

Y seguidamente obtendríamos el ajuste exacto para cada columna, tal y como se muestra a continuación:

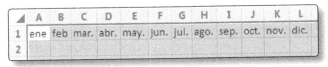

Esta tarea podríamos realizarla mediante una macro en la que ejecutáramos cada una de las acciones descritas de una sola vez. Por tanto, vamos a crear una macro simplemente grabándola.

Para grabar una macro, basta con situarse en la ficha **DESARROLLADOR** y pulsar sobre la opción **Grabar macro** (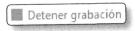).

Al hacer clic sobre este icono, estamos iniciando la grabación de la macro y veremos que se sustituye dicho icono por otro que nos permitirá detener la grabación cuando ya no interese seguir grabando. Así pues, para detener la grabación, pulsaremos sobre el siguiente icono:

Detener grabación

Una vez hemos pulsado sobre **Grabar macro**, aparece el siguiente cuadro de diálogo:

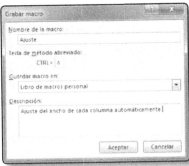

En el cuadro encontraremos los siguientes campos:

OPCIÓN	COMENTARIO
Nombre de la macro	Nombre que tendrá la macro.
Método abreviado	Secuencia de teclas mediante la cual se puede ejecutar la macro. En el ejemplo, la macro se ejecutará cuando pulsemos la tecla **CONTROL** y, manteniéndola pulsada, pulsemos la tecla **A** (**CTRL** + A).
Guardar macro en	Indica dónde queremos guardar la macro. Las macros se pueden guardar en: **Este libro (libro en curso).** **Libro nuevo (se crea un nuevo libro).** **Libro de macros personal (PERSONAL.XLSB).**
Descripción	La descripción que va a tener la macro para ser fácilmente reconocida en usos posteriores.

En este punto, al pulsar sobre **Aceptar** se inicia la grabación y cada una de las acciones que vayamos realizando será grabada, hasta que pulsemos sobre **Detener grabación**.

En el ejemplo, la macro **Ajustar** se ha grabado en el libro de macros personal (**PERSONAL.XLSB**) y, por tanto, estará disponible desde cualquier libro de Excel que abramos en el sistema.

A modo de ejemplo, mostramos el código fuente generado por la grabación de esta macro:

```
(General)

    Sub Ajuste()
    '
    ' Ajuste Macro
    ' Ajuste del ancho de cada columna automáticamente.
    '
    ' Acceso directo: CTRL+a
    '
        Cells.Select
        Cells.EntireColumn.AutoFit
    End Sub
```

11.1.4 Usar referencias relativas

 Esta opción permite indicar a Excel que ha de tener en cuenta la celda inicial seleccionada o no de forma que las acciones se graben de forma relativa a la misma.

Por ejemplo, si al grabar una macro no tenemos marcada esta opción y seleccionamos la celda **A1** para aplicar el formato **Negrita**, cada vez que ejecutemos esta macro, se seleccionará la celda **A1** y se aplicará dicho formato.

Sin embargo, si marcamos esta opción antes de realizar la grabación, la macro guardará las referencias de forma relativa a la posición de la celda inicial y, cada vez que se ejecute, se seleccionará la celda que corresponda dependiendo de la posición inicial de la que partamos.

A continuación mostramos un ejemplo en el que grabaremos una macro sin **Usar referencias relativas**.

Partimos de una posición inicial en la que tenemos seleccionada la celda **A3**:

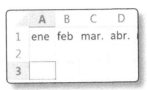

A continuación grabamos la macro para aplicar el formato **Negrita** a la celda **A1**.

Al pulsar sobre **Grabar macro**, se abre el cuadro de diálogo **Grabar macro** y en el mismo introducimos el nombre **Macro_SIN** y una breve descripción:

Una vez que hayamos pulsado en el botón **Aceptar**, ya estamos grabando la macro. Seleccionaremos la celda **A1** y seguidamente pulsaremos **CTRL + N** para aplicar el formato **Negrita**. Una vez realizadas estas acciones, detendremos la grabación pulsando **Detener grabación**.

RESULTADO	CONTENIDO DE LA MACRO

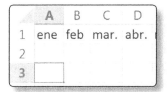	```
	Sub Macro_SIN()
	'
	' Macro_SIN Macro
	' Macro sin referencias relativas
	'
	'
	    Range("A1").Select
	    Selection.Font.Bold = True
	End Sub
	``

Ahora grabaremos una macro usando referencias relativas para analizar la diferencia. Para ello volveremos a la situación inicial eliminando el formato **Negrita** de la celda **A1** y seleccionando la celda inicial **A3** antes de comenzar la grabación:

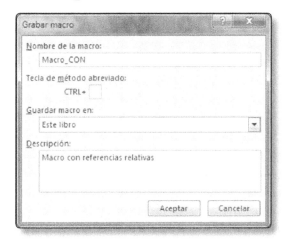

En este punto, seleccionaremos la opción **Usar referencias relativas** y comenzaremos la grabación pulsando sobre **Grabar macro**. En este caso le pondremos el nombre **Macro_CON**:

Pulsamos sobre el botón **Aceptar** y grabamos la macro seleccionando la celda **A1** y pulsando **CTRL+N** para aplicar el formato **Negrita**. Seguidamente pulsaremos **Detener grabación** para finalizar la grabación de la macro. El resultado es el siguiente:

RESULTADO	CONTENIDO DE LA MACRO

Vemos que, aparentemente, el resultado a nivel visual es el mismo. Sin embargo, podemos comprobar que cada vez que ejecutemos la macro **Macro_SIN**, se seleccionará la celda **A1** y se aplicará el formato **Negrita**, mientras que la **Macro_CON** aplicará el formato **Negrita** a la celda que esté dos filas por encima de la celda que tengamos seleccionada en el momento de su ejecución.

	SELECCIONAMOS C3 Y EJECUTAMOS MACRO_SIN	SELECCIONAMOS C3 Y EJECUTAMOS MACRO_CON
Antes de ejecutar		
Después de ejecutar		

Como puede observarse, el resultado es diferente. Mientras que con **Macro_SIN** aplicamos el formato **Negrita** a la celda **A1**, con **Macro_CON**, el formato se aplica sobre la celda **C1**.

11.1.5 Seguridad de macros

Al seleccionar esta opción, accedemos a las opciones de **Configuración de macros** existentes en el cuadro de diálogo **Centro de confianza**, accesible desde la ficha **ARCHIVO** → **Opciones** → **Centro de confianza**.

A continuación mostramos el cuadro de diálogo en el que se ha seleccionado el apartado **Configuración de macros**:

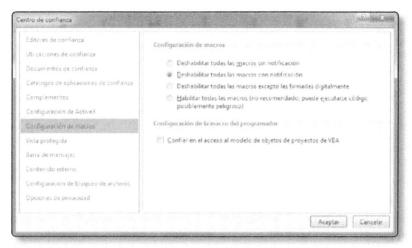

Las posibles opciones a utilizar son las siguientes:

▼ **Deshabilitar todas las macros sin notificación**: se deshabilitan las macros sin dar ningún mensaje.

▼ **Deshabilitar todas las macros con notificación**: se deshabilitan las macros pero se muestran alertas.

▼ **Deshabilitar todas las macros excepto las firmadas digitalmente**: se deshabilitan las macros, excepto aquellas que están firmadas por un editor de confianza. Si están firmadas pero el editor aún no es de confianza, se invitará a reconocerlo como tal.

▼ **Habilitar todas las macros (no recomendado; puede ejecutarse código posiblemente peligroso)**: permite la ejecución de todas las macros. Esta opción no se recomienda.

Además de las opciones descritas, podemos indicar si permitimos el acceso al modelo de objetos de VBA a un cliente de automatización activando o desactivando el casillero de verificación:

Confiar en el acceso al modelo de objetos de proyectos de VBA

Esta es una opción de seguridad que, en caso de estar marcada, dificulta la creación de código de "autorreplicación" a programas no autorizados.

Cuando abrimos un libro que contiene macros, en función de cómo tengamos configurada la seguridad podemos encontrarnos con el siguiente mensaje:

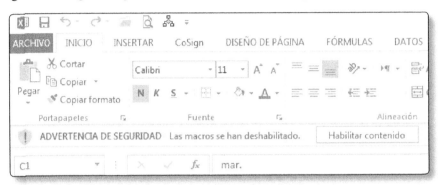

En este punto, podemos hacer clic en **Habilitar contenido** para poder utilizar las macros y convertir el documento en **Documento confiable**. Si habilitamos contenido para este libro, ya no será necesario volver a habilitarlo, so pena de borrar la lista de documentos confiables o deshabilitarlos temporalmente a través de la opción de **Documentos de confianza** existente en el mismo cuadro de diálogo **Centro de confianza**.

También puede hacer clic en el hipervínculo asociado al texto "Las macros se han deshabilitado" para acceder al apartado **Información** de la ficha **ARCHIVO**, en el que accederá, además de a **Habilitar contenido**, a otras opciones mediante las que podrá afinar otros aspectos relacionados con la apertura del libro y su seguridad.

11.2 COMPLEMENTOS

Los complementos añaden nuevas funcionalidades a MS Office y también merecen ser autenticados para permitir que gocen de una mayor confianza.

En general, para poder utilizarlos, los complementos deben ser instalados y activados; aunque la instalación por defecto de Excel ya incorpora algunos.

Los complementos se clasifican en tres tipos:

Complementos de Excel	Normalmente incluyen archivos de tipo **.xlam, .xla, .xll** o son complemento de automatización. Algunos de ellos suelen instalarse por defecto cuando instalamos Excel, es el caso de **Solver** y **Herramientas de análisis**.
Complementos descargables	Pueden descargarse complementos de este tipo desde **Office.com (Descargas)**. Algunos ejemplos son los complementos de minería de datos de MS SQL Server 2008 para Office 2007.
Complementos personalizados	Desarrollos basados en **COM**, **VBA** y **XLL** y que son realizados por proveedores de soluciones.

11.2.1 Complementos

 Al seleccionar esta opción se abre el cuadro de diálogo **Complementos**, en el que se muestran los componentes que podemos utilizar:

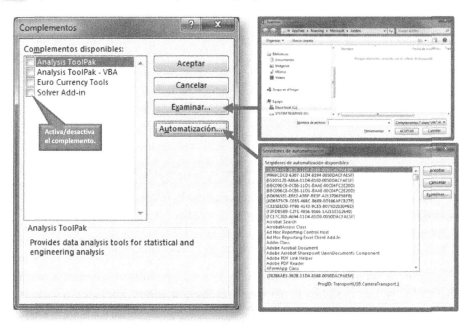

Para activar un complemento basta con activar su casilla de verificación. Si el complemento que necesitamos no aparece en la lista, podemos pulsar sobre el botón **Examinar** para acceder al cuadro de diálogo que nos permitirá navegar hasta la carpeta que lo contiene, donde podremos seleccionarlo para incluirlo. Si se trata de un complemento de automatización, podemos pulsar sobre el botón **Automatización** para seleccionarlo de la lista de servidores de automatización.

Es posible que al activar un complemento, algunas de las fichas incorporen nuevas opciones para dar acceso a los comandos asociados al mismo. Por ejemplo, si activamos **Solver**, observaremos que se incorpora una nueva opción en la ficha de **DATOS**, tal y como se muestra a continuación:

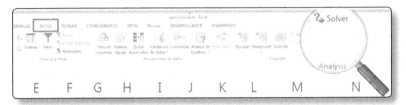

11.2.2 Complementos COM

Esta opción permite incorporar y activar complementos **COM** (*component object model*) como pueden ser **Power Pivot** o **Power View**, tal y como vimos en el capítulo *Insertar*. El cuadro de diálogo **Complementos COM** presenta el siguiente aspecto:

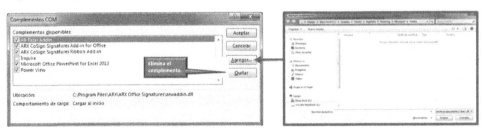

Al igual que en el caso anterior, para activar o desactivar un complemento, basta con marcar la casilla de verificación asociada al mismo. También es posible incorporar nuevos complementos pulsando sobre el botón **Agregar** y accediendo a la carpeta donde se halle para poder seleccionarlo e incorporarlo a la lista.

En algunos casos, al activar un complemento, podemos encontrarnos con que algunas fichas se han modificado para mostrar los comandos asociados al mismo, o con que tengamos disponibles nuevas fichas:

11.3 CONTROLES

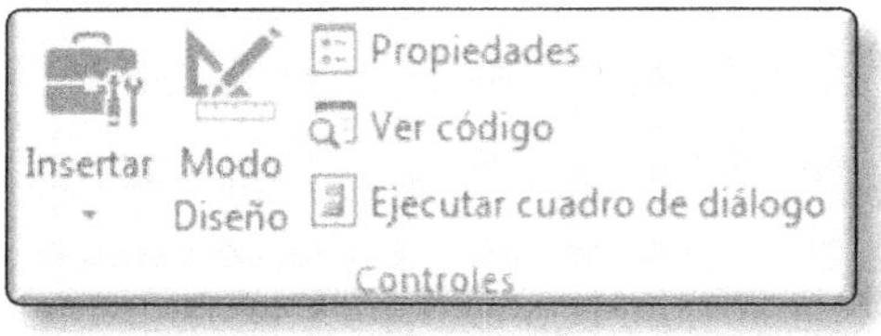

Los controles de formulario y Active X son objetos que podemos insertar en nuestras hojas de cálculo para darles una mayor funcionalidad. Su utilidad gira en torno a la selección de valores y ejecución de macros, por el simple hecho de pulsar un botón o seleccionar un valor de una lista. Normalmente, la selección de un valor en una lista o combo devuelve un índice que determina la posición del elemento seleccionado dentro de un rango de entrada. Más adelante veremos con mayor detalle este tratamiento.

Existen dos grandes tipos de controles:

- De formulario
- Active X

A continuación veremos cómo podemos insertarlos y asociarles funcionalidad.

11.3.1 Insertar

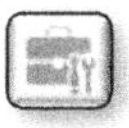

Al seleccionar esta opción, nos muestra una colección de controles divididos en dos grandes grupos:

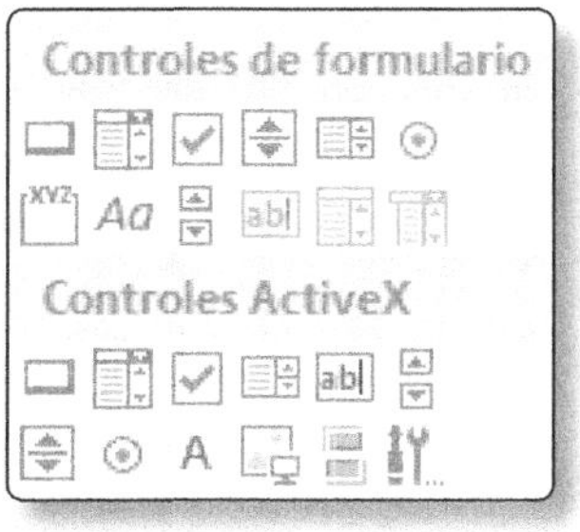

Los siguientes apartados describen con cierto detalle las características de cada grupo y cómo podemos utilizarlos.

11.3.1.1 CONTROLES DE FORMULARIO

Los controles de formulario se pueden colocar directamente sobre una hoja de cálculo y todos ellos poseen unas propiedades y características similares. Son compatibles con versiones anteriores de Excel a partir de la versión 5.0. Para colocar un control sobre la hoja, basta con seleccionar el control de la paleta y dibujarlo sobre la hoja en la zona en la que queremos ubicarlo. Observaremos que al seleccionar el control, el puntero del ratón cambia, mostrando una cruz que indica que ya puede dibujar dicho control simplemente haciendo clic en la zona deseada y arrastrando el puntero del ratón mientras mantiene pulsado el botón izquierdo. Por ejemplo, vamos a dibujar un botón. Una vez seleccionado el control **Botón** de la paleta de controles de formulario, haremos clic en la zona donde queremos colocarlo y arrastraremos el cursor hasta la esquina inferior derecha, dando la forma deseada:

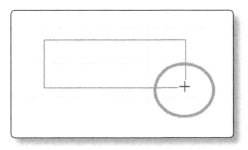

Al finalizar el dibujo del botón, aparece un cuadro de diálogo mediante el cual es posible asignar una macro para que esta se ejecute cada vez que pulsemos sobre el mismo. La macro a asignar puede existir previamente, podemos definirla en ese preciso instante seleccionando **Nuevo**, o bien podemos iniciar una grabación (**Grabar**) para fabricar la macro con la secuencia de acciones que vayamos indicando durante la grabación:

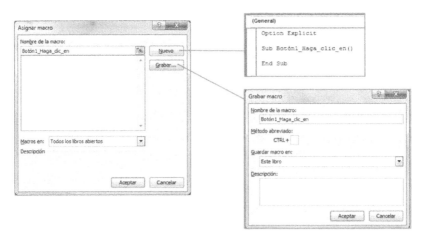

Una vez creado el botón, veremos algo parecido a lo siguiente:

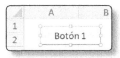

Haciendo clic con el botón derecho del ratón, accedemos a un menú flotante con las siguientes opciones:

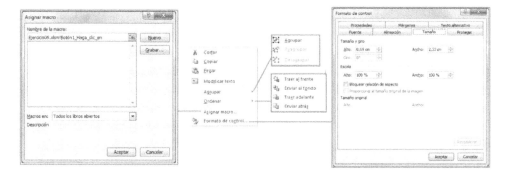

Dentro de dichas opciones destacamos las de **Asignar macro** y las de **Formato de control**, que son las más importantes para asociar funcionalidad a un control.

A continuación mostramos una lista de controles de formulario:

CONTROL	NOMBRE	COMENTARIO
	CommandButton	**Botón** Permite ejecutar una macro al hacer clic sobre él.
	ComboBox	**Cuadro combinado** Permite combinar un cuadro de texto con una lista desplegable.
	CheckBox	**Casilla de verificación** Permite indicar si se activa o no una opción.
	SpinButton	**Control de número** Permite variar un número a cada pulsación, incrementándolo o disminuyéndolo en una determinada cantidad.
	ListBox	**Cuadro de lista** Muestra una serie de elementos, permitiendo al usuario que elija uno de ellos.
	OptionButton	**Botón de opción** Son conocidos como "botones de radio" y suelen agruparse en un cuadro de grupo, de forma que al pulsar uno de ellos el resto se desactiva. Es útil para seleccionar una opción entre varias.

	Cuadro de grupo	**Cuadro de grupo** Permite agrupar controles de forma visual. Útil especialmente para agrupar botones de opción.
Aa	Label	**Etiqueta** Permite mostrar un texto descriptivo.
	ScrollBar	**Barra de desplazamiento** Proporciona valores cada vez que se produce un desplazamiento haciendo clic sobre la misma o sobre las flechas situadas en los extremos.
abl	**Campo de texto**	Campo solo disponible en hojas de diálogo de Excel 5.0.
	Cuadro combinado de lista – Editar	Campo solo disponible en hojas de diálogo de Excel 5.0.
	Cuadro combinado desplegable – Editar	Campo solo disponible en hojas de diálogo de Excel 5.0.

11.3.1.1.1 Formato de control

Este cuadro de diálogo posee seis pestañas y cada una se dedica a un conjunto de características del control.

Fuente

En esta pestaña se agrupan las características relacionadas con el tipo, tamaño y estilo de la fuente utilizada para el texto del control. Se trata de un cuadro de diálogo estándar utilizado en muchos otros lugares de Excel.

Alineación

Permite indicar cómo se ha de disponer el texto dentro del control.

Tamaño

Permite ajustar características relacionadas con el tamaño del control.

Proteger

Al igual que sucede con las celdas, es posible bloquear el control cuando se protege una hoja.

Propiedades

En esta pestaña podemos indicar cómo queremos que se mueva o redimensione el objeto cuando las celdas sobre las que se halla se modifican o desplazan.

Márgenes

Mediante estas características podemos configurar la distancia del texto a los lados o hacia arriba o abajo dentro del control.

Texto alternativo

Permite definir el texto a visualizar en los navegadores cuando el objeto no se puede cargar o mientras se está cargando.

11.3.1.2 CONTROLES ACTIVE X

Los controles Active X pueden usarse en hojas de cálculo y en formularios de VBA. Proporcionan más funcionalidades que los controles de formulario y permiten controlar diversos eventos asociados a los mismos. Sin embargo, no es posible utilizar controles Active X en hojas de gráfico ni en las de macro XLM.

A continuación se muestra una lista de los mismos.

CONTROL	NOMBRE	COMENTARIO
	CommandButton	**Botón** Permite ejecutar una macro al hacer clic sobre él.
	ComboBox	**Cuadro combinado** Permite combinar un cuadro de texto con una lista desplegable.
	CheckBox	**Casilla de verificación** Permite indicar si se activa o no una opción.
	ListBox	**Cuadro de lista** Muestra una serie de elementos, permitiendo al usuario que elija uno de ellos.
	TextBox	**Cuadro de texto** Permite editar y/o mostrar texto.
	ScrollBar	**Barra de desplazamiento** Proporciona valores cada vez que se produce un desplazamiento haciendo clic sobre la misma o sobre las flechas situadas en los extremos.
	SpinButton	**Control de número** Permite variar un número a cada pulsación, incrementándolo o disminuyéndolo en una determinada cantidad.
	OptionButton	**Botón de opción** Son conocidos como "botones de radio" y suelen agruparse en un cuadro de grupo, de forma que al pulsar uno de ellos el resto se desactiva. Es útil para seleccionar una opción entre varias.
	Label	**Etiqueta** Muestra un texto descriptivo.
	Image	**Imagen** Muestra una imagen.
	ToggleButton	**Botón de alternar** Muestra un botón que posee dos posiciones, como si fuera un interruptor (encendido/apagado).

Más controles 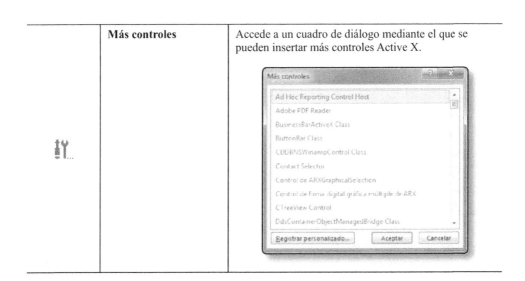	Accede a un cuadro de diálogo mediante el que se pueden insertar más controles Active X.

11.3.2 Modo diseño

Cuando insertamos un control Active X (por ejemplo de tipo **Botón**), observamos que nos permite definir el tamaño del mismo simplemente arrastrando el ratón desde una de las esquinas del control hasta la esquina contraria que se halla en diagonal a la misma.

En ese momento observaremos también que, de forma automática, la opción **Modo diseño** queda activada. Gracias a ello, al pulsar con el botón derecho del ratón, podemos acceder a un menú contextual mediante al cual podemos definir sus propiedades, código, formato, etc.

Para poder finalizar estas definiciones y dejar el control en estado de funcionamiento "normal", a la espera de recibir eventos (en este ejemplo, clics), tendremos que pulsar sobre la opción **Modo diseño**, la cual es biposicional (cada vez que la pulsamos alternamos el estado de activada o desactivada).

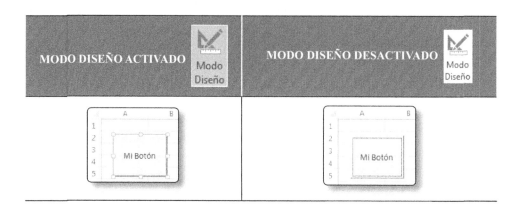

11.3.3 Propiedades

Esta opción nos permite acceder a las propiedades de un control Active X. Así pues, si activamos el **Modo diseño** y seleccionamos un control, al pulsar sobre **Propiedades** aparecerá una ventana con las propiedades del mismo; que, lógicamente, variará en función del tipo de control que estemos tratando. Por ejemplo, si seleccionamos un botón y pulsamos sobre esta opción, nos encontramos la siguiente ventana:

Para modificar una propiedad, basta con hacer clic en la celda de la derecha asociada a la misma e introducir el valor deseado.

11.3.4 Ver código

Esta opción nos permite crear y modificar el código asociado al control. Al pulsar sobre ella, se abre el editor de Visual Basic y se muestran los métodos asociados al mismo. En nuestro ejemplo, al acceder al código de un botón, nos ofrece la posibilidad de introducir código en el evento **Clic**:

```
CommandButton3

    Private Sub CommandButton3_Click()
        MsgBox ("Hola")
    End Sub
```

En este ejemplo tenemos que, al pulsar sobre el botón, se mostrará un mensaje con el texto "Hola":

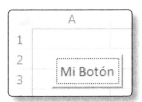 

11.3.5 Ejecutar cuadro de diálogo

Ejecuta un cuadro de diálogo personalizado

11.4 XML

11.4.1 Origen

Esta opción nos permite visualizar u ocultar el panel **Origen XML**. Se trata de una opción biposicional: cada vez que la pulsamos, se alterna la visualización u ocultación del panel. El panel muestra el siguiente aspecto:

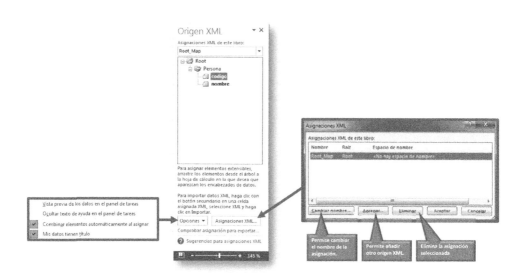

Cada vez que seleccionemos un elemento, observaremos cómo simultáneamente también se selecciona en la hoja la columna o tabla correspondiente:

11.4.2 Propiedades de la asignación

 Esta opción nos permite configurar las propiedades de la asignación, pudiendo modificar el nombre de la misma, el formato de los datos, etc.:

▶ **Nombre**: nombre de la asignación XML

▶ **Validar datos con el esquema para importar y exportar**: permite asegurar que los datos XML que se vayan a importar se ajusten al esquema XML.

▶ **Guardar la definición del origen de los datos en el libro**: permite seguir usando la información de asignación, eliminando los posibles datos confidenciales del origen de datos.

▶ **Diseño y formato de datos**:

- Ajustar el ancho de la columna.
- Mantener el filtro de columna.
- Mantener el formato de los números.

▶ **Al actualizar o importar los datos**:

- **Sobrescribir los datos existentes con los nuevos**: permite actualizar los datos sustituyendo los datos actuales por los nuevos.

- **Anexar los nuevos datos a las tablas XML existentes**: permite consolidar datos procedentes de varios archivos XML sin sobrescribir el contenido previo.

11.4.3 Paquetes de expansión

 Esta opción permite administrar los paquetes de extensión asociados al documento. Al seleccionar esta opción aparece el siguiente cuadro de diálogo:

11.4.4 Actualizar datos

 Permite actualizar los datos XML existentes en el libro.

11.4.5 Importar

Mediante esta opción podemos importar datos que se hallen en un archivo **XML**. Al seleccionar esta opción, se muestra el cuadro de diálogo **Importar XML**, mediante el cual podemos seleccionar el archivo que contiene dichos datos. Supongamos que tenemos un archivo muy simple con la siguiente estructura:

```
<?xml version="1.0" encoding="UTF-8"?>
<Root>
  <Persona>
      <codigo>1</codigo>
      <nombre>Juanto</nombre>
  </Persona>
  <Persona>
      <codigo>2</codigo>
      <nombre>María</nombre>
  </Persona>
  <Persona>
      <codigo>3</codigo>
      <nombre>Paco</nombre>
  </Persona>
</Root>
```

Al importar este archivo, recibiremos el siguiente mensaje, el cual nos indica que se creará un esquema a partir del análisis de los datos del mismo:

Al aceptar se solicitará el destino de los datos importados mediante el siguiente cuadro de diálogo:

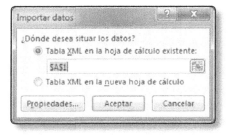

El resultado será el siguiente:

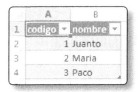

Así mismo, observaremos que en el panel **Origen XML** aparece la estructura de datos asociada:

11.4.6 Exportar

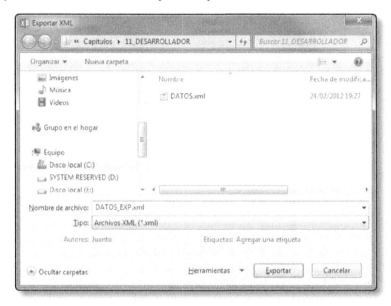 Permite exportar los datos XML a un archivo XML. Al seleccionar esta opción se abre el cuadro de diálogo **Exportar XML** para que podamos indicar la carpeta y el nombre del archivo al que se exportarán los datos:

11.5 PANEL DE DOCUMENTOS (MODIFICAR)

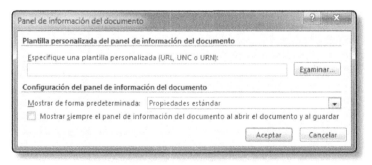 Mediante esta opción es posible especificar el tipo de plantilla a utilizar para mostrar la información del documento.

Al seleccionar esta opción aparece el siguiente cuadro de diálogo:

12

EJEMPLOS DE FUNCIONES

En el capítulo dedicado a la pestaña **FÓRMULAS** analizamos en detalle cómo podemos insertar y auditar las fórmulas y funciones existentes en nuestras hojas de cálculo. A continuación mostraremos algunos ejemplos de las funciones más utilizadas.

12.1 BÚSQUEDA Y REFERENCIA

12.1.1 Función: BUSCAR

12.1.1.1 DESCRIPCIÓN

Esta función devuelve un valor como resultado de la comparación de un valor buscado en un vector (rango de una dimensión [columna o fila]) o en una matriz.

Los elementos del rango o matriz sobre el que se busca han de estar previamente ordenados o, de lo contrario, la función no funcionará correctamente.

BUSCAR trata de encontrar el valor buscado de forma que, si lo encuentra, devuelve el resultado asociado a la posición del vector resultado o de la última columna de la misma fila, según se esté trabajando con vectores o con matrices. Si no se puede encontrar el valor, **BUSCAR** devolverá el mayor de los valores que sea menor que el valor buscado. Es decir, si buscamos el número 5 en la colección de valores "1, 3, 7, 9", la posición que se utilizará como resultado de la búsqueda será la segunda, ya que 3 es el mayor de los valores más pequeños que 5.

12.1.1.2 SINTAXIS

BUSCAR(valor_buscado; vector_de_comparación; vector_resultado)

BUSCAR(valor_buscado; matriz)

Argumentos Sintaxis 1

ARGUMENTO	COMENTARIO
valor_buscado	Valor buscado.
vector_de_comparación	Vector en el que buscará el valor buscado.
vector_resultado	Vector del cual se extraerá el resultado según la posición en la que se haya encontrado el valor buscado en la matriz de comparación.

Argumentos Sintaxis 2

ARGUMENTO	COMENTARIO
valor_buscado	Valor buscado.
matriz	Matriz sobre la que se buscará el valor.

Ejemplo 1

	A	B	C	D	E	F	
1	Orden	Día		Valor a buscar	5		
2		1 Lunes		Resultado	Viernes		
3		2 Martes		Fórmula	=BUSCAR(E1:A2:A8;B2:B8)		
4		3 Miércoles					
5		4 Jueves		Valor a buscar	0		
6		5 Viernes		Resultado	#N/A		
7		6 Sábado		Fórmula	=BUSCAR(E5;A6:A12;B6:B12)		
8		7 Domingo					

En este ejemplo se busca el número 5 (**E1**) en el vector **A2:A8** y, al localizarlo en la posición 5, devuelve el valor situado en la posición 5 del vector **B2:B8**, que, en este caso, es **Viernes**.

También podemos observar que si buscamos un valor inferior (en este caso el 0) al primero de los valores del vector de búsqueda, se devuelve el error **#N/A**, ya que no existe ningún valor que se pueda devolver.

Ejemplo 2

	A	B	C	D
1	Valor a buscar	5		
2	Resultado	Tres		
3	Fórmula	=BUSCAR(B1,{1;"Uno"\2;"dos"\3;"Tres"})		
4				
5	Valor a buscar	0		
6	Resultado	#N/A		
7	Fórmula	=BUSCAR(B5;{1;"Uno"\2;"dos"\3;"Tres"})		

En este ejemplo se ha buscado un valor (5) que no existe en la matriz **{1;"Uno"\2;"dos"\3;"Tres"}** y, por tanto, se ha devuelto el mayor de los valores más pequeños, que en este caso es el 3.

Vemos que al buscar 0, y no existir un valor inferior al mismo, la función devuelve el error **#N/A**.

12.1.2 Función: BUSCARV/BUSCARH

12.1.2.1 DESCRIPCIÓN

Estas funciones devuelven un valor como resultado de la comparación de un valor buscado en un rango.

Se puede realizar una búsqueda exacta o aproximada. Es decir, si el valor que se busca ha de existir exactamente, los valores en el rango pueden estar desordenados, ya que si dicho valor no se encuentra, se devolverá #N/A. Si la búsqueda es aproximada, los valores de la columna o fila sobre la que se busca dentro del rango han de estar ordenados, ya que, de lo contrario, puede producirse un error.

Si la búsqueda es exacta, se devolverá el resultado correspondiente al primer valor encontrado dentro del vector de búsqueda. Si la búsqueda no es exacta, se devolverá el mayor de los valores más pequeños al buscado.

BUSCARV y **BUSCARH** poseen un funcionamiento idéntico; en lo único que se diferencian es en que la **V** indica que la búsqueda es vertical y la **H** que es horizontal.

12.1.2.2 SINTAXIS

BUSCARV(valor_buscado;matriz_buscar_en;indicador_columnas; ordenado)

BUSCARH(valor_buscado;matriz_buscar_en;indicador_filas; ordenado)

Argumentos Sintaxis 1

ARGUMENTO	COMENTARIO
valor_buscado	Valor buscado dentro de la primera columna de la matriz.
matriz_buscar_en	Rango sobre el que se buscará, formado por dos o más columnas.
indicador_columnas indicador_filas	Columna (fila) que contiene el valor que hay que devolver dentro del rango en el que se busca.
ordenado	Si es **VERDADERO**, se indica que la coincidencia ha de ser exacta o aproximada. Si es **FALSO**, solo se busca una coincidencia exacta.

Consideraciones a tener en cuenta:

▸ Si **valor_buscado** es inferior al menor de los valores de la primera columna de **matriz_buscar_en**, se devuelve al valor de error '**#N/A**'.

▸ Si **indicador_columnas** es menor que 1, se devuelve el valor '**#VALUE!**'.

▸ Si **indicador_columnas** es mayor que el número de columnas del rango, se devuelve el valor '**#REF!**'.

▸ Si ordenado es **VERDADERO**, se devuelve el valor correspondiente a una coincidencia exacta o aproximada. Si la coincidencia es aproximada, se utiliza como referencia el mayor de los valores más pequeños al buscado. En este caso se requiere que los valores estén ordenados.

▸ Si ordenado es **FALSO**, se buscará una coincidencia exacta. No es necesario ordenar los valores previamente. En caso de que el valor buscado exista más de una vez, se devuelve el valor asociado a la primera ocurrencia encontrada. Si no se halla el valor, se devuelve '**#N/A**'.

Ejemplo BUSCARV

	A	B	C	D	E	F	G	H	I
1	Val1	Val2	Val3	Val4	Valor buscado	Ind_col	Ord	Resultado	Formulas
2	1	Ene	Lunes	Enero	2	1	1	2	=BUSCARV(E2,$A$2:$D$13,F2,G2)
3	2	Feb	Martes	Febrero	2	2	1	Feb	=BUSCARV(E3,$A$2:$D$13,F3,G3)
4	3	Mar	Miércoles	Marzo	2	3	1	Martes	=BUSCARV(E4,$A$2:$D$13,F4,G4)
5	4	Abr	Jueves	Abril	2	4	1	Febrero	=BUSCARV(E5,$A$2:$D$13,F5,G5)
6	5	May	Viernes	Mayo	5	4	1	Mayo	=BUSCARV(E6,$A$2:$D$13,F6,G6)
7	6	Jun	Sábado	Junio	0	3	1	#N/A	=BUSCARV(E7,$A$2:$D$13,F7,G7)
8	7	Jul	Domingo	Julio	13	3	1	Viernes	=BUSCARV(E8,$A$2:$D$13,F8,G8)
9	8	Ago	Lunes	Agosto	13	3	1	#N/A	=BUSCARV(E9,$A$2:$D$13,F9,G9)
10	9	Sep	Martes	Septiembre	2	0	1	#¡VALOR!	=BUSCARV(E10,$A$2:$D$13,F10,G10)
11	10	Oct	Miércoles	Octubre	2	8	1	#¡REF!	=BUSCARV(E11,$A$2:$D$13,F11,G11)
12	11	Nov	Jueves	Noviembre					
13	12	Dic	Viernes	Diciembre					

Las fórmulas que se indican son las que se hallan en la columna **H**.

Ejemplo BUSCARH

	A	B	C	D	E	F	G	H
1	Val1	1	2	3	4	5	6	7
2	Val2	Lunes	Martes	Miércoles	Jueves	Viernes	Sábado	Domingo
3	Val3	LUN	MAR	MIÉ	JUE	VIE	SÁB	DOM
4	Val4	M	N	O	P	Q	R	S
5								
6								
7	Valor busc	Ind_fil	Ord		Resultado	Formulas		
8	2	1	1		2	=BUSCARH(A8,$A$1:$G$4,B8,C8)		
9	2	2	1		Martes	=BUSCARH(A9,$A$1:$G$4,B9,C9)		
10	2	3	1		MAR	=BUSCARH(A10,$A$1:$G$4,B10,C10)		
11	2	4	1		N	=BUSCARH(A11,$A$1:$G$4,B11,C11)		
12	0	4	1		#N/A	=BUSCARH(A12,$A$1:$G$4,B12,C12)		
13	8	4	1		S	=BUSCARH(A13,$A$1:$G$4,B13,C13)		
14	8	4	0		#N/A	=BUSCARH(A14,$A$1:$G$4,B14,C14)		

Las fórmulas que se indican son las que se hallan en la columna **D**.

12.1.3 Función: IMPORTARDATOSDINAMICOS

12.1.3.1 DESCRIPCIÓN

Esta función permite recuperar datos de una tabla dinámica siempre y cuando los valores que hay que recuperar estén presentes.

Si el dato que hay que recuperar no está disponible o no existe, se devuelve '#¡REF!'.

12.1.3.2 SINTAXIS

IMPORTARDATOSDINAMICOS(campo_datos,tabla_dinámica,campo1,elemento1,campo2,elemento2…)

Argumentos Sintaxis

ARGUMENTO	COMENTARIO
campo_datos	Campo que se desea recuperar.
tabla_dinámica	Referencia a una celda cualquiera que se halle en el rango que contiene el informe de la tabla dinámica que hay que tratar.
campo1, elemento1	Nombre de campo y elemento que hay que recuperar dentro de la tabla dinámica.
campo2, elemento2…	Resto de parejas que permiten indicar el dato que hay que recuperar.

Ejemplo 1

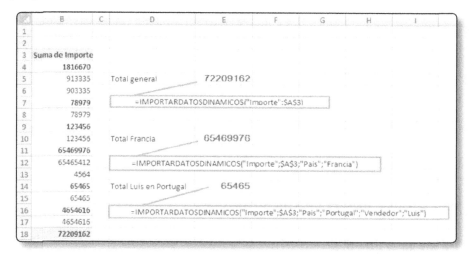

12.1.4 Función: COINCIDIR

12.1.4.1 DESCRIPCIÓN

Esta función busca un determinado valor en un rango dado y devuelve la posición en la que se halla. En función del orden en el que se hallen los valores dentro del rango, y del tipo de coincidencia indicado, podemos obtener diferentes resultados.

12.1.4.2 SINTAXIS

COINCIDIR(valor_buscado; matriz_buscada; tipo_de_coincidencia])

Argumentos

ARGUMENTO	COMENTARIO	OBLIGATORIO
valor_buscado	Valor que se desea buscar en la matriz buscada. Admite los comodines ? y *, los cuales indican que puede haber un carácter cualquiera en una posición concreta, o una cadena de texto cualquiera, respectivamente. Por ejemplo, para buscar el número 123 utilizando comodines se puede indicar 1?3, o bien *3. Si lo que se desea buscar es precisamente un ? o un *, se ha de anteponer la tilde (~) a dichos caracteres. No se distinguen mayúsculas de minúsculas en las búsquedas.	S
matriz_buscada	Rango de celdas en el que se buscará el valor indicado. Este rango ha de ser unidimensional (los valores han de estar indicados en una fila o en una columna).	S
tipo_de_coincidencia	Indica cómo ha de coincidir el valor buscado con los valores de la matriz buscada. Por defecto el valor es 1.	N

Tipo de coincidencia

TIPO	EXPLICACIÓN
1	Los valores de la matriz que hay que buscar deben estar ordenados ascendentemente. Devuelve la posición del elemento cuyo valor es igual o menor, siendo este el mayor del resto de elementos de la matriz. Por ejemplo, si buscamos el valor 6 en la colección 0, 4, 6, 8, 9, el resultado será 3, ya que el 6 está en la tercera posición. Si buscamos el valor 5, el resultado será 2, ya que el 4 es el mayor de los valores más pequeños que 5.
0	Devuelve la posición del primer elemento cuyo valor coincida exactamente con el mismo valor que se está buscando. El orden de los elementos en la matriz buscada es indiferente.
-1	Los valores de la matriz que hay que buscar deben estar ordenados en sentido descendente. Devuelve la posición del elemento cuyo valor es igual o mayor, siendo este el menor del resto de elementos de la matriz. Por ejemplo, si buscamos el valor 6 en la colección 9, 8, 7, 6, 4, -1, el resultado será 4, ya que el 6 está en la cuarta posición. Ahora bien, si buscamos el valor 2 dentro de la colección de valores, el resultado será 5, ya que en la posición 5 se halla el valor 4, que es el primer valor mayor que 3.

Ejemplo

	A	B	C	D	E	F	G
1		RangVal		Tipo búsqueda	Valor buscado	Resultado	Fórmulas
2	V	1		1	6	4	=COINCIDIR(E2;B2:B8;D2)
3	A	3		0	6	#N/A	=COINCIDIR(E3;B2:B8;D3)
4	L	4		-1	6	#N/A	=COINCIDIR(E4;B2:B8;D4)
5	O	5					
6	R	7		Tipo búsqueda	Valor buscado	Resultado	Fórmulas
7	E	8		1	7	5	=COINCIDIR(E7;B2:B8;D7)
8	S	9		0	7	5	=COINCIDIR(E8;B2:B8;D8)
9				-1	7	#N/A	=COINCIDIR(E9;B2:B8;D9)

En este ejemplo se pueden observar los resultados correspondientes a la búsqueda de un valor inexistente (6) en el rango de valores (**B2:B8**) y de otro valor existente (7). Observamos que el resultado del tipo de búsqueda (-1) en ambos casos es '**#N/A**', ya que la lista no está ordenada en sentido descendente.

12.1.5 Función: ELEGIR

12.1.5.1 DESCRIPCIÓN

Esta función devuelve un valor de una lista de argumentos en función del argumento **num_indice**.

12.1.5.2 SINTAXIS

ELEGIR(núm_índice;valor1;valor2…)

Argumentos

ARGUMENTO	COMENTARIO	OBLIGATORIO
num_indice	Indica la posición de la lista de valores en la que se halla el valor a devolver. El índice ha de estar comprendido entre 1 y 254. Si el índice es menor que 1 o su valor es mayor que el número de valores existentes, la función devuelve '**#¡VALOR!**'. Si el índice no es un número entero, su valor se truncará antes de ser utilizado.	S
valor1; valor2…; valorN	Cada uno de los valores que puede devolver la función.	S

Ejemplo 1

	A	B	C	D
1		Indice	Resultado	Fórmulas
2		2	FEB	=ELEGIR(B2;"ENE";"FEB";"MAR";"ABR";"MAY""JUN")
3		4	ABR	=ELEGIR(B3;"ENE";"FEB";"MAR";"ABR";"MAY""JUN")
4		8	#¡VALOR!	=ELEGIR(B4;"ENE";"FEB";"MAR";"ABR";"MAY""JUN")
5		3	MAR	=ELEGIR(B5;"ENE";"FEB";"MAR";"ABR";"MAY""JUN")
6		1	ENE	=ELEGIR(B6;"ENE";"FEB";"MAR";"ABR";"MAY""JUN")

En este ejemplo se puede observar cómo el índice (**B4**), cuyo valor es 8, devuelve como resultado '**#¡VALOR!**', ya que la función no posee tantos valores definidos.

Ejemplo 2

	A	B	C	D	E
1	10		Indice	Resultado	Fórmulas
2	20		4	90	=SUMA(ELEGIR(C2;A1:A2;A2:A3;A3:A4;A4:A5))
3	30		2	50	=SUMA(ELEGIR(C3;A1:A2;A2:A3;A3:A4;A4:A5))
4	40		3	70	=SUMA(ELEGIR(C4;A1:A2;A2:A3;A3:A4;A4:A5))
5	50		1	30	=SUMA(ELEGIR(C5;A1:A2;A2:A3;A3:A4;A4:A5))
6					
7			1	60	=ELEGIR(C7;SUMA(A1:A3);SUMA(A2:A4);SUMA(A3:A5))
8			3	120	=ELEGIR(C8;SUMA(A1:A3);SUMA(A2:A4);SUMA(A3:A5))
9			2	90	=ELEGIR(C9;SUMA(A1:A3);SUMA(A2:A4);SUMA(A3:A5))

En este ejemplo podemos observar que **ELEGIR** decide qué rango es el que se ha de sumar (véanse las fórmulas en **D2:D5**) en función del índice, o bien, cuál es la suma que debe realizarse (fórmulas en **D7:D9**).

12.1.6 Función: HIPERVÍNCULO

12.1.6.1 DESCRIPCIÓN

Esta función permite crear un acceso directo a un documento o recurso almacenado en nuestro PC, o bien en la red (intranet o Internet) a la que tengamos acceso.

Para acceder al recurso bastará con hacer clic sobre la celda que contiene dicho hipervínculo.

12.1.6.2 SINTAXIS

HIPERVINCULO(ubicación_del_vínculo;nombre_descriptivo)

Argumentos

ARGUMENTO	COMENTARIO	OBLIGATORIO
ubicación_del_vínculo	URL o dirección en la que se halla el documento o recurso al que se desea acceder.	S
nombre_descriptivo	Texto que aparecerá como descripción del hipervínculo. En el caso de no indicar un nombre descriptivo, se utiliza la propia ubicación del recurso.	N

Ejemplo

	A	B
1	Web de Ra-Ma	=HIPERVINCULO("http://www.ra-ma.es/";"Web de Ra-Ma")
2	Directorio temporal	=HIPERVINCULO("c:\Temp";"Directorio temporal")
3	c:\Temp	=HIPERVINCULO("c:\Temp")
4	Temporal	=HIPERVINCULO(B6;B7)
5		
6	Dirección	C:\Windows\System32\notepad.exe
7	Rótulo	Temporal

En el primer caso (**A1**) accederíamos a la web de Ra-Ma. En los dos siguientes (**A2** y **A3**) se abriría un directorio con el explorador. En el último caso (**A4**) se abriría el Bloc de Notas (**Notepad.exe**).

12.2 MATEMÁTICAS Y TRIGONOMÉTRICAS

12.2.1 Función: SUMAR.SI

12.2.1.1 DESCRIPCIÓN

Esta función permite sumar los valores de un rango que cumplen una determinada condición.

Es posible sumar los valores de un rango aplicando el criterio que determina si se ha de sumar o no a otro rango distinto.

Sintaxis

SUMAR.SI(rango,criterio,[rango_suma])

Argumentos Sintaxis 1

ARGUMENTO	COMENTARIO	OBLIGATORIO
rango	Rango de celdas que hay que evaluar.	S
criterio	Criterio que hay que evaluar.	S
rango_suma	Rango que contendrá los valores que hay que sumar.	N

Consideraciones a tener en cuenta:

▼ Los valores en blanco y los de texto no se tienen en cuenta a la hora de aplicar el criterio de comparación.

▼ Si el **rango_suma** no tiene el mismo tamaño que **rango**, se calculará el tamaño que ha de tratarse a partir de la celda inicial del mismo más las filas y columnas existentes en rango.

▼ Es posible utilizar los comodines en las comparaciones para indicar cualquier carácter en una determinada posición (**?**) o cualquier número de caracteres (*****).

▼ Se puede emplear una celda en la comparación utilizando expresiones como =**SUMAR.SI(A2:B7;">"&E7;A2:B7)**, donde la comparación requiere que el valor sea mayor que el contenido de la celda **E7**.

Ejemplo

	A	B	C	D	E	F
1	Val1	Val2	Val3	Val4	Resultado	Fórmulas
2	5	35	A	C	30	=SUMAR.SI(A2:A7;">20")
3	10	40	B	Paco	60	=SUMAR.SI(A2:A7;">20";B2)
4	15		C	B	95	=SUMAR.SI(C3:C8;"B";B3)
5	20	50	Juan	C	240	=SUMAR.SI(A2:B7;">"&E7;A2:B7)
6		55	B	C	80	=SUMAR.SI(C2:D7;"*u*";A2:B7)
7	30	60	C	Juan	30	=SUMAR.SI(A2:B7;"<=15")

12.2.2 Función: ABS

12.2.2.1 DESCRIPCIÓN

Esta función devuelve el valor absoluto de un número, es decir, el número sin su signo.

12.2.2.2 SINTAXIS:

ABS(número)

Argumentos

ARGUMENTO	COMENTARIO	OBLIGATORIO
número	Valor sobre el que se le quiere eliminar el signo.	S

Ejemplo

	A	B	C
1	Valor	Resultado	Fórmula
2	123	123	=ABS(A2)
3	-123	123	=ABS(A3)
4	0,123	0,123	=ABS(A4)
5	-0,123	0,123	=ABS(A5)
6		56	=ABS(-56)

12.2.3 Función: ENTERO

12.2.3.1 DESCRIPCIÓN

Esta función redondea un número hasta su entero inferior más próximo.

12.2.3.2 SINTAXIS

ENTERO(número)

Argumentos

ARGUMENTO	COMENTARIO	OBLIGATORIO
número	Valor que se quiere redondear.	S

Ejemplo

	A	B	C
1	Valor	Resultado	Fórmula
2	123	123	=ENTERO(A2)
3	-123	-123	=ENTERO(A3)
4	0,123	0	=ENTERO(A4)
5	-0,123	-1	=ENTERO(A5)
6		123	=ENTERO(123,123)
7		-124	=ENTERO(-123,123)

Se puede observar que el entero inferior más próximo a -0,123 es el -1.

12.2.4 Función: REDONDEAR/REDONDEAR.MAS /REDONDEAR.MENOS

12.2.4.1 DESCRIPCIÓN

Este grupo de funciones permite redondear un valor numérico en función del número de decimales que interese expresar.

El redondeo normal (**REDONDEAR**) funciona de manera que si el primer dígito que se va a despreciar es mayor o igual a 5, el dígito que le precede se incrementa en una unidad. Si el primer dígito que hay que despreciar es menor que 5, se desprecia sin más.

REDONDEAR.MAS fuerza a que el redondeo sea "al alza".

REDONDEAR.MENOS redondea "a la baja".

12.2.4.2 SINTAXIS

REDONDEAR(número; núm_decimales)
REDONDEAR.MAS(número; núm_decimales)
REDONDEAR.MENOS(número; núm_decimales)

Argumentos

ARGUMENTO	COMENTARIO	OBLIGATORIO
número	Valor que se quiere redondear.	S
núm_decimales	Número de decimales a los que se quiere redondear el número indicado.	S

Ejemplos

	A	B	C	D
1	Valor	Num.Decimales	Resultado	Fórmula
2	12345,12345	2	12345,12	=REDONDEAR(A2;B2)
3	-12345,5678	3	-12345,568	=REDONDEAR(A3;B3)
4	0,12345	3	0,123	=REDONDEAR(A4;B4)
5	0,5678	1	0,6	=REDONDEAR(A5;B5)
6	12345,5678	-2	12300	=REDONDEAR(A6;B6)
7	1234567,56	-4	1230000	=REDONDEAR(A7;B7)
8				
9	Valor	Num.Decimales	Resultado	Fórmula
10	12345,12345	2	12345,13	=REDONDEAR.MAS(A10;B10)
11	-12345,5678	3	-12345,568	=REDONDEAR.MAS(A11;B11)
12	0,12345	3	0,124	=REDONDEAR.MAS(A12;B12)
13	0,567	1	0,6	=REDONDEAR.MAS(A13;B13)
14	12345,5678	-2	12400	=REDONDEAR.MAS(A14;B14)
15	1234567,56	-4	1240000	=REDONDEAR.MAS(A15;B15)
16				
17	Valor	Num.Decimales	Resultado	Fórmula
18	12345,12345	2	12345,12	=REDONDEAR.MENOS(A10;B10)
19	-12345,5678	3	-12345,567	=REDONDEAR.MENOS(A11;B11)
20	0,12345	3	0,123	=REDONDEAR.MENOS(A12;B12)
21	0,5678	1	0,5	=REDONDEAR.MENOS(A13;B13)
22	12345,5678	-2	12300	=REDONDEAR.MENOS(A14;B14)
23	1234567,56	-4	1230000	=REDONDEAR.MENOS(A15;B15)

12.2.5 Función: TRUNCAR

12.2.5.1 DESCRIPCIÓN

Esta función permite truncar un número despreciando una serie de dígitos según el argumento indicado.

12.2.5.2 SINTAXIS

TRUNCAR(número; núm_decimales)

Argumentos

ARGUMENTO	COMENTARIO	OBLIGATORIO
número	Valor que se quiere truncar.	S
núm_decimales	Número de decimales a los que se quiere truncar el número indicado. Un número de decimales positivo provocará que se desprecien los decimales que queden a la derecha de dicha posición. Un número de decimales negativo significa que el truncamiento se produce a la izquierda de la coma decimal, teniendo en cuenta que las unidades corresponden al **num_decimal** 0, las decenas al **num_decimal** 1, y así sucesivamente. Si no se indica ningún número de decimales, se asume 0.	N

Ejemplos

	A	B	C	D
1	Valor	Num.Decimales	Resultado	Fórmula
2	12345,12345	2	12345,12	=TRUNCAR(A2;B2)
3	-12345,678	0	-12345	=TRUNCAR(A3;B3)
4	0,12345	3	0,123	=TRUNCAR(A4;B4)
5	0,5678	1	0,5	=TRUNCAR(A5;B5)
6	12345,5678	-2	12300	=TRUNCAR(A6;B6)
7	1234567,56	-4	1230000	=TRUNCAR(A7;B7)

12.2.6 Función: BDSUMAPRODUCTO

12.2.6.1 DESCRIPCIÓN

Esta función multiplica elementos entre matrices y devuelve la suma de sus productos.

12.2.6.2 SINTAXIS

SUMAPRODUCTO(matriz1;matriz2;matriz3...)

Argumentos

ARGUMENTO	COMENTARIO
matriz1;matriz2...	Cada una de las matrices que hay que multiplicar.

Observaciones

Los valores no numéricos son considerados como 0.

Las matrices han de tener el mismo rango o se producirá el error '**#¡VALOR!**'.

Ejemplo BDSUMAPRODUCTO

	A	B	C	D	E	F
1	10	2	20	1	10	3
2	20	4	80	2	40	4
3	30	6	180	3	90	a
4	40	8	320	4	160	6
5	50	10	500	5	250	b
6			1100		550	
7						
8	Resultado	Fórmula				
9	1100	=SUMAPRODUCTO(B1:B5;C1:C5)				
10	550	=SUMAPRODUCTO(B1:B5;{1\2\3\4\5})				
11	350	=SUMAPRODUCTO(A1:A5;F1:F5)				
12	#¡VALOR!	=SUMAPRODUCTO(A1:A5;B1:B3)				

12.2.7 Función: POTENCIA

12.2.7.1 DESCRIPCIÓN

Esta función devuelve el resultado de elevar un número (**base**) a otro (**exponente**).

12.2.7.2 SINTAXIS

POTENCIA(número;exponente)

Argumentos

ARGUMENTO	COMENTARIO
número	Número que hay que elevar (base).
exponente	Numero al que se eleva la base.

Observaciones

También es posible sustituir esta función por el uso del acento circunflejo (^).

Ejemplo POTENCIA

	A	B	C	D
1	Base	Exponente	Resultado	Fórmulas
2	3	2	9	=POTENCIA(A2;B2)
3	9	1/2	3	=POTENCIA(A3;B3)
4	2	-2	0,25	=POTENCIA(A4;B4)
5	64	5/2	32768	=POTENCIA(A5;B5)
6	32768	2/5	64	=POTENCIA(A6;B6)
7	3	2	9	=A7^B7

12.2.8 Función: RESIDUO

12.2.8.1 DESCRIPCIÓN

Esta función devuelve el resto de la división de un número (**dividendo**) por otro (**divisor**).

12.2.8.2 SINTAXIS

RESIDUO(número;num_divisor)

Argumentos

ARGUMENTO	COMENTARIO
número	Dividendo.
num_divisor	Divisor.

Observaciones

Si el divisor es 0, se produce el error '**#¡DIV/0!**'.

Ejemplo POTENCIA

	A	B	C	D
1	Dividendo	Divisor	Resultado	Fórmulas
2	3	2	1	=RESIDUO(A2;B2)
3	9	4	1	=RESIDUO(A3;B3)
4	5	-2	-1	=RESIDUO(A4;B4)
5	64	5	4	=RESIDUO(A5;B5)
6	32768	123	50	=RESIDUO(A6;B6)
7	6	0	#¡DIV/0!	=RESIDUO(A7;B7)

12.3 BASES DE DATOS

12.3.1 Función: BDCONTAR/BDCONTARA

12.3.1.1 DESCRIPCIÓN

Esta función permite contar el número de celdas que cumplen una determinada condición y que contienen números (**BDCONTAR**), o el de celdas no vacías (**BDCONTARA**).

12.3.1.2 SINTAXIS

BDCONTAR(base_de_datos;nombre_de_campo;criterios)

BDCONTARA(base_de_datos;nombre_de_campo;criterios)

Argumentos Sintaxis

ARGUMENTO	COMENTARIO
base_de_datos	Rango de celdas que representa la base de datos (filas y columnas).
nombre_de_campo	Rótulo que representa la columna sobre la que se contarán las celdas con valores numéricos (**BDCONTAR**) o las celdas no vacías (**BDCONTARA**). También se puede indicar un número representando el número de la columna dentro del rango.
criterios	Rangos que contienen los criterios que hay que evaluar.

Consideraciones a tener en cuenta:

▶ Cada campo que hay que tratar en el criterio se indica en una columna.

▶ Si un mismo campo se ha de utilizar varias veces en un criterio **Y**, se ha de indicar en varias columnas (por ejemplo, **Vtas>=10 Y Vtas<=20**).

▶ Los criterios que han de tratarse como **Y** deben situarse en la misma fila.

▶ Los criterios que se tratan como **O** se indican en filas distintas.

Ejemplo BDCONTAR

Base de datos:

	A	B	C	D	E	F	G
1	Vendedor	VentasT1	Eval	VentasT2	VentasT3	VentasT4	Total
2	Juan	1.100		2.300	1.800	2.100	7.300
3	Luis	2.300	a	1.100	2.300	1.650	7.350
4	Maria	1.800	2	2.300	1.600	1.800	7.502
5	Paco	2.100		1.800	1.600	1.100	6.600
6	Susana	1.900	1	2.100	1.100	2.300	7.401

Criterios:

I	J	K
Vendedor	VentasT1	VentasT2
=*a*	>=1500	
=?u*		>=2300
VentasT1	VentasT2	VentasT3
>1500	>=2300	<2000

Resultados:

8	Resultado	Fórmula
9	2	=BDCONTAR(A1:C6;"Eval";I1:J2)
10		Vendedor con alguna 'a' y VentasT1>=1500
11		
12	2	=BDCONTAR(A1:C6;C1;I1:J2)
13		Vendedor con alguna 'a' y VentasT1>=1500
14		
15	2	=BDCONTAR(A1:D6;C1;I1:K3)
16		Vendedor con alguna 'a' y VentasT1>=1500 o Vendedor con 'u' en la segunda letra y VentasT2>=2300
17		
18	1	=BDCONTAR(A1:E6;C1;I6:K7)
19		VentasT1>1500 Y VentasT2>=2300 Y VentasT3<2000

Ejemplo BDCONTARA

Base de datos:

	A	B	C	D	E	F	G
1	Vendedor	VentasT1	Eval	VentasT2	VentasT3	VentasT4	Total
2	Juan	1.100	4	2.300	1.800	1.600	6.804
3	Luis	2.300		1.100	2.300	1.650	7.350
4	Maria	1.800	a	2.300	1.600	1.500	7.200
5	Paco	2.100	b	1.800	1.600	1.100	6.600
6	Susana	1.900		2.100	1.100	2.300	7.400

Criterios:

I	J	K
Vendedor	**Ventas T1**	**Ventas T2**
=*a*	>=1500	
=?u*		>=2300
Ventas T1	**Ventas T2**	**Ventas T3**
>1500	>=2300	<2000

Resultados **BDCONTARA**:

8	Resultado	Fórmula
9	2	=BDCONTARA(A1:C6,"Eval",I1:J2)
10		Vendedor con alguna 'a' y VentasT1>=1500
11		
12	2	=BDCONTARA(A1:C6,C1,I1:J2)
13		Vendedor con alguna 'a' y VentasT1>=1500
14		
15	3	=BDCONTARA(A1:D6,C1,I1:K3)
16		Vendedor con alguna 'a' y VentasT1>=1500 o Vendedor con 'u' en la segunda letra y VentasT2>=2300
17		
18	1	=BDCONTARA(A1:E6,C1,I6:K7)
19		VentasT1>1500 Y VentasT2>=2300 Y VentasT3<2000

12.3.2 Función: BDEXTRAER

12.3.2.1 DESCRIPCIÓN

Esta función permite extraer el valor que cumple con unas determinadas condiciones.

12.3.2.2 SINTAXIS

BDEXTRAER(base_de_datos;nombre_de_campo;criterios)

Argumentos Sintaxis

ARGUMENTO	COMENTARIO
base_de_datos	Rango de celdas que representa la base de datos (filas y columnas).
nombre_de_campo	Rótulo que representa la columna sobre la que se obtendrá el valor a devolver.
criterios	Rangos que contienen los criterios que hay que evaluar.

Consideraciones que hay que tener en cuenta:

▶ Si no hay ningún registro que coincida con los criterios indicados, se devolverá '**#¡VALOR!**'.

▶ Si existe más de un registro que cumpla con el criterio, se devolverá '**#¡NUM!**'.

Ejemplo

Ejemplo **BDEXTRAER**:

Base de datos:

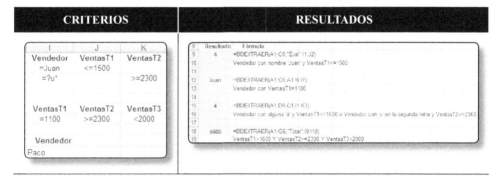

12.3.3 Función: BDMAX/BDMIN

12.3.3.1 DESCRIPCIÓN

Estas funciones devuelven el valor máximo (**BDMAX**) o mínimo (**BDMIN**) que cumple con unas determinadas condiciones dentro de un rango (base de datos) de valores.

12.3.3.2 SINTAXIS

BDMAX(base_de_datos;nombre_de_campo;criterios)

BDMIN(base_de_datos;nombre_de_campo;criterios)

Argumentos Sintaxis

ARGUMENTO	COMENTARIO
base_de_datos	Rango de celdas que representa la base de datos (filas y columnas).
nombre_de_campo	Rótulo que representa la columna sobre la que se obtendrá el valor a devolver.
criterios	Rangos que contienen los criterios que hay que evaluar.

Consideraciones a tener en cuenta:

▶ Si no hay ningún registro que coincida con los criterios indicados, se devolverá '**#¡VALOR!**'.

▶ Si existe más de un registro que cumpla con el criterio, se devolverá '**#¡NUM!**'.

Ejemplo BDMAX/BDMIN

Base de datos:

	A	B	C	D	E	F	G
1	Vendedor	VentasT1	Eval	VentasT2	VentasT3	VentasT4	Total
2	Juan	1.100	4	2.300	1.800	1.600	6.804
3	Luis	2.300		1.100	2.300	1.650	7.350
4	Maria	1.800	a	2.300	1.600	1.500	7.200
5	Paco	2.100	b	1.800	1.600	1.100	6.600
6	Susana	1.900		2.100	1.100	2.300	7.400

Criterios:

I	J	K
Vendedor	VentasT1	VentasT2
=*a*	>=1500	
=?u*		>=2300

VentasT1	VentasT2	VentasT3
>1500	>=2300	<2000

Resultados:

8	Resultado	Fórmula
9	2.100	=BDMAX(A1:B6,"VentasT1";I1:I2)
10		Vendedor con alguna 'a'.
11		
12	7200	=BDMAX(A1:G6,G1;I6:J7)
13		Vendedor con VentasT1>=1500 y VentasT2>=2300
14		
15	1100	=BDMIN(A1:G6;B1;K6:K7)
16		Vendedor VentasT3<2000
17		
18	7200	=BDMIN(A1:G6;G1;I6:K7)
19		VentasT1>1500 Y VentasT2>=2300 Y VentasT3<2000

12.3.4 Función: BDPRODUCTO

12.3.4.1 DESCRIPCIÓN

Esta función multiplica los valores de una columna de una base de datos cuyas filas cumplan con unas determinadas condiciones.

12.3.4.2 SINTAXIS

BDPRODUCTO(base_de_datos;nombre_de_campo;criterios)

Argumentos Sintaxis

ARGUMENTO	COMENTARIO
base_de_datos	Rango de celdas que representa la base de datos (filas y columnas).
nombre_de_campo	Rótulo que representa la columna que se utilizará para multiplicar los valores que pertenezcan a las filas que cumplen con los criterios.
criterios	Rangos que contienen los criterios que hay que evaluar.

Ejemplo 1

Ejemplo **BDPRODUCTO**:

	A	B	C	D	E	F	G
1	Criterio	Val1	Val2		Criterio	Criterio	Criterio
2	Dias semana	7	5		=Meses	=Meses	=Dias semana
3	Meses	12	11		=Semanas mes	=Dias mes	=Horas
4	Dias mes	30	31			=Horas	
5	Horas	24	8				
6	Semanas mes	4	5				
7							
8	Resultado	Fórmula					
9	48	=BDPRODUCTO($A$1:$B$6;"Val1";E1:E3)					
10		Total de semanas					
11							
12	360	=BDPRODUCTO($A$1:$B$6;"Val1";F1:F3)					
13		Total de dias año					
14							
15	8.640	=BDPRODUCTO($A$1:$B$6;"Val1";F1:F4)					
16		Total horas anuales					
17							
18	40	=BDPRODUCTO(A1:C6;"Val2";G1:G3)					
19		Total horas de trabajo semanales					

12.3.5 Función: BDSUMA

12.3.5.1 DESCRIPCIÓN

Esta función suma los valores de una columna de una base de datos cuyas filas cumplan con unas determinadas condiciones.

12.3.5.2 SINTAXIS

BDSUMA(base_de_datos;nombre_de_campo;criterios)

Argumentos Sintaxis

ARGUMENTO	COMENTARIO
base_de_datos	Rango de celdas que representa la base de datos (filas y columnas).
nombre_de_campo	Rótulo que representa la columna que se utilizará para multiplicar los valores que pertenezcan a las filas que cumplen con los criterios.
criterios	Rangos que contienen los criterios que hay que evaluar.

Ejemplo

Ejemplo **BDSUMA**:

	A	B	C	D	E	F	G	H	I	J	K
1	Nombre	Sexo	Edad	Peso	Puntos		Sexo	Edad	Edad	Puntos	Sexo
2	Juan	H	15	55	9		=H	>=16	<20	<8	
3	Luis	H	16	60	8						=M
4	Maria	M	20	58	6						
5	Paco	H	18	78	7						
6	Susana	M	17	62	9						
7											
8	Resultado			Fórmula							
9	193	=BDSUMA($A$1:$E$6,"Peso",K1:K3)									
10		Suma el peso de todos los hombres.									
11											
12	138	=BDSUMA($A$1:$E$6,"Peso",G1:I2)									
13		Suma el peso de todos los hombres cuya edad es mayor o igual a 16 y menor que 20.									
14											
15	13	=BDSUMA($A$1:$E$6,E1,J1:J2)									
16		Suma los puntos de todas las personas que tengan menos de 8 puntos.									
17											
18	198	=BDSUMA($A$1:$E$6,"Peso",J1:K3)									
19		Suma los puntos de todas las personas que tengan menos de 8 puntos o que sean mujeres.									

12.4 TEXTO

12.4.1 Función: CONCATENAR

12.4.1.1 DESCRIPCIÓN

Mediante esta función es posible concatenar dos o más cadenas de texto, dando como resultado una única cadena.

También es posible concatenar dos cadenas de texto utilizando el símbolo **&**, de forma que =**A1&A2** equivale a =**CONCATENAR(A1;A2)**.

12.4.1.2 SINTAXIS

CONCATENAR (texto1;texto2…)

Argumento

ARGUMENTO	COMENTARIO	OBLIGATORIO
texto1;texto2…;textoN	Cadenas de texto que serán concatenadas. No se pueden concatenar más de 255 cadenas de texto.	N

Ejemplo

	A	B	C
1	Cadenas de texto	Resultado	Fórmulas
2	Esto	Estoesunaprueba	=CONCATENAR(A2;A3;A4;A5)
3	es	Esto es una prueba	=CONCATENAR(A2;A6;A3;A6;A4;A6;A5)
4	una	una prueba Esto es	=CONCATENAR(A4;A6;A5;A6;A2;A6;A3)
5	prueba	Esto es una prueba	=CONCATENAR(A2;" ";A3;" ";A4;" ";A5)
6		Esto es una prueba	=A2&A6&A3&A6&A4&A6&A5

La celda **A6** contiene un espacio en blanco (aunque en la imagen no se pueda ver).

12.4.2 Función: DECIMAL

12.4.2.1 DESCRIPCIÓN

Esta función devuelve una cadena de texto a partir de un número al que da formato según el número de decimales indicado, separando o no los millares

12.4.2.2 SINTAXIS

DECIMAL(número;decimales;no_separar_millares)

Argumentos

ARGUMENTO	COMENTARIO	OBLIGATORIO
número	Número que se desea formatear.	N
decimales	Indica el número de decimales que queremos visualizar.	N
no_separar_millares	Admite los valores **VERDADERO** o **FALSO** para admitir que no se separen los miles, o viceversa, respectivamente.	N

Ejemplo

	A	B	C	D	E
1	Número	Decimales	No_Separar_miles	Resultado	Fórmulas
2	12345,12345	0	VERDADERO	12345	=DECIMAL(A2;B2;C2)
3	12345,12345	2	FALSO	12.345,12	=DECIMAL(A3;B3;C3)
4	-12345,1235	1	VERDADERO	-12345,1	=DECIMAL(A4;B4;C4)
5	12345,12345	3	FALSO	12.345,123	=DECIMAL(A5;B5;C5)

12.4.3 Función: DERECHA/IZQUIERDA

12.4.3.1 DESCRIPCIÓN

Estas funciones devuelven los últimos (**DERECHA**) o los primeros (**IZQUIERDA**) caracteres de una cadena de texto en función de un parámetro indicado por el usuario.

12.4.3.2 SINTAXIS

DERECHA(texto;núm_de_caracteres)

Argumentos

ARGUMENTO	COMENTARIO	OBLIGATORIO
texto	Texto al que se desea extraer los caracteres.	N
núm_de_ caracteres	**Núm_de_caracteres** debe ser mayor o igual a cero. Si el número de caracteres indicado es mayor a la longitud del texto, se devolverá todo el texto. Si no se especifica, como número de caracteres se interpretará 1.	N

Ejemplo

	A	B	C	D
1	Cadena	Num Car	Resultado	Fórmula
2	1234567890	3	890	=DERECHA(A2;B2)
3	PRUEBA	4	UEBA	=DERECHA(A3;B3)
4	HOLA MUNDO		O	=DERECHA(A4)
5				
6	Cadena	Num Car	Resultado	
7	1234567890	3	123	=IZQUIERDA(A7;B7)
8	PRUEBA	4	PRUE	=IZQUIERDA(A8;B8)
9	HOLA MUNDO		H	=IZQUIERDA(A9)

12.4.4 Función: ESPACIOS

12.4.4.1 DESCRIPCIÓN

Elimina espacios superfluos de una cadena.

12.4.4.2 SINTAXIS

ESPACIOS(texto)

Argumentos

ARGUMENTO	COMENTARIO	OBLIGATORIO
texto	Texto al que se desea eliminar los espacios que no interesan.	N

Ejemplo

	A	B	C
1	Texto	Resultado	Fórmulas
2	esta es una prueba	esta es una prueba	=ESPACIOS(A2)
3	esta es una prueba	esta es una prueba	=ESPACIOS(A3)

12.4.5 Función: EXTRAE

12.4.5.1 DESCRIPCIÓN

Extrae un número de caracteres de una cadena a partir de una posición inicial.

12.4.5.2 SINTAXIS

EXTRAE(texto;posición_inicial;núm_de_caracteres)

Argumentos

ARGUMENTO	COMENTARIO	OBLIGATORIO
texto	Texto al que se desea extraer los caracteres.	N
posición_inicial	Posición a partir de la cual se desea extraer caracteres. Este valor ha de ser 1 o mayor.	S
núm_de_caracteres	Número de caracteres que hay que extraer. No puede ser negativo.	N

Ejemplo

	A	B	C	D	E
1	Cadena	Pos.Inicial	Num Car	Resultado	Fórmula
2	1234567890	2	3	234	=EXTRAE(A2;B2;C2)
3	PRUEBA	3	4	UEBA	=EXTRAE(A3;B3;C3)
4	HOLA MUNDO	1	2	HO	=EXTRAE(A4;B4;C4)
5	HOLA MUNDO	-1	2	#¡VALOR!	=EXTRAE(A5;B5;C5)
6	HOLA MUNDO	2	20	OLA MUNDO	=EXTRAE(A6;B6;C6)

12.4.6 Función: HALLAR

12.4.6.1 DESCRIPCIÓN

Esta función busca una cadena de texto dentro de otra y devuelve la posición donde empieza la cadena buscada.

12.4.6.2 SINTAXIS

HALLAR(texto_buscado;dentro_del_texto;[num_inicial])

Argumentos

ARGUMENTO	COMENTARIO	OBLIGATORIO
texto_buscado	Texto que se está buscando.	N
dentro_del_texto	Texto sobre el que se desea buscar.	N
[num_inicial]	Número de carácter a partir del cual se desea realizar la búsqueda. Si no se indica nada, se asume 1 por defecto.	N

Ejemplo

	A	B	C	D	E
1	Texto buscado	Dentro del texto	Pos.Inicial	Resultado	Fórmula
2	234	1234567890	1	2	=HALLAR(A2;B2;C2)
3	UE	PRUEBA	1	3	=HALLAR(A3;B3;C3)
4	ND	HOLA MUNDO	1	8	=HALLAR(A4;B4;C4)
5	NADA	HOLA MUNDO	1	#¡VALOR!	=HALLAR(A5;B5;C5)
6	A M	HOLA MUNDO	1	4	=HALLAR(A6;B6;C6)
7	ES	ES LO QUE ES	2	11	=HALLAR(A7;B7;C7)

Observe que el texto existente en la celda **A7 (ES)** es localizado en la posición 11 del texto que contiene **B7 (ES LO QUE ES)**, ya que como posición inicial se ha indicado **2**.

12.4.7 Función: IGUAL

12.4.7.1 DESCRIPCIÓN

Compara dos cadenas de texto y devuelve **VERDADERO** si son exactamente iguales. Si no son iguales, devuelve **FALSO**. Tiene en cuenta mayúsculas y minúsculas, pero no formatos.

12.4.7.2 SINTAXIS

IGUAL(texto1;text2)

Argumentos

ARGUMENTO	COMENTARIO	OBLIGATORIO
texto1	Texto a comparar 1.	N
texto2	Texto a comparar 2.	N

Ejemplo

	A	B	C	D
1	Texto1	Texto2	Resultado	Fórmulas
2	UNO	UNO	VERDADERO	=IGUAL(A2;B2)
3	UNO	Uno	FALSO	=IGUAL(A3;B3)
4	12.345,00	12345	VERDADERO	=IGUAL(A4;B4)
5	12/10/2009	lunes, 12 de octubre de 2009	VERDADERO	=IGUAL(A5;B5)

12.4.8 Función: LARGO

12.4.8.1 DESCRIPCIÓN

Esta función devuelve el número de caracteres que compone una cadena.

12.4.8.2 SINTAXIS

LARGO(texto)

Argumentos

ARGUMENTO	COMENTARIO	OBLIGATORIO
texto	Texto a medir.	N

Ejemplo

	A	B	C
1	Texto	Resultado	Fórmula
2	12345	5	=LARGO(A2)
3		0	=LARGO(A3)
4	Es una prueba de largo	22	=LARGO(A4)

12.4.9 Función: LIMPIAR

12.4.9.1 DESCRIPCIÓN

Esta función permite eliminar los caracteres no imprimibles que pueda contener una cadena de texto. En ocasiones es posible que al copiar un texto en una celda, se incluyan caracteres de control y otros especiales que suelen existir en los documentos al principio, al final o para provocar saltos de página, etc.

Normalmente, estos caracteres corresponden a los caracteres de la tabla ASCII del 0 al 31.

12.4.9.2 SINTAXIS:

LIMPIAR(texto)

Argumentos

ARGUMENTO	COMENTARIO	OBLIGATORIO
texto	Texto a limpiar.	N

Ejemplo

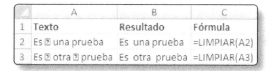

	A	B	C
1	Texto	Resultado	Fórmula
2	Es ▯ una prueba	Es una prueba	=LIMPIAR(A2)
3	Es ▯ otra ▯ prueba	Es otra prueba	=LIMPIAR(A3)

Para conseguir introducir un carácter no imprimible, se ha utilizado la siguiente expresión:

="Es "&CARACTER(9)&" otra "&CARACTER(9)&" prueba"

12.4.10 Función: MAYUSC/MINUSC

12.4.10.1 DESCRIPCIÓN

Estas funciones convierten a mayúsculas o minúsculas todos los caracteres de una cadena de texto.

12.4.10.2 SINTAXIS

MAYUSC(texto)

MINUSC(texto)

Argumentos

ARGUMENTO	COMENTARIO	OBLIGATORIO
texto	Texto a limpiar.	N

Ejemplo

	A	B	C
1	Texto	Resultado	Fórmula
2	Es una prueba de MAYUSC	ES UNA PRUEBA DE MAYUSC	=MAYUSC(A2)
3	AbCdEfGhIj	ABCDEFGHIJ	=MAYUSC(A3)
4			
5	Texto	Resultado	Fórmula
6	Es una prueba de MAYUSC	es una prueba de mayusc	=MINUSC(A6)
7	AbCdEfGhIj	abcdefghij	=MINUSC(A7)

12.4.11 Función: NOMPROPIO

12.4.11.1 DESCRIPCIÓN

Esta función convierte a mayúsculas las primeras letras de cada palabra, y a minúsculas el resto. Además de la primera palabra de la cadena de texto, también convierte aquellas que van precedidas de un carácter que no sea una letra.

12.4.11.2 SINTAXIS

NOMPROPIO (texto)

Argumentos

ARGUMENTO	COMENTARIO	OBLIGATORIO
texto	Texto a convertir.	N

Ejemplo

	A	B	C
1	Texto	Resultado	Fórmula
2	Es una prueba de MAYUSC	Es Una Prueba De Mayusc	=NOMPROPIO(A2)
3	AbCdEfGhIj	Abcdefghij	=NOMPROPIO(A3)
4	otra/prueba;de-nompropio	Otra/Prueba;De-Nompropio	=NOMPROPIO(A4)

12.4.12 Función: REEMPLAZAR

12.4.12.1 DESCRIPCIÓN

Reemplaza una cadena de texto en función del número de caracteres indicado.

12.4.12.2 SINTAXIS

REEMPLAZAR(texto_original;núm_inicial;núm_de_caracteres;texto_nuevo)

Argumentos

ARGUMENTO	COMENTARIO	OBLIGATORIO
texto_original	Texto sobre el que se efectuará el reemplazo.	N
núm_inicial	Posición a partir de la cual se procederá a reemplazar.	S
núm_de_caracteres	Número de caracteres a reemplazar.	N
texto_nuevo	Texto que sustituye a los caracteres reemplazados.	N

Ejemplo

	A	B	C	D	E	F
1	Texto original	N.Inicial	N.Caracteres	Texto Nuevo	Resultado	Fórmula
2	ABCDEFGHIJK	6	2	*TN*	ABCDE*TN*HIJK	=REEMPLAZAR(A2;B2;C2;D2)
3	Es una prueba	4	3	otra	Es otra prueba	=REEMPLAZAR(A3;B3;C3;D3)
4	LUN MAR MIE JUE VIE	9	3	123	LUN MAR 123 JUE VIE	=REEMPLAZAR(A4;B4;C4;D4)

12.4.13 Función: T

12.4.13.1 DESCRIPCIÓN

Esta función analiza el valor que se le pasa como argumento, de forma que si el argumento es un texto, devuelve dicho texto, pero, en caso de que no sea texto (un número o **VERDADERO**), devuelve un nulo.

12.4.13.2 SINTAXIS

T(texto)

Argumentos

ARGUMENTO	COMENTARIO	OBLIGATORIO
texto	Texto a analizar.	N

Ejemplo

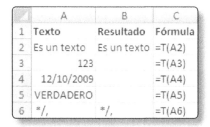

	A	B	C
1	Texto	Resultado	Fórmula
2	Es un texto	Es un texto	=T(A2)
3	123		=T(A3)
4	12/10/2009		=T(A4)
5	VERDADERO		=T(A5)
6	*/,	*/,	=T(A6)

12.5 LÓGICAS

12.5.1 Función: FALSO

12.5.1.1 DESCRIPCIÓN

Esta función devuelve el valor lógico **FALSO**.

También es posible escribir **FALSO** en las fórmulas directamente, ya que Excel lo interpretará como dicho valor lógico.

12.5.1.2 SINTAXIS

FALSO()

Argumentos

No tiene.

Ejemplo

	A	B	C
1	Valor	Comparación	Fórmula
2	123	FALSO	=IGUAL(A2;FALSO)
3	FALSO	VERDADERO	=IGUAL(A3;FALSO())
4	FALSO	VERDADERO	=IGUAL(A4;FALSO())

12.5.2 Función: NO

12.5.2.1 DESCRIPCIÓN

Esta función invierte el valor lógico del argumento.

Si el argumento es 0, lo interpreta como **FALSO** y al invertir su valor devuelve **VERDADERO**. Si el argumento es un número distinto de 0, lo interpreta como **VERDADERO** y, por tanto, al invertir su valor devolverá **FALSO**.

Si el argumento es alfanumérico, devolverá el texto "**#¡VALOR!**".

12.5.2.2 SINTAXIS

NO(valor_logico)

Argumento

ARGUMENTO	COMENTARIO	OBLIGATORIO
valor_logico	Valor a invertir.	N

Ejemplo

	A	B	C
1	Valor	Resultado	Fórmula
2	0	VERDADERO	=NO(A2)
3	123	FALSO	=NO(A3)
4	VERDADERO	FALSO	=NO(A4)
5	FALSO	VERDADERO	=NO(A5)
6	ABC	#¡VALOR!	=NO(A6)

12.5.3 Función: O

12.5.3.1 DESCRIPCIÓN

Esta función devuelve **VERDADERO** si alguno de los argumentos analizados es **VERDADERO**. Si todos los argumentos son **FALSO**s, devolverá **FALSO**.

12.5.3.2 SINTAXIS

O(valor_logico1;valor_logico2...)

Argumentos

ARGUMENTO	COMENTARIO	OBLIGATORIO
valor_logico1;valor_logico2...	Valor a analizar.	N

Ejemplo

	A	B	C	D	E
1	VL1	VL2	VL3	Resultado	Fórmula
2	VERDADERO	FALSO	FALSO	VERDADERO	=O(A2;B2;C2)
3	FALSO	FALSO	FALSO	FALSO	=O(A3;B3;C3)
4	FALSO	FALSO	VERDADERO	VERDADERO	=O(A4;B4;C4)
5	VERDADERO	VERDADERO	VERDADERO	VERDADERO	=O(A5;B5;C5)

12.5.4 Función: SI

12.5.4.1 DESCRIPCIÓN

Esta función permite devolver un valor u otro en función de si el primer argumento es **VERDADERO** o **FALSO**.

12.5.4.2 SINTAXIS

SI(prueba_lógica;valor_si_VERDADERO;valor_si_FALSO)

Argumentos

ARGUMENTO	COMENTARIO	OBLIGATORIO
prueba_lógica	Valor que ha de indicar si es **VERDADERO** o **FALSO**.	N
valor_si_VERDADERO	Valor que devolverá si el resultado de la prueba lógica es **VERDADERO**.	N
valor_si_FALSO	Valor que devolverá si la prueba lógica resulta **FALSO**.	N

Ejemplo

	A	B	C	D
1	Valor1	Valor2	Resultado	Fórmula
2	A	A	IGUALES	=SI(A2=B2;"IGUALES";"DIFERENTES")
3	10	20	MENOR	=SI(A3>B3;"MAYOR";"MENOR")
4	VERDADERO	FALSO	DIFERENTES	=SI(A4=B4;"IGUALES";"DIFERENTES")
5	-10		10	=SI(A5>0;A5;-A5)

12.5.5 Función: VERDADERO

12.5.5.1 DESCRIPCIÓN

Esta función devuelve el valor lógico **VERDADERO**.

También es posible escribir **VERDADERO** en las fórmulas directamente, ya que Excel lo interpretará como dicho valor lógico.

12.5.5.2 SINTAXIS:

VERDADERO()

Argumentos

No tiene.

ARGUMENTO	COMENTARIO	OBLIGATORIO
texto	Texto a analizar.	N

Ejemplo

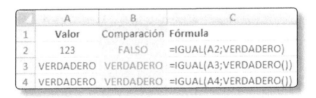

	A	B	C
1	Valor	Comparación	Fórmula
2	123	FALSO	=IGUAL(A2;VERDADERO)
3	VERDADERO	VERDADERO	=IGUAL(A3;VERDADERO())
4	VERDADERO	VERDADERO	=IGUAL(A4;VERDADERO())

12.5.6 Función: Y

12.5.6.1 DESCRIPCIÓN

Esta función devuelve **VERDADERO** si todos sus argumentos son **VERDADEROS**. Si alguno de sus argumentos es **FALSO**, devolverá **FALSO**.

12.5.6.2 SINTAXIS:

Y(valor_logico1;valor_logico2...)

Argumentos

ARGUMENTO	COMENTARIO	OBLIGATORIO
valor_logico1;valor_logico2...	Valor a analizar.	N

Ejemplo

	A	B	C	D	E
1	VL1	VL2	VL3	Resultado	Fórmula
2	VERDADERO	FALSO	FALSO	FALSO	=Y(A2;B2;C2)
3	FALSO	FALSO	FALSO	FALSO	=Y(A3;B3;C3)
4	FALSO	FALSO	VERDADERO	FALSO	=Y(A4;B4;C4)
5	VERDADERO	VERDADERO	VERDADERO	VERDADERO	=Y(A5;B5;C5)

12.6 INFORMACIÓN

12.6.1 Función: CELDA

12.6.1.1 DESCRIPCIÓN

Esta función devuelve **VERDADERO** si todos sus argumentos son **VERDADERO**S. Si alguno de sus argumentos es **FALSO**, devolverá **FALSO**.

12.6.1.2 SINTAXIS

CELDA (tipo_de_info;[referencia])

Argumento

ARGUMENTO	COMENTARIO	OBLIGATORIO
tipo_de_info	Tipo de información que se desea obtener.	S
[referencia]	Se utiliza para indicar sobre qué celda se desea la información. Si no se especifica, se utiliza como referencia la última celda cambiada. En el caso de especificar un rango, se utilizará la celda de la esquina superior del mismo como referencia.	N

Tipo de información

TIPO	COMENTARIO
ANCHO	Ancho de la columna.
NOMBREARCHIVO	Nombre del archivo en el que se halla la celda. Devuelve nulo si el archivo aún no se ha guardado.
COLOR	Devuelve 1 si posee formato de color para negativos.
COLUMNA	Número de columna.
CONTENIDO	Valor que contiene la celda.
DIRECCION	Devuelve la referencia en forma de texto.
FILA	El número de fila de la referencia.
FORMATO	Texto que devuelve el tipo de formato que posee la celda.
PARENTESIS	Devuelve 1 si el formato de la celda es con paréntesis para valores positivos.
PREFIJO	Devuelve un valor que indica el tipo de alineación del texto. Los valores son: <table><tr><th>Valor</th><th>Alineación</th></tr><tr><td>'</td><td>Izquierda</td></tr><tr><td>"</td><td>Derecha</td></tr><tr><td>^</td><td>Centrado</td></tr><tr><td>\</td><td>De relleno</td></tr><tr><td>Nulo</td><td>Cualquier otro valor</td></tr></table>
PROTEGER	Devuelve 1 si la celda está bloqueada y 0 en caso contrario.
TIPO	Indica el tipo contenido de la celda. Puede ser: <table><tr><th>Tipo</th><th>Contenido</th></tr><tr><td>b</td><td>Celda vacía (blanco).</td></tr><tr><td>r</td><td>Contiene rótulos (textos fijos).</td></tr><tr><td>v</td><td>Contiene valores.</td></tr></table>

Ejemplo

	A	B	C	D	E	F	G	H
1	Valor	Tipo Info.	Resultado					
2	-12.345,12	ANCHO	10					
3		NOMBREARCHIVO	C:_Formacion\segunda_tanda\Ej_Excel\[funciones_medio.xls]CELDA					
4		COLOR	1					
5		COLUMNA	1					
6		CONTENIDO	-12345,12					
7		DIRECCIÓN	$A$2					
8		FILA	2					
9		FORMATO	,2					
10		PARENTESIS	0					
11		PREFIJO						
12		PROTEGER	1					
13		TIPO	v					

La celda de referencia en todos los casos analizados por '**Tipo.Info**' es la celda **A2**.

12.6.2 Función: ESBLANCO

12.6.2.1 DESCRIPCIÓN

Esta función devuelve **VERDADERO** si el valor analizado es nulo (por ejemplo, el que tiene una celda vacía). En caso contrario, devuelve **FALSO**.

12.6.2.2 SINTAXIS

ESBLANCO(valor)

Argumentos

ARGUMENTO	COMENTARIO	OBLIGATORIO
valor	Valor a analizar.	N

Ejemplo

	A	B	C
1	Valor	Resultado	Fórmula
2		VERDADERO	=ESBLANCO(A2)
3		FALSO	=ESBLANCO(A3)
4	123	FALSO	=ESBLANCO(A4)

En la celda **A2** se ha introducido el carácter espacio y, por esa razón, la función devuelve **FALSO**.

12.6.3 Función: ESERROR

12.6.3.1 DESCRIPCIÓN

Esta función devuelve **VERDADERO** si el valor analizado contiene un error de cualquiera de los tipos: '**#N/A**', '**#¡VALOR!**', '**#¡REF!**', '**#¡DIV/0!**', '**#¡NUM!**', '**#¿NOMBRE?**' o '**#¡NULO!**'.

12.6.3.2 SINTAXIS

ESERROR(valor)

Argumentos

ARGUMENTO	COMENTARIO	OBLIGATORIO
valor	Valor a analizar.	N

Ejemplo

	A	B	C	D
1	Contenido columna 'Valor'	Valor	Resultado	Fórmula
2	=1/0	#¡DIV/0!	VERDADERO	=ESERROR(B2)
3	=a^3	#¿NOMBRE?	VERDADERO	=ESERROR(B3)
4	=COINCIDIR("A";A2:A3;0)	#N/A	VERDADERO	=ESERROR(B4)
5	=2+2	4	FALSO	=ESERROR(B5)

12.6.4 Función: ESNUMERO/ESTEXTO

12.6.4.1 DESCRIPCIÓN

Estas funciones devuelven **VERDADERO** si el valor analizado contiene un número o un texto (respectivamente para **ESNUMERO** y **ESTEXTO**).

12.6.4.2 SINTAXIS

ESNUMERO(valor)

ESTEXTO(valor)

Argumentos

ARGUMENTO	COMENTARIO	OBLIGATORIO
valor	Valor a analizar.	N

Ejemplo

	A	B	C
1	Valor	Resultado	Fórmula
2	12345,12	VERDADERO	=ESNUMERO(A2)
3	ABCDEFG	FALSO	=ESNUMERO(A3)
4	12/10/2009	VERDADERO	=ESNUMERO(A4)
5			
6	Valor	Resultado	Fórmula
7	12345,12	FALSO	=ESTEXTO(A2)
8	ABCDEFG	VERDADERO	=ESTEXTO(A3)
9	12/10/2009	FALSO	=ESTEXTO(A4)

12.6.5 Función: N

12.6.5.1 DESCRIPCIÓN

Esta función devuelve un número a partir de un valor. Los resultados irán en función de las siguientes consideraciones:

▸ Si el valor es numérico, devuelve el propio valor.

▸ Si es un valor lógico, devuelve 1 para **VERDADERO** y 0 para **FALSO**.

▸ Si se trata de una fecha, devuelve el número que representa dicha fecha en formato interno (número de días transcurridos desde el **01/01/1900**).

▸ Si se trata de un error. Devuelve el propio error.

▸ En cualquier otro caso, devuelve un 0.

12.6.5.2 SINTAXIS

N(valor)

Argumentos

ARGUMENTO	COMENTARIO	OBLIGATORIO
valor	Valor a convertir en número.	N

Ejemplo

	A	B	C
1	Valor	Resultado	Fórmula
2	12345,12	12345,12	=N(A2)
3	VERDADERO	1	=N(A3)
4	FALSO	0	=N(A4)
5	12/10/2009	40098	=N(A5)
6	ABC	0	=N(A6)
7	#¡DIV/0!	#¡DIV/0!	=N(A7)

12.7 ESTADÍSTICAS

12.7.1 Función: CONTAR

12.7.1.1 DESCRIPCIÓN

Esta función cuenta el número de celdas que contienen números a partir de una serie de argumentos que representan rangos. Para tener en cuenta un valor como numérico, se atienden las siguientes consideraciones:

▼ Se cuentan como valores numéricos los números, fechas y los valores indicados expresamente como argumentos que sean valores lógicos o números entre comillas.

▼ No se cuentan los valores con error.

▼ No se cuentan las celdas vacías.

12.7.1.2 SINTAXIS

CONTAR(valor1; [valor2],…)

Argumento

ARGUMENTO	COMENTARIO	OBLIGATORIO
valor1;valor2…	Valores que representan a los rangos sobre los que hay que contar.	N

Ejemplo

	A	B	C	D
1	Valor	Resultado1	Resultado2	Fórmula
2	12345,12	1	2	=CONTAR(A2:A8)
3	VERDADERO	0	1	=CONTAR(A3:A9)
4	FALSO	0	4	=CONTAR(A2:A5;VERDADERO;VERDADERO)
5	12/10/2009	1	2	=CONTAR(A2:A3;A5:A6)
6	ABC	0	11	=CONTAR(A2:B10)
7	#¡DIV/0!	0	1	=CONTAR(A3:A5)
8		0	2	=CONTAR(A5:A8;VERDADERO)
9	"1"	0	1	=CONTAR(A6:A9;VERDADERO)
10	"1"	0	0	=CONTAR(A7:A10)

12.7.2 Función: CONTAR.BLANCO

12.7.2.1 DESCRIPCIÓN

Esta función cuenta el número de celdas en blanco que existen en un rango. Si una celda contiene una función que devuelve una celda vacía, también será contada.

12.7.2.2 SINTAXIS

CONTAR.BLANCO(rango)

Argumentos

ARGUMENTO	COMENTARIO	OBLIGATORIO
rango	Rango sobre el que se contarán las celdas en blanco existentes.	N

Ejemplo

	A	B	C	D
1	Val1	Val2	Resultados	Fórmula
2	1	c	0	=CONTAR.BLANCO(A2)
3	2		1	=CONTAR.BLANCO(A2:B3)
4		d	1	=CONTAR.BLANCO(A2:A6)
5	a	3	3	=CONTAR.BLANCO(A2:B6)
6	b		2	=CONTAR.BLANCO(B2:B6)

12.7.3 Función: CONTAR.SI

12.7.3.1 DESCRIPCIÓN

Esta función cuenta el número de celdas que cumplen un determinado criterio en un rango. Si una celda contiene una función que devuelve una celda vacía, también será contada.

12.7.3.2 SINTAXIS

CONTAR.SI(rango;criterio)

Argumentos

ARGUMENTO	COMENTARIO	OBLIGATORIO
rango	Rango sobre el que se contarán las celdas en blanco existentes.	S
criterio	Expresión que contiene el criterio que se va a utilizar para contar las celdas. Puede ser una referencia a celda.	S

Ejemplo

	A	B	C	D	E
1	Val1	Val2	Criterio	Resultados	Fórmula
2	3	2		1	=CONTAR.SI(A2;">1")
3	2	A		3	=CONTAR.SI(A2:B3;">1")
4		d		5	=CONTAR.SI(A2:B4;"<>"&"")
5	a	3		2	=CONTAR.SI(A2:B5;"=a")
6	b		>2	2	=CONTAR.SI(A2:B6;C6)

12.7.4 Función: CONTARA

12.7.4.1 DESCRIPCIÓN

Esta función cuenta el número de celdas que no están vacías en un rango. Si una celda contiene una función que devuelve una celda vacía, también será contada.

12.7.4.2 SINTAXIS

CONTARA(valor1;[valor2]...)

Argumentos

ARGUMENTO	COMENTARIO	OBLIGATORIO
valor1	Rango sobre el que se contarán las celdas que no están vacías.	S
valor2...	Rangos sobre los que contar celdas no vacías.	N

Ejemplo

	A	B	C	D
1	Val1	Val2	Resultados	Fórmula
2	1	c	1	=CONTARA(A2)
3	2		3	=CONTARA(A2:B3)
4		d	7	=CONTARA(A2:A6;B2:B6)
5	a	3	7	=CONTARA(A2:B6)
6	b		3	=CONTARA(A1;A3;A6)

12.7.5 Función: MAX/MIN

12.7.5.1 DESCRIPCIÓN

Estas funciones devuelven el valor máximo (**MAX**) o mínimo (**MIN**) existente entre los valores indicados como argumentos. Se atenderán las siguientes consideraciones:

- Los argumentos pueden ser números, nombres de rangos y referencias.
- Valores lógicos o representaciones textuales de valores numéricos, siempre que estos estén escritos directamente en la lista de argumentos.
- No se tienen en cuenta los valores alfanuméricos ni las celdas vacías.
- Si los valores analizados no contienen números, se devuelve 0.

12.7.5.2 SINTAXIS

MAX(numero1;numero2...)

MIN(numero1;numero2...)

Argumentos

ARGUMENTO	COMENTARIO	OBLIGATORIO
numero1	Rango sobre el que se averiguará el valor mayor (**MAX**) o menor (**MIN**).	S
numero2...	Otros rangos sobre los que también se contarán celdas no vacías. La lista de números no puede exceder de 255.	N

Ejemplo

	A	B	C	D
1	Val1	Val2	Resultados	Fórmula
2	1	c	3	=MAX(A2:B6)
3	2		0	=MAX(B2;B3)
4		d	25	=MAX(A2;B2;A3;A4;B5;25)
5	a	3	1	=MAX(A2:B2;A4:B4;A6:B6)
6	b		3	=MAX(MIRANGO1)
7				
8	Val1	Val2	Resultados	Fórmula
9	1	c	-5	=MIN(A2:B6)
10	2		0	=MIN(B2;B3)
11	-5	d	-25	=MIN(A2;B2;A3;A4;B5;-25)
12	a	3	-5	=MIN(A2:B2;A4:B4;A6:B6)
13	b		1	=MIN(MIRANGO1)

MIRANGO1 es un nombre de rango que representa al rango **A2:B5**.

12.7.6 Función: MAXA/MINA

12.7.6.1 DESCRIPCIÓN

Estas funciones devuelven el valor máximo (**MAXA**) o mínimo (**MINA**) existente entre los valores indicados como argumentos. Su funcionamiento es idéntico al de las funciones **MAX** y **MIN**, pero permite utilizar valores lógicos reemplazando **VERDADERO** por 1 y **FALSO** por 0.

12.7.6.2 SINTAXIS

MAXA(numero1;numero2...)

MINA(numero1;numero2...)

Argumentos

ARGUMENTO	COMENTARIO	OBLIGATORIO
numero1	Rango sobre el que se averiguará el valor mayor (**MAXA**) o menor (**MINA**).	S
numero2…	Otros rangos sobre los que también se contarán celdas no vacías. La lista de números no puede exceder de 255.	N

Ejemplo

	A	B	C	D
1	Val1	Val2	Resultados	Fórmula
2	VERDADERO		3	=MAXA(A2:B6)
3	2		0	=MAXA(B2;B3)
4		d	25	=MAXA(A2;B2;A3;A4;B5;25)
5	a	3	1	=MAXA(A2;B2;A4:B4;A6:B6)
6	b		3	=MAXA(MIRANGO1)
7				
8	Val1	Val2	Resultados	Fórmula
9	VERDADERO	c	-5	=MINA(A2:B6)
10	2	FALSO	0	=MINA(B2;B3)
11	-5	d	-25	=MINA(A2;B2;A3;A4;B5;-25)
12	a	3	-5	=MINA(A2;B2;A4:B4;A6:B6)
13	b		0	=MINA(MIRANGO1)

MIRANGO1 es un nombre de rango que representa al rango **A2:B5**.

13

PESTAÑAS DE HERRAMIENTAS

Un análisis detallado de estas barras de herramientas requeriría por sí solo un libro tan extenso o mayor que el presente. Sin embargo, en este capítulo simplemente nos proponemos relacionarlas, para que el lector tenga constancia de su existencia, y hacer una pequeña introducción sobre las mismas. Este grupo de pestañas aparece en función del objeto que estemos tratando, por lo que no siempre estarán presentes durante nuestra actividad.

13.1 DE SMARTART

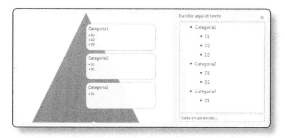

La barra de herramientas de SmartArt aparece cuando insertamos un objeto de tipo SmartArt, lo cual puede realizarse desde la pestaña **INSERTAR** mediante la siguiente opción:

Los gráficos SmartArt son ideales para describir diagramas de procesos, organigramas, etc. La barra de herramientas aporta dos pestañas: **DISEÑO** y **FORMATO**.

13.1.1 Diseño

13.1.1.1 CREAR GRÁFICO

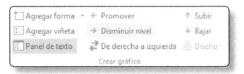

El grupo de opciones **Crear gráfico** permite añadir formas y viñetas al gráfico, así como gestionar los niveles de las viñetas y desplazarnos por las mismas.

13.1.1.2 DISEÑOS

Una vez insertado el gráfico, podemos cambiar el diseño simplemente seleccionando uno de los propuestos en el grupo de controles **Diseño**. Si hacemos clic sobre la flecha situada en la parte inferior derecha del grupo, observaremos que se despliega un panel en el que se ofrece una gran cantidad de diseños:

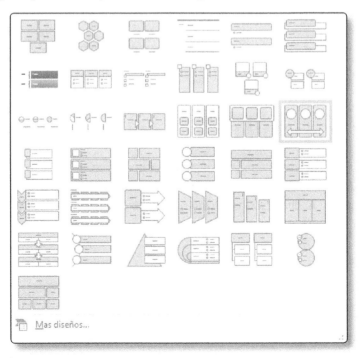

Igual que sucede en otros controles, observaremos que al pasar con el puntero del ratón sobre los diseños que se ofrecen, nuestro gráfico muestra una previsualización de cómo quedaría en caso de que lo aceptáramos.

Si no hallamos el diseño deseado, podemos pulsar sobre la opción **Más diseños** para acceder al cuadro de diálogo **Elegir un gráfico SmartArt**:

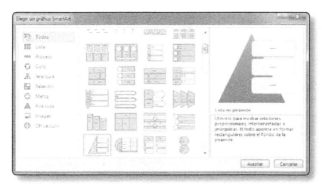

13.1.1.3 ESTILOS SMARTART

Una vez seleccionado el diseño, podemos elegir el estilo modificando así su relleno, su contorno, sus colores, etc.

13.1.1.3.1 Cambiar colores

Al pulsar sobre esta opción, se despliega un panel en el que se muestran diferentes combinaciones de colores que, igual que en el caso del diseño, pueden previsualizarse simplemente colocando el puntero del ratón sobre ellas:

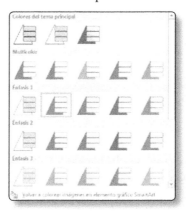

13.1.1.3.2 Estilos diversos

Si desplegamos el panel de estilos pulsando sobre la flechita situada en la parte inferior derecha del grupo de estilos, podremos escoger entre alguno de los que se ofrecen:

13.1.1.4 RESTABLECER

Mediante **Restablecer gráfico** podemos recuperar los valores por defecto asociados al gráfico, descartando los cambios que hayamos podido realizar sobre el formato.

Convertir en formas nos permite convertir nuestro gráfico SmartArt en una forma para poder cambiar el tamaño, moverla o eliminarla como cualquier otra forma.

13.1.2 Formato

Esta pestaña posee muchos controles comunes a otras pestañas, ya que permitirá aplicar estilos a las formas, así como alinearlas, agruparlas, girarlas o cambiarles el tamaño.

13.1.2.1 FORMAS

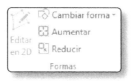

Mediante este grupo de controles podemos cambiar la forma de nuestro gráfico y también modificar su tamaño, aumentándolo o reduciéndolo según nos interese.

13.1.2.1.1 Cambiar forma

Al seleccionar **Cambiar forma**, aparece un panel con diferentes formas agrupadas por categorías de forma similar a como vimos en la opción **Formas** de la pestaña **INSERTAR**:

13.1.2.2 ESTILOS DE FORMA

Este grupo de controles es muy similar al descrito para **Formas** en capítulos anteriores. Permite aplicar un estilo simplemente haciendo clic sobre el deseado. También ofrece opciones para modificar el relleno o el contorno; y para aplicar algún efecto, como sombras, cambios en la iluminación o giros 3D.

13.1.2.2.1 Contornos

Para seleccionar un contorno podemos ir desplazando filas de estilos pulsando las flechitas (▴ , ▾) hasta localizar el estilo prefijado que más nos guste; o bien podemos desplegar un panel en el que se muestran todos los estilos de una vez, pulsando sobre la flechita ▾ :

Como hemos visto en otros casos, al pasar el puntero del ratón sobre alguno de los estilos, se realizará una previsualización del mismo.

13.1.2.2.2 Relleno de forma

Al seleccionar esta opción, podemos modificar el relleno de la forma cambiando su color, su textura, su posible imagen, etc.

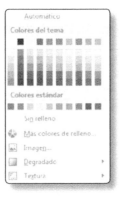

13.1.2.2.3 Contorno de forma

Al igual que el relleno, también es posible modificar el contorno de la forma cambiando, además del color, el tipo de línea y el grosor de la misma.

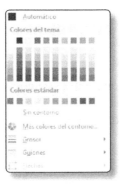

13.1.2.2.4 Efectos de forma

Mediante este grupo de controles podemos aplicar algún efecto visual a la forma. Al seleccionar esta opción, vemos que aparece una lista de posibles efectos, los cuales también ofrecen otras diferentes listas con efectos preestablecidos. A continuación se muestra un ejemplo de los efectos principales y de los efectos asociados a la categoría **Bisel**:

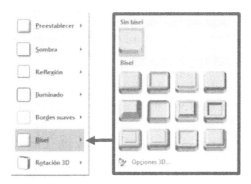

13.1.2.2.5 Formatos de forma

Esta opción nos permite entrar en el panel de **Formato de forma**, mediante el cual podemos acceder a características muy concretas de la forma. Para ingresar en este panel, podemos pulsar sobre el icono situado en la parte inferior derecha del grupo de controles de **Estilos de forma** ( ), observaremos un panel con dos grandes apartados: **RELLENO** y **LÍNEA**.

13.1.2.3 ESTILOS DE WORDART

De forma similar a lo descrito para los estilos de forma, para los objetos de tipo **WordArt** también disponemos de una serie de estilos prefijados que podemos seleccionar simplemente haciendo clic sobre el que queramos. También se produce una previsualización del objeto —al pasar el puntero del ratón sobre alguna de las propuestas existentes— antes de aplicar definitivamente el estilo. A continuación podemos ver una muestra de los estilos prefijados que nos encontramos al desplegar el panel usando la flechita existente en la parte inferior derecha (⏷):

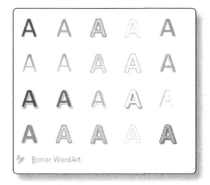

El **Relleno de texto** y el **Contorno de texto** ofrecen opciones similares a las descritas en los **Estilos de forma**:

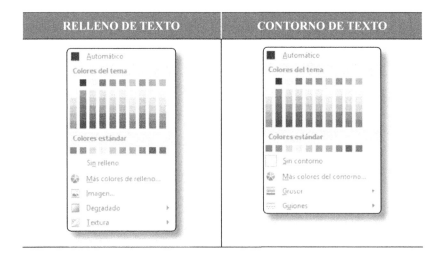

13.1.2.3.1 Efectos de texto

De igual manera que la descrita para los efectos de forma de **SmartArt**, los **Efectos de texto** también se disponen en forma de lista de categorías y permiten la previsualización del resultado (al pasar el cursor del ratón sobre alguna de las formas propuestas) antes de su aplicación definitiva. En el siguiente ejemplo podemos ver el caso de un efecto específico (**Transformar**) de **WordArt**:

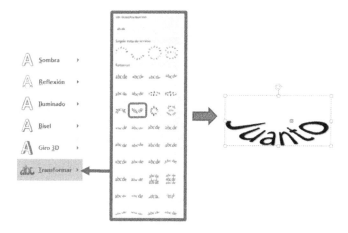

13.1.2.4 ORGANIZAR

Tal y como comentamos en el capítulo dedicado a la pestaña **DISEÑO DE PÁGINA**, este grupo de opciones permite organizar nuestras formas superponiéndolas entre sí, alineándolas, agrupándolas, girándolas, etc.

Cada acción posee asociada una lista de acciones, algunas de las cuales precisan de dos o más objetos para su activación.

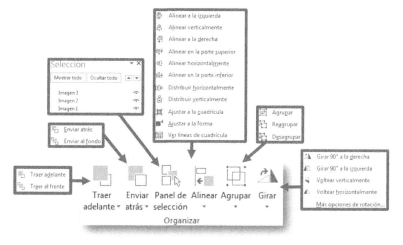

13.1.2.5 TAMAÑO

Este grupo de controles nos permite definir el tamaño de la forma o gráfico. Pulsando sobre el icono () que se halla en la parte inferior derecha, accedemos al panel **Formato de forma**, mediante el que podemos ajustar aún más algunas de sus características (por ejemplo, el bloqueo de su relación de aspecto para evitar que el gráfico se deforme al modificar solo el alto o el ancho). Los controles asociados son los siguientes:

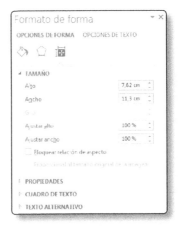

13.2 DE GRÁFICOS

La barra de herramientas de gráficos aparece cuando insertamos un gráfico. Nos permite acceder a la definición y configuración de los elementos que lo componen, como el título, los ejes del mismo, los datos asociados, su ubicación, etc.

A continuación mostramos un ejemplo de gráfico sencillo en el que se reflejan unos importes de ventas por vendedor:

Esta barra de herramientas posee dos pestañas: **DISEÑO** y **FORMATO**.

13.2.1 Diseño

La pestaña de **Diseño** es la que nos va a permitir seleccionar el tipo de gráfico que queremos utilizar, así como el conjunto de datos que se representan en la misma y su ubicación.

13.2.1.1 DISEÑOS DE GRÁFICO

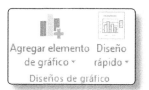

Este grupo de controles nos permite añadir elementos al gráfico y también determinar su posición. Al desplegar la lista asociada a **Agregar elemento de gráfico** nos encontramos con diversos elementos, cada uno de los cuales ofrece diferentes posibilidades. A continuación mostramos un ejemplo en el que se muestra la lista de elementos y, también, las posibilidades asociadas al elemento **Líneas de la cuadrícula**:

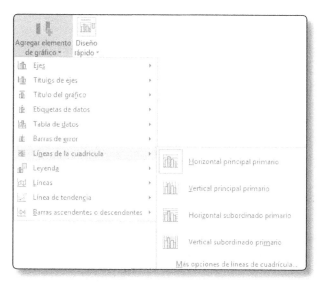

Si lo deseamos, podemos acceder a la opción **Diseño rápido**, la cual muestra una serie de combinaciones preestablecidas que pueden resultarnos suficientes y ahorrarnos un tiempo considerable:

13.2.1.2 ESTILOS DE DISEÑO

Este grupo de opciones nos permite utilizar diversos conjuntos de colores; también nos da la posibilidad de aplicar un estilo simplemente seleccionando el estilo de diseño adecuado y haciendo clic sobre el mismo.

Al desplegar la opción de **Cambiar colores** nos encontramos con el siguiente panel:

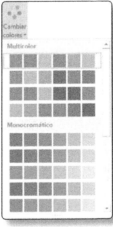

13.2.1.2.1 Estilos

Como hemos visto en otros grupos de controles, podemos ir visualizando filas de estilos pulsando sobre las flechitas (⌃,⌄), o bien, desplegar un panel para verlos todos de golpe pulsando sobre la flechita (⤓):

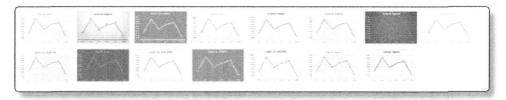

13.2.1.3 DATOS

Este grupo de controles permite, mediante **Cambiar entre filas y columnas**, intercambiar los datos de los ejes de forma que los datos que se hallan en el eje X se trasladan al Y, y viceversa.

También podemos redefinir el rango que contiene los datos accediendo a la opción **Seleccionar datos**, de forma que invocaremos al cuadro de diálogo **Seleccionar origen de datos**, tal y como vemos a continuación:

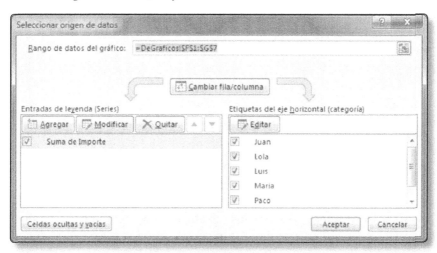

13.2.1.4 TIPO

Esta opción ofrece el cuadro de diálogo **Cambiar tipo de gráfico**, mediante el cual podemos seleccionar otro gráfico diferente utilizando los mismos datos. Este cuadro de diálogo posee dos fichas:

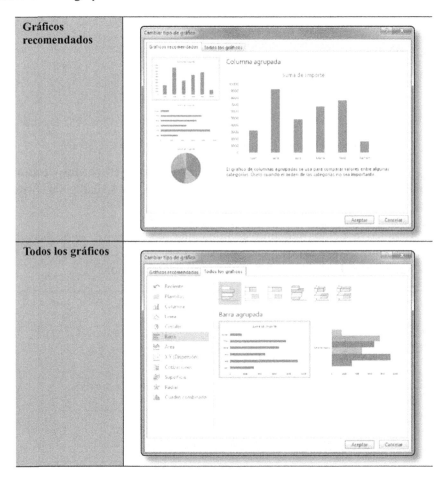

Si seleccionamos **Todos los gráficos**, observaremos que podemos seleccionar una categoría de gráficos y dentro de la misma escoger alguna de las opciones propuestas visualizando una miniatura para ver cómo quedará antes de **Aceptar** definitivamente el tipo de gráfico escogido.

13.2.1.5 UBICACIÓN

Esta opción nos permite trasladar el gráfico a una hoja nueva o a una existente. Al seleccionar la opción aparece el siguiente cuadro de diálogo:

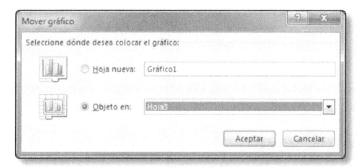

13.2.2 Formato

Esta pestaña proporciona una serie de grupos de controles gracias a los cuales podemos definir las características de los distintos elementos que componen un gráfico, además de poder incorporar nuevas formas al mismo.

Muchos de los controles ya han sido vistos en otras barras de herramientas, por lo que solo comentaremos los más específicos relacionados con los gráficos.

Los grupos de controles de **Estilos de formas**, **Estilos de WordArt**, **Organizar** y **Tamaño** puede consultarlos en las barras de herramientas ya comentadas anteriormente.

13.2.2.1 SELECCIÓN ACTUAL

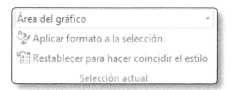

Este grupo de controles nos permite seleccionar alguno de los elementos del gráfico y a continuación aplicarle un formato, o bien restablecer sus características al estilo inicial por si lo hubiésemos modificado y quisiéramos dejarlo de nuevo con sus valores por defecto.

Los elementos que podemos seleccionar quedan expuestos al desplegar la lista situada en la parte superior del grupo de controles:

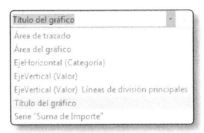

En función del elemento seleccionado, en el gráfico verá que se resaltan unas partes u otras: los estilos de forma se adaptarán según corresponda.

13.2.2.2 INSERTAR FORMAS

Este grupo de controles nos permite incorporar una forma al gráfico. Su funcionamiento es idéntico al descrito en el capítulo dedicado a la pestaña **INSERTAR**.

13.3 DE DIBUJO

La barra de herramientas de dibujo solo posee la pestaña **FORMATO**. Sus controles ya han sido descritos en las barras de herramientas ya comentadas.

Los grupos de controles que posee son:

▸ Insertar formas
▸ Estilos de forma
▸ Estilos de WordArt
▸ Organizar
▸ Tamaño

13.4 DE IMAGEN

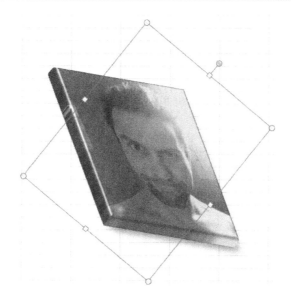

Esta barra de herramientas solo incluye la pestaña **FORMATO** y algunos de los controles son idénticos a los descritos en **SmartArt** o **Gráficos** (por ejemplo, **Organizar** y **Tamaño**).

Los grupos de controles que posee son:

▸ Ajustar
▸ Estilos de imagen
▸ Organizar
▸ Tamaño

13.4.1 Ajustar

Este grupo de controles permite retocar las imágenes modificando su nitidez, brillo, color, etc. También es posible aplicar algunos efectos o restablecer de nuevo la imagen original.

13.4.1.1 QUITAR FONDO

Esta opción elimina automáticamente las partes que considera que representan el fondo de una imagen y permite ajustar, mediante una serie de puntos, la parte que se quiere analizar para eliminar su fondo.

13.4.1.2 CORRECCIONES

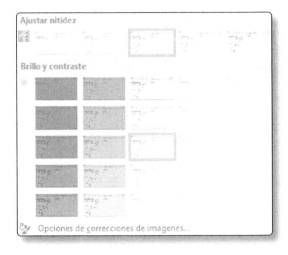

Mediante esta opción podemos corregir la nitidez, el brillo y el contraste de las imágenes.

Si no hallamos ninguna combinación que nos satisfaga, podemos invocar al panel de **Formato de imagen** mediante la opción de **Opciones de correcciones de imágenes**, el cual presenta el siguiente aspecto:

13.4.1.3 COLOR

Al acceder a esta opción se muestra un panel en el que se ofrecen diferentes combinaciones listas para ser aplicadas simplemente haciendo clic sobre las mismas.

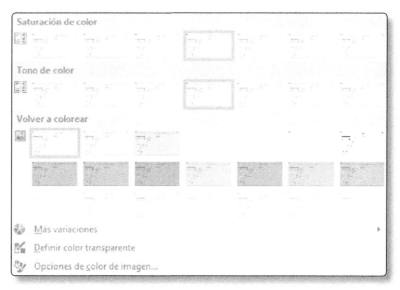

Opciones de color de imagen nos muestra el panel de **Formato de imagen** desplegando el apartado de **COLOR DE IMAGEN**:

13.4.1.4 EFECTOS ARTÍSTICOS

Los efectos artísticos transforman la imagen en otra que simula haber dibujado la imagen con lápiz, con tiza, etc.

Para comprobar el resultado de la aplicación de un efecto, basta con colocar el puntero del ratón sobre dicho efecto y observar la previsualización que se realiza:

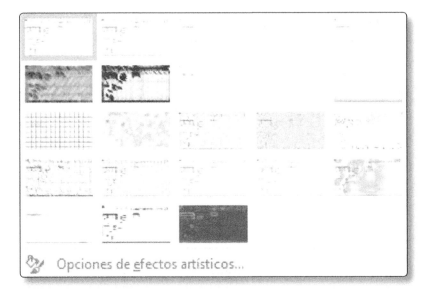

Opciones de efectos artísticos nos muestra el panel de **Formato de imagen** desplegando el apartado de **EFECTOS ARTÍSTICOS**:

Dependiendo del efecto seleccionado, los parámetros a modificar pueden ser diferentes, aunque siempre podemos recuperar el aspecto de la imagen original pulsando sobre el botón **Restablecer**.

13.4.1.5 COMPRIMIR IMÁGENES

Mediante esta opción podemos conseguir que las imágenes ocupen menos espacio y, por tanto, reducir el tamaño del documento.

Al seleccionar la opción se muestra el cuadro de diálogo **Comprimir imágenes**, mediante el que podemos decidir la resolución deseada y algunas opciones de compresión.

Es posible que, en función del destino, podamos permitirnos perder un poco de calidad a cambio de reducir el tamaño. Por ejemplo, para enviar una imagen por correo electrónico puede que nos interese que la imagen se comprima al máximo.

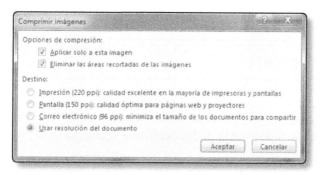

13.4.1.6 CAMBIAR IMAGEN

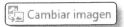

Esta opción nos permite sustituir la imagen actual, pero conservar el tamaño y el formato aplicado sobre la misma hasta el momento.

13.4.1.7 RESTABLECER IMAGEN

Estas opciones permiten recuperar la imagen original olvidando los cambios de formato realizados hasta el momento. Podemos recuperar solo la imagen o también su tamaño original.

13.4.2 Estilo de imagen

Los **Estilos de imagen** muestran una serie de posibles acabados predefinidos que pueden ser aplicados rápidamente a una imagen.

Las opciones de **Contorno de imagen**, **Efectos de la imagen** y **Diseño de la imagen** son idénticas a las que hemos comentado en el apartado de **SmartArt**, y, de la misma forma, podemos ir visualizando filas de estilos o desplegar el panel con todos los predefinidos pulsando las flechitas situadas en la parte derecha del panel de **Estilos de imagen** (⬆,⬇, ⬇):

13.5 DE TABLA DINÁMICA

Este grupo de opciones permite configurar todos los aspectos de una tabla dinámica. Desde su nombre hasta el formato que va a tener, pasando por la ordenación, filtrado y obtención de los datos que la componen.

La pestaña **ANALIZAR** se encarga de la definición de la tabla en sí misma, así como de sus campos, orden, etc. La pestaña **DISEÑO** permite manejar la forma en la que se muestra el informe, su estilo y, también, si se visualizan subtotales y/o totales, y en qué forma.

13.5.1 Analizar

En esta pestaña nos encontramos los siguientes grupos de controles:

- Tabla dinámica
- Campo activo
- Agrupar
- Filtrar
- Datos
- Acciones
- Cálculos
- Herramientas
- Mostrar

13.5.1.1 TABLA DINÁMICA

Las opciones de este grupo de controles permiten modificar el nombre de la tabla y también acceder a las opciones generales de la misma. Al desplegar la lista de **Opciones** nos encontramos con lo siguiente:

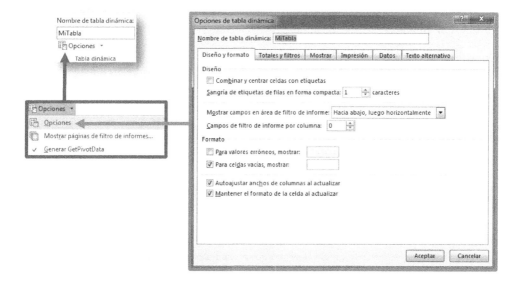

13.5.1.1.1 Opciones de la tabla dinámica

Este cuadro de diálogo reúne muchas características generales de la tabla dinámica. Además de permitir modificar el nombre de la tabla, ofrece los siguientes grupos de opciones:

▶ Diseño y formato
▶ Totales y filtros
▶ Mostrar
▶ Impresión
▶ Datos. Diseño y formato

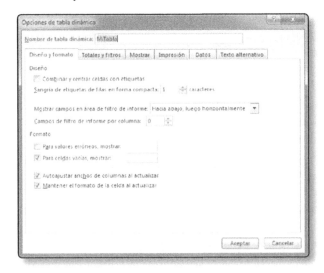

13.5.1.1.2 Diseño

Combinar y centrar celdas con etiquetas

Ejemplo

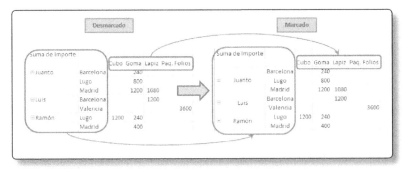

Sangría de etiquetas de filas en forma compacta

Ejemplo

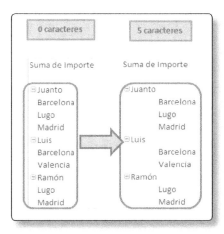

Mostrar campos en área de filtro de informe

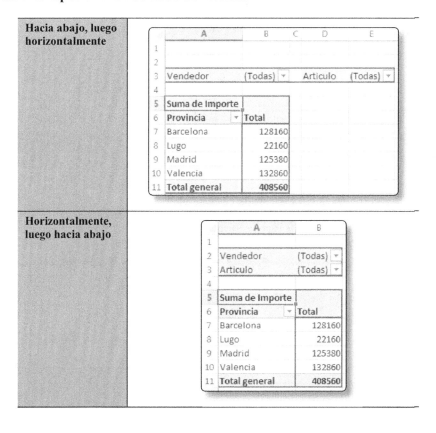

Campos de filtro de informe por columna, fila

En función de cómo se haya decidido mostrar los campos en el área de filtro de informe, podremos establecer un máximo de campos por fila o por columna.

Si se ha decidido mostrar **Hacia abajo**, **luego horizontalmente**, el máximo de campos de filtro a indicar será por fila. En el caso de **Horizontalmente**, **luego hacia abajo**, será por columna.

Ejemplo de campos de filtro de informe por fila:

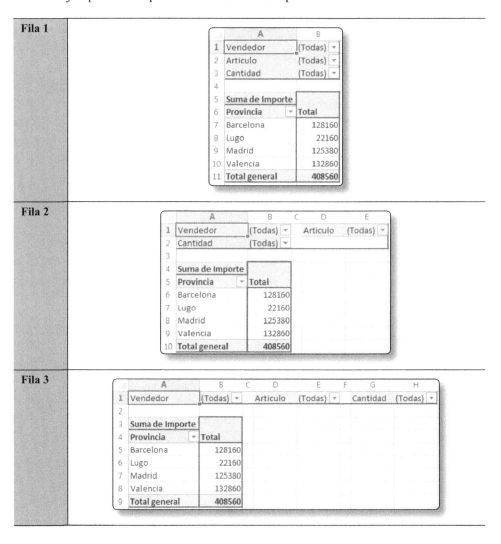

13.5.1.1.3 Formato

Para valores erróneos, mostrar

Si marcamos este *check*, podemos indicar el texto a visualizar cuando se produzca un error. En el ejemplo se ha introducido un elemento calculado realizando una división por 0 para provocar un error.

Para celdas vacías, mostrar

Para las celdas vacías es posible indicar que aparezca un determinado texto. Basta con marcar la casilla y definir el texto a visualizar.

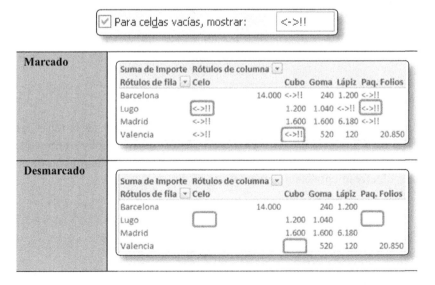

Autoajustar anchos de columnas al actualizar

Si mantenemos marcada esta casilla, la tabla ajustará automáticamente el ancho de las columnas en función de los nuevos datos, de tal manera que si una columna necesita un tamaño mayor, dicho dato no se truncará mostrando la clásica máscara #####.

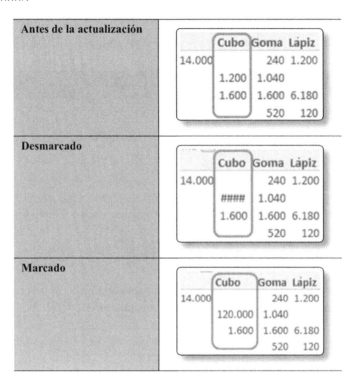

Mantener el formato de la celda al actualizar

Esta opción permite mantener el formato y el diseño de la tabla cada vez que se realiza una operación. Por ejemplo, si aplicamos un color como relleno de una celda, dependiendo de si mantenemos el formato o no, comprobaremos que al actualizar, efectivamente, se mantiene o se pierde.

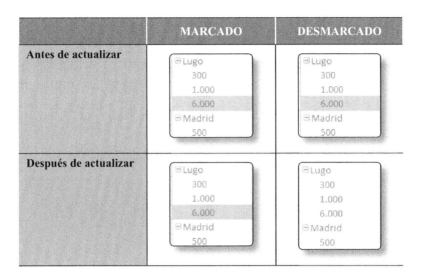

13.5.1.1.4 Totales y filtros

Totales generales

Mostrar totales generales de las filas

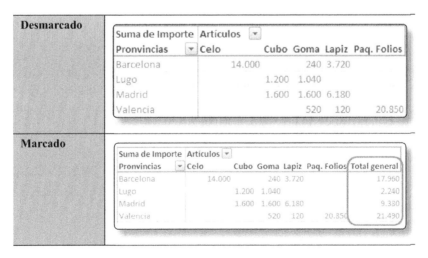

Mostrar totales generales de las columnas

Desmarcado						
Suma de Importe	**Artículos** ▾					
Pronvincias ▾	**Celo**	**Cubo**	**Goma**	**Lapiz**	**Paq.**	**Folios**
Barcelona	14.000		240	3.720		
Lugo		1.200	1.040			
Madrid		1.600	1.600	6.180		
Valencia			520	120		20.850

Marcado						
Suma de Importe	**Artículos** ▾					
Pronvincias ▾	**Celo**	**Cubo**	**Goma**	**Lapiz**	**Paq.**	**Folios**
Barcelona	14.000		240	3.720		
Lugo		1.200	1.040			
Madrid		1.600	1.600	6.180		
Valencia			520	120		20.850
Total general	14.000	2.800	3.400	10.020		20.850

Filtros

Subtotales de elementos filtrados de página

En aquellas tablas cuyo origen de datos es OLAP se pueden incluir o excluir elementos filtrados por informes.

Permitir varios filtros por campo

Esta opción permite que podamos aplicar varios filtros a un mismo campo. Por ejemplo, si queremos seleccionar los vendedores cuyo nombre empieza por *M* y cuyo importe sea mayor o igual que 1.000, debemos marcar esta casilla. Si aplicamos estos filtros, podremos comprobar lo siguiente:

	Suma de Importe	**Articulo** ▾			
5					
6	**Vendedor** ▾	**Celo**	**Cubo**	**Goma**	**Lapiz**
7	Maria	11120	34500	5040	1
8	Paco	*Filtros de etiqueta*			
9	Ramón	*Vendedor: es mayor que M*			14
10	Manuel				14
11	Mario	*Filtros de valor (en orden)*			
12	Raul	*1. Vendedor: Suma de Importe es mayor que 1000*			
		8200	3600	2800	
13	**Total general**	74290	59680	17880	6.

Al intentar desmarcar este casillero, nos advierte de que se eliminarán los filtros aplicados a estos campos.

Ordenación

Usar listas personalizadas al ordenar

Podemos utilizar una lista personalizada para ordenar un campo. Por ejemplo, el campo **Vendedores**, al ser alfanumérico, normalmente se ordena de **A a Z**, o viceversa. Sin embargo, mediante esta opción podríamos ordenarlo de una forma más particular.

En el siguiente ejemplo vemos cómo se puede indicar que ordene el campo **Vendedores** utilizando una lista personalizada:

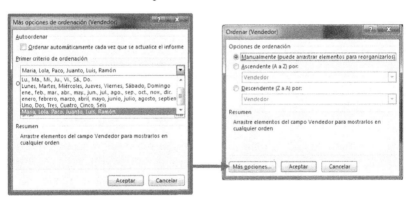

ORDEN NORMAL (A A Z)	ORDEN QUE UTILIZA LA LISTA PERSONALIZADA

Suma de Importe	Articulo ▾
Vendedor ▾	Celo
Juanto	
Lola	7.000
Luis	
Maria	
Paco	7.000
Ramón	
Total general	**14.000**

Suma de Importe	Articulo ▾
Vendedor ▾	Celo
Maria	
Lola	7.000
Paco	7.000
Juanto	
Luis	
Ramón	
Total general	**14.000**

13.5.1.1.5 Mostrar

Mostrar

Mostrar botones para expandir y contraer

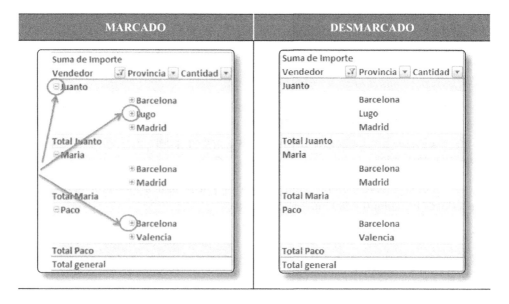

Mostrar información contextual sobre herramientas

Si está marcado, al colocar el puntero del ratón sobre el botón asociado al campo, aparece un *tooltip* indicando ciertas características aplicadas sobre el campo (filtro, ordenación, información del campo, etc.). Si no está marcado, no aparece ninguna información al pasar sobre el campo.

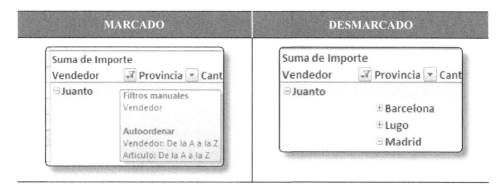

Mostrar propiedades en información sobre herramientas

En este caso, las propiedades a las que nos referimos reflejan la información asociada a un campo procedente de cubos **OLAP** y consultas de datos multidimensionales.

Marcando esta casilla, al trabajar con este tipo de datos podemos mostrar la información asociada al mismo, siempre y cuando se hayan asociado en el origen al realizar la consulta.

Mostrar títulos de campos y filtrar listas desplegables

MARCADO	DESMARCADO

Suma de Importe
 	
          Celo   Cubo
⊟Juanto
   ⊞ Barcelona
   ⊞ Lugo
   ⊟ Madrid
	Suma de Importe Artículo ▾
	Vendedor ▾ Provincia ▾ Cantidad ▾ Celo Cubo
	⊟Juanto
	   ⊞ Barcelona
	   ⊞ Lugo
	   ⊟ Madrid

Diseño de tabla dinámica clásica (permite arrastrar campos en la cuadrícula)

Si se marca esta opción, se pueden incluir o eliminar campos simplemente arrastrándolos desde la lista de campos hasta la tabla o viceversa, respectivamente. Esta funcionalidad es la que se utiliza en Excel 2003 y, entre otras cosas, facilita previsualizar dónde se colocará el campo, ya que el puntero del ratón colorea en azul la zona en la que se colocará cuando lo soltemos. En la siguiente imagen puede observarse cómo se elimina el campo **Artículo** simplemente arrastrándolo desde la tabla a la lista de campos de la tabla dinámica.

Mostrar elementos sin datos en las filas/columnas

Estas opciones solo están disponibles para los orígenes de datos **OLAP**. Permiten ocultar o mostrar elementos que no tienen valores.

Mostrar las etiquetas de los elementos cuando no haya campos en el área de valores

Esta opción solo está disponible para tablas creadas con una versión anterior. En Excel 2007, los elementos siempre aparecen, aunque no se hayan indicado campos en el área de valores.

A continuación recordamos cómo se comportaba Excel 2003.

MARCADO	DESMARCADO

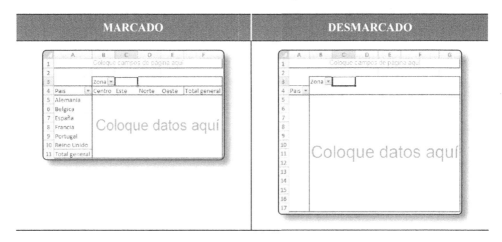

Lista de campos

Ordenar de A a Z

Es posible seleccionar el orden en el que aparece la lista de campos del cuadro de diálogo **Lista de campos de tabla dinámica**. Si esta casilla está marcada, los campos se ordenarán alfabéticamente. Si no está marcada, los campos aparecerán en el mismo orden en el que se reciben de la fuente de datos.

ORDENAR DE A A Z	ORDENAR SEGÚN ORIGEN DE DATOS

13.5.1.1.6 Impresión

Imprimir botones para expandir o contraer al mostrarlos en una tabla dinámica

Si nos interesa que aparezcan los botones a la hora de imprimir la tabla para indicar que cierta información contiene detalle, hemos de marcar esta casilla.

MARCADO	DESMARCADO

Suma de Importe				Suma de Importe		
Vendedor	Provincia	Cantidad		Vendedor	Provincia	Cantidad
⊟Juanto	⊞Barcelona			Juanto	Barcelona	
	⊞Lugo				Lugo	
	⊟Madrid	900			Madrid	900
		1.500				1.500
	Total Madrid				Total Madrid	
Total Juanto				Total Juanto		
⊟Lola	⊞Barcelona			Lola	Barcelona	
	⊞Valencia				Valencia	
Total Lola				Total Lola		

Repetir etiquetas de fila en cada página impresa e imprimir títulos

Estas casillas permiten repetir las etiquetas de filas y títulos en cada una de las páginas que se imprimen. De esta forma, cuando un informe no cabe en una sola página, es más fácil relacionar los datos con sus elementos.

MARCADO	DESMARCADO

			Página 12
Suma de Importe			
Vendedor	Provincia	Cantidad	Total general
Raul	Total Lugo		4800
	⊟Madrid	500	800
		800	3200
		900	1080
	Total Madrid		5080
	⊟Valencia	100	120
	Total Valencia		120
Total Raul			25200
Total general			408560

				Página 8
1600	400			5080
				120
				120
1600	400			25200
52340	2560	5040	8440	408560

En este ejemplo mostramos la última página del informe. Puede apreciarse que, cuando imprimimos títulos, lógicamente, necesitamos más páginas (pág. 12), pero la información queda mucho más clara. Si no imprimimos títulos, relacionar los valores con sus etiquetas y títulos se hace mucho más difícil.

13.5.1.1.7 Datos

Datos de la tabla dinámica

Guardar datos de origen con el archivo

Esta opción permite guardar junto con el libro los datos procedentes de una fuente de datos externa.

Si no guardamos los datos externos junto con el libro, es posible que obtengamos el siguiente mensaje:

Actualizar al abrir el archivo

Esta opción fuerza la actualización de los datos al abrir el archivo sin necesidad de lanzarla manualmente desde la opción **Actualizar** del grupo de controles **Datos** de la pestaña **Opciones** de las **Herramientas de tabla dinámica**.

Mantener los elementos eliminados del origen de datos

Número de elementos que desea conservar por campo

Esta opción permite indicar a la tabla si queremos mantener o no los elementos que se eliminan de la fuente de datos original.

Por ejemplo, supongamos que en nuestra base de datos original disponíamos de un vendedor llamado **Arturo**, pero que ahora ha cambiado de zona y ya no aparece en nuestros datos.

Si tratamos de realizar un filtro en el campo **Vendedor**, encontraremos que **Arturo** todavía aparece en la lista de valores. Si esto nos interesa, podemos elegir entre las opciones **Automático** o **Máx**. Si, por el contrario, solo queremos visualizar los elementos que actualmente están en la base de datos, hemos de seleccionar **Ninguno**.

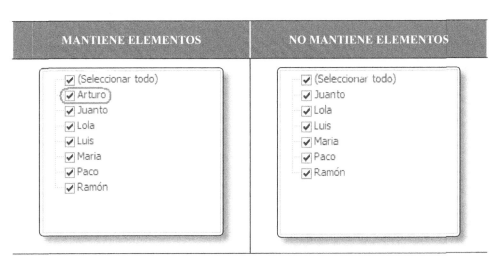

Así pues, para indicar el número de elementos que cada campo almacenará en la caché temporalmente con el libro, tenemos las siguientes opciones:

OPCIÓN	COMENTARIO
Automático	Para cada campo, utilizará un número predeterminado de elementos.
Ninguno	No conservará ningún elemento.
Máx	Guardará el máximo número de elementos únicos para cada campo.

13.5.1.2 CAMPO ACTIVO

Este grupo de controles permite renombrar el campo utilizado y acceder a su configuración para especificar detalles sobre subtotales y totales, y detalles sobre el diseño e impresión, también permite expandir o contraer el campo para mostrar más o menos detalle.

La configuración de campo permite, básicamente, determinar si se desea utilizar subtotales o no y, en caso afirmativo, qué función es la que se necesita.

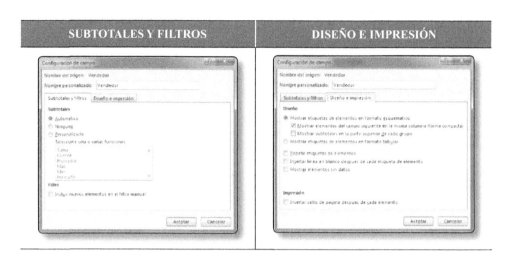

Expandir y **Contraer el campo** nos permiten mostrar más o menos información agrupada en el campo activo:

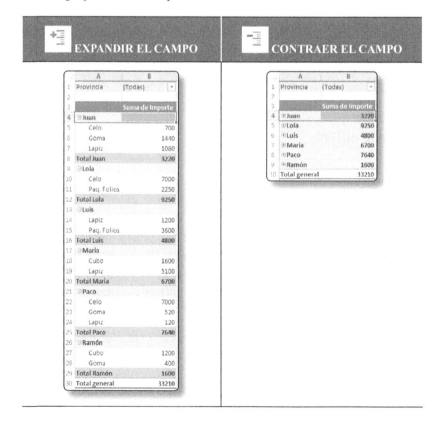

13.5.1.3 AGRUPAR

Esta opción nos permite agrupar ciertos elementos en grupos que permiten simplificar aún más el resumen de datos.

Para agrupar elementos basta con seleccionarlos y pulsar sobre **Agrupar selección**:

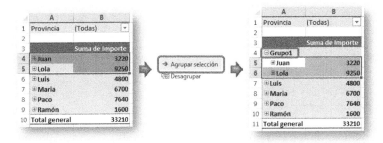

Esta opción es muy útil cuando de lo que se trata es de resumir elementos de fecha u hora en semestres, trimestres, etc.:

Cuando agrupamos elementos, podemos establecer un nombre para el grupo y tratarlos como si fueran uno solo.

13.5.1.4 FILTRAR

La segmentación de datos permite filtrar la información de manera interactiva. Al pulsar sobre esta opción aparece un cuadro de diálogo con los campos que pueden utilizarse para realizar dicha segmentación y, una vez seleccionados los campos deseados, aparecen los paneles flotantes con la lista de valores correspondientes a dichos campos para que podamos realizar el filtro:

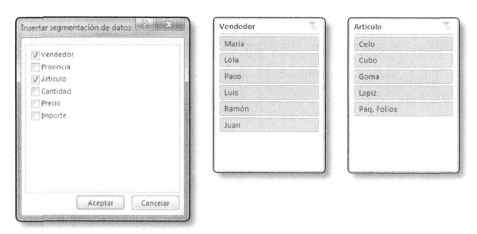

Si marcamos los campos **Vendedor** y **Artículo**, veremos que aparecen dos paneles con los diferentes valores detectados en la tabla.

A partir de este momento se puede visualizar uno o varios segmentos de información simplemente haciendo clic sobre el valor que se desee mostrar.

Si se desea filtrar por más de un valor, puede pulsarse **CTRL** + **clic** del botón izquierdo del ratón para marcar valores no contiguos, o bien **MAYÚS** + **clic** del botón izquierdo en cada uno de los valores que delimiten el rango a mostrar, es decir, en el primer y último valor a seleccionar.

Ejemplo:

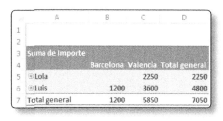

13.5.1.5 DATOS

Este grupo de controles permite mantener actualizada la tabla de datos y manejar la fuente de datos que la soporta.

13.5.1.5.1 Actualizar

Permite actualizar la información asociada a un origen de datos y configurar sus propiedades:

13.5.1.5.2 Cambiar origen de datos

Permite modificar el origen de datos asociado a la tabla dinámica:

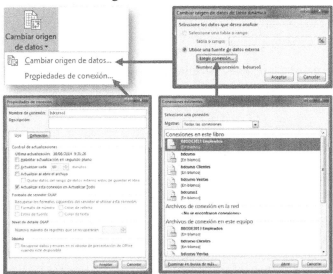

13.5.1.6 ACCIONES

Esta opción permite borrar los filtros de la tabla dinámica que estén activos, seleccionar grupos de elementos de la tabla o toda ella, o bien moverla de sitio cambiándola de ubicación a otra hoja o posición.

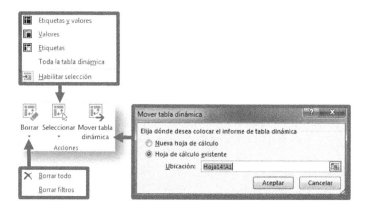

13.5.1.7 CÁLCULOS

Este grupo de opciones permite gestionar la creación y modificación de elementos y campos calculados, así como mantener las relaciones entre tablas del mismo informe.

13.5.1.7.1 Campo calculado

Podemos definir un campo calculado utilizando campos que se hallen en la tabla dinámica.

Por ejemplo, para realizar una previsión de las unidades que se venderán durante el próximo período, suponiendo que en este se venderá un 10 % más de lo vendido actualmente, podemos definir un campo calculado denominado **Previsión** que calcule un incremento del 10 % y lo sume al campo **Cantidad** de la siguiente manera:

El nuevo campo calculado se llama **Previsión**, y vemos que en la fórmula se acumula al campo **Cantidad** el resultado de calcular su 10 %.

Vemos que, efectivamente, este campo calculado aparece en la lista de campos del informe y en la tabla se refleja de la siguiente manera:

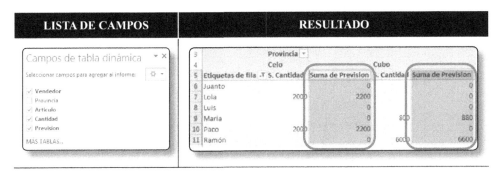

13.5.1.7.2 Elemento calculado

Un elemento calculado se fabrica a partir de los valores de otros elementos. Para definirlo basta con invocar el cuadro de diálogo **Elemento calculado** e introducir la fórmula que define dicho elemento.

Supongamos que queremos disponer de un elemento que refleje la diferencia entre los importes vendidos entre **Juanto** y **María**. Para definir la diferencia entre **Juanto** y **María**, definimos lo siguiente:

Observaremos que, a partir de ahora, disponemos de este elemento en nuestra tabla dinámica:

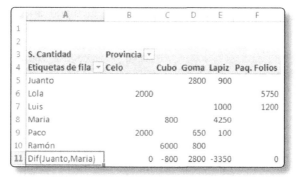

El orden de resolución permite determinar el orden en el que se resuelven las fórmulas. El cuadro de diálogo asociado es el siguiente:

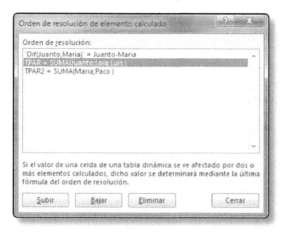

Mediante los botones **Subir** y **Bajar**, podemos establecer el orden. El botón **Eliminar** elimina el elemento calculado. Al cerrar el cuadro de diálogo, se recalculan de nuevo los elementos calculados.

Mediante **Crear lista de fórmulas** podemos crear una lista de las fórmulas que definen los campos y elementos calculados, y el orden de resolución previsto para los mismos.

Al seleccionar esta opción, automáticamente se crea una hoja de cálculo con el siguiente aspecto:

13.5.1.8 HERRAMIENTAS

Este grupo de controles nos permite insertar un gráfico dinámico a partir de la tabla seleccionada, también nos ofrece una recomendación sobre posibles tablas que podríamos utilizar en función de los datos existentes.

Al pulsar sobre **Gráfico dinámico**, accedemos al cuadro de diálogo **Insertar gráfico**, mediante el que podremos escoger una categoría de gráfico y, dentro de la misma, el gráfico, realizando una previsualización de cómo quedará antes de ser insertado definitivamente:

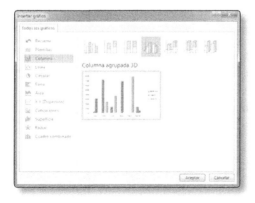

Si pulsamos sobre **Tablas dinámicas recomendadas**, nos mostrará una serie de combinaciones preestablecidas para que podamos elegir alguna de las mismas en caso de que satisfaga nuestras necesidades:

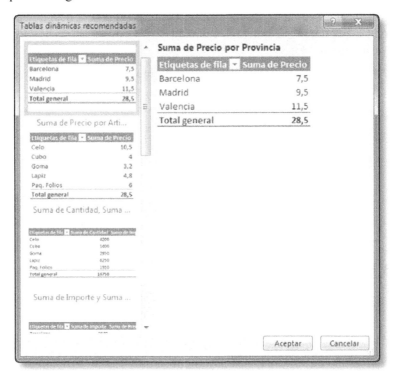

13.5.1.9 MOSTRAR

Esta opción nos permite mantener a la vista o no ciertos elementos de la tabla dinámica o elementos que nos permiten configurarla, como, por ejemplo, la lista de campos que podemos utilizar en la misma, los botones que expanden o contraen agrupaciones y los encabezados de campos.

13.5.1.9.1 Lista de campo

Muestra o no el panel de lista de campos de tabla dinámica:

13.5.1.9.2 Botones / Encabezados de campo

De igual forma, podemos decidir si visualizar o no los siguientes elementos:

	VISIBLES	NO VISIBLES
Botones	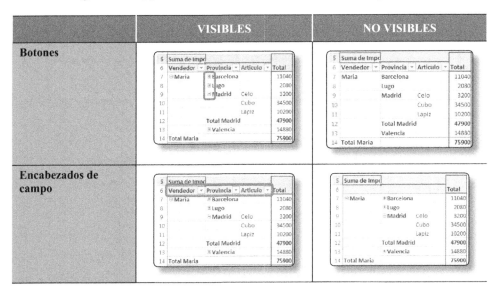	
Encabezados de campo		

13.5.2 Diseño

Esta pestaña permite configurar el aspecto de la tabla en cuanto a los subtotales y totales que aparecen en la misma; también nos permite aplicar un estilo preestablecido.

13.5.2.1 DISEÑO

Este grupo de controles nos permite configurar la tabla para indicar que tenga o no totales y/o subtotales, o bien la distribución de los elementos que estén anidados entre sí.

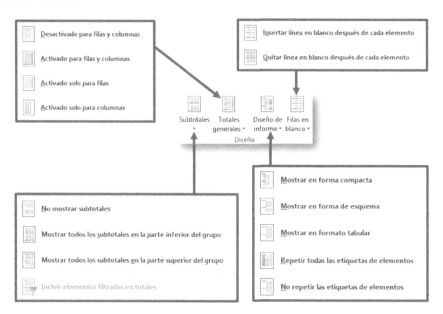

13.5.2.2 OPCIONES DE ESTILO DE TABLA DINÁMICA

Este grupo de opciones permite fácilmente determinar si queremos o no incluir encabezados en las filas o columnas de la tabla, y también si queremos resaltar las mismas mostrándolas con una serie de bandas.

13.5.2.3 ESTILOS DE TABLA DINÁMICA

Mediante las opciones de **Estilos de tabla dinámica** podemos aplicar un estilo de forma sencilla. Para realizar una previsualización sobre cl aspecto que tendrá la tabla tras la aplicación del estilo, basta con colocar el puntero del ratón sobre el estilo que se muestra en la cinta. Si se desea aplicar dicho estilo, entonces, se realizará un clic sobre el mismo y la tabla ya se verá afectada por el estilo de forma permanente.

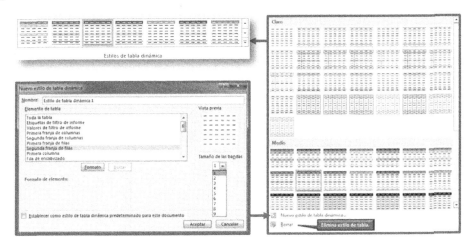

Vemos que un estilo, en el fondo, es un conjunto de formatos aplicados a diferentes partes de la tabla, entre las que podemos mencionar rótulos de campo, valores, posiciones de columna y fila, etc.

Para eliminar un estilo aplicado sobre una tabla, se puede utilizar la opción **Borrar**, accesible desde el cuadro de diálogo que aparece al hacer clic sobre el icono ⊽, situado en la esquina inferior derecha del grupo de controles de **Estilo de tabla dinámica**.

13.6 PARA ENCABEZADO Y PIE DE PÁGINA

13.6.1 Diseño

Esta barra de herramientas solo dispone de la pestaña **DISEÑO** y aparece cuando nos hallamos en la vista de **Diseño de página**. Con ella podemos configurar nuestros encabezados y pies de página, incluyendo más o menos elementos y definiendo el aspecto de la primera página o de las páginas pares e impares.

13.6.1.1 ENCABEZADO Y PIE DE PÁGINA

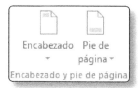

Al seleccionar cualquiera de estas opciones, se ofrece una lista de opciones predefinidas para mostrar combinaciones de elementos como pueden ser el número de página en curso, el nombre de la tabla dinámica, el nombre del libro, etc.

A continuación se muestran las combinaciones propuestas para el **Encabezado**:

Para el pie serían las siguientes:

13.6.1.2 ELEMENTOS DEL ENCABEZADO Y PIE DE PÁGINA

Estos controles permiten incluir el elemento seleccionado en la zona del encabezado que tengamos seleccionada. Como podemos observar, el encabezado tiene tres secciones: izquierda, central y derecha. A continuación vemos cómo insertar la **Ruta de acceso** en la parte central del encabezado:

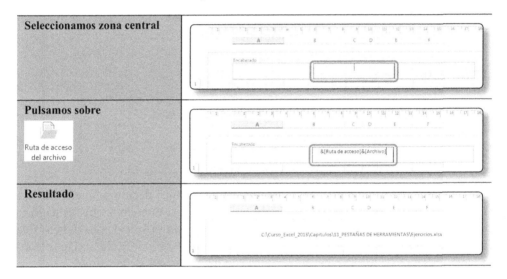

También podríamos definir el encabezado a través del cuadro de diálogo **Configurar página**, el cual está accesible desde la pestaña **DISEÑO DE PÁGINA** pulsando sobre el icono ( ) situado en la parte inferior derecha del grupo de controles **Configurar página**:

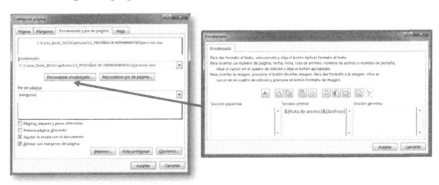

13.6.1.3 NAVEGACIÓN

Este grupo de opciones nos permite acceder al encabezado o al pie de página de la hoja en curso.

Dependiendo de la zona que estemos definiendo, se habilitará un icono u otro; de forma que, si estamos definiendo el encabezado, tendremos habilitado el icono de **Ir al pie de página** y deshabilitado el de **Ir al encabezado** y viceversa.

13.6.1.4 OPCIONES

Mediante estos casilleros de verificación podemos decidir si queremos que la primera página posea su propio encabezado o no, o si queremos que las páginas pares tengan un encabezado diferente de las impares. También podemos indicar si la función **Reducir hasta ajustar** debe ajustar o no el encabezado y pie, o si queremos alinear los lados de los encabezados y pies con los márgenes de la página.

13.7 DE TABLA

Esta barra de herramientas aparece cuando seleccionamos algún elemento de una tabla de datos. Solo dispone de la pestaña **DISEÑO** y posee algunas opciones similares a las descritas en la barra de herramientas de **Tablas dinámicas**.

13.7.1 Propiedades

Este grupo de controles, además de definir el **Nombre de la tabla**, nos permite redefinir el área asociada a la misma pulsando sobre la opción de **Cambiar tamaño de la tabla** e invocando al siguiente cuadro de diálogo:

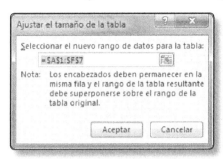

13.7.2 Herramientas

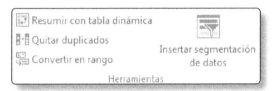

Resumir con tabla dinámica nos permite crear una tabla dinámica a partir del siguiente cuadro de diálogo:

Quitar duplicados permite eliminar duplicados, tal y como vimos en el capítulo dedicado a la pestaña **DATOS**, mediante el siguiente cuadro de diálogo:

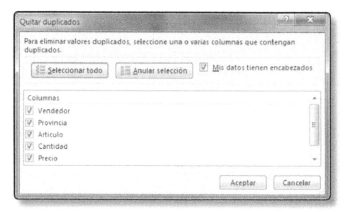

Convertir en rango nos permite eliminar la tabla y sus características y dejar su contenido en forma de rango normal y corriente. Al seleccionar esta opción se solicita confirmación mediante el siguiente aviso:

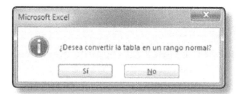

La segmentación de datos permite el filtrado de datos y fue comentada en el apartado *Filtrar* de la pestaña **ANALIZAR** de la barra de herramientas de **Tabla dinámica**.

13.7.3 Datos externos de tabla

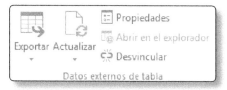

La opción **Exportar** nos permite exportar el contenido de la tabla hacia una **lista de SharePoint** o hacia un **diagrama dinámico de Visio**.

Actualizar permite actualizar los datos a partir de la fuente de datos asociada y coincide con lo comentado en el apartado **Actualizar** del grupo de controles **Datos** visto en la pestaña **ANALIZAR** de la barra de herramientas de **Tabla dinámica**.

La opción de propiedades muestra el cuadro de diálogo **Propiedades de los datos externos** para poder definir ciertas características:

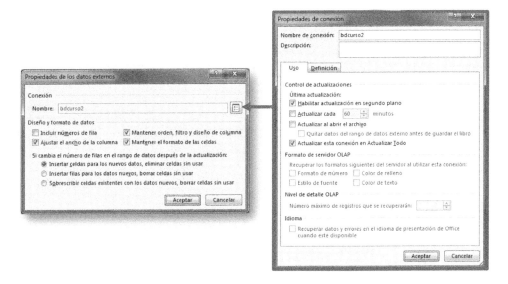

Mediante **Abrir en el explorador** podemos mostrar la versión de la tabla en el explorador web.

Por último, la opción **Desvincular** permite desconectar la tabla de la fuente de datos, de forma que a partir de este momento ya no se actualizará más. Al seleccionar esta opción, recibiremos el siguiente mensaje de advertencia:

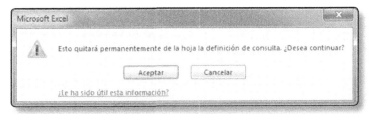

13.7.4 Opciones de estilo de tabla

Mediante estas opciones podemos configurar el aspecto y el contenido de la tabla, añadiendo o quitando filas de cabecera y totales, o jugando con los colores de las filas o columnas.

A continuación veamos una muestra de cómo quedaría la tabla si activáramos cada una de las casillas:

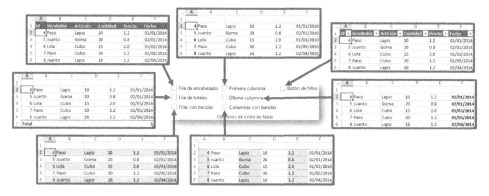

13.7.5 Estilos de tabla

Los estilos de tabla son idénticos a los comentados en la barra de herramientas de **Tabla dinámica**.

13.8 DE GRÁFICO DINÁMICO

La barra de herramientas de **Gráfico dinámico** posee tres pestañas: **ANALIZAR**, **DISEÑO** y **FORMATO**.

Aparece cuando seleccionamos un gráfico dinámico como, por ejemplo, el que se muestra a continuación:

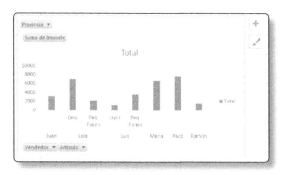

La pestaña **ANALIZAR** es prácticamente idéntica a la descrita en la barra de herramientas de **TABLA DINÁMICA**.

Las pestañas **DISEÑO** y **FORMATO** son también prácticamente idénticas a las descritas en la barra de herramientas de **GRÁFICOS**, por lo que le invitamos a que revise el detalle de las mismas en dichos apartados.

13.9 PARA MINIGRÁFICO

Los minigráficos permiten confeccionar gráficos muy pequeños y ubicarlos en una celda, de forma que, con un simple vistazo, podemos analizar la evolución o tendencia de los datos existentes en una tabla de datos o en un determinado rango.

A continuación se muestra una tabla sobre la que se han insertado minigráficos en los totales por columna y en los totales por fila:

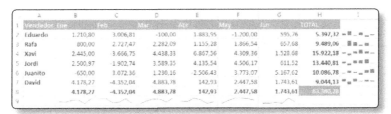

Para las filas se han incluido minigráficos de tipo **Columna**. En ellos se muestra un bloque para cada valor cuya altura es proporcional al valor más alto. Para las columnas se ha elegido un minigráfico de tipo **Línea**.

13.9.1 Minigráfico

Este grupo de opciones permite determinar el origen y la ubicación de los datos tratados por los minigráficos. Dispone de las siguientes opciones:

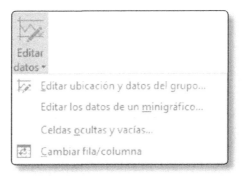

13.9.1.1 EDITAR DATOS

13.9.1.1.1 Editar ubicación y datos del grupo

Esta opción permite seleccionar el rango de datos que contiene los valores que se desea representar. Así mismo, permite indicar dónde ubicar el grupo de minigráficos que representarán a los mismos. El cuadro de diálogo correspondiente a esta opción es el siguiente:

13.9.1.1.2 Editar los datos de un minigráfico

Esta opción permite indicar el rango asociado a un minigráfico en concreto.

13.9.1.1.3 Celdas ocultas y vacías

Esta opción permite especificar cómo se representarán las celdas ocultas o que estén vacías.

Al acceder a esta opción, aparece el siguiente cuadro de diálogo:

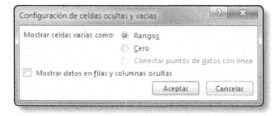

Para apreciar la diferencia entre las diferentes opciones, supongamos el siguiente rango:

OPCIÓN	COMENTARIO
Rangos	Muestra solo los tramos con información.
Cero	Utiliza las celdas vacías como valores 0 y representa sus puntos en el gráfico.
Conectar puntos de datos con línea	Representa la línea uniendo los puntos y sin tener en cuenta las celdas vacías.
Mostrar datos en filas y columnas ocultas	Indica si se han de tener en cuenta los datos correspondientes a filas y columnas que se hallen ocultas o no. Si en el ejemplo anterior ocultamos las filas 4 y 5, obtenemos el siguiente resultado: <table><tr><th>Mostrar</th><th>No mostrar</th></tr><tr><td></td><td></td></tr></table>

13.9.1.1.4 Cambiar fila/columna

Esta opción permite indicar si los datos que se muestran corresponden a los valores que se hallan en la fila o a los de la columna. Esta opción solo se puede utilizar cuando el rango de datos posee el mismo número de filas que de columnas.

Siguiendo con el ejemplo anterior, podemos observar que los minigráficos situados en cada columna representan los datos de cada una de las filas de la misma.

Si utilizamos esta opción, veremos que dichos minigráficos adoptan una forma similar a la existente para cada fila.

NORMAL	CAMBIANDO FILAS POR COLUMNAS
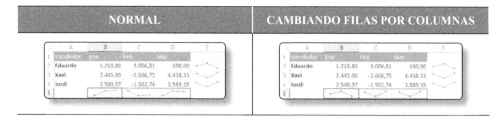	

13.9.2 Tipo

Esta opción permite seleccionar el tipo de minigráfico que queremos utilizar. Los tipos son los siguientes:

TIPO	COMENTARIO
Línea	El minigráfico se muestra en forma de línea en la que se unen los puntos correspondientes a los valores tratados.
Columna	Se muestra una barra por cada columna. Los valores negativos se muestran en la parte inferior del gráfico. En el ejemplo se destaca el valor más alto.
Ganancia o pérdida	Se muestran tantos bloques como valores tratados. Cada bloque tiene el mismo tamaño. Los valores negativos se muestran en la parte inferior del gráfico. En el ejemplo se destacan el valor más alto y el más bajo.

13.9.3 Mostrar

☑ Punto alto	☐ Primer punto
☑ Punto bajo	☐ Último punto
☐ Puntos negativos	Marcadores

Mostrar

Permite destacar algunos de los valores tratados. En función del tipo de minigráfico, la representación puede hacerse mediante un punto o, simplemente, mediante un color. A continuación vemos un ejemplo de cada uno de los valores que se pueden destacar y de su representación según el tipo de gráfico.

ELEMENTO	LÍNEA	COLUMNA	GANANCIA O PÉRDIDA
Punto alto			
Punto bajo			
Puntos negativos			
Primer punto			
Último punto			
Marcadores			

13.9.4 Estilo

Estilo

El estilo del minigráfico permite aplicar un conjunto de colores a cada uno de los valores; variará en función de los puntos que tengamos seleccionados en el momento de aplicarlo y, lógicamente, del tipo de minigráfico seleccionado.

Para aplicar un estilo basta con hacer clic sobre el estilo que más nos interese. En el siguiente ejemplo se muestran un grupo de estilos para minigráficos de tipo columna:

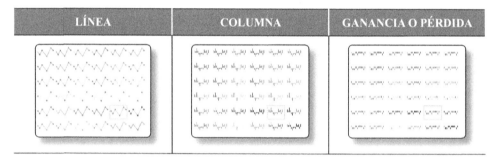

Observaremos que, mediante las flechas **Arriba** (⬆) y **Abajo** (⬇), podemos ir visualizando grupos de estilos. Con el botón **Más** (⯆) podemos visualizar todos los estilos de golpe:

LÍNEA	COLUMNA	GANANCIA O PÉRDIDA

13.9.4.1 COLOR DE MINIGRÁFICO

Mediante esta opción podemos seleccionar el color y el grosor (en caso de tratarse del tipo **Línea**) del minigráfico. Al acceder a ella se muestra el cuadro de diálogo estándar utilizado en general para la selección de un color o la definición de colores personalizados:

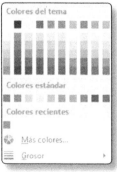

13.9.4.2 **COLOR DE MARCADOR**

Esta opción permite seleccionar un color para cada uno de los puntos que se pueden representar en el minigráfico.

Al invocar esta opción, aparece una lista de opciones mediante la cual podemos seleccionar el tipo de punto que queremos definir; una vez seleccionado el punto, se mostrará el cuadro de diálogo para la selección del color:

13.9.5 Agrupar

En este grupo de controles se hallan diversas funcionalidades, las cuales permiten cambiar la escala de los ejes de los minigráficos tratados y también agruparlos, desagruparlos y borrarlos.

13.9.5.1 **EJE**

13.9.5.1.1 Opciones del eje horizontal

Esta opción permite indicar si se desea mostrar el eje o no y si se desea que los datos se muestren de izquierda a derecha (opción por defecto) o de derecha a izquierda. Si los datos que hay que tratar poseen valores de fecha, es posible representar los valores a una distancia proporcional a la distancia entre fechas para evidenciar dichos saltos entre las mismas. A continuación comentamos un poco más detalladamente estas opciones.

Para la explicación utilizaremos el siguiente conjunto de valores:

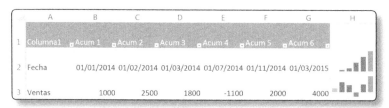

OPCIÓN	COMENTARIO	EJEMPLO
Tipo de eje general	Representa los valores separándolos entre sí a una misma distancia.	
Tipo de eje de fecha	Muestra los valores teniendo en cuenta la distancia entre fechas.	
Mostrar eje	Permite visualizar o no el eje.	
Trazar datos de derecha a izquierda	Permite cambiar el orden de representación de los datos.	Normal / De derecha a izquierda

13.9.5.1.2 Opciones del valor mínimo del eje vertical

Permite que cada minigráfico tenga su propio valor mínimo, o bien permite establecer un valor mínimo común a un grupo de gráficos para que estos puedan compararse de una forma más coherente.

Para la explicación utilizaremos el siguiente ejemplo:

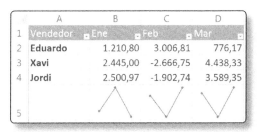

OPCIÓN	COMENTARIO
Automático para cada minigráfico	Cada mínimo es independiente en cada minigráfico del grupo de minigráficos tratado.
Igual para todos los minigráficos	Utiliza el mismo mínimo para todos los minigráficos del grupo.
Valor personalizado	Permite especificar un valor mínimo para que la representación de cada minigráfico se ajuste al mismo. Al acceder a esta opción aparece el siguiente cuadro de diálogo:

13.9.5.1.3 Opciones del valor máximo del eje vertical

OPCIÓN	COMENTARIO
Automático para cada minigráfico	Cada máximo es independiente en cada minigráfico del grupo de minigráficos tratado.
Igual para todos los minigráficos	Utiliza el mismo máximo para todos los minigráficos del grupo.
Valor personalizado	Permite especificar un valor máximo para que la representación de cada minigráfico se ajuste al mismo. Al acceder a esta opción, aparece el siguiente cuadro de diálogo:

13.9.5.2 AGRUPAR/DESAGRUPAR

Permite agrupar minigráficos para poder realizar acciones conjuntamente para todos ellos. Por ejemplo, si agrupamos minigráficos y cambiamos el tipo, todos cambian automáticamente a dicho tipo. De la misma manera, podemos incluir o eliminar puntos a mostrar simultáneamente en todos ellos, cambiar el color del minigráfico o el color de los marcadores.

13.9.5.3 BORRAR

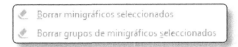

Esta opción permite borrar el minigráfico seleccionado, o bien el grupo de minigráficos seleccionado.

13.10 DE SEGMENTACIÓN DE DATOS

La segmentación de datos permite filtrar la información de manera interactiva. En la barra de herramientas de **Tabla dinámica** ya pudimos analizar este tipo de filtros.

A continuación podemos ver un ejemplo de **Segmentación de datos**:

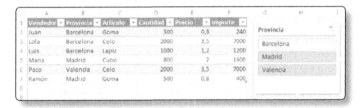

13.10.1 Segmentación de datos

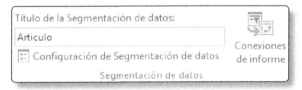

OPCIÓN	COMENTARIO
Título de la Segmentación de datos	Permite modificar el título que aparece en la cabecera del panel de la **Segmentación de datos**.

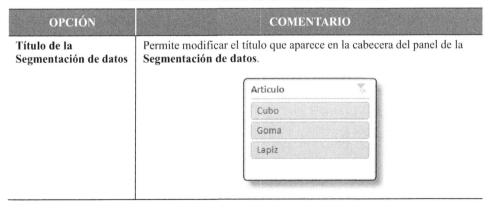

Configuración de la Segmentación de datos	Permite configurar ciertos aspectos sobre la segmentación, como cuál es el nombre de la misma a efectos de fórmulas, si se desea mostrar el encabezado o no, cuál es el título del encabezado, cómo se desean ordenar los elementos que aparecen, si se desean mostrar elementos sin datos o en qué posición mostrarlos (al final o no), etc. 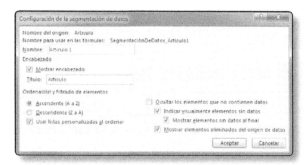
Conexiones de informe	Muestra los diferentes segmentos existentes en otras tablas dinámicas. 

13.10.2 Estilos de segmentación de datos

Permite cambiar la presentación de la segmentación. A continuación mostramos algunos ejemplos:

Es posible crear un nuevo estilo de **Segmentación de datos**. Para ello, hay que hacer clic sobre el botón ⬇ del cuadro de **Estilos de segmentación** y desplegar el siguiente cuadro:

Una vez en este punto, haremos clic sobre la opción de **Nuevo estilo de segmentación de datos**; aparecerá el siguiente cuadro de diálogo:

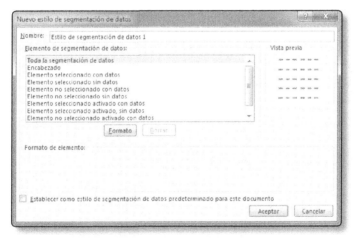

Podemos definir el formato de cada elemento del estilo haciendo clic sobre el botón **Formato**, que da paso al siguiente cuadro de diálogo, mediante el cual podemos definir el tipo de fuente, los bordes y el relleno:

13.10.3 Organizar/Tamaño

Los grupos de controles de **Organizar** y **Tamaño** son idénticos a los descritos en la barra de herramientas **SmartArt**.

13.10.4 Botones

Este grupo de controles permite definir cuántos botones queremos ver en el panel de segmentación y cuál será su alto y ancho.

A continuación mostramos algunos ejemplos con diferentes valores:

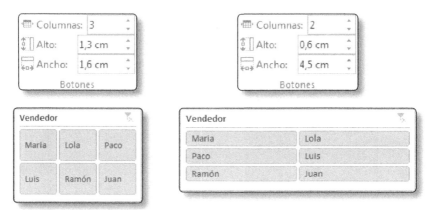

13.11 DE ECUACIÓN

La barra de herramientas **DE ECUACIÓN** nos permite insertar ecuaciones de diferentes tipos y aplicarles formato, como si se tratara de una forma o gráfico.

13.11.1 Herramientas

Al seleccionar la opción **Ecuación**, se despliega una lista de expresiones predefinidas que podemos utilizar para partir de una determinada plantilla e ir adaptándola según nuestras necesidades.

A continuación vemos una muestra de dicha lista:

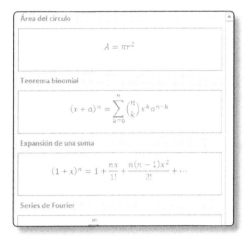

Al seleccionar un elemento de esta lista, dicha expresión se inserta en nuestra hoja de cálculo:

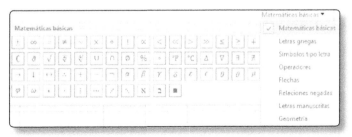

13.11.2 Símbolos

Para completar nuestras ecuaciones disponemos de muchos símbolos agrupados por diferentes categorías:

13.11.3 Estructuras

También disponemos de diferentes grupos de estructuras para poder escoger la expresión que más se aproxime a nuestras necesidades. Dichos grupos son:

Si desplegamos un grupo, se ofrece una lista con diferentes posibilidades. Por ejemplo, si desplegamos el grupo **Radical** nos encontramos con:

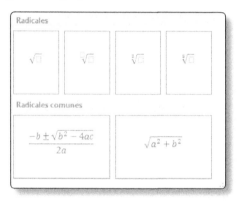

Anexo A

TECLAS ESPECIALES EN EXCEL

Excel posee muchas combinaciones de teclas que permiten realizar ciertas tareas solo con el uso del teclado. A continuación se muestra una relación de las mismas.

TECLA	DESCRIPCIÓN
TECLAS DE DIRECCIÓN	Desplaza el cursor una celda hacia arriba, hacia abajo, hacia la izquierda o hacia la derecha.
RETROCESO	Elimina un carácter a la izquierda de donde está situado el cursor.
SUPR	Borra el contenido de la celda respetando el formato.
FIN	Permite desplazarse al final de la edición que se está realizando, bien sea en una celda, en la barra de fórmulas o en un cuadro de texto.
ENTRAR	Representa el fin de la entrada de datos o la aceptación de una opción determinada.
ESC	Permite cancelar una entrada de texto y, en general, abandonar la acción que se está realizando. Se utiliza para cerrar menús, submenús, cuadros de diálogo, ventanas de mensaje, etc.
INICIO	Va al principio de una fila.
AV PÁG	Avanza una pantalla en la hoja en curso.
RE PÁG	Retrocede una pantalla en la hoja en curso.
BARRA ESPACIADORA	Además de introducir un espacio en un cuadro de texto, activa o desactiva una casilla de verificación o ejecuta la acción del botón seleccionado en un cuadro de diálogo.
TAB	Desplaza el cursor a la celda de la derecha. En un cuadro de diálogo permite navegar entre grupos de opciones.
F1	Muestra la **Ayuda de Microsoft Office Excel**.
F2	Permite modificar la celda activa.

F3	Si se utilizan rangos nombrados, visualiza el cuadro de diálogo **Pegar nombre**.
F4	Repite la última acción realizada.
F5	Visualiza el cuadro de diálogo **Ir a**.
F6	Alterna el acceso a la cinta de opciones, el panel de tareas y los controles de zoom.
F7	Visualiza el cuadro de diálogo **Ortografía**.
F8	Activa o desactiva el modo de selección extendida.
F9	Provoca el recálculo de todas las hojas de cálculo de todos los libros abiertos.
F10	Activa o desactiva los métodos abreviados de teclado.
F11	Crea un gráfico a partir de los datos de la selección actual.
F12	Visualiza el cuadro de diálogo **Guardar como**.
MAYÚS + F2	Inserta o modifica un comentario de celda.
MAYÚS + F3	Visualiza el cuadro de diálogo **Insertar función**.
MAYÚS + F6	Alterna el foco entre la hoja de cálculo, los controles de zoom, el panel de tareas y la cinta de opciones.
MAYÚS + F8	Permite agregar un rango de celdas no adyacentes a una selección de celdas utilizando las teclas de dirección.
MAYÚS + F9	Calcula la hoja de cálculo activa.
MAYÚS + F10	Visualiza el menú contextual correspondiente al elemento seleccionado.
MAYÚS + F11	Inserta una hoja de cálculo nueva.
MAYÚS + TECLAS DE DIRECCIÓN	Amplía la selección de celdas.
MAYÚS + BARRA ESPACIADORA	Selecciona una fila completa de la hoja de cálculo activa.
MAYÚS + TAB	Desplaza el cursor a la celda anterior. En un cuadro de diálogo desplaza el foco a la opción anterior.
ALT + TECLAS DE DIRECCIÓN	Muestra (si es posible) una lista desplegable.
ALT + ENTRAR	Inserta nueva línea en la misma celda.
ALT + AV PÁG	Avanza una pantalla a la derecha en la hoja de cálculo en curso.
ALT + RE PÁG	Retrocede una pantalla a la izquierda en la hoja de cálculo en curso.
ALT + BARRA ESPACIADORA	Visualiza el menú **Control** de la ventana.
ALT + F1	Crea un gráfico automáticamente.
ALT + F4	Cierra Excel.
ALT + F8	Visualiza el cuadro de diálogo **Macro**.
ALT + F11	Abre el editor de Microsoft Visual Basic para crear o modificar macros.

CTRL + TECLAS DE DIRECCIÓN	Sitúa el cursor en el extremo de la región de datos.
CTRL + FIN	Sitúa el cursor en la última celda de una hoja.
CTRL + INICIO	Sitúa el cursor en la primera celda de una hoja.
CTRL + AV PÁG	Avanza a la hoja siguiente dentro de un libro.
CTRL + RE PÁG	Retrocede a la hoja anterior dentro de un libro.
CTRL + BARRA ESPACIADORA	Selecciona una columna completa.
CTRL + TAB	En un cuadro de diálogo, cambia a la ficha siguiente.
CTRL + Signo más (+)	Muestra el cuadro de diálogo **Insertar**.
CTRL + Signo menos (-)	Muestra el cuadro de diálogo **Eliminar**.
CTRL + ;	Inserta la fecha actual.
CTRL + `	Alterna entre mostrar valores de celda y mostrar fórmulas de la hoja de cálculo en curso.
CTRL + '	Copia la celda situada sobre la celda activa.
CTRL + 1	Muestra el cuadro de diálogo **Formato de celdas**.
CTRL + 2	Establece o elimina el formato de negrita.
CTRL + 3	Establece o elimina el formato de cursiva.
CTRL + 4	Establece o elimina el formato de subrayado.
CTRL + 5	Establece o elimina el formato de tachado.
CTRL + 6	Oculta objetos, los muestra o muestra marcadores.
CTRL + 8	Alterna la visualización o no de los símbolos de esquema.
CTRL + 9	Oculta las filas seleccionadas.
CTRL + 0	Oculta las columnas seleccionadas.
CTRL + A	Selecciona toda la hoja de cálculo.
CTRL + B	Invoca el cuadro de diálogo **Buscar y reemplazar** seleccionando la ficha **Buscar**.
CTRL + C	Copia las seleccionadas en curso.
CTRL + D	Copia la celda situada más a la izquierda de un rango seleccionado a las celdas de la derecha usando el comando **Rellenar hacia la derecha**.
CTRL + E	Añade más valores a la columna activa en función de los datos que la rodean.
CTRL + G	Guarda el archivo.
CTRL + I	Visualiza el cuadro de diálogo **Ir a**.
CTRL + J	Copia la celda situada más arriba de un rango seleccionado a las celdas de abajo usando el comando **Rellenar hacia abajo**.
CTRL + K	Establece o elimina el formato de cursiva.

CTRL + L	Visualiza el cuadro de diálogo **Buscar y reemplazar** seleccionando la ficha **Reemplazar**.
CTRL + N	Establece o elimina el formato de negrita.
CTRL + P	Visualiza el cuadro de diálogo **Imprimir**.
CTRL + Q	Visualiza el cuadro de diálogo de **Análisis rápido**.
CTRL + R	Cierra la ventana del libro.
CTRL + S	Establece o elimina el formato de subrayado.
CTRL + T	Visualiza el cuadro de diálogo **Crear tabla**.
CTRL + U	Permite crear un nuevo libro en blanco.
CTRL + V	Pega el contenido del portapapeles. **CTRL + ALT + V** muestra el cuadro de diálogo **Pegado especial**.
CTRL + X	Corta los objetos seleccionados.
CTRL + Y	Repite la última acción realizada.
CTRL + Z	Deshace la última acción realizada.
CTRL + F1	Muestra u oculta la cinta de opciones.
CTRL + F2	Visualiza la ventana **Vista preliminar**.
CTRL + F3	Visualiza cuadro de diálogo **Administrador de nombres**.
CTRL + F4	Cierra la ventana en curso.
CTRL + F5	Ejecuta el comando **Restaurar ventana**.
CTRL + F6	Cambia entre ventanas del libro activo.
CTRL + F7	Permite mover la ventana del libro si no está maximizada. Una vez seleccionada la ventana, se han de utilizar las flechas para moverla.
CTRL + F8	Permite cambiar el tamaño de la ventana mediante las flechas de dirección.
CTRL + F9	Minimiza la ventana del libro.
CTRL + MAYÚS + TECLAS DE DIRECCIÓN	Amplía la selección a la última celda no vacía de la misma columna o fila que la celda activa, o a la siguiente celda que no esté en blanco.
CTRL + MAYÚS + FIN	Amplía la selección de celdas hasta la última celda utilizada de la hoja de cálculo (esquina inferior derecha). También permite seleccionar todo el texto que hay desde la posición actual hasta el final dentro de un cuadro de texto.
CTRL + MAYÚS + INICIO	Extiende la selección de celdas hasta el inicio de la hoja de cálculo.
CTRL + MAYÚS + AV PÁG	Selecciona la hoja actual y la siguiente.
CTRL + MAYÚS + RE PÁG	Selecciona la hoja actual y la anterior.
CTRL + MAYÚS + BARRA ESPACIADORA	Selecciona toda la hoja de cálculo.

CTRL + MAYÚS + TAB	Retrocede a la ficha anterior en un cuadro de diálogo.
CTRL + MAYÚS + (	Muestra las filas ocultas del rango seleccionado.
CTRL + MAYÚS +)	Muestra las columnas ocultas del rango seleccionado.
CTRL + MAYÚS + &	Inserta un contorno a las celdas seleccionadas.
CTRL + MAYÚS_	Elimina el contorno de las celdas seleccionadas.
CTRL + MAYÚS + $	Establece el formato **Moned**a con dos decimales (los números negativos aparecen entre paréntesis).
CTRL + MAYÚS + %	Establece el formato **Porcentaj**e sin decimales.
CTRL + MAYÚS + ^	Aplica el formato numérico **Exponencia**l con dos decimales.
CTRL + MAYÚS + #	Establece el formato **Fech**a con el día, mes y año.
CTRL + MAYÚS + @	Establece el formato **Hor**a con la hora y los minutos indicando a.m. o p.m.
CTRL + MAYÚS + !	Establece el formato **Número** con dos decimales, signo menos (-) para valores negativos y separador de miles.
CTRL + MAYÚS + *	Selecciona el área que se halla alrededor de la celda activa (el área de datos delimitada por filas en blanco y columnas en blanco). En tablas dinámicas, selecciona toda la tabla.
CTRL + MAYÚS + :	Inserta la hora actual.
CTRL + MAYÚS + "	Copia el valor de la celda situada sobre la celda activa.
CTRL + MAYÚS + A	Inserta los paréntesis y nombres de argumento cuando el punto de inserción está a la derecha de un nombre de función en una fórmula.
CTRL + MAYÚS + F	Visualiza cuadro de diálogo **Formato** seleccionando la pestaña **Fuente**.
CTRL + MAYÚS + O	Selecciona todas las celdas que contienen comentarios.
CTRL + MAYÚS + U	Expande/contrae la barra de fórmulas.
CTRL + ALT + K	Visualiza el cuadro de diálogo **Insertar** o **Modificar hipervínculo** según si existe o no el hipervínculo seleccionado.
CTRL + ALT + V	Visualiza el cuadro de diálogo **Pegado especial**.
CTRL + ALT + F9	Provoca un recálculo de todas las hojas de cálculo de todos los libros abiertos.
CTRL + ALT + MAYÚS + F9	Comprueba fórmulas dependientes y recalcula todas las celdas de todos los libros abiertos.
ALT + MAYÚS + F1	Inserta una nueva hoja de cálculo.
ALT + MAYÚS + F10	Visualiza el menú o mensaje de una etiqueta inteligente. Si hay más de una etiqueta inteligente, cambia a la siguiente y muestra su menú o mensaje.

ÍNDICE ALFABÉTICO

A

Agrupar, 567
Análisis, 376, 382, 383
Análisis rápido, 101
Asistente, 30, 40, 60, 162, 164, 165, 195, 290, 325, 326, 328, 329, 334, 336, 337, 340, 343, 344, 357, 358
Autocompletar, 107
Autorecuperación, 72
Autorrelleno, 171
Ayuda, 529

B

Barra de fórmulas, 29, 30, 39, 40, 45, 50, 56, 302, 312, 434, 601, 605
Barra de herramientas, 101
Bloqueada, 65, 158, 414
Borrar, 371, 577

C

Cálculo, 104, 105, 106
Campo calculado, 570, 571
Color, 556
Comentarios, 68, 69, 103, 186, 187, 188, 274, 409
Comodines, 352, 489

Compartir, 61, 70, 83, 94, 413, 415, 416, 418, 419, 420, 423
Condicional, 132, 134, 135, 137, 144, 145, 189
Conexiones, 329, 345, 346, 347, 348, 349, 596
Contextuales, 27
Contraer, 560, 563, 565
Contraseña, 413, 414, 415, 422
Cubo, 328

D

Datos externos, 327, 564
Definir nombre, 50, 301
Dependientes, 605
Desproteger, 66, 418

E

Ecuación, 28, 255, 256, 598
Elemento calculado, 555, 571, 573
Encabezado, 28, 91, 92, 93, 198, 250, 271, 272, 273, 354, 577, 579, 580, 596
Errores, 105, 107, 108, 109
Errores omitidos, 108
Escenario, 376, 380, 382

Estado, 32, 35, 36, 39, 52, 59, 63, 346, 347, 391, 471
Estilo, 371, 577
Estilo de referencia, 106
Etiquetas, 552, 553, 562, 563
Expandir, 560, 563, 565

F
Filtrar, 50, 176, 178, 179, 197, 222, 227, 230, 344, 345, 349, 561, 568, 595
Filtro, 19, 352, 353, 552, 553, 554, 557, 558, 559, 560, 564, 570
Fondo, 577
Formato, 414, 552, 555, 556, 601, 603, 604, 605
Formulario, 401
Fórmulas, 100, 105, 109
Fuente, 100, 102
Fuente de datos, 194, 348, 562, 564, 569
Funciones de usuario, 37

G
Getpivotdata, 107
Gráfico, 19, 602

H
Hipervínculos, 175, 176
Horizontal, 481

I
Idioma, 100
Imagen, 340, 349, 365, 367, 416, 561
Insertar, 602, 603, 605
Inspección, 317, 318
IRM, 67
Iteraciones, 106

L
Lista, 365, 367, 368, 379, 382, 419, 420, 422, 559, 561, 562, 564, 571, 573, 574, 602

M
Macro, 32, 60, 450, 451, 452, 453, 454, 455, 456, 457, 458, 464, 465, 470
Margen, 91, 272
Marketplace, 332, 333
Matriz, 480
Maximizar, 23, 374
Metadatos, 68
Minibarra, 101
Minigráficos, 585, 586, 587, 590, 591, 593, 594, 595
Minimizar, 23, 67
Mixtas, 48
Mosaicos, 227, 228
Mostrar, 24, 77, 101, 154, 155, 220, 231, 303, 310, 313, 378, 379, 400, 410, 412, 432, 442, 452, 551, 552, 553, 557, 558, 560, 561, 562, 574, 587, 589, 592

N
Número, 368, 564, 605

O
Objeto, 27, 51, 52, 57, 119, 120, 133, 145, 191, 254, 255, 280, 281, 282, 283, 447, 449, 468, 469, 529, 536
Ocultar, 24, 153, 154, 155, 160, 382, 400, 442
Onedrive, 78
Opciones generales, 100
Ordenar, 50, 176, 177, 197, 349, 350, 351, 398, 482, 559, 562, 596
Organizar, 26, 37, 193, 222, 280, 436, 537

P
Pantalla inicio, 105
Personalización, 113, 263
Personal.Xlsb, 450, 452, 455

Pie, 28, 89, 91, 93, 250, 271, 272, 273, 326, 577, 578, 579, 580
Portapapeles, 42, 58, 117, 119, 120, 210
Power View, 208, 209, 216, 218, 219, 222, 223, 232, 236, 237, 238, 389, 391
Proteger, 62, 64, 65, 66, 157, 158, 160, 413, 414, 415, 416, 468

R

Rango de criterios, 352, 353
Recorte de pantalla, 202
Reglas, 108, 132, 133, 134, 136, 137, 138, 144, 145, 312, 365
Relleno rápido, 172, 173, 359, 360, 361
Restaurar, 23, 73, 604

S

Segmentación, 568, 595, 596
Selección, 344, 353, 424, 602, 604
Serie, 367, 383, 413, 576
Skydrive, 77, 81, 82
Solver, 106, 114, 461, 462
SQL Server, 328, 330, 340, 342, 461
Subtotales, 565, 576

T

Tabla de datos, 106, 319, 383, 384, 387, 569
Tabla dinámica, 27, 28, 107, 145, 147, 194, 196, 206, 207, 244, 246, 247, 328, 379, 380, 381, 403, 411, 483, 484, 550, 552, 561, 562, 563, 564, 569, 570, 572, 574, 575, 576, 577, 578, 581
Tamaño, 489, 556, 604
Título, 367, 418

V

Validación, 365, 366, 367, 368, 370, 371, 372
Vector, 480
Vertical, 481
Vista, 34, 36, 266, 427, 452
Visual Basic, 447, 448, 449, 450, 451, 452, 473, 602

X

XML, 68, 81, 327, 328, 338, 339, 340, 473, 475, 476, 477, 478
XPS, 61, 81, 96, 97

Y

Y si, 376, 382, 383

Made in the USA
Middletown, DE
19 June 2021